本著作为国家社会科学基金教育学2010年度青年基金课题
“农村中小学布局调整对教育公平的损伤与补偿研究”（课题批准号：CFA100131）的最终成果
本著作由武汉理工大学研究生教材建设基金资助出版

农村中小学校布局调整与教育公平

贾勇宏◎著

知识产权出版社
全国百佳图书出版单位

图书在版编目（CIP）数据

农村中小学校布局调整与教育公平/贾勇宏著. —北京：知识产权出版社，2015.5

ISBN 978－7－5130－3215－5

Ⅰ.①农… Ⅱ.①贾… Ⅲ.①农村学校—中小学—布局—调整—研究—中国 Ⅳ.①G639.21

中国版本图书馆 CIP 数据核字（2014）第 283399 号

内容提要

2001 年，我国开始在农村实施学校布局调整政策，取得了一系列积极成效，但也随之产生了学生上学远、上学难和上学贵等新问题。本书基于教育公平的理论视角，以全国 9 个省区农村义务教育阶段的学校教师、家长和学生的实证调查为基础，全面论述了农村中小学校布局调整政策对教育公平产生的不同层次的负面影响和损伤，回答了该政策实施以来负面影响有多大，影响对象是谁等重要的政策实效问题，在此基础上采用多学科的理论分析视角，阐述了该政策影响教育公平的原因，最后提出完善和补救该政策的建议。

责任编辑：韩婷婷　　**责任校对**：韩秀天

装帧设计：马绍杰　　**责任出版**：刘译文

农村中小学校布局调整与教育公平

贾勇宏　著

出版发行：知识产权出版社有限责任公司　　**网　　址**：http：//www.ipph.cn

社　　址：北京市海淀区马甸南村 1 号　　**邮　　编**：100088

责编电话：010－82000860 转 8359　　**责编邮箱**：hantingsting@cnipr.com

发行电话：010－82000860 转 8101/8102　　**发行传真**：010－82000893/82005070/82000270

印　　刷：三河市国英印务有限公司　　**经　　销**：各大网上书店、新华书店及相关专业书店

开　　本：720mm×1000mm　1/16　　**印　　张**：19.75

版　　次：2015 年 5 月第 1 版　　**印　　次**：2015 年 5 月第 1 次印刷

字　　数：361 千字　　**定　　价**：52.00 元

ISBN 978-7-5130-3215-5

序

20世纪90年代中后期开始，随着计划生育政策的落实、农村学龄人口不断减少和城镇化水平不断提高，我国农村地区，特别是中西部农村地区不少中小学校学生生源不足，学校布局分散，规模小，质量低的矛盾日益突出。为解决这一问题，我国农村地区，特别是中西部农村地区开始了新一轮农村中小学校布局的大调整。农村中小学校布局调整实施以来，优化了农村教育资源配置，降低了地方政府的教育经费开支，取得了明显的经济效益。然而，受多种因素的影响，学校布局调整也产生了一些教育公平问题，突出表现在学生上学远、上学难等方面，引起了社会的广泛关注。

针对上述问题，作者在对我国9个省（自治区）、21个县（市）、31个乡镇、56所农村中小学进行深入细致的调查基础上，采用“宏观与微观相结合，规范与实证研究并用”的研究方法，从多学科的视角审视和反思了学校布局调整给教育公平造成的损伤，提出了不少具有真知灼见的观点。

第一，在对教育公平理论进行梳理的基础上，作者旗帜鲜明地提出了自己对教育公平内涵的理解，认为教育公平是按照时代特定的伦理价值和要求，对教育资源所做出的公正的、平等的分配。所谓公正就是在平等的基础上尊重差异，对相同的人给予相同的对待，对不同的人给予不同的对待。简言之，教育公平就是公正合理的教育平等。作者对教育公平的定义不仅有自己独立的见解，而且简洁明了，准确易懂。

第二，在论述如何处理教育公平与教育效率的关系时，作者强调了应该着眼于特定的国情和历史发展阶段，根据不同历史阶段、不同类别教育的性质和特点，坚持教育公平与效率兼顾、动态平衡的原则，有区别、有针对性地确定二者的关系，努力实现二者的统一。在此基础上，作者提出了在农村中小学校布局调整背景下处理教育公平与教育效率关系的策略，强调在布局调整过程中要遵循人道主义发展标准，即在增加社会整体福利的情况下，要么不损伤教育公平而增进效率，要么不损伤教育效率而增进公平，要么同时实现教育公平与效率的增进。这实际上是一种帕累托改进标准。这一标准为作者研究农村中小学校布局调整对教育公平的损伤与补偿问题提供了理论上的依据。

第三，在实证调查基础上，作者详尽地描述和分析了农村中小学校布局调整对义务教育起点公平、过程公平和结果公平不同程度的损伤现状，发现布局调整对教育起点公平、过程公平和结果公平三个层次的损伤具有明显的层次性差异；损伤对象大多是弱势受教育群体；损伤程度有明显的区域差异等特点。这些具有规律性的特点和判断准确而深入地刻画了学校布局调整对教育公平造成的损伤和负面影响。

第四，根据实证调查和规范分析的结果，作者就农村中小学校布局调整对教育公平损伤的性质做出了自己的判断，认为学校布局调整对教育公平的损伤属于制度衍生型教育公平问题，其前提是政策整体效果利大于弊。该问题是公平与效率价值冲突的外在表现，是学校布局调整对教育公平影响两面性中的其中一面。

第五，在分析现状基础上，作者从教育经济学、教育政治学等多学科的理论视角分析了农村中小学校布局调整损伤教育公平的原因，认为学校布局调整是通过家校距离和求学成本两个中介变量而对教育公平造成损伤的，其根源在于：地方政府受经济理性的“自利”动机驱使，试图通过撤并过多的学校来减少办学成本，布局调整的效率价值取向因此存在内在的激励，而教育公平的价值取向却缺少激励因素和刚性的约束，导致地方政府在布局调整过程中缺少确保和促进教育公平的意识，从而在政策设计源头上损害了教育公平，加之政策执行偏差和配套措施的不完善更加加重了布局调整对教育公平的损伤。

第六，从教育公平的理念出发，作者提出了消弭农村中小学校布局调整对教育公平损伤的措施和手段，特别强调要根据弱势补偿原则，对利益受损群体和弱势群体进行必要的补偿和帮扶的政策建议，这是现有的相关研究中鲜有提及和关注的一个问题。

总之，农村中小学校布局调整对教育公平的损伤是一个敏感而又非常重要的现实问题，该书全面深刻地研究了学校布局调整对教育公平的损伤现状、危害、成因及其对策，对于我国各级政府在“后撤点并校时代”正确认识和解决学校布局调整造成的“后遗症”具有重要的意义。当然，农村中小学校布局调整对教育公平的损伤是一个比较复杂的问题，受社会多种因素的影响和制约。对该问题的探讨和解决决不是一两本书所能完成的，本书的出版仅仅是一个良好的开端。愿作者不懈努力，在今后的研究中，就该问题做更进一步的深入研究，再创新的业绩。

范先佐*

2015年2月25日于武昌桂子山

* 范先佐（1953— ），男，湖北浠水人，我国著名教育经济学家，华中师范大学教育学院教授、博士生导师；原国家教委首届人文社会科学跨世纪优秀人才入选者，湖北省新世纪高层次人才入选者，享受国务院特殊津贴；兼任湖北省人民政府咨询委员会委员、国家自然科学基金公共管理学科专家组成员、全国教育科学规划领导小组教育经济与管理学科专家组成员、全国教育经济学会副理事长和《教育与经济》杂志常务副主编等。

摘　　要

2001年我国政府在农村义务教育阶段启动了旨在提高教育资源利用效率，实现学校规模经济效益的农村中小学校布局调整政策。农村中小学校布局调整政策实施以来，大大降低了农村办学的日常成本，优化了农村教育资源的配置，取得了明显的规模经济效益。然而与此同时，该政策也对农村不少受教育者的公平受教育的权益造成了损伤和负面影响，产生了以“上学远”“上学难”和“上学贵”等为主要表现形式的教育公平问题。农村中小学校布局调整政策对教育公平的损伤与补偿由此成为一个备受社会关注的议题。

本书在对全国9个省（自治区）、21个县（市）、31个乡镇、56所农村初中和小学所进行的问卷调查基础上，从教育经济学、教育社会学和教育政策学的视角，整体采用“多学科视野，宏观与微观相结合，规范与实证研究并用”的研究方法，以农村中小学校布局调整政策实施后所产生的负面影响为起点，用教育公平的理论视角来审视和反思农村中小学校布局调整政策的设计、执行、实施效果和补偿措施，系统研究农村中小学校布局调整政策对教育公平的损伤与补偿问题。

本书认为：

（1）教育公平是按照时代特定的伦理价值和要求，对教育资源所做出的公正的、平等的分配。所谓公正，就是在平等的基础上尊重差异，对相同的人给予相同的对待，对不同的人给予不同的对待。简言之，教育公平就是公正合理的教育平等。

（2）教育公平与教育效率是对立统一的关系，二者都是教育政策应该共同追求的价值取向。处理教育公平与教育效率的关系应该着眼于特定的国情和历史发展阶段，根据不同历史阶段、不同类别教育的性质和特点，坚持教育公平与教育效率兼顾、动态平衡的原则，有区别、有针对性地确定二者的关系，努力实现二者的统一。

（3）教育公平是农村中小学校布局调整政策不能回避的应然价值取向，合理的学校布局调整结构和方式能够通过教育资源的优化配置促进教育公平。

（4）农村中小学校布局调整政策要实现教育公平与教育效率的协调统一，其前提条件是：在政策过程中遵循人道主义发展标准，即在增加社会整体福利的情况下，要么在不损伤教育公平的情况下增进效率，要么在不损伤教育效率的情况下增进公平，要么同时实现教育公平与教育效率的增进。

（5）农村中小学校布局调整对义务教育起点公平、过程公平和结果公平都有不同程度的损伤，对教育起点公平造成的损伤面最大，损伤最严重，对教育过程公平和结果公平的损伤相对较轻。

（6）农村中小学校布局调整对教育公平的损伤对象大多是弱势受教育群体，主要受损对象为：偏远或交通不便地区学生、家庭经济困难的学生、小学低年级学生、留守儿童、学前教育儿童、寄宿学生、被关闭校点原有的学生和适龄女童。损伤程度有明显的区域差异，山区、丘陵等地区的农村义务教育阶段学生的教育公平权益受损最严重。

（7）农村中小学校布局调整对教育公平的损伤属于制度衍生型教育公平问题，其前提是政策整体效果利大于弊。该问题是公平与效率价值冲突的外在表现，是农村中小学校布局调整对教育公平影响的两面性中的一面。

（8）农村中小学校布局调整对教育公平的损伤是通过家校距离和求学成本两个中介变量而形成的，其根源在于该政策本身。地方政府受经济理性的“自利”动机驱使，有足够的积极性撤并过多的学校来减少办学成本，农村中小学校布局调整政策的效率价值取向因此有内在的激励，而教育公平的价值取向却缺少激励因素和刚性的约束，导致地方政府在政策执行中缺少确保和促进教育公平的意识，从而在政策设计源头上损害了教育公平。

（9）农村中小学校布局调整过程中的执行偏差和配套措施不完善，从政策过程和政策结果两个方面加重了农村中小学校布局调整对教育公平的损伤。

（10）农村中小学校布局调整政策可以通过采取一定的补偿措施和积极手段来消弭其对教育公平的损伤。首先，要从制度的激励约束功能出发，建立科学合理的农村中小学校布局调整标准，规范地方政府的学校撤并程序和行为。其次，要恢复和保留必要的教学点，发挥其方便学生就近入学的优势。再次，要完善相关配套措施，改善农村寄宿制办学条件，增强和完善其服务功能；完善和发展农村校车制度，确保其安全、便捷和低廉。最后，要根据卡尔多－希克斯准则和教育公平的弱势补偿原则，对利益受损群体和弱势群体进行必要的补偿和帮扶。

本书共分为六章：第一章是本书的导论部分，介绍了问题的缘起，在对已有相关研究进行文献梳理的基础上，提出了本书的研究范围、方法和思路。

第二章从教育公平思想的渊源出发，回顾了教育公平思想的历史演变过程，界定了教育公平的含义、与之相关概念之间的关系、特点、影响因素与测量等相关理论问题。

第三章在问卷调查和实地访谈等一手数据、资料的基础上，揭示了农村中小学校布局调整对教育起点公平、教育过程公平和教育结果公平的损伤表现。

第四章针对农村中小学校布局调整对教育公平的损伤问题，总结了该问题的特点，并对其性质做出了基本判断。

第五章从教育政策角度出发，分别从政策价值取向偏差、执行过程偏差和配套措施不足三个层面分析了农村中小学校布局调整损伤教育公平的原因。

第六章在分析农村中小学校布局调整政策损伤教育公平问题成因的基础上，从完善标准、规范行为、经费保障、教学点存留和政策配套等方面提出了消弭和补偿农村中小学校布局调整损伤教育公平问题的解决对策。

关键词：农村中小学；学校布局调整；教育公平；损伤；补偿

目　录

第一章　导　论

第一节　问题的提出

20 世纪 90 年代末，随着计划生育政策在我国的持续推行，人口数量控制的效果逐渐显现。到 2000 年前后，全国义务教育阶段学龄人口开始持续下降。与此同时，处在农村城镇化历史进程中的农村剩余劳动力以各种方式不断地向城镇流动，为了实现家庭的团聚，不少流动人口子女选择跟随父母到流入地城镇读书学习。学龄人口的下降和流动人口子女的流动导致农村义务教育阶段在校生整体规模日趋变小，不少农村中小学校（特别是小学）生源不足，教育资源闲置和浪费现象相对突出，利用效率有待提高。

为了从根本上解决三农问题，我国政府于 2001 年开始在农村进行税费改革，逐步免除了长期以来农民缴纳的各种农村税费（包括支撑农村义务教育运转的农村教育费附加费），农村义务教育由此失去了主要经费来源。

为了适应农村税费改革的变化，我国政府对原有的农村义务教育经费投资与管理体制做出了适应性的变革，确立了“分级负责，以县为主”（简称“以县为主”）的农村义务教育经费管理新体制，县级人民政府开始成为农村义务教育投资与管理的责任主体，农村义务教育从此开始了由“人民教育人民办”向“人民教育政府办”的转变。“以县为主”的农村义务教育投资与管理体制实施以后，受区域经济发展不平衡和县级财政不均衡的影响，不少中西部地区县（市）面临巨大的教育财政压力。采取相关措施以降低办学成本和提高教育资源利用效率成为地方政府减轻教育财政压力的必然选择。

为了适应税费改革后农村义务教育经费投资和管理体制的新变化，减轻县级政府教育财政负担，提高公共教育经费的使用效率和投资效益，中共中央国务院于 2001 年 5 月 29 日在《关于基础教育改革与发展的决定》（国发〔2001〕21 号）中做出了“因地制宜调整农村义务教育学校布局”的决定，强调要“按照小学就近入学、初中相对集中、优化教育资源配置的原则，合理规划和调整学校布局。农村小学和教学点要在方便学生就近入学的前提下适当合并，在交通不便的地区仍需保留必要的教学点，防止因布局调整造成学生辍学”，由此拉开了21世纪我国农村义务教育新一轮中小学校布局调整的序幕。

本次农村义务教育阶段学校布局调整以提高教育资源的利用效率和规模经济效益为主要目标，以学校的“撤、并、迁、建”为主要表现形式，以地方政府自上而下的变革为主导模式。在本次农村中小学校布局调整实际工作中，由于撤销教学点和合并小规模学校的做法最为常见和普遍，所以不少地方也将此次学校变革过程称为“撤点并校”。

该政策自2001年在全国正式启动以来，全国中西部地区绝大多数县市都参与了其中。截至2012年年底该政策被中央暂时叫停之时，该政策已经持续了12年之久。无论是从持续时间还是政策波及面来看，农村中小学校布局调整都堪称21世纪初继全国“普九”之后对农村义务教育影响最大的教育变革政策之一，对农村义务教育的巩固、提高和发展都产生了非常深远的影响。

农村中小学校布局调整政策实施以来，全国学校数量急剧下降。《中国教育统计年鉴》的统计数据❶显示，全国县域内小学及教学点由2000年的69.4万所（个）减少到2009年的33.62万所（个），累计共减少35.78万所（个），减幅达51.56%；2000年全国县域内有初中5.4万所，到2009年减少至4.9万所，10年间减少了4991所，减幅为9.24%。

2000年全国县域内共有小学52.14万所，到2009年仅剩26.39万所，10年间共减少25.75万所，减幅达49.39%。其中，县镇小学数由2000年的8.12万所减少到2009年的2.97万所，减幅达63.42%，净减少5.15万所，占县域内小学总减少量的20%；农村小学数由2000年的44.02万所减少到2009年的23.42万所，减幅达46.8%，净减少20.6万所，占县域内小学总减少量的80%。

2000年全国县域内有教学点17.26万个，到2009年仅剩下7.23万个，10年间共减少10.03万个，减幅达58.11%。其中，县镇教学点由2000年的1.51万个减少到2009年的0.13万个，减幅达91.39%，净减少1.38万个，占县域内小学教学点总减少量的13.76%；农村小学教学点由2000年的15.75万个减少到2009年的7.10万个，减幅达54.92%，净减少8.65万个，占县域内小学教学点总减少量的86.24%。

2000年县镇有初中1.47万所，到2009年则猛增到1.87万所，10年间增加了4022所，增幅达27.4%；而2000年农村有初中3.93万所，到2009年则

❶ 中国教育统计年鉴［Z］. 北京：中国统计出版社，2001—2010.

减少到 3.03 万所，10 年间减少了 9013 所，减幅达 22.93%，考虑到农村初中减少导致县城初中增加的联动关系，县域内初中的变动幅度实际为 24.14%。

农村义务教育阶段中小学校的大幅减少在空间上实现了教育资源的优化配置，取得了显著的规模经济效益，对减轻地方政府的教育财政负担和合理有效利用教育资源产生了积极的影响。然而农村校点的大量撤并与集中导致大量农村学生上学距离越来越远，上学困难程度大大增加，交通不便的山区、偏远地区和贫困家庭学生上学尤为困难，由此对部分学生的平等受教育权产生了损伤和负面影响，形成了以"上学远""上学难"和"上学贵"等为主要表现形式的教育公平问题。

农村中小学校布局调整与教育公平有什么内在的逻辑关系？农村中小学校布局调整政策实施后对教育公平造成了什么样的损伤和负面影响？这些损伤和负面影响是如何产生的？又该怎样去消除和解决？这些都已经成为当前我国农村义务教育阶段亟待解决的重要社会问题，也是今后进一步调整和完善农村中小学校配套政策必须解决的问题。

第二节　研究目的与意义

学术研究总是针对特定的教育问题开始，并以解决教育问题的一个方面或全部为目标的。农村中小学校布局调整作为一项教育政策，可以从不同的角度展开研究。研究目标不同，研究方法、步骤和过程就会相应有别，其研究意义也会随之而不同。

一、研究目的

本书是以农村中小学校布局调整政策实施后所产生的负面影响为起点，用教育公平的理念来审视农村中小学校布局调整政策的设计、执行和实施效果，旨在从理论和实践两个角度探讨该政策损伤教育公平的现状、成因，进而提出相应的补救措施。总体而言，本书的研究目的如下：

首先，从理论上探讨农村中小学校布局调整政策在价值取向上应该如何正确处理教育公平与教育效率的矛盾关系，而后据此提出该政策在实际执行中应然的价值取向，进而确定农村中小学校布局调整政策的合理标准。

其次，利用实证研究方法把握农村中小学校布局调整政策对农村义务教育公平的损伤状况，在此基础上评估该政策对教育公平的损伤程度，并对该损伤的特点进行理论探讨。

再次，从理论和实践两个角度，探讨农村中小学校布局调整政策损伤义务教育公平并产生负面影响的具体原因，揭示政策负面影响产生的不同机理。

最后，根据农村中小学校布局调整损伤教育公平的原因，提出消弥损伤教育公平的方法和补偿教育公平受损群体的具体措施。

通过对上述四方面的研究，分析解决农村中小学校布局调整后教育公平受损的突出问题的途径，并进一步回答在发展农村教育过程中应该如何正确处理教育效率与教育公平的矛盾关系问题。

二、研究意义

农村中小学校布局调整推行10余年来，在提高教育资源配置效率和规模经济效益的同时，也对农村义务教育公平造成了损伤和负面影响。如何在合理的价值取向下化解农村中小学校布局调整对教育公平的损伤由此成为一个既有理论价值又有实践价值的研究课题。本书之所以选择这一主题，意义主要如下。

（一）学校布局调整损伤教育公平是亟待解决的教育问题

随着农村中小学校布局调整政策的深入进行，农村小规模学校和教学点被大量撤并，农村义务教育阶段的大多数学生失去了过去在农村学校就近上学的便利，家校距离开始变远。随着农村学校向城镇的进一步集中和农村教学点的大量消亡，单所学校的辐射半径越来越大，地处交通不便的偏远地区学生和家庭经济困难学生在同等条件下家校距离更远，上学更加困难，上学的家庭经济负担更加沉重，极易引起农村义务教育阶段学生的辍学和失学问题的反弹。

从产品属性来看，义务教育一般被学术界认为是公共产品。义务教育的公共产品性质决定了农村义务教育必须把公平作为教育政策的基本价值取向。我国目前已经基本普及了九年义务教育，进一步巩固、发展和提高义务教育的办学水平和质量将是当前和未来我国农村义务教育的战略主题，优质、公平成为发展义务教育的基本目标。农村中小学校布局调整所产生的学生“上学远”“上学难”和“上学贵”问题，实际上意味着对我国农村一部分受教育者的公平受教育权益造成了损伤并产生了负面影响。这些问题如果得不到很好的解决，不仅会影响这些受教育者个体身心的正常发展，而且还会影响义务教育普及的成果和质量，产生辍学率和失学率反弹等严重后果，从而延缓农村义务教育事业发展的整体速度。

鉴于现行农村中小学校布局调整政策对义务教育公平损伤问题的严重性，推行该政策的合理性也正在不断遭受学术界和媒体的质疑，该政策的继续执行正面临日益严重的合法性危机。山西政协调研室发布的《新农村建设中农民群众急盼解决的十个问题——对百县千村万户农户的社情民意调查》也显示：

“均衡发展城乡教育，解决‘上学远’‘上学贵’的问题已经成为农民群众急盼解决的十大问题之首。”❶ 因此，农村中小学校布局调整对教育公平的损伤不仅仅是一个亟待解决的教育问题，而且还是一个与“三农”问题密切相关的民生问题和社会公平问题。妥善处理和解决这一问题既是教育部门回应公众质疑和平息舆情的必要措施，也是体现社会公平正义的应有之义。

（二）学校布局调整合理价值取向需要合理修正

教育公平与教育效率是教育政策价值取向中的一对矛盾。二者存在对立统一的关系。一方面，在教育资源有限的情况下追求效率可能会以牺牲教育公平为代价，而维护教育公平可能会导致教育资源利用效率的损失。教育公平和教育效率在教育资源有限的现实条件下，通常不能兼顾而表现出冲突和矛盾的一面。另一方面，教育效率的提高可以从长远上为解决教育公平问题提供物质条件和保障，教育公平的改善又可以通过人才培养来促进教育效率的提高，因此，教育公平与教育效率又可以在一定时点上兼顾，实现二者的共同发展。教育公平与教育效率的矛盾关系要求在制定教育政策时必须妥善处理好二者的关系，根据具体情况实现二者的协调统一。

在国外发达国家的教育发展历程中，随着城市化进程的加快和学龄人口的变动，都曾经采取过学校布局调整的政策，在教育公平与效率关系的处理上有经验，也有教训。由于国情不同，我国当前的农村中小学校布局调整政策在教育公平与效率关系的处理上还没有现成的方法可以选择，必须在政策实践过程中加以总结和改进。从当前我国农村中小学校布局调整政策的实践与结果来看，政策价值取向过于强调提高教育资源的配置效率和获得教育规模经济效益，对教育公平的重视不够，而农村中小学校布局调整损伤教育公平的结果更是表明该政策在执行过程中没有正确处理教育公平与教育效率的关系，二者存在一定的冲突。

要解决学校布局调整对教育公平的损伤问题，就要站在教育公平与教育效率对立统一关系的角度，重新审视农村中小学校布局调整的政策价值取向，根据我国的具体国情和国内外的实践经验，在教育公平与教育效率之间进行合理的价值目标选择，并在此基础上制定合理的农村中小学布局标准，在实践过程中确保二者的关系协调统一，从而促进农村义务教育的良性发展。

本书正是从教育公平与教育效率的关系出发，试图协调二者在农村中小学校布局调整中的价值冲突，从而为农村中小学校布局调整选择正确的方向。对该问题的回答和解决过程必将有利于在理论上丰富和完善教育公平与教育效率的关系。

---

❶ 杨贵平．“撤点并校”对贫困农民、农村的影响［J］．生活教育，2010（1）：7－14.

（三）学校布局调整政策关乎农村学校的未来定位与发展

农村中小学校布局调整政策导致农村大量小规模学校和教学点的消亡，城市化背景下教育城镇化学校布局调整模式的盛行又进一步导致了农村学校的加速消失，肇始于20世纪20年代的“文字下乡”运动在农村“普九”之后开始出现“文字上移”❶ 新趋势。农村学校的消失不仅使传统农村社区失去了学校这一文化符号的象征，也在不断冲击和瓦解着近现代以来我国社会各界耗费将近一个世纪而建立的传统农村教育体系。

在农村城镇化和农村学龄人口减少的客观背景下，追求教育效率的农村中小学校布局调整政策是应该顺应城市化的潮流继续鼓励农村学校向城镇高度集中，还是从就近入学和维护教育公平的现实国情出发适度集中，重建和保留农村小规模学校与教学点？在教育现代化的要求下，传统的农村办学模式又该如何在现代性与乡土性中做出抉择，农村小规模学校和教学点该何去何从？在巩固和提高义务教育质量的背景下，当前分散的农村小规模学校和教学点的教育质量又该如何保证？

对上述问题的回答将直接关乎今后我国农村义务教育学校的定位和发展，关乎今后我国农村学校布局调整政策的战略方向选择。

（四）学校布局调整损伤教育公平影响农村社会的稳定

教育公平是实现社会公平的重要基础，“在所有国家里，从最富的到最穷的，教育在促进有助于缩小严重社会不平等的社会和经济变革中将起到关键性的作用”❷。在大多数现代国家中，教育都是促进个体社会流动、获得较好社会经济地位和生活机会的重要机制，是社会的稳定器和平衡器，教育不公平势必会影响社会的稳定。

义务教育是国家强制实行的国家、社会和家庭都必须予以保障的教育。在现代社会，一个人是否接受基本的教育直接关乎个人在社会的基本生存能力和发展能力。义务教育的这一特征要求义务教育更应该注重公平。我国著名经济学家厉以宁教授曾经指出：“一切不平等的根源在哪儿呢？不平等的根源在教育的不平等。教育不平等，就业就不平等，就业不平等，收入就不平等，收入不平等，生活就不平等，生活不平等，下一代就不平等。”❸ 由此可见，教育

---

❶ 熊春文．“文字上移”：20世纪90年代末以来中国乡村教育的新趋向［J］．社会学研究，2009（5）：110－132.

❷ ［美］菲利普·库姆斯．世界教育危机［M］．赵宝恒，李环，等译．北京：人民教育出版社，2000：241.

❸ 贾勇宏．人口流动中的教育难题——中国农村留守儿童教育问题研究［M］．北京：中国社会科学出版社，2003：37.

不仅是社会公平的基础，还是促进社会公平的重要工具。

农村中小学校布局调整损伤了部分受教育者的公平受义务教育权益，特别是对地处交通不便的偏远地区学生和家庭经济困难学生等弱势受教育群体的损伤和负面影响更大，这已经引起了部分地区农村学生家长、村民、干部和其他群众的不满。近些年来，由于农村中小学校布局调整而引发的干群冲突事件频频见诸媒体报端，因为学校撤并而引发的群众不断上访问题也经常成为全国人大和地方各级人大会议中的热点议题。

在正值社会转型期和世纪之交的当代中国，社会稳定压倒一切。义务教育公平作为社会公平的范畴，对维持社会稳定具有长远的积极意义。农村中小学校布局调整政策的主要承受者是广大农村地区的学生、家长和其他干部群众，农村中小学校布局调整所引发的义务教育不公平是对部分农村和农民教育权益的一种直接侵蚀和伤害。鉴于教育权益本身对农村学生和下一代的生存与发展都有重要意义，这种教育的不公平绝不仅仅是教育内部的问题，而且还是“三农”问题和民生问题的重要范畴，对农村社区乃至整个中国城乡社会的稳定都会产生潜在的或显在的影响。

正确处理这一问题不仅能够解决这一政策的完善与调整问题，而且还能消除这种因为教育不公平而可能导致的潜在社会不稳定因素。

（五）学校布局调整研究有利于教育规模经济理论的发展

农村中小学校布局调整的理论基础是经济学的规模经济理论。该理论在经济学的诸多领域都得到了广泛的应用，并得到了验证。然而教育不等于经济，学校不等于企业。教育的特殊性使得这一理论在指导农村学校布局调整的实践时面临新的挑战。

正如我国著名经济学家茅于轼曾经指出的那样：“教育和其他行业不同，它不但要追求效率，还要保证公平，几乎一切有关教育问题的争论都是因为公平而引起的。如果不考虑公平的需要，绝大部分的争论都不会发生。”[1]

教育的特殊性要求规模经济理论必须对学校规模适度的内涵与外延在理论和实践中做出科学的回答，要求规模经济理论在强调规模效益的同时必须兼顾教育公平，要求规模经济理论对不同类别和不同条件下学校的最佳规模做出分门别类的实证模拟和判断。教育目标的多元性和教育状况的多样性都将使教育规模经济理论在学校组织的应用比在经济组织的应用要复杂得多。

农村中小学校布局调整对教育公平的损伤与补偿研究将会涉及学校撤并标

---

[1] 茅于轼．经济学的智慧［M］．天津：天津社会科学院出版社，2004：219．

准和学校规模对教育公平的影响，对这些问题的回答必将有利于丰富规模经济理论和教育规模适度理论的内涵与外延，从而有利于教育经济学科和教育政策学科理论基础的发展。

第三节　文献综述

农村城镇化是每个国家和地区在实现工业化进程中的必经阶段。伴随着农村城镇化进程中的人口流动，农村学龄人口会经常变动并逐步趋于减少。学龄人口的变动会对学校的生源数量产生影响，迫使教育资源配置随之做出适应性调整，以免教育资源相对不足或产生不必要的闲置浪费。受学龄人口变化的影响，世界各国在普及义务教育的过程中，几乎无一例外地都遇到过农村生源减少和教育资源闲置浪费的问题。在解决该问题过程中，多数国家采用了适当撤销和合并学校的政策来提高教育资源的利用效率和实现学校规模经济效益。在此过程中，中外学者对学校布局调整政策展开了大量研究，产生了一系列与本书密切相关的重要研究成果。

一、国外对农村学校布局调整与教育公平的相关研究

受生源减少的影响，当今世界各国的农村中小学教育都有着从分散布点到合并重组和扩大规模的共同经历。在此过程中，不同国家和不同处境的学生所受到的政策影响是不同的，教育公平问题由此而生。针对学校布局调整与教育公平的关系，国外学者主要是从学校合理布局标准和关闭学校的后果两个角度来展开研究的。

（一）合理布局标准对教育公平的影响的研究

国外研究者发现，一般而言，学校布局结构的调整要考虑两个问题：一是便于学生入学；二是有利于提高教育投资的效益。然而在现实生活中，这二者似乎存在矛盾：从学生入学的方便考虑，学校越分散越好；从提高投资效益来看，学校应具有一定的规模。这就涉及二者兼顾的问题，即在不致学生失学的前提下，尽可能提高教育投资的效益。因此，合理的学校布局调整的标准对教育公平的影响至关重要。

国外学者经过研究发现，学校布局结构及其调整的标准通常有两个：一是学生上学的距离，二是学校覆盖的服务人群数量。道格拉斯·雷曼（Douglas Lehman）则认为儿童入学距离可以用三种方法来衡量：一是物理距离（physical distance），即实际的空间距离，用公里来衡量；二是文化距离（cultural distance），即儿童不得不离开自己的社区而到另一个把他们当作外人并对他们不友好的社区上学，从而导致辍学的距离；三是时间距离（time distance），即考虑诸如山地、河流、森林等自然条件的阻碍而延长上学途中的时间。道格拉斯·雷曼（Douglas Lehman）对中非地区的农村学校布局调整情况进行考察后认为："偏远地区关闭小规模学校必须慎重行事，学生上学距离除了空间距离外，还应包括文化距离和时间距离，这是影响农村学生享受教育机会的关键因素，所以从距离的角度出发，必须保留农村小规模学校，保证当地学生享有受教育机会。"[1]

拉维（Lavy）在用逻辑回归方程对加纳农村地区基础教育进行研究时发现："区域内学校教育质量、学校收费水平、儿童离学校的距离等因素对儿童是否接受小学教育都有重要影响。学校离家越远，小孩上学的可能性越低；社区的交通与道路条件越好，儿童受教育的可能性越大。"[2] 这说明学校布局的距离和交通条件对儿童入学率和教育机会公平有重要的影响。

世界银行全民教育资助项目高级执行专家塞尔加·塞尼克（Serge Theunynck）特别强调了学校布局标准对协调公平与效率关系的重要性。他认为："没有标准不行，没有标准，学校可能建在不恰当的地点，或导致学校资源闲置。没有弹性的标准也不行，刚性的标准会影响到入学。最小量的人口的需求也应得到满足，学校应该靠近学生居住点，在农村地区，多年级同班上课和只有一个教室的小学是必要的。学校布局的标准应该集中于以成本效益的原则覆盖所有的孩子。"[3]

耶格尔（Yeager）对因学校布局结构调整而应该关闭的学校在什么时候关闭比较合适进行了研究，并提出了三条标准："（1）综合考虑各因素（上学距离，对交通工具的需求等），将学生转到新学校的不适最小化；（2）将关闭学校对社会的影响降到最小；（3）原学校建筑可作其他用途。"[4] 他将这三个标准用计算机模拟，为那些要关闭学校的"问题地区"（problematic area）提供了决策参考。

（二）学校规模对教育公平的影响的研究

在学校布局调整的学校规模问题上，国外研究者都是从经济学中的规模经

---

[1] Douglas Lehman, Bringing the School to the Children: Shortening the Path to EFA, August, 2003. Http: //www1. worldbank. org/education/notes. Asp.

[2] Victor Lavy, School Supply Constraints and Children's Educational Outcomes in Rural Ghana. Journal of Development Economics, Volume 51, Issue 2, December 1996, pp. 291 – 314.

[3] Serge Theunynck, School Construction in Developing Countries: What Do We Know? 2003, www1. worldbank. org/education/ pdf/EFAcase_ Construction. pdf.

[4] Yeager, R. F., Rationality and Retrenchment: The Use of a Computer Simulation to Aid Decision Making in School Closing, Education and Urban Society, 1979, p. 11.

济理论出发，寻找能够满足公平与效率要求的适度规模。然而问题是：单纯考虑规模经济效益，学校规模越大越有利于降低教育成本，而规模过大很可能会影响教育质量，从而影响教育的过程公平和结果公平。关于学校的规模究竟是大还是小好，国外研究者存在不同的看法。

美国在19世纪与20世纪之交，为解决城乡教育差距问题而进行了农村小规模学校的合并。当时主要受到两种理论的指导：一是贝茨（George Betts）等教育改革家关于农村学校模仿城市学校发展的理论；二是20世纪50年代末美国哈佛大学校长科南特（Jallles B. Conant）从学校规模与学生学业成绩关系的角度提出的“规模效益”理论假设。科南特认为“最有效率的中学是足够大，能提供广泛的和各种各样的设备及便利条件的学校”❶。他的这一理论对美国农村“学校合并”运动起到了推波助澜的作用。正是在这种社会背景下，美国兴起了“效仿”城市学校、追求学校“规模效益”和效率的农村“学校合并”运动。“仅在1919年至1929年间，美国‘一师校’数量在南部农村地区减少37%，西部地区减少32%，东部地区减少23%。1950年，美国大约有60 000所‘一师校’，到1970年下降到2000所。”❷ 但是，自20世纪60年代以来，人们开始对“学校合并”运动产生质疑并进行了历史性反思，日益认识到农村学校“规模效益”理论被“绝对化”了。

在大规模学校理论的指引下，美国催生了大批大规模学校。一批规模达2000人左右甚至更多的中学在多年的实践中发现：学生人数过多，教师难以为每个学生提供足够的帮助，学校管理也有困难，教育质量难以提高。有学者还研究发现，学校规模过大也会带来校园内人际关系的疏离和行政的僵化两大方面问题。此外，教育规模过大还与辍学率升高、学生学业成绩下降、师生关系和学生间人际关系水平下降、学生社会行为恶化等都有一定的关系。

20世纪80年代以来，美国的中等学校出现了学校规模缩小的趋势，部分地区还兴起了中等学校“小学校化”运动，许多大规模的高中都试着拆分为小学校。美国学者格拉斯（G. V. Glass）和史密斯（M. L. Smith）的研究发现：“在人数少的班级，学生学习兴趣更高，学习态度更好，违反纪律的现象更少，学生对班级有很强的归属感。同时，课堂氛围更加友好愉快，教师有更多的机会进行个别辅导，教学活动和方式也更加多样化，带来学生更高的参与度。”❸ 沃尔伯格（Walberg）认为：“在美国关于学校规模的研究已表明，‘小的就是好的’理

❶ 王强.20世纪美国农村“学校合并”运动述评［J］.外国中小学教育，2007（8）：1－4.

❷ 王强.20世纪美国农村“学校合并”运动述评［J］.外国中小学教育，2007（8）：1－4.

❸ 冯建华.小比大好，还是大比小好［J］.教育研究与实验，1995（4）：61－66.

论已成主流。虽然如此，关于中等学校适度规模的研究也未取得一致，其变化幅度为300—900人。”❶ 美国卡耐基基金会和国家中学校长联合会发表的联合声明认为，高中在校生规模不要超过600人。总结美国对高中教育规模的研究来看，一方面是认同高中教育适度规模存在的合理性，但另一方面在关于适度规模大小的确定上有较大的变化幅度，在时间序列上表现为递减的趋势。

在初中的适度规模研究方面，加尔文·格瑞斯德（Calvin Griesder）建议“初中学生最低不宜少于300人，最多不宜多于1100人”❷。卡斯塔尔迪（Basil Castaldi）建议“初中人数最少在500—600人之间，最多在900—1100人之间，相当于20—40个班”❸。瓦莱瑞·李和朱丽亚·史密斯（Valerie E. Lee，Julia B. Smith）等人的研究结果表明：“学生人数在600—900人之间的中学，学生学习效果最佳；学校规模小于600人，学生学到的东西略少；学生人数多于2100人的中学，学生学习效果很不理想；学校规模越小，学生越能平均受益，偏重于追求经济效益准则的学校规模会偏离追求学习成就最大化的目标。因此，在兼顾经济效益和学生平均受益两种目标下，中学的规模以拥有600—900个学生时最为理想。”❹

美国学者的研究还指出，学校规模的大小对不同经济发展水平地区之间的影响是不一样的：农村地区要求的学校规模相应要小一些，而城市地区要求的规模可以大一些。

1996年瓦莱瑞·李和朱丽亚·史密斯的研究表明：“贫困对学校成就的负面影响是显著的。但在少于301个学生的学校里，研究发现这种负面影响显然减少了，而在校生规模为600—900人的高中的学生综合成绩最高。”❺ 诺亚·弗里德金和胡安·内科切亚（Noan Fridkin，Juan Necochea）1998年在加利福尼亚的研究表明：“在贫困地区小型化的学校有利于学生学业成绩的提高，而在发达地区却是较大型的学校有利于学生学业成绩的提高。”❻ 豪利（Howley）于1996年在西费吉尼进行的研究也证明了上述结论。随后，豪利和比契尔（Howley，Bichkel）于1999年在美国四个州进行了关于贫困地区学校规模与学

---

❶ 马晓强．关于我国普通高中教育办学规模的几个问题［J］．教育与经济，2003（3）：29－32．

❷ Calvin Griesder，Public School Administration，N. Y.，The Ronald Press Co.，1950，p. 14.

❸ Basil Castaldi，Educational Facilities，second edition，Boston Allyn and Bacon，Inc.，1982，p. 128.

❹ Valerie E. Lee，Julia B. Smith. 关于中学最佳学校规模的研究［J］．张志霞，王燕，译．科学研究院学刊，1997（1）．

❺ 马晓强．关于我国普通高中教育办学规模的几个问题［J］．教育与经济，2003（3）：29－32．

❻ 同上。

业成绩关系的研究，其研究结论也表明："学校规模的大小在贫困地区对学业成绩的好坏有着显著的负面作用，而在富裕地区正好相反。在政策决策方面，佛罗里达立法机关要求对学校的规模实行上限规定，一些基金会也出资资助贫困地区创办小型学校。"[1]

日本在20世纪80年代提出的基础教育改革方案中也要求消除规模过大学校。规模过大学校的标准是班级数大于31人，消除的办法是促进规模过大学校分离。日本政府从1986年起，计划用5年时间实施消除规模过大学校，增加学校用地费补助，以促使中小学规模过大的学校数量迅速减少。"日本的学校班级定员一般是40—45人之间，因此它的中小学规模控制在1200—1400人。从1980年到1987年间，规模过大学校的比例从7%减少到3.5%，成效相当显著。日本东京都政府则明确规定中小学校的适宜规模为12—18个班，最大为24个班，超过24个班则分校，过小的学校则合并。以每班40人的标准计算，东京都确定的学校适宜规模应为480—720人。"[2]

（三）农村小规模学校（教学点）对教育公平的作用的研究

利特尔（Little）等人从扩大贫困地区学生受教育机会的角度论述了农村小型学校的作用，认为："小型复式学校对于扩大教育机会、让所有儿童接受教育（education for all）的目标具有极其重要的作用。据估计，全世界大概有1500万—2500万名的儿童没有接受教育，这些儿童大多居住在偏远落后地区，因此，经济社会发展落后地区的教育普及亟须设立小型复式学校。"[3]

一些学者还对农村小规模学校对学生学业公平的作用进行了研究，圣路斯（Jarousse，1991）[4]、罗哈斯（Rojas，1988）[5]、罗利（Rowley，1992）[6]和布瑞（Bray，1987）[7]等人分别对布基纳法索、哥伦比亚、巴基斯坦和印度尼西亚等国的农村小规模学校的学生表现进行了研究，得出的结论都显示了农村小

[1] 马晓强．关于我国普通高中教育办学规模的几个问题［J］．教育与经济，2003（3）：29－32.

[2] 同上。

[3] Angela W Little（2005）. Learning and Teaching in Multigrade Settings, Paper Prepared for the UNESCO EFA Monitoring Report, p. 8.

[4] Jarousse, J. P. and Mingat, A（1991）. Efficacite Pedagogique de l'enseignement a Cours Multiples dans le Contexte Africaine. Institut de Recherche sur l'Economie de l'Education, Centre National de la Recherche Scientifique, Dijon.

[5] Rojas, C and Castillo, Z.（1988）. Evaluacion del Programa Escuela Nueva en Colombia. Instituto Ser De Investigaciones, Bogota.

[6] Rowley, S. D.（1992）Multigrade Classrooms in Pakistan: How Teacher and Practices Affect Student Achievement. Unpublished Doctoral Dissertation, University of Harvard.

[7] Bray, M.（1987）Are Small Schools the Answer? Cost Effective Strategies for Rural School Provision, London, Commonwealth Secretariat.

型复式学校的学生在学业成就方面优于大规模学校的学生。其中，哥伦比亚的复式学校 3 年级学生在西班牙语和数学两个科目上优于大规模学校学生；巴基斯坦小型学校学生的认知水平优于大规模学校学生；印度尼西亚小型学校学生的大部分学科成绩都优于大规模学校学生。

也有部分学者从教育质量的角度针对农村小规模学校对教育过程公平的作用进行了研究。考品（Korpinen，1998）[1]、帕恩腾（Peltonen，2002）[2]、韦布（Webb，1998）[3] 等人研究指出：农村小型学校有利于培养学生的自学能力和合作能力，教学形式灵活多样，老师和同学之间的关系更加融洽，学生的学习环境像是在家庭氛围下的放松学习。这也促进了教学法从以教师为中心向以学生为中心的转变，加强了学生的自主意识，极大地促进了教育质量的提高。艾蒂安和吉恩（étienne，Jean，2004）[4] 对包括中国在内的几个亚洲发展中国家复式小规模学校的作用进行了探讨，主要论述了小规模学校有利于促进学生学习，能够保持较高的教育质量。

（四）关闭学校对教育公平的影响的研究

学校布局调整应该有合理的规划，否则关闭学校将会带来严重的后果。国外的研究发现，关闭学校可能带来以下影响：第一，影响被关闭学校原来的学生。科坦等人（Ctton. D，A. Frelh）的研究表明："学校关闭后受影响最大的是原学校的学生，他们是关闭学校负面影响的承担者。"[5] 罗比·克里利（Rob Crilly）的研究发现，学生的入学率与学生上学的距离成反比。第二，在关闭之前的相当长时间里，学校的正常教学秩序将受到影响。第三，任何学校对临近地区的服务远不止教育功能，作为学生及家长关注的焦点，它是临近地区"适于居住性"（liveability）的象征，居民常对关闭当地学校产生消极的反应。第四，关闭学校是对整合该地成为社会单位的一种破坏，并会使当地居民产生强烈的心理感受——认为这是该地区生命周期的一个阶段或一段时期的结束。

---

[1] Korpinen，E.（1998）. Village School as a Developmental Context for the Self - concept of a Pupil（Kyla koulu oppilaan itsetunnon kehittymisympa ristona.）In E. Korpinen（Ed.）. The Many Faces of a Village School（Kyla¨koulun monet kasvot）. Journal of Teacher Researcher 1，6 - 20（In Finnish）.

[2] Peltonen，T.（2002）. Development of Pre - education in Small Schools—from the Primary School of the Old Times to Pre - school. Faculty of Education，University of Oulu（In Finnish）.

[3] Webb，R.，& Vulliamy，G.（1998）. External Inspection or School Self - evaluation? A Comparative Analysis of Policy and Practice in Primary Schools in England and Finland. British Educational Research Journal，24（5）：539 - 557.

[4] étienne Brunswic and Jean Valérien.（2004）. Multigrade Schools：Improving Access in Rural Africa? Paris，International Institute for Educational Planning（IIEP）UNESCO. p. 26，35. http：//www. unesco. org/iiep.

[5] Cotton，D. and A. Frelich，Enrollment Decline and School Closing in a Large City，Education and Urban Society，1979，p. 11.

第五，关闭学校的地方往往是一些不同种族居住临近和低地位人群集中的地方，因此，关闭学校对社会地位低的人影响更大。

学校合并之后，很多学生往往要在上学途中花更多的时间，这会影响他们成绩的改进与提高。丽斯贝斯（Lisbeth，2009）考察了瑞典政府关闭小规模学校的后果后发现，“很多学生的家校距离达 20 公里甚至 30 公里，上学极为不便”❶。肯尼迪和麦克道格尔（Kennedy，MacDougall，2007）指出：“小规模学校关闭后学生要花费更多的时间乘坐校车，在大规模学校上学需要支出更多的教育成本。”❷ 鲁和特威滕（Lu，Tweeten）发现：“4 年级的学生乘车 1 小时，学习成绩下降 2.6 分。高中学校的学生受到的影响较小，他们每乘车 1 小时成绩只下降 0.5 分。”❸

波兰政府于 1999 年实施了涉及重新组织教育网络的教育改革，即学校布局调整。在这次教育改革中，有些社区的小学校被关闭，并改建为体育馆。在教育资源较为充足的地区，可以比较成功地解决合校带来的问题。而在教育资源不太充分的地区，合并学校被简单地理解为节省教育资源，合并学校的目标往往并没有被充分考虑，合并带来的不利影响较多，如接送孩子的高费用、由于村里的小学校关闭和教师减少导致的社会冲突、学生上学途中的危险性增大等。

奥布卡瑞丽（Obcrilly）的研究表明：“在英国，一些规模太小的乡村小学合并后，越来越多的家长不愿意让他们的小孩每天早晨到数英里以外的学校就读，而选择正规教育制度之外的家庭教育。”❹ 世界银行在非洲乍得进行的研究告诉人们，学校布局太分散可能会造成入学率偏低。在这种情况下，造成学校入学率低的原因表面上看好像是人们对基础教育的兴趣不足，实际却是学校供给不足造成的。

（五）消除学校布局调整对教育公平产生的负面影响的相关研究

针对学校布局调整对教育公平产生的负面影响，国外研究者提出了许多政策建议，并在实践中取得了一定的成效。归纳起来，消除或减少学校布局调整

---

❶ Aberg - Bengtsson, Lisbeth. (2009). The Smaller the Better? A Review of Research on Small Rural Schools in Sweden. International Journal of Educational Research, 48 (2): 100 - 108.

❷ Norma Kennedy. Mike MacDougall. (2007). School Closure Process Review Review Committee Report and Recommendations. January, p. 8.

❸ 吴修申，张纪云．美国农村中小学学校布局调整的动因及效果［J］．新课程研究（教育管理），2007（1）：66－69.

❹ Cotton, D. and A. Frelich, Enrollment Decline and School Closing in a Large City, Education and Urban Society, 1979, p. 11.

对教育公平产生的负面影响的研究主要从以下几个方面入手：

第一，加强教育规划。科学的教育规划能够避免一些不必要的布局调整，也能减少布局调整中的不利影响。“进行教育规划时，尤其要重视各种人口变量，包括人口的总量、年龄性别结构和城乡分布等。”[1] 有学者通过研究还发现：“在进行教育规划决策时，分散化的、自下而上的学校计划（bottom-up school planning）一般优于集中化的、自上而下的决策（top-down decisions），前者往往更能切合当地实际，而后者容易导致学校布局不合理，出现新学校闲置和临近地区的需要得不到满足共存的现象。”[2]

第二，在人口密度小的地方保留必要的小规模学校。温思慕（Winsome）等承担的联合国教科文组织项目在对澳大利亚、玻利维亚、韩国、马里等14个国家的农村小规模学校进行了调查研究后指出：“全世界各国无论经济社会发展水平如何，都拥有大量的农村小规模学校，尽管它们的数量在逐渐减少，但它们能满足偏远地区学生的教育需求，这类学校在未来将一定是继续存在的，因此必须采取措施加强它们的建设。”[3]

塞尔加·塞尼克主张，为保证儿童入学，学校应该靠近学生居住点，在农村地区，多年级同班上课和只有一个教室的小学是必要的，但这些小的学校需要有特别的设计和教学方法。[4]

道格拉斯·雷曼（Douglas Lehman，2003）也认为：“世界上发达国家在现代化发展和农村交通网络发达之前，其教育体系也在很大程度上依赖小型农村小学。从距离的角度出发，必须保留农村小规模学校，保证当地学生享有受教育机会。如，美国曾经有成千上万个一师一校的小学，至今仍有463个这样的学校。所以，对发展中国家的农村地区（尤其是学龄人口少的地区）而言，类似的学校模式是有效的。”[5]

第三，加强教师培训和教学方法的改进，保证小规模学校的教学质量。有

---

[1] Arun C. Mehta. Information Requirements for Educational Planning: Limitations and Gaps in the Existing System. http://arunmehta. free yellow. com/page132. html.

[2] Douglas Lehman, Bringing the School to the Children: Shortening the Path to EFA, August, 2003. Http://www1. worldbank. org/education/notes. Asp.

[3] Winsome Gordon & Lokisso. (1996). Enhancing the Effectiveness of Single-teacher Schools and Multi-grade Classes. Unesco in Collaboration with the Royal Ministry of Education Research Church Affairs, Norway. pp. 2 - 41.

[4] Serge Theunynck, School Construction in Developing Countries: What Do We Know? 2003, www1. worldbank. org/education/ pdf/EFAcase_ Construction. pdf.

[5] Douglas Lehman, Bringing the School to the Children: Shortening the Path to EFA, August, 2003. Http://www1. worldbank. org/education/notes. Asp.

学者强调："小规模学校需要得到支持，教师需要受到特别的训练，师资培训计划应该重新设计，以适应农村学校模式的特点，包括多班级教学的情况。小规模学校的出现，要求教育机构为多个年级同时上课的班级准备新型的教师，并广泛使用前沿的教学技术，以提高这些学校的教学质量。"❶

尼科尔和拉什米（Nicole，Rashmi，2007）对印度小规模学校的发展提出了建议："长期看来，要对小规模学校的成本—收益进行评估以确定印度哪些小规模学校需要撤销或保留，对保留的学校要给予长期的财政支持，消除农村地区学生的经济社会弱势地位，课程设置要适应偏远农村的实际情况，加强教师培训，促进社区居民与学校之间的相互联系，政府要改变对小规模学校和复式学校的传统观念等。"❷

丹尼斯（Dennis）❸从关闭学校的标准、政策导向、课程设置、资源供给、教师培训、远程教育等方面提出了加强加拿大农村小规模学校建设的建议。

艾蒂安和吉恩（Etienne，Jean，2004）通过对非洲各国小规模学校的研究提出了"加强农村小型学校建设的中长期详细计划，建议中央政府和地方教育行政部门承担起具体的职责和任务"❹。该建议涉及政府职责、教育资源支持、教师发展、课程改革、远程教育、学校合并等很多方面，对发展中国家小规模学校的质量建设具有重要的借鉴意义。

第四，对小规模学校的教学组织方式和学校建筑结构进行创新。英国曾在20世纪70—80年代大规模地合并学校，但并没有完全消除微型学校（minischools）。"在这种微型学校里，由于学生人数较少，一般采用的是垂直式分组的方式组织教学，即让不同年龄、不同能力的儿童在同一个教室里接受教育，对他们根据能力进行分组。学校一般采用小组活动和个人活动的教学方式，并实施一种相当灵活的时间表，这种教学方式使教师的时间得到了合理的利用。为适应学生数量少的特点，学校的校舍也做了相应的变化。教室在设计上越来越趋于开放型。如，一些古老的学校拆除了教室之间的墙壁。有些地方为进行合作教学还提出了一种双教室（twinned-classroom）计划。两个教室之间有一扇门，每

---

❶ Douglas Lehman, Bringing the School to the Children: Shortening the Path to EFA, August, 2003. Http: //www1. worldbank. org/education/notes. Asp.

❷ Nicole, Blum. , Rashmi, Diwan. (2007). Small, Multigrade Schools and Increasing Access to Primary Education in India: National Context and NGO Initiatives. Create pathways to access Research Monograph No 17, pp. 43 – 45.

❸ Dennis M. Mulcahy. (2009). Rural and Remote Schools: A Reality in Search of a Policy. Edge Conference October St. John's, NL. Canada.

❹ étienne Brunswic and Jean Valérien. (2004). Multigrade Schools: Improving Access in Rural Africa? Paris, International Institute for Educational Planning (IIEP) UNESCO. p. 91. http: //www. unesco. org/iiep.

个教室分别放置不同的材料，让两个教师负责组织不同的活动。这样，当儿童制定出他们的个人活动计划后，能够自由地出入两个教室去寻找材料或请求教师帮助。”❶

1999 年，印度拉贾斯坦邦政府对双教室学校（two-class school）标准进行了重新修订，采用成本—效益更高的单教室建筑（one room building），这种教室是经过特别设计的，能够提供多年级教学，在入学人数增加时还能方便地扩展为两个教室（Rajasthan，1996）。❷

西格斯沃思（Sigsworth，2001）❸ 和斯科特（Scott，1984）❹ 等分别针对埃塞俄比亚和美国内华达州的农村小规模学校情况提出了创建学校联合体来促进这类学校的发展，即将一定区域内的学校组成联合体，中心地区的大学校辐射偏远地区的若干小规模学校，这些学校共享教学设备和资源，教师定期到中心学校进行教学经验交流，各学校之间在资源共享中寻求发展和进步。

劳伦斯和诺玛（Laurence，Norma，2000）以哥伦比亚、澳大利亚等国偏远农村远程教育的经验为例，提出“通过改进教育技术，运用无线收音机、因特网、电话或卫星传输等方式进行远距离教学来辅助偏远地区小型学校的教学活动，从而减轻教师的压力，保证当地学生享受到更高质量的教育”❺。

第五，处理好师资问题。英国在撤并学校后，除了对教师进行转岗培训，还为教师提供两次选择新职业的机会。温思慕（Winsome，1996）等人指出“应给予小规模学校的教师额外的经济补偿，改善他们的工作条件，并在专业发展方面加强他们的职业训练；在理论和实践上尽力探索小规模学校的办学经验和加强教师的技能培养”❻。

总之，国外有关农村中小学校布局调整与教育公平的相关研究有利于我国在农村中小学校布局调整政策上吸取经验与教训，在实践中更好地解决该问题。

---

❶ W. T. S. Gould and R Lawton，Planning for Population Change，Croom Helm Ltd. London. 1986.

❷ Rajasthan（India）. Second District Primary Education Project，Report No 21966 — IN，p. 10. ~ worldbank. org/gender/projects_ programs/，1996.

❸ Sigsworth，Alan.，Solstad，Karl Jan.（2001）. Making Small Schools Work：A Handbook for Teachers in Small Rural Schools. UNESCO International Institute for Capacity Building in Africa Addis Ababa，Ethiopia，pp. 11 – 13.

❹ Scott，Robert J.（1984）. Teaching and Learning in Remote Schools：A Dilemma Beyond Rural. Education. Information from the National Information Center for Handicapped Children and Youth，Sep，p. 6.

❺ Laurence Wolff and Norma Garcia.（2000）. Multi – grade Schools and Technology. TechKnowLogia，May/June，2000? Knowledge Enterprise，Inc. pp. 38 – 40.

❻ Winsome Gordon & Lokisso.（1996）. Enhancing the Effectiveness of Single – teacher Schools and multi – Grade Classes. Unesco in Collaboration with the Royal Ministry of Education research church affairs，Norway. pp. 2 – 41.

二、国内对农村学校布局调整与教育公平的相关研究

自2001年农村中小学校布局调整政策开始实施以来，国内学者针对该政策的目标、实施过程、原因、方式、标准、结果、评价以及国外的经验教训进行了大量的综合研究，形成了大量相关研究成果。农村中小学校布局调整对教育公平的损伤与补偿属于教育政策实施结果评价与反馈研究的范畴，该研究主题主要涉及农村中小学校布局调整政策本身产生的后果或影响、对该教育政策的价值反思、政策对教育公平的损伤等相关议题。概括起来，目前国内与本课题相关的研究主要如下。

（一）农村中小学校布局调整负面影响的研究

学术研究往往始于一定的问题。农村中小学校布局调整在执行过程中所产生的负面影响是引起学术界研究热情的主要诱因。几乎所有关于农村中小学校布局调整的研究都会或多或少涉及该政策的负面影响或执行中出现的问题。

国内文献检索显示，北京师范大学的庞丽娟等（庞丽娟、韩小雨，2005）可能是学术界较早直接论及农村中小学校布局调整问题和负面影响的研究者，其在《农村中小学校布局调整的问题、原因及对策》一文中指出，“部分地区农村中小学校布局调整的失当所带来的各种问题及其消极影响已日益凸显：上学的困难与教育费用的上扬使得一些农村学生，尤其是边远、贫困山区学生遭遇求学危机，其家长也陷入欲罢不忍、欲上不能的困境”❶，具体表现在五个方面：农村中小学生上学路程遥远、困难，且存在严重的安全隐患；子女教育费用骤增，农民家庭无力支撑，难以为继；农村寄宿学校安全、卫生、管理等方面凸现许多困难，严重影响学生身心健康；中心学校班额陡增，教师工作繁重，教育质量难以有效保证；一些地区农民群众的切身利益与感情受到伤害，产生社会稳定隐患。

任运昌（2006）运用质的研究方法，对西部农村中小学校布局调整之后的农村寄宿制学校所产生的负面影响进行了研究。研究发现：“西部农村寄宿制学校在带给农民家长一系列正面影响的同时，也留给了他们更多的文化空白，加重了他们的经济负担和精神负担，强化了他们的错误教育观念。”❷

周芬芬（2006）研究发现，西部农村学前教育主要依靠小学附设的学前班完成，西部农村小学校的布局调整只考虑到小学的办学效益，而忽略了学前

❶ 庞丽娟．农村中小学校布局调整的问题、原因及对策［J］．教育学报，2005（4）：90－97．

❷ 任运昌．西部农村寄宿制学校给农民家长带来了什么——一项质的研究及其现实主义表达［J］．当代教育科学，2006（18）：17－21．

教育，“这些地方的学校或者教学点被撤并后，许多学龄前儿童因为上学远和上学不便而失去了接受学前教育的机会”❶。

刘贤伟（2007）通过调查研究发现，农村中小学校布局调整存在“忽视家长和学生的主体利益、忽视农村文化建设、忽视家庭教育、学校教育教学质量难以保证等问题。家校距离增加导致家长陪读接送负担重，学生上学路途过远对学生身心造成很大伤害；学校规模扩大导致安全隐患增加和教学资源紧张，难以保证教育质量与管理质量；学校寄宿导致家庭教育被忽视；学校关闭导致校产流失和浪费现象突出；学校消失导致农村文化传承的重要纽带被割断”❷。

郑国诜等（郑国诜、廖福霖、蒋小菁，2007）在对山区县城乡中小学布局调整进行调查分析后发现存在如下问题：“布局调整过快，小学寄宿制办学模式不够理想；教师结构失衡严重，城乡教育资源不够优化；激励措施有待改善，教师教育潜能需要深挖；城区中小学爆满的情况还将持续。”❸

卜文军等（卜文军、熊南凤，2007）❹ 在对农村贫困地区中小学布局调整情况进行调研的基础上，剖析了贫困农村地区中小学布局调整存在的资金短缺、调整不到位、寄宿条件差、辍学现象严重、学前教育受阻等主要问题。

崔志刚❺（2007）对撤点并校后农村小学师资现状进行了研究，发现教师队伍存在年龄老化、知识肤浅、观念落后、后继无人等问题。

何卓（2008）研究发现，农村偏远山区大规模的撤点并校客观上造成了部分小学生上学难、上学远的问题，甚至导致这些地区小学辍学率远高于其他地区。“2006 年，西部农村山区（不含县镇）小学辍学率高达 3.5%，部分农村边远山区和贫困地区甚至超过 5%。”❻

李祥云（2008）基于 19 省 80 多个乡镇 508 户农户的问卷调查发现，学校布局调整不同程度地增加了学生家庭的交通成本、生活成本和照顾成本。其中，“每月花费的交通费用在 10—30 元的学生占调查样本的 19.3%，花费的交通费用在 30—50 元的学生占调查样本的 6.9%，花费的交通费用在 50 元以

❶ 周芬芬．西部农村学前教育发展的困境与突围［J］．学前教育研究，2006（12）：35－38.

❷ 刘贤伟．农村中小学校布局调整的负面影响［J］．教育科学研究，2007（8）：19－21.

❸ 郑国诜，廖福霖，蒋小菁．山区县城乡中小学布局调整存在的问题与对策分析——以福建省德化县为例［J］．内蒙古师范大学学报（教育科学版），2007（10）：14－16.

❹ 卜文军，熊南凤．农村贫困地区中小学布局结构调整存在的问题与对策［J］．教育与经济，2007（4）：59－62.

❺ 崔志刚．撤点并校后农村小学师资现状与对策［J］．内蒙古教育，2007（9）：16－17.

❻ 何卓．对我国农村中小学校布局调整的思考［J］．教育发展研究，2008（1）：35－39.

上的学生占调查样本的 11.6%；存在严重安全问题而需要接送的学生占调查样本的 8.7%，担心安全问题没有接送的学生占调查样本的 54.7%；为孩子上学而到学校周围买房或租房陪读的占被调查对象的 9.4%；目前没有买房或租房陪读，但以后会这样做的占被调查对象的 19.5%；回答因布局调整而产生额外食宿费用的农户占样本的 11%"❶。

王颖、杨润勇（2008）经调查发现，新一轮农村中小学校布局调整后的负面效应凸显："学生遭遇求学难，人身安全、身体健康受到影响，辍学率上升，寄宿生中的问题学生有所增加，学前班幼儿求学受到极大影响；家庭教育成本上扬，农民负担加重；学校管理难度增加，教育质量难以保证；国家、集体财产蒙受损失，布局调整的公平性受到质疑。"❷

华中师范大学教育学院的范先佐教授（范先佐，2009）领衔的"中国中西部农村中小学校合理布局结构研究"课题组基于 2006 年对我国中西部 6 个省区 38 个县市 177 个乡镇的问卷调查与分析发现，"农村中小学校布局调整后出现了学生上学路程远、学校缺乏后续配套资金、增加了教师工作负担及家长的经济负担等问题"❸。该研究建立在大样本实证调查的分析基础之上，是目前国内可见的对农村中小学校布局调整现存问题的描述最详尽、可靠和影响最大的成果。

杨贵平（2010）通过对贫困地区农民的调查发现，布局调整之后家长教育费用成倍增加，"按人均每年 700 元收入计算，一家 3 口人，住宿小学生一年的花费占家庭总收入的 75%，而一个中学住宿生的花费占到 96%，接近他全家一年的收入"❹。此外，布局调整还会新增大量公共教育投资，直接导致原有公共教育投资的浪费，导致乡村社区的凋零。

西北师范大学西北少数民族教育发展研究中心万明钢教授等（万明钢、白亮，2010）从规模经济的视角审视了农村教育布局调整后的"巨型学校"现象，认为"部分地区学校布局调整工作的矫枉过正催生了大批巨型学校，但对规模效益的过度追求引起了规模不经济的问题，也滋生出新的不公平"❺。

张洪华（2010）认为农村中小学校布局调整存在"以城市的眼光关照并

❶ 李祥云．农村中小学校布局调整与"两免一补"的实施情况分析——基于农户问卷调查的结果［J］．教育发展研究，2008（21）：57－61．

❷ 王颖，杨润勇．新一轮农村中小学校布局调整后的负面效应：调查反思与对策分析［J］．教育理论与实践，2008（12）：28－31．

❸ 范先佐，等．中国中西部农村中小学校合理布局结构研究［M］．北京：中国社会科学出版社，2009：149－169．

❹ 杨贵平．"撤点并校"对贫困农民、农村的影响［J］．生活教育，2010（1）：7－14．

❺ 万明钢，白亮．"规模效益"抑或"公平正义"——农村学校布局调整中"巨型学校"现象思考［J］．教育研究，2010（4）：34－39．

设计农村教育的倾向”，导致“农村在盲目追赶城市的过程中增加本已十分沉重的负担，并最终导致理论逻辑与实践逻辑的相悖”❶，出现了新的辍学、教育经费严重短缺、寄宿办学加重负担等问题。

东北师范大学农村教育研究所邬志辉教授（邬志辉，2011）对农村中小学校布局调整10年的走势分析进行研究后发现，农村中小学校布局调整存在以下演进态势：“学校数与在校生数减少不同步，学校减幅远远大于在校生减幅；学校规模和班级规模同步扩大，县镇大规模学校和大班额问题突出；教育城镇化发展与村庄学校消失并行，学生上学距离变远且寄宿低龄化。”❷

于泽元（2011）指出，城镇化背景下以学校撤并为主要方式的单一学校布局调整模式带来了巨大的问题和隐患，如“在一定程度上伤害了农民和农村学生的利益，引发社会冲突，造成农村义务教育普及率下降，寄宿制学校不完善，影响学生的身心健康等”❸。

总之，当前国内学者对农村中小学校布局调整负面影响的研究主要集中在对学生、教师、家庭和社会的影响上，内容涵盖了上学远、上学难、上学贵、社区文化、学校规模经济、教育资产浪费、师资建设、社会公平与正义等方面。这些研究都有利于深化对农村中小学校布局调整损伤教育公平的具体表现和相关背景的认识。

（二）农村中小学校布局调整对教育公平的影响的研究

2006年6月，新修订的《中华人民共和国义务教育法》（以下简称《义务教育法》）将教育均衡发展纳入法制轨道，并提出了多项均衡发展举措，此后的农村中小学校布局调整开始致力于教育均衡发展的新诉求。自此，学术界也开始从教育公平角度关注农村中小学校布局调整对教育均衡发展所产生的影响，以及二者之间的关系。

教育公平是一个相对抽象的概念，在我国当前历史条件下，教育公平的具体表现是促进教育的均衡发展。在教育均衡发展或教育公平的语境中，农村中小学校布局调整究竟对教育均衡发展产生了什么样的影响？对此，学术界观点存在较大的分歧，有赞有弹，当然也有中间观点。

范先佐（2008）基于对中西部6省（自治区）38个县市177个乡镇中小

---

❶ 张洪华．城镇化进程中的农村中小学校布局调整问题及反思［J］．教育理论与实践，2010（3）：2－4．

❷ 邬志辉．农村学校布局调整的十年走势与政策议题［J］．教育研究，2011（7）：22－30．

❸ 于泽元．城镇化背景下农村学校布局调整问题的教育对策［J］．天津市教科院学报，2011（3）：21－23．

学布局调整的调查认为："农村中小学校布局调整实现了促进区域内教育均衡发展的直接目标，并取得了以下主要成效：促进了教育资源的合理配置，促进了教师队伍优化和素质提高，促进了农村中小学教育质量提高。"❶ 但是，该研究同时也指出，如何保证农村小规模学校和教学点的质量，使偏远地区农村教育也能得到均衡发展仍是农村学校布局调整后迫切需要解决的问题。

米海燕（2008）❷ 认为农村学校布局调整有利于小学英语教学质量的提高，有利于英语课程资源方面的均衡发展。该研究指出：布局调整之后，小学英语师资力量增强，教学资源丰富；运用英语机会增多，学生自信心增强；学生合作能力增强，情感得到升华；知识面拓宽，文化背景知识增多，英语学习得到质的发展。

王嘉毅、吕晓娟（2007）❸ 指出：一些地方对学校布局进行了欠合理的调整，增加了农村学生求学的困难，加重了家长的负担。在西部贫困山区那些尚无条件举办寄宿制学校的地方，不合理的学校撤并导致学生上学远、上学难，从而出现了诸多"教育真空地带"，伤害了群众尤其是弱势群体的利益，损害了教育公平。

周芬芬（2008）在《农村中小学校布局调整对教育公平的损伤及补偿策略》一文中通过实证研究发现："以效率与公平兼顾为目标的农村中小学校布局调整并没有使得农村教育更加公平，相反还使得原有脆弱的农村教育公平受到伤害，布局调整使得偏远地区农民的家庭经济负担加重，上学路程变远造成了儿童上学困难增大，部分地区辍学率增大，布局调整还使得农民在优质教育资源竞争中更为边缘化。"❹

常芳（2008）通过对陕西和宁夏地区的抽样调查发现："被合并学校学生的学习成绩差于合并主校和未合并学校的学生，并且在合并后有扩大的趋势。总体而言，对相对弱势的两个群体，即被合并学校学生和山区学生而言，合并前后的情况趋同。"❺

薛正斌、刘新科（2009）就偏远农村地区学校布局调整对教育公平的影

---

❶ 范先佐．农村学校布局调整与教育的均衡发展［J］．教育发展研究，2008（7）：55－60.

❷ 米海燕．农村小学撤点并校有利于小学英语教学［J］．内江科技，2008（10）：156.

❸ 王嘉毅，吕晓娟．教育公平视野中的农村学校布局调整［J］．甘肃社会科学，2007（6）：85－88.

❹ 周芬芬．农村中小学校布局调整对教育公平的损伤及补偿策略［J］．教育理论与实践，2008（7）：31－34.

❺ 常芳．小学布局结构调整政策对农村地区教育公平的影响研究——基于陕西和宁夏农村小学的实地调查［D］．西安：西北大学，2008.

响进行研究后发现：在教育起点公平方面，布局调整增加了农村偏远地区学生的上学距离和经济负担，导致学生更易辍学；在教育过程公平方面，大班教学和寄宿制不利于农村偏远地区学生公平地接受高质量的教育。

赵丽（2009）[1]经研究发现：学校布局调整后学校服务半径增大，学生上学路途遥远，增加了农民的负担；学生的安全问题相对突出，增加了寄宿生在生活和心理方面的困惑。

许小平、杨挺（2009）研究发现：不合理的布局调整直接导致部分学生的教育公平在不同程度上受到了损害，“突出表现在偏远地区家庭负担更重和部分地区辍学率提高两个方面”[2]。

万明钢（2009）从教育公平的角度审视了撤点并校带来的隐忧，认为学校向县乡集中带来的直接后果是城镇出现“巨型学校和巨型班级”[3]，给学校管理、学校文化营造、校风建设以及教育资源再分配等方面都带来新的问题；学校过于集中也给居住分散的农村学生上学带来不便，不仅路途遥远，也存在安全隐患，加重了家长和学生的负担；寄宿制、一餐走读制或租车接送加重了家庭的经济负担，容易引发学生失学和辍学。

邬志辉（2010）经过研究指出：“学校布局调整被看作优化农村教育资源配置、促进农村教育公平的战略举措，从教育行政部门的角度来看，农村学校布局调整使所有的农村儿童都有同等的机会接受高质量的义务教育，但是从农民的角度来看，获得这种高质量教育机会的代价是非常昂贵的。因为这种高质量的教育机会是不方便的、非人本的和高成本的。”[4]

王海英（2010）认为“学校布局调整将改革的成本转嫁给了偏远村落的农民”，学校撤并增加的教育费用、上学路途遥远可能存在的交通危险、适应新环境可能产生的心理不适应等问题都需要那些学校被撤并的孩子来承担。“政府以‘效益’、‘质量’、‘均衡’为口号而大肆进行的学校布局调整，其实质却是对弱势群体教育利益的再一次剥夺。农村学校布局调整是一个国家与社会互动的利益调整过程，而在调整的过程中，损害最大的是那些偏远地区的最弱势群体。”[5]

---

[1] 赵丽．农村中小学校布局调整挑战教育公平［J］．华章，2009（4）：86.

[2] 许小平，杨挺．公平与效率视野下农村中小学校布局调整之审思［J］．教育测量与评价，2009（8）：18－20.

[3] 万明钢．以促进教育公平和教育均衡发展的名义——我国农村“撤点并校”带来的隐忧［J］．教育科学研究，2009（10）：19－20.

[4] 邬志辉．农村学校布局调整的十年走势与政策议题［J］．教育研究，2011（7）：22－30.

[5] 王海英．农村学校布局调整的方向选择——兼谈农村学校“撤存”之争［J］．东北师大学报（哲学社会科学版），2010（5）：247－252.

范先佐等（2011）从教育均衡发展的角度发现布局调整对教学点产生了以下负面影响："学生不能公平享受同等质量的教育，教师的专业化发展受到影响，农村学校之间的差距拉大。"❶

范铭、郝文武（2011）指出："把农村学生都'转移'到城市变成'城市人'，从而达到均衡的农村学校布局调整政策是一种被城市化的均衡，其本质就是一种以放弃农村为代价的、虚伪的'城市中心主义'。在这种美化了的'教育均衡'论调的掩盖下，'被转移'到城市的学生不仅要承担远离家园而超额付出的经济代价，还要忍受远离父母而亲情缺失的精神代价，从自己的童年时期就开始过一种与农村社会割裂的、相对封闭的、充满约束的集体生活。"❷

赵丹等（赵丹、范先佐，2011）指出："农村学校布局调整政策旨在促进教育的均衡发展和教育公平，而在政策实施过程中，大量教学点被撤并，导致偏远农村学生面临上学远、教育成本增加、辍学等问题，违背了政策的初衷。"❸

侯佛钢（2012）从教育均衡发展的角度就农村中小学校布局调整对山区农村低年级教学点的负面影响进行研究后发现："在布局调整中，很多山区低年级教学点渐渐成了我们遗忘的'角落'，在教学质量上与城镇小学同年级的差距不断加大，存在优秀教师缺乏、师资队伍不稳定、教学态度不认真、学生缺乏学习兴趣、发展受到限制等严重影响我国义务教育均衡发展的问题。"❹

粟远荣、杨小杰（2012）基于湖南、贵州两省35所农村中小学的调查分析，对农村贫困地区学校布局调整引发的上学难问题进行了研究并发现："布局调整增加了贫困地区学生上学途中的安全风险、上学的经济负担和生活的不便，增加了学生的心理负担。"❺

总之，当前学术界就农村中小学校布局调整对教育公平的影响的研究，在肯定该政策整体上对教育均衡发展有一定积极作用的基础上，更多地集中在对偏远山区、贫困家庭和教学点学生所造成的"上学远""上学难"和"上学贵"等负面影响上，有关学校规模和师资对教育过程公平的影响也有涉及。

---

❶ 范先佐，郭清扬，赵丹．义务教育均衡发展与农村教学点的建设［J］．教育研究，2011（9）：34－40.

❷ 范铭，郝文武．对农村学校布局调整三个"目的"的反思——以陕西为例［J］．北京大学教育评论，2011（2）：178－189.

❸ 赵丹，范先佐．偏远农村学生上学难问题及对策思考——以学校布局调整为背景［J］．河北师范大学学报（教育科学版），2011（12）：37－41.

❹ 侯佛钢．探索农村中小学校布局调整对山区农村低年级教学点的影响［J］．现代中小学教育，2012（4）：6－9.

❺ 粟远荣，杨小杰．从教育公平角度看农村贫困地区学校布局调整引发的上学难问题——基于湖南、贵州两省35所农村中小学的调查分析［J］．教育与教学研究，2012（3）：6－8.

（三）农村中小学校布局调整影响教育公平的相关因素的研究

在农村中小学校布局调整影响教育公平的相关因素的研究中，目前还鲜有直接针对该问题的综合性实证研究。多数学者只是从教育公平的一个方面或一个角度来就其相关因素进行研究，而且研究多集中在学校布局调整对学生学业公平（学习成绩）的影响上。

王嘉毅、吕晓娟（2007）认为“儿童家庭的地理位置是影响儿童受教育机会的因素之一”❶。在学校布局调整中，学校的撤并会导致原有学校出现三种情况，即学校资源的优化重组、学校的迁移、学校的关闭。在第一种情况下，儿童受教育机会无疑会增加。在后两种情况下，儿童的就学地点会随着学校的关闭或迁移而发生改变，从而引起儿童与学校之间的距离发生改变。当新校址显著增大了儿童与学校之间的距离时，儿童失学、辍学的可能性将会增加，其受教育的机会将会减少。而在地理位置方面处境不利的群体，在受教育机会方面更容易受家庭与学校之间距离远近的影响。

西北大学西北社会经济发展研究中心高东胜等（2007）通过建立学习成绩变化的影响因素倍差分析模型（DID），利用陕西省6区县、12乡镇、36所完全小学2002年和2006年的截面数据，对农村小学布局调整后上学距离的改变如何影响学生成绩做了实证分析。模型的估计结果表明：“距离的增加对学习成绩的提高并未产生负面影响，距离的增加对山区学生提高学习成绩作用显著，距离的增加与上学距离变远的男学生、步行上学的学生、在家住宿的走读生等学习成绩的提高负相关，但在统计上并不显著。”❷

东梅等（2007）以陕西农村小学为例，对农村小学布局结构调整后班级规模扩大对学生学习成绩的影响进行了实证分析。其研究认为：“班级规模的扩大对学生成绩确实产生了一定的负面影响，即班级规模扩大导致了学生的学习成绩下降；学校合并因素也对学生的学习成绩产生了负面影响，但并不显著。”❸

岳爱（2007）利用西北社会经济发展研究中心2006年对陕西6个县的调查数据，运用倍差分析法研究了是否在校就餐对学生成绩的影响。研究表明“这种变化对学生成绩有显著的正面影响”❹。

---

❶ 王嘉毅，吕晓娟．教育公平视野中的农村学校布局调整［J］．甘肃社会科学，2007（6）：85－88.

❷ 高东胜，史耀疆，刘承芳，等．上学距离对学生学习成绩的影响研究——基于陕西省农村小学的实证分析［R］．西北经济社会发展研究中心研究报告，2007.

❸ 东梅，常芳，岳爱．班级规模与学生成绩的实证分析——以陕西为例［R］．西北经济社会发展研究中心研究报告，2007.

❹ 岳爱，刘承芳，宋宇．是否在校就餐对学生成绩的影响——基于陕西省农村小学的实证分析［R］．西北经济社会发展研究中心，2007.

白媛媛等（2007）根据西北大学西北社会经济发展研究中心2006年收集的农村小学合并调查数据，运用倍差分析法对农村小学生同村伙伴变化对学习成绩的影响进行了分析。结果显示：“中国农村小学生在校学习期间的学习成绩存在伙伴效应。具体来说，同村伙伴的增加对学生学习成绩有正向作用，但对男女学生的反应不尽相同，对女生的影响更为显著。”❶

宋宇等（2007）以陕西省农村小学为背景，利用倍差分析法对小学阶段学生学习成绩与教师学历提高的关系进行了计量经济学分析。结果发现：“无论从平均成绩还是单科成绩来看，教师学历的改善对学生成绩的提高总体上都有正影响，特别是在控制教龄后，这种影响仍很显著。”❷

赵伟伟等（2007）采用陕西36所学校的学生留级前后成绩的调查数据，使用倍差分析法、倾向得分匹配法和倍差匹配法分析了布局调整中留级对学生成绩的影响。“尽管统计描述显示留级能够提高留级学生成绩，但是多元回归分析的结果显示留级对学生成绩没有显著正效应。甚至在某些情况下（比如说2年级留级），留级妨碍了学生提高成绩。”❸

于海波（2009）分析和探讨了农村中小学校布局调整过程中辍学率反弹的四点原因：“首先，教育费用骤增，家庭难以支撑；其次，就学路途较远，存在安全隐患；第三，新校问题复杂，教学质量不高；第四，学校条件有限，影响学生学习。”❹

雷万鹏（2010）以31个省（市、自治区）为基本单元，结合横截面与时间序列数据建立多元回归模型，探讨了影响义务教育学校数量变化的因素。结果表明：“在校生数量是影响学校布局的最主要因素。在控制其他因素的情况下，农村小学在校生数量对学校数量有正向影响，农村小学班额对学校数量有反向影响，人均公路长度对农村小学数量有显著负向影响。”❺ 这就意味着生源数量下降是义务教育学校数量减少的决定性因素，农村小学在校生数量波动和班级规模也是影响农村小学数量变动的最重要因素。虽然该研究非布局调整影响教育公平因素的直接研究，但该研究结论说明，地广人稀的山区、偏远地

---

❶ 白媛媛，罗仁福，刘承芳等．农村小学生学习伙伴效应的实证分析——以陕西、宁夏为例［R］．西北经济社会发展研究中心，2007.

❷ 宋宇，刘承芳，岳爱，等．教师学历提高能改善学生成绩吗？——基于陕西数据的实证研究［R］．西北经济社会发展研究中心，2007.

❸ 赵伟伟，陈欣欣，史耀疆，等．中国农村留级对学生成绩的影响研究［R］．西北经济社会发展研究中心，2007.

❹ 于海波．农村学校布局调整要警惕辍学率反弹［J］．求是，2009（16）：56－57.

❺ 雷万鹏．义务教育学校布局：影响因素与政策选择［J］．华中师范大学学报（人文社会科学版），2010（5）：155－160.

区的生源数量下降较快；交通状况较好的地区在布局调整中学校数量最容易减少，教育机会公平最容易受损。

卢珂、杜育红（2010）使用“西发项目”中广西的面板数据，采用对比两水平增值模型和OLS估计结果发现：“学校布局调整整体上对小学生成绩具有负向影响，对语文成绩的影响尤为显著。学校办学条件、生均寄宿面积、学校满意度对学生成绩有正向影响，寄宿生的成绩略低于非寄宿生，家校距离远、家庭经济负担重、学校配套设施不健全、学校心理疏导缺失等因素对学生成绩产生负向影响，这种负向影响已经超出了学校办学条件等因素对学生成绩的正向影响。”[1]

郑磊、卢珂（2011）使用BEWAMS数据研究了农村中小学校布局调整背景下西部农村小学生转学行为对成绩的影响。结果发现：“在控制了学生个体特征、家庭背景、学校质量等因素后，转学总体上对成绩有显著的负面影响。此外，转学对家庭社会经济地位较低的学生影响更大：转学年级越低，或从教学点转学，这种负效应也较大。”[2] 研究进一步揭示了转学对成绩产生影响的机制在很大程度上源于学生的适应性，学生适应性的提高可以显著降低转学对成绩的负效应。

综上所述，学术界当前关于农村中小学校布局调整影响教育公平的因素的研究主要集中在对以学生成绩和辍学为因变量的影响因素的研究上，而对教育公平的其他变量则还没有涉及。

（四）农村中小学校布局调整影响教育公平的整体原因的研究

农村中小学校布局调整为什么会影响教育公平，其原因究竟有哪些？这是学术界都正在着力研究的问题。在研究过程中，不少学者都是将该问题放置于农村中小学校布局调整所产生的问题与负面影响范畴中进行整体回答，形成了以下主要观点。

第一，政策执行失误论。该观点认为，农村中小学校布局调整的政策出发点和方向都是好的，但是各地政府在执行过程中对中央政府提出的政策目标、原则领会失误，存在规划不合理、执行方式一刀切等问题，导致该政策在执行过程中偏离教育公平与效率兼顾的初始目标。

何卓（2008）认为：“全国农村中小学布局结构调整出现问题的原因既有中西部农村地理环境条件特殊等方面的因素，同时也存在操作不当的因素：一

---

[1] 卢珂，杜育红．农村学校布局调整对学生成绩的影响——基于两水平增值模型的分析［J］．清华大学教育研究，2010（6）：64－73．

[2] 郑磊，卢珂．转学对学生成绩的影响：来自中国西部农村的证据［J］．教育学报，2011（2）：80－89．

些地方并不具备农村中小学校布局调整的条件，过于强调降低教育成本、减轻财政负担，盲目加大调整力度，没有充分考虑布局调整的复杂性和给就读学生家庭增加的负担；中西部不少县市由于地方财政状况较差，布局调整后的寄宿制学校生活设施建设和家庭经济困难学生寄宿生活补助资金投入严重不足，引发了一些新的问题。”[1]

也有学者认为：“农村中小学校布局调整的实质是政策推行者与接受者之间利益博弈的过程。农村中小学校布局调整过程中政府自上而下的‘强制性制度变迁’特点使村民在与地方政府之间的利益博弈中处于被动和弱势地位。政府‘一刀切’的地方政策执行方式和民主公正程序的缺乏导致弱势群体的话语权和利益诉求得不到保障，其教育公平权益由此受到损伤。”[2]

东北师范大学的邬志辉等人（2010）[3] 也把程序公正问题作为探讨农村中小学政策与教育公平的核心议题，强调程序不公是导致农村义务教育公平受损的原因之一。

“中国中西部农村中小学校合理布局结构研究”课题组（范先佐等，2009）[4] 的研究认为，缺乏合理的科学规划是导致农村中小学校布局调整损伤教育公平的主要原因之一。

夏雪（2009）从新制度经济学的视角出发，认为在布局调整政策的实施过程中之所以出现了一些违背政策初衷的问题，其原因“在于地方政府存在逆向选择、应声虫现象和道德风险三个方面的‘机会主义行为’”[5]。

许小平、杨挺（2009）认为，在实施学校布局调整的过程中，“一些地方由于没有吃透有关政策，没有遵循‘循序渐进，分步实施，区别对待’的原则，没有依据当地实际、因地制宜，而是盲目地搞‘一刀切’，在不同程度上伤害了群众尤其是弱势群体的利益，损害了教育公平”[6]。

林丹（2010）认为，部分地区在实施布局调整过程中之所以出现如此频繁而严重的负面问题，“其中一个很重要的方面是与改革者自身缺失‘改革智

---

[1] 何卓．对我国农村中小学校布局调整的思考［J］．教育发展研究，2008（1）：35－39．

[2] 贾勇宏．教育政策执行中的村民与地方政府利益博弈——以中西部6省区农村中小学校布局调整为例［J］．教育科学，2008（2）：29．

[3] 邬志辉．农村学校布局调整的十年走势与政策议题［J］．教育研究，2011（7）：22－30．

[4] 范先佐，等．中国中西部农村中小学校合理布局结构研究［M］．北京：中国社会科学出版社，2009：149－169．

[5] 夏雪．农村中小学校布局调整中的机会主义——一个新制度经济学视角［J］．教育科学，2009（3）：10－14．

[6] 许小平，杨挺．公平与效率视野下农村中小学校布局调整之审思［J］．教育测量与评价，2009（8）：18－20．

慧’有关”[1]。

魏戈（2010）认为，农村学校布局调整政策实施的落脚点出现公平偏差，“根本原因是部分地区对政策的片面理解导致‘执行过程中的刚性与盲目’，主观上希望布局调整能够促进教育公平与教育质量提高，却忽略了边远贫困地区的教育供求矛盾性质‘不是优质教育资源的稀缺导致的教育不公，而是因绝对数量不足、教育活动的最基本条件难以保障导致的儿童受教育机会缺失的不公’，最终使主观愿望与客观结果出现偏差”[2]。

谢秀英（2011）认为“集体非理性”是导致农村中小学校布局调整伤害了教育公平的直接原因。教育公平受损的“直接原因在于农村中小学的过度撤并，而导致学校过度减少的原因在于地方政府只追求经济效益的最大化而忽视政治效用和社会效用的不理性行为”[3]。

第二，政策价值取向偏差论。该观点认为农村中小学校布局调整在实践中的政策价值取向存在重视教育经济效率或效益、忽视或轻视教育公平的偏差，对规模经济效益目标的过分追求没有正确处理好效率与公平的教育政策价值取向的关系，结果导致了对教育公平的损伤。

周芬芬（2006）认为：“农村中小学校布局调整不可避免地会遇到公平与效率的冲突，这种冲突在政策文本中被政策设计者采用模糊性的语言掩盖了，地方政府在目标、手段和最后结果的评价上都存在较高的模糊性。这种模糊性使得提高教育经济效率的目标在实际执行中得到激励，而确保教育公平的目标却在模糊的执行艺术中被忽略，由此导致教育公平受损。”[4]

秦沫（2010）认为，农村中小学校布局调整的城镇化趋势所产生的乡村学校被消灭等影响教育不公平的现象是“学校布局调整政策偏好城镇取向的结果”[5]。

雷万鹏、张婧梅（2010）认为，学校撤并标准反映了学校布局调整的政策价值和决策模式，“在经济理性价值观主导下，义务教育‘单一性’的学校撤并标准过于推崇教育规模效益，偏离教育本位，‘一刀切’的撤点并校行为

---

[1] 林丹．布局调整，渐行渐远——兼论农村中小学校布局调整过程中地方政府的改革智慧［J］．湖南师范大学教育科学学报，2010（6）：12－17.

[2] 魏戈．义务教育阶段农村学校布局调整的落脚点：公平、均衡与效率［EB/OL］．公共学坛，2010（2）.

[3] 谢秀英．农村中小学校布局调整中的集体非理性分析［J］．中国教育学刊，2011（4）：9－12.

[4] 周芬芬．地方政府在农村中小学校布局调整中的执行策略——基于模糊冲突模型的分析［J］．教育与经济，2006（3）：64.

[5] 秦沫．西部乡村学校撤并调查［J］．新西部，2010（2－3）：17－19.

导致农村大量小规模学校被合并或关闭，引发了新的社会矛盾”❶。

白亮、万明钢（2011）认为：“农村学校布局调整作为一项公共教育政策，存在理性和价值两种决策取向。理性取向是从经济学的视角出发考虑问题，政策目标在于如何提高教育效率；而价值取向则指向教育公平，让农村学生享受到和城里学生一样的教育。然而对规模效益的过度追求导致效率与公平的天平更多偏向了效率，也就是说在价值取向与理性取向之间更多地偏向理性而舍弃了价值。”❷ 正是这种价值偏差导致了学校布局调整对教育公平的损伤。

第三，政策认识模糊论。该观点认为农村中小学校布局调整政策之所以出现损伤教育公平等问题，主要原因在于对该政策的相关问题的认识还不够清晰，难以对布局调整的工作实际产生规范的约束和正确的指导。

周芬芬（2008）认为，农村教育公平之所以没有通过布局调整得到提升，反而受到损伤，是“因为布局调整所能达到的质量公平必须建立在机会公平得以实现并得到巩固的基础上，这是布局调整的基本前提。农村教育改革的质量目标是否达到，依赖于这项改革对于受教育者是否成为有效改革，也就是说，只有当相对优质的教育资源的供给对于每一个孩子来说都成为有效供给时，才能称得上是实现了教育的质量公平，否则，优质的教育资源对他来讲就没有意义”❸。

万明钢、白亮（2010）认为，对教育公平的认识误区是导致布局调整损伤教育公平的原因之一。“当前很多地区都把学校布局调整中农村学校数量减少和城区学校规模扩大视为促进教育公平的做法，其实只是一种‘形式平等论’。消除差异、实现整齐划一仅仅实现了教育公平中的平等原则，只有对不同情况不同对待时，才是更有意义的教育公平。”❹

秦玉友（2010）认为，农村学校布局调整之所以存在教育公平问题的争议，“是因为对农村学校布局调整的认识尚在讨论之中，对农村学校布局调整的底线尚不明晰”❺。

---

❶ 雷万鹏，张婧梅．学校布局调整应回归教育本位——对学校撤并标准的实证分析［J］．教育研究与实验，2010（3）：6－10.

❷ 白亮，万明钢．“经济理性”还是“价值公平”——农村学校布局调整政策的取向分析［C］．城乡教育一体化与教育制度创新——2011年农村教育国际学术研讨会论文集，2011.

❸ 周芬芬．农村中小学校布局调整对教育公平的损伤及补偿策略［J］．教育理论与实践，2008（7）：31－34.

❹ 万明钢，白亮．“规模效益”抑或“公平正义”——农村学校布局调整中“巨型学校”现象思考［J］．教育研究，2010（4）：34－39.

❺ 秦玉友．农村学校布局调整的认识、底线与思路［J］．东北师大学报（哲学社会科学版），2010（5）：150－155.

高光（2010）也认为，当前农村中小学校布局调整工做出现了一些“新情况、新问题”，原因“在于地方政府在农村中小学校布局调整上存在重大认识上的不足，具体表现在：布局调整工作没有认识到教育的特殊性，没有认识到农村教育与农村文化的关系，没有认识到学校发展的特点，没有认识到农村人口出生率的增长”❶。因此，农村中小学校布局调整工作必须采取“行政三分”的体制，即在决策上，建立多方参与的决策机制；在执行上，做到以学校为主体；在监督上，把监督纳入法制化轨道。

邬志辉（2010）认为：“对学校布局调整认识不足而产生的不合理学校撤并标准是导致该政策损伤教育公平的主要原因。农村学校布局调整标准是推进农村学校布局调整，促进农村学校布局调整科学化、合理化和规范化的核心政策问题”，“现实的国家政策标准模糊不清，引发了农村各地盲目的撤并风潮，学术研究提出的布局标准又过于理性和静态，难以指导复杂的农村实际，县市教育行政部门自行开发的布局调整标准过于重视客观效果，忽视了农民的利益诉求”❷。

第四，教育财政短缺论。该观点认为，部分地区教育财政的短缺引发了追求规模经济效益的过度撤并，农村义务教育经费的短缺所导致的政策配套措施不到位又导致了布局调整后教育公平问题的恶化。教育财政短缺成为农村中小学校布局调整损伤教育公平的主要原因之一。

范先佐等（2009）指出：“布局调整的顺利实施需要一定的政策保障机制，特别是经费保障机制来支撑，才能保证其积极效应的发挥。但是，目前政府的资金投入远没有达到布局调整规划的要求。”❸ 因此，由资金投入不足而引发的问题，如布局调整过程中予以保留的农村中小学的基础设施不足问题、寄宿制学校贫困生的生活负担问题、寄宿制学校建设和管理费用问题等，已成为当前农村中小学校布局调整过程中各种矛盾的集合点。

（五）农村中小学校布局调整损伤教育公平的对策的研究

针对消除农村中小学校布局调整对教育公平的损伤与负面影响的对策的研究，许多学者都从不同视角和侧面提出了自己的看法，归纳起来主要有以下几点。

第一，制定科学合理的学校布局调整标准，规范学校布局调整行为。该观

❶ 高光．对农村中小学校布局调整问题的新思考［J］．教育理论与实践，2010（3）：6-8．

❷ 邬志辉．中国农村学校布局调整标准问题探讨［J］．东北师大学报（哲学社会科学版），2010（5）：140-149．

❸ 范先佐，郭清扬．我国农村中小学校布局调整的成效、问题及对策［J］．教育研究，2009（1）：31-38．

点主要从学校布局调整的合理价值取向与标准角度提出规范学校布局调整行为以保障教育公平的对策，如科学规划、规范撤并、程序公正等。

范先佐、郭清扬（2009）强调了科学合理规划的重要作用，认为“农村中小学校布局调整规划是国家、地区为农村中小学合理布局而做出的具有全局性、长远性和根本性的谋划与决策，因此，规划的制定和执行必须严肃、准确和科学”❶。强调布局调整必须考虑两点：一是便于学生入学，二是有利于提高教育资源利用效率。在公平与效率现实矛盾关系的取舍中，“义务教育阶段应在公平优先基础上兼顾效率，学校布局调整必须在公平与效率之间寻求一种动态的平衡”❷。万明钢、白亮（2010）也提出要科学制定区域教育规划和学校建设的国家标准。

王泽德（2009）强调应该规范撤并行为。“一方面，我们要尽快采取措施，制止一些地方不合理的‘撤并’行为，并对已经造成的不良后果给予积极有效的调整；另一方面，中央政府应尽快对各地农村中小学校布局调整规划及其工作进展进行监督与评估，确保各地能因地制宜、实事求是、科学合理地稳步推进布局调整，保障农村义务教育持续、健康地发展。”❸

谭春芳等（2009）通过对美国布局调整中小规模学校政策的经验与教训进行梳理后认为：“学校规模大未必就好。从教育公平角度考虑我国学校，布局调整后的学校规模不宜过大，要加大对学生的资助力度，学校合并时要考虑人口密度和自然环境，减轻学生家庭的经济负担，为小规模学校的发展提供良好的环境。”❹

秦玉友（2010）认为农村学校布局调整除了遵循农村学校布局调整的规律认识，还要注意不能触及农村学校布局调整的底线：“学生在场是学校布局调整努力的教育意义底线；生命安全是学校布局调整推进的公众支持底线；身心健康是学校布局调整实施的优先目的底线；文化多元是学校布局调整实践的意义对照底线。”❺

白亮、万明钢（2011）认为：“教育公平与教育效率是学校布局调整中

---

❶ 范先佐，郭清扬．我国农村中小学校布局调整的成效、问题及对策［J］．教育研究，2009（1）：31－38.

❷ 范先佐，郭清扬．我国农村中小学校布局调整的成效、问题及对策［J］．教育研究，2009（1）：31－38.

❸ 王泽德．对我国农村中小学校布局调整的反思［J］．教育学术月刊，2009（5）：98－100.

❹ 谭春芳，徐湘荷．大就好吗——美国小规模中小学校（学区）合并问题研究［J］．外国中小学教育，2009（2）：19－22.

❺ 秦玉友．农村学校布局调整的认识、底线与思路［J］．东北师大学报（哲学社会科学版），2010（5）：150－155.

两个相互联系、同等重要的教育政策目标。在当前农村学校布局调整政策的实践中，必须寻求公平与效率之间的平衡。在面对生源锐减、校点过于分散、学校办学效益不高等问题时，毫无疑问农村学校布局调整必须进行。然而在整个调整的过程中应该把握好一个度的问题，让农村学校布局调整政策兼顾公平正义与规模效益之间的平衡，而不应将学校布局调整推向追求规模效益的极端。”❶

秦玉友、孙颖（2011）也强调了布局调整追求限度的重要作用，认为：“在学校布局调整过程中的价值追求、理想学校规模追求和程序公正追求并不能单维进行，这些追求常常面临许多限制，价值追求往往伴以社会代价负累，理想学校规模追求往往面临家校距离限制，程序公正追求往往遭遇信息成本门槛。任何一种追求都必须时刻关注其相应限制，否则，许多追求常常会背道而驰。”❷

雷万鹏、张婧梅（2011）强调要构建公正的学校撤并程序，认为：“为回应民众需求，最大化地实现公共利益，我国亟须在学校布局调整决策机制上进行深刻变革，以构建公平正义的学校撤并程序。转变政府职能，理顺中央与地方权责关系，扩大民众参与，构建多元化利益表达机制，实施规范的学校撤并程序是改革的必由之路。”❸

万明钢（2010）针对学校布局调整的城镇化模式所带来的问题指出“要实行多样化的办学形式，而不是简单地将农村教育全部积聚到城区集中办学，用城市教育代替农村教育。就教育公平而言，不仅要使学生受教育的机会均等，还要追求学生受教育的过程、受教育的结果均等。就教育目标而言，不仅要让学生学会知识、技能，更要让学生学会生活、学会关心、学会发展、学会创造，促进学生全面和谐发展”❹。

还有学者就农村中小学校布局调整的合理标准问题进行了专门研究。王远伟等（2008）基于中西部六省区农村中小学实地调研所收集的数据，采用聚类分析等方法，结合农村中小学的具体特点，针对学校的不同类型（小学、初中、高中），根据其所在自然环境（山区、丘陵、平原等）和地理位置（县镇、农村等），分别设计了合理布局的具体方案，强调“要根据城镇、乡村或

❶ 白亮，万明钢．“经济理性”还是“价值公平”——农村学校布局调整政策的取向分析［C］．城乡教育一体化与教育制度创新——2011 年农村教育国际学术研讨会论文集，2011．

❷ 秦玉友，孙颖．学校布局调整：追求与限度［J］．教育研究，2011（6）：94－101．

❸ 雷万鹏，张婧梅．构建公正的学校撤并程序——对民众参与度和满意度的实证调查［J］．全球教育展望，2011（7）：67－73．

❹ 万明钢，白亮．“规模效益”抑或“公平正义”——农村学校布局调整中“巨型学校”现象思考［J］．教育研究，2010（4）：34－39．

山区、平原等不同地域，根据人口、经济、交通等不同情况，从实际出发采取灵活多样的办学模式，分散与集中办学相结合，正确处理学校布局、学校规模与就近入学的关系”❶。

孔云峰等（2008）采用地理信息系统（GIS）的分析方法，用空间可达性指标来反映学生获得教育资源的便捷程度和公平性。研究认为：“学校布局调整从教育服务公平性的角度来看有几个评估可达性的准则：（1）最大或平均上学距离不超过某一数值；（2）最大上学距离越小越好，即最大上学距离最小化原则，保证偏远地区学生方便上学；（3）学生上学方便程度的差异越小越好，如上学距离均方差最小化原则等。”❷

雷万鹏（2010）强调学校布局调整应回归教育本位，在政策价值转型、决策程序变革及多元化学校撤并标准建构等方面寻求新突破，并提出了从单一标准向多元标准、从关注结果向关注过程、从供给为本向需求为本、从道德呼吁到制度保障的四大政策转变。❸

邬志辉（2010）认为：“建立农村学校布局调整标准问题实质上是一个多目标线性规划问题，目标函数至少受三大类12项约束条件的限制：物质性约束条件，包括自然地理条件和交通条件；社会性约束条件，包括人口条件，宗族、民族、宗教文化条件，社会治安条件，家庭生存形态条件，地方政府资金供给条件和百姓教育意愿条件；教育性约束条件，包括学生身心发展条件、学校与农村社区关系条件、学校自身历史文化条件和学校功能发挥条件。”❹ 基于以上约束条件理论，他提出了“底线＋弹性”的农村学校布局调整标准设计模型。

王海英（2010）强调：“学校布局调整不能完全以经济论为主导，更不能将‘自以为是’的善良意图强加给人们，要考虑其对农村孩子、对家长、对乡村社会可能产生的多方面影响。学校布局调整不能以规模效益为指针，对布局调整工作‘急推冒进’，在保障教育公益性方面，要始终强调政府的主导责任，学校布局调整要与乡村社会的发展与城镇化进程联系起来。”❺

---

❶ 王远伟，钱林晓．关于农村中小学合理布局的设计［J］．华中师范大学学报（人文社会科学版），2008（3）：136－140.

❷ 孔云峰，李小建，张雪峰．农村中小学校布局调整之空间可达性分析——以河南省巩义市初级中学为例［J］．遥感学报，2008（5）：800－810.

❸ 雷万鹏，张婧梅．学校布局调整应回归教育本位——对学校撤并标准的实证分析［J］．教育研究与实验，2010（3）：6－10

❹ 邬志辉．中国农村学校布局调整标准问题探讨［J］．东北师大学报（哲学社会科学版），2010（5）：140－149.

❺ 王海英．农村学校布局调整的方向选择——兼谈农村学校“撤存”之争［J］．东北师大学报（哲学社会科学版），2010（5）：247－252.

第二，在偏远地区和交通不便地区保留适当的校点，并加强校点教育质量建设。该观点强调恢复和保留教学点是在现阶段我国特殊国情下方便偏远落后地区学生就近入学、促进教育公平所不可缺少的手段，关键是加强教学点建设，发挥其特殊的优势。

“中国中西部农村中小学校合理布局结构研究”课题组（范先佐等，2009）的研究认为，为了保证偏远农村地区的孩子在布局调整之后能够公平地享受优质教育，关键要做好以下工作：“正确认识农村村小和教学点的作用，慎重对待村小和教学点的撤留问题；理顺关系，对保留下来的村小和教学点予以适当支持；加强师资队伍建设，提高村小和教学点的教育质量。”❶

赵丹（2011）对农村学校布局调整之后的教学点（小规模学校）建设问题进行了系统而全面的研究，认为“教学点不仅有助于解决偏远地区学生上学远和上学难问题，而且还能够成为一种有效的教学组织形式，为当地学生顺利地接受义务教育发挥不可替代的作用”❷。该研究还提出了完善农村义务教育财政体制对教学点适当倾斜、加强教学点师资建设和建立教育资源共享模式等政策建议。

付卫东、董世华（2011）认为，当前美国积极支持小规模学校的重要举措对我国解决中小学布局调整后包括教学点在内的小规模学校面临的困境有很好的借鉴意义。“政府要慎重对待农村小规模学校的撤并，积极支持偏远地区农村小学和教学点的增设，加大对小规模学校的资助力度，保证小规模学校有充足的经费，采取多种措施，保证小规模学校拥有优质的师资。”❸

庞丽娟（2005）、王嘉毅（2007）、王颖和杨润勇（2008）、何卓（2008）、薛正斌和刘新科（2009）等人也都强调了在学校布局调整之后要保留必要的教学点，并加强教学质量建设。

第三，对受损弱势群体进行必要的补偿。

周芬芬（2008）指出，为了化解因布局调整所造成的教育不公平现象，需要对布局调整带给家庭的交通费和寄宿生活费等额外经济负担进行补偿，同时还要通过改善教学点与中心校的办学管理体制、通过远距离教学设备改善偏远地区的教学条件和加强师资队伍建设，对偏远农村学生的入学机会和教育质

---

❶ 范先佐，等．中国中西部农村中小学校合理布局结构研究［M］．北京：中国社会科学出版社，2009：193－195．

❷ 赵丹．农村教学点问题研究［D］．华中师范大学，2011：188－196．

❸ 付卫东，董世华．当前美国支持小规模学校的重要举措及对我国的启示［J］．外国中小学教育，2011（7）：40－43．

量不公进行补偿。

郭清扬（2008）也强调，布局调整之后“要加大对农村贫困地区学生资助的力度，减轻部分贫困家庭的经济负担”[1]。

夏雪（2009）指出：“我国农村中小学校布局调整应结合‘两免一补’政策的完善，加大对贫困家庭的资助力度，从而保证义务教育整体实施的质量。”[2]

第四，完善配套措施，大力发展农村寄宿制学校和校车制度。

刘欣（2006）认为：“农村中小学校布局调整后发展寄宿制学校有利于农村贫困地区、山区义务教育的健康长足发展，减少辍学率、流失率，巩固义务教育的现有成果；有利于学校对学生进行系统教育和规范教育教学管理，从而有助于孩子学习质量和综合素质的提高；有利于学生集体主义精神和独立自主能力的培养和提高。”[3] 其还针对当前农村寄宿制学校建设中面临的困难和应注意的问题作了探讨。

杜育红（2006）[4] 针对伴随农村地区学校布局结构调整而出现的农村寄宿制学校建设问题，从理论、政策、成本构成、寄宿制学校的管理等方面进行了分析，提出了完善农村寄宿制学校发展的政策建议。

熊向明（2007）[5] 指出，解决农村中小学校布局调整损伤教育公平的问题要完善相应的政策配套措施，建立农村中小学教育投入保障体系，加强农村中小学标准化建设，优化农村教职工队伍结构。

李韧竹（2008）对布局调整之后实行的农村寄宿制学校补贴政策做了专门研究，认为“完善该政策是从经费方面进一步扩大农村学生特别是贫困学生的受教育机会、进一步促进教育公平的有力保障”[6]。

伊凡等人（伊凡、曾旭萍，2009）认为：“加强农村寄宿制学校建设是解决布局调整后学生上学难问题的重要举措，为此，政府要加大对农村寄宿学校建设的投入力度，同时改善农村寄宿制学校的条件。”[7]

雷万鹏、徐璐（2011）指出：“在学校布局调整的背景下，政府干预校车

---

[1] 郭清扬．我国农村中小学校布局调整问题、原因及对策［J］．华中师范大学学报（人文社会科学版），2008（1）：127－133．

[2] 夏雪．农村中小学校布局调整中的机会主义——一个新制度经济学视角［J］．教育科学，2009（3）：10－14．

[3] 刘欣．村中小学布局调整与寄宿制学校建设［J］．教育与经济，2006（3）：30－32．

[4] 杜育红．农村寄宿制学校：成本构成的变化与相关的管理问题［J］．人民教育，2006（23）：9－10．

[5] 熊向明．对当前农村中小学校布局调整的反思——河南中原地区农村中小学校布局调整调查分析［J］．教育与经济，2007（2）：50－53．

[6] 李韧竹．我国农村寄宿制学校学生补贴政策研究［J］．教育发展研究，2008（19）：39－45．

[7] 伊凡，曾旭萍．农村中小学校布局调整的问题与对策［J］．中小学校长，2009（5）：31－35．

市场的另一个重要原因是补偿学校布局调整中的利益受损者，推行校车是政府补偿布局调整中利益受损者的必然选择。”[1]

董世华博士（2012）[2] 对学校布局调整的背景下我国农村寄宿制学校建设问题进行了深入而系统的理论研究，并从经费保障机制、学校运行机制和提高学校教学质量三个方面提出了政策建议。

三、研究评述

国外对学校布局调整进程中教育公平受损状况的研究都是基于本国的国情和教育状况展开的，它们在客观上能为我国中小学布局调整进程中发生的共性问题提供经验和教训，但也带有很多不适应我国国情的问题。首先，已经完成农村中小学校布局调整的欧美发达国家也同时完成了城市化进程，在此背景下，农村学校的数量相对较少，农村基础设施也相对便利，这为这些国家顺利执行农村中小学校布局调整政策提供了便利的客观条件。其次，欧美主要发达国家的义务教育年限并非都是九年，其所指的农村义务教育学校布局调整和我国的九年义务教育年限是不同的。最后，国外的人口密度和分布状况与我国有很大不同。我国是世界上人口最多的国家，人口分布不均匀，而且绝对人口数量比较多，即使我国人口相对稀疏的地区在国外也可能就是相对稠密的地区。有鉴于此，能够确保教育公平的合理布局调整标准必须依照本国国情来确定。

国内目前的既有研究已经注意到农村中小学校布局调整对教育公平造成了一些负面影响，不同学者通过访谈或小样本调查的方式对农村学校布局调整损伤教育公平的现状进行了描述，在问题展示的基础上尝试对该问题出现的整体原因从政策目标、政策价值取向和政策执行过程等方面进行了讨论，并提出了一些政策建议，这些研究对后续的研究将起到积极的帮助作用。

然而既有的研究还有诸多不足，距离解决农村中小学校布局调整损伤教育公平问题的政策目标依然十分遥远。概括而言，当前的研究主要存在以下问题：

第一，对农村中小学校布局调整损伤教育公平问题的认识与描述表层化。由于对教育公平的内涵与外延的理解不同，很多研究难以把农村中小学校布局调整损伤教育公平的症状与布局调整政策本身所产生的负面后果准确和清晰地区分开来，而是将二者合在一起讨论。这种缺乏针对性的研究对于布局调整对教育公平损伤现状的描述只能停留在表层浅尝辄止，对产生了何种性质的教育

---

[1] 雷万鹏，徐璐．农村校车发展中的政府责任——以义务教育学校布局调整为背景［J］．中国教育学刊，2011（1）：16－19．

[2] 董世华．我国农村寄宿制学校问题研究［D］．武汉：华中师范大学，2012：212－243．

公平伤害也很少做具体而细致的区分，因此缺乏针对性和深入性。

第二，研究缺乏系统性和全面性，研究视角相对狭窄。农村中小学校布局调整损伤教育公平问题只是该政策负面后果的一种集中表现，该问题既涉及政策的价值取向、执行过程、执行结果等多方面的问题，同时还与当前我国农村城镇化、行政区划改革和新农村建设等社会变革密切联系在一起，这就要求研究者必须将视角置于教育内外全面系统地审视该问题。但是，部分研究者无视该政策产生与发展的社会环境，并没有站在整个农村教育与农村社会发展的大背景下进行讨论，仅仅站在教育学领域片面地强调布局调整的公平问题，就事论事，研究视角过于狭窄。

第三，研究缺乏客观性，存在以偏概全的倾向。农村中小学校布局调整政策是一把双刃剑，对教育公平的影响也具有两面性。农村中小学校布局调整政策虽然表现出了对部分地区受教育者的公平教育权利损伤的一面，但对教育公平产生的是否只是负面影响？既有的研究往往都缺乏对该问题整体和客观的评价，在认识方法论上有以偏概全的倾向。

第四，研究方法的合理性还有待商榷。既有的多数研究在研究方法上多重现象描述，但缺少科学合理的实证分析，不少研究甚至靠经验与推理来论证。尽管有不少研究也做了问卷调查、访谈或个案分析，但样本量都比较小，样本的代表性也往往不够。研究方法的缺陷导致多数研究的结论因为缺乏足够的信度而难以令人完全信服。

第五，对农村中小学校布局调整损伤教育公平的原因的讨论还有待深入。教育政策出现问题，在理论与实践中可能都有原因。面对农村中小学校布局调整损伤教育公平的原因，学界更多地将目光指向了政府的不合理撤并行为，而对于该政策与教育公平的复杂关系却还没有认真加以审视和讨论，俨然就是“政策只要有问题就必然出自政府”的逻辑。这种单方面的归因方式欠缺教育科学的严谨性，在实践中也容易挫伤政府推进农村学校布局调整改革的积极性。

第六，对教育公平的理想与现实还缺乏清晰的认识。针对农村中小学校布局调整损伤教育公平，学界提出了很多理想化的对策，面对教育公平的理想与现实，政策该怎么取舍？现实中政策资源的有限性和执行环境的复杂性总比学者们的头脑想象要复杂得多，政策建议必须在合理与可行之间进行选择。而当前很多研究的对策多停留在政策呼吁层面，还非常缺乏对政策的可行性系统研究。

总之，国内外的既有研究深化了对布局调整政策的认识。国外的经验与教训有利于我国在制定和执行该政策时少走弯路；国内的既有研究在一定程度上增加了我们对现行政策的认识与反思，对下一阶段政策的调整有很大帮助。鉴于既有研究的不足，农村中小学校布局调整对教育公平损伤与补偿依然是一个值得研究的问题。本书将在前人研究的基础上，专门针对该政策对教育公平的影响进行理论与实证研究，力图为政府最终解决该问题提供合理建议。

第四节 研究方法与设计

一、研究假设

农村中小学校布局调整作为一项综合性教育政策，对农村义务教育的影响是广泛而深刻的。正如古希腊哲学家赫拉克利特所说的那样："上坡路和下坡路是同一条路。"农村中小学校布局调整政策对教育公平的影响也表现出两面性的特点：一方面，农村中小学校布局调整对教育公平有客观上的促进作用；另一方面，农村中小学校布局调整又对教育公平产生了损伤和负面影响。由于农村中小学校布局调整的受众和执行条件不同，不同的人群在教育公平问题上的损益状况是不同的。有鉴于此，本书假定：

第一，农村中小学校布局调整政策对教育公平同时具有促进和损伤两种作用，但损伤的方面大于促进的方面，并且在整体上是以负面结果出现。

第二，农村中小学校布局调整政策对教育公平造成损伤是教育公平与教育效率价值取向冲突的表现，现行政策效率优先、公平不足的政策价值取向是导致出现该问题的主要原因。

第三，现行政策执行中的不合理行为、政策配套措施不完善是导致农村中小学校布局调整损伤教育公平的直接原因。

第三，对农村中小学校布局调整中的教育弱势群体进行必要的教育补偿可以消弭此前产生的政策负面影响。

二、研究方法

本书采用教育经济学、教育社会学与教育政策学相结合的理论视角，从农村中小学校布局调整与教育公平、农村城镇化以及新农村建设的关系出发，整体采用实证研究和规范研究相结合、宏观研究与微观研究相结合的方法，就农村中小学校布局调整政策对教育公平的损伤与补偿进行研究。本书具体采用的研究方法如下。

（一）文献分析法

本书在查阅国内外大量相关文献的基础上，对国内外有关农村中小学校布局调整与教育公平的相关研究以及农村中小学校布局调整政策的历史沿革进行了分析与梳理，确定了研究的核心概念、理论基础与研究假设。

（二）问卷调查法

1. 调查时间与对象

本次调查的时间为2011年5—9月。调查对象为正在进行或者已完成学校布局调整地区的农村义务教育阶段中小学教师、3—9年级在校学生以及学生的家长或监护人。

调查以全国中西部偏远地区和交通不便地区农村学校为主，根据中部和西部的地理划分标准首先选取了9个不同的样本省份，然后在样本省（区）分别选取1个或1个以上有代表性的县市作为样本县（市），再在样本县（市）内选取1—3所中小学作为调查样本学校，最终选取了湖北、湖南、江西、河南、河北、广西、四川、西藏、山东等9个省（自治区）的21个县（市）的31个乡镇的56所农村初中和小学为样本。样本县市与学校的具体情况如表1－1所示。

表1－1　问卷调查样本县市及学校名称

序号	省（区）	县（市）	镇（乡）代码	学校名称（代码）
1	湖北	沙洋县	十里铺镇1	建阳小学01
				十里小学02
				十里中学03
		鹤峰县	走马镇2	走马小学04
				保利希望小学05
				走马民族中心校06
		随县	小林镇3	新菊小学07
				小林镇一初中08
		汉川市	马口镇4	英山小学09
				敖家小学10
				金马中学11
		罗田县	九资河镇5	滥泥畈中学12
				徐凤冲小学13
				河西畈小学14
			三里畈镇6	双庙中学15
				双庙联办小学16
		恩施县	新塘镇7	新塘中心小学17
			屯堡镇8	屯堡初中18
			龙凤镇9	龙凤初中19
				龙凤小学20
		仙桃	沙湖镇10	沙湖中心小学21
		广水市	宝林镇11	宝林中心小学22
		武汉市东西湖区	吴家山镇12	吴家山二中23
				吴家山一小24

续表

序号	省（区）	县（市）	镇（乡）代码	学校名称（代码）
2	广西	博白县	双旺镇 1	双旺中学 25
			合江镇 2	合江初中 26
				分新村小学 27
				英梅小学 28
			东平镇 3	富山村小学 29
				枫木村小学 30
			旺茂镇 4	旺茂中心小学 31
				六田村小学 32
				旺茂一初中 33
			城关镇 5	博白第四小学 34
			大坝镇 6	大坝镇二初中 35
		环江县	洛阳镇 7	洛阳中学 36
				玉合小学 37
				地蒙小学 38
				江口小学 39
				普乐小学 40
			城关镇 8	环江二小 41
3	江西	泰和县	塘洲镇 1	塘洲中心小学 42
			石山镇 2	石山初中 43
		高安市	伍桥镇 3	伍桥镇中学 44
				伍桥中心小学 45
				洋源小学 46
4	四川	乐山市	凌云乡 1	凌云中心小学 47
				凌云中学 48
5	湖南	湘潭县	梅林桥镇 1	芝华小学 49
				郭家桥中学 50
6	河南	淮滨县	城关镇 1	城关二小 51
		卢氏县	五里川镇 2	五里中心小学 52
7	山东	平阴县	孝直镇 1	西天宫小学 53
8	河北	魏县	车往镇 1	兴华小学 54
9	西藏	米林县	城关镇 1	米林县中学 55
		曲水县	达嘎镇 1	曲水县中学 56
	合计	21	31	56

2. 调查工具与方法

本次问卷调查采用抽样调查方法。调查工具是由课题组根据研究需求自行设计了3套调查问卷，即农村教师问卷（以下简称教师问卷）、农村学生问卷（以下简称学生问卷）和农村监护人问卷（以下简称家长问卷）。

学生问卷的抽样在先确定好抽样学校之后，首先在样本学校随机抽取不同年级的1—2个班级，然后以班级为单位采用随机整群抽样方法进行调查。考虑到学生参与调查填写的困难，小学阶段主要调查3年级及以上学生，教学点学生则全部参与调查。由于同班学生来自不同的村庄，学生基本能够代表不同的家庭和社区，所以为了调查的便利，家长问卷没有采用入户直接调查方式，而是由被调查学生带回家请自己的家长或监护人填写后回收。教师问卷在样本学校采用随机抽样法调查，每个学校抽取10—30名教师参与调查，低于10人的小规模学校和教学点教师全部参与调查。

3. 问卷发放与回收

本次调查在全国样本学校共发放学生问卷4492份，剔除无效问卷之后最终回收有效问卷3933份；发放家长问卷3895份，剔除无效问卷之后最终回收有效问卷2994份；发放教师问卷744份，剔除无效问卷之后最终回收有效问卷614份。问卷整体发放与回收情况如表1－2所示。

表1－2　调查问卷发放与回收情况

问卷类别	发放份数	回收份数	有效份数	有效回收率
学生问卷	4492	3992	3933	87.56%
家长问卷	3895	3026	2994	76.87%
教师问卷	744	625	614	82.53%

（三）实地访谈法

在问卷调查的同时，课题组还采用访谈法、田野观察法对农村中小学布局进程中的教育公平受损状况及相关问题进行了调查。访谈的对象主要是学校教师、当地教育行政人员和学生，对部分接送孩子的家长也进行了随机访谈。访谈工具是针对学生、教师、家长和教育行政工作者的访谈提纲各一份。具体访谈以结构化与半径结合化访谈相结合的方式进行。访谈结束后，调查员采用田野观察法参观了学校的宿舍、教室和其他设施，拍摄了大量现场图片。

（四）GIS辅助分析法

本次调查利用地理信息系统（GIS）分析软件对农村中小学校布局调整的空间布局现状进行技术辅助分析，从空间可达性角度确定该政策对教育公平的影响以及如何从公平角度解决该问题。

第二章　教育公平：学校布局调整无法回避的价值追求

农村中小学校布局调整（俗称撤点并校）是指根据各地区的自然条件、经济社会发展需要和人口分布状况，将比较分散的农村中小学校和教学点适当集中起来，重新进行区域内中小学网点的规划和布局，以提高农村中小学办学质量和规模效益的一项工作。简言之，就是农村地区中小学在哪里办学、怎样办学的问题。本书所指的农村中小学校布局调整特指始于20世纪90年代末，发生在农村义务教育阶段，主要受学龄人口下降而引发的以撤点并校为主要内容的学校地域结构调整工作。

无论是从农村中小学校布局调整政策出台的背景还是从其预期目标来看，追求教育资源的配置效率或规模经济效益都无疑是其首要价值取向或“初始动力”[1]。然而教育毕竟不等于经济，完全照搬经济学的思维方式单方面强调教育政策的效率价值无论是在理论上还是实践中都是有害的。正如我国著名经济学家茅于轼所指出的那样：“教育和其他行业不同，它不但要追求效率，还要保证公平，几乎一切有关教育问题的争论都是因为公平而引起的。如果不考虑公平的需要，绝大部分的争论都不会发生。”[2] 因此，只有正确处理好公平与效率的关系，才能保证农村中小学校布局调整预期目标的顺利实现，从而促进农村义务教育的健康发展。

那么，究竟什么是教育公平？农村中小学校布局调整政策与教育公平之间存在什么样的逻辑关系？在农村中小学校布局调整政策实施过程中，该如何正确处理教育公平与效率的关系？这是本书必须首先从理论上予以回答的问题。

第一节　教育公平的内涵及其相关理论问题

随着学术界对教育公平问题认识的不断加深和大众传媒对该思想不遗余力

---

[1] 贾勇宏．农村中小学校布局调整的预期和动力——基于中西部6省（区）的调查与分析［J］．教育发展研究，2007（21）：9－14．

[2] 茅于轼．经济学的智慧［M］．天津：天津社会科学院出版社，2004：219．

的传播，教育公平作为一种教育发展理念已经逐渐深入人心，并为社会各界所认可和接受，已经成为当前我国广大人民群众对教育发展的基本诉求和政府指导教育发展的基本思想。然而究竟什么是教育公平呢？对此，教育学、社会学、经济学、法学、政治学和伦理学等不同学科都从各自的学科视角做出了不同的回答，教育公平的内涵由此也成为一个仁者见仁、智者见智的复杂问题。

一、教育公平思想的历史演进

教育公平是社会公平在教育领域的延伸和体现。追求教育公平是人类社会发展到一定历史阶段的产物。在人类漫长的历史长河中，教育公平思想随着教育前进与发展的步伐而不断丰富和完善，逐步形成了一种影响当前全球教育发展的重要思潮和强势话语，并朝着理论化和系统化的方向继续发展。要准确理解教育公平的内涵，就必须追本溯源，通过系统考察中外教育公平思想的历史发展轨迹才能准确而完整地把握其精神实质和内涵。

（一）教育公平思想的萌芽阶段

教育公平的思想可谓源远流长，早在2500年前的我国春秋时期，伟大的教育家孔子就提出了“有教无类”的主张，并践行了“因材施教”的教育理念，这种带有朴素教育平等和教育过程机会均等的观点被认为是中西方关于教育公平观念的最早表述，并对我国后世的教育产生了深远的影响。

在西方教育史上，教育公平的思想更加丰富、系统和完善。古希腊思想家柏拉图在《理想国》中具体描述了教育公平的含义：“第一，公平的教育应使每个人特有的能力得到发展，为了使每个人都能通过教育获得发展，必须提供相同的教育机会，这种机会不应受种族、地域、家庭背景、经济状况等外部因素的影响。第二，个人的能力应该以有益于整个国家的方式发展，也就是说个人的发展不能以妨碍他人或社会的发展为代价。”[1]

继柏拉图之后，古希腊思想家亚里士多德强调要通过法律保障公民接受教育的权利，提出“平等地对待平等的，不平等地对待不平等的”的观点。亚里士多德已经注意到教育平等之中包含差异的要求，深化了人们对教育公平的理解和认识。

当近代社会曙光初现之际，西方资产阶级思想先驱开始致力于把新兴的市民阶级的“平等”要求推广到教育方面，谋求教育权利的平等，并希望通过教育的平等实现社会的平等。教育平等逐渐成为此后较长一段时期内教育公平

[1] 李森．教育公平理念的演进历程及其时代特性［J］．高教发展与评估，2011（5）：1-8.

思想的主要诉求。

17 世纪，捷克教育家夸美纽斯提出了“人人都应学到关于人的一切事项”，强调了教育权利的平等。而后，法国资产阶级启蒙思想家卢梭在其教育著作《爱弥儿》一书中发展了“人生而平等”的思想，认为教育是实现社会公平的伟大工具，提出了“自然教育”的思想，主张教育要考虑儿童的年龄特征和心理特征，而不应依据等级、财产和职业的不同进行教育。英国空想社会主义思想家托马斯·莫尔（Thomas More）在其《乌托邦》中描绘了在乌托邦岛国里，教育公平受到极大重视，实施的教育制度也焕然一新，如在公有制基础上实现公共普及教育、提倡教育和生产劳动相结合等。德国宗教改革运动领袖马丁·路德提出了强迫义务教育的观点，认为应当使每一个儿童（不分性别和等级）都受到教育。

19 世纪，美国教育家贺拉斯·曼（Horace Mann）从教育权利平等的理念出发提出了公共教育的思想，并对之进行了相关的阐述。他认为教育是每个人的绝对权利，应该使每个儿童都受到免费的教育，他还把普及公立学校看作实现教育公平的重要措施。贺拉斯·曼普及义务教育的思想及其建立公立学校的教育实践，为促进美国的教育公平进程和普及义务教育奠定了重要的理论基础。

1866 年，马克思阐述了自己的教育平等观，指出教育是“人类发展的正常条件”和每一个公民的“真正利益”[1]。恩格斯在 1866 年更是明确地指出：需要国家出资对一切儿童毫无例外地实行普遍教育，直到他（她）作为社会独立成员的年龄为止，而且这只是一件公平的事情，因为每一个人都无可争辩地有权全面发展自己的才能。

19 世纪末 20 世纪初，杜威等实用主义教育思想家继承和发扬了教育权利平等的思想，认为教育具有整合、平等与发展三大功能，即教育被看成是延续社会生命的工具，教育具有使贫富两大极端平等的功能，教育被视为促进个人心灵发展与道德发展的主要工具。杜威强调“实施普及免费教育的公共教育制度是最重要的事情”[2]。为了实现教育公平，杜威要求建立一种广泛的和有巩固基础的公共教育制度，因为这种公共教育制度对社会的影响极大。以杜威为代表的进步主义教育思想，在 20 世纪初乃至更长的时期内产生了广泛的影响。“这种以强调‘个人的自由’为核心的民主主义，更接近于现代意义的教育平等思想，其实践意义已被 20 世纪教育机会均等的立法证明了。”[3]

---

[1] 马和民，许小平．西方关于教育平等的理论杭［J］．杭州师范学院学报，1999（1）：73－79.

[2] 单中惠，勾月．走向实质的教育公平——20 世纪美国基础教育公平理念探析［J］．外国教育研究，2011（2）：29－33.

[3] 马和民，许小平．西方关于教育平等的理论杭［J］．杭州师范学院学报，1999（1）：73－79.

从2500多年前的孔子一直到第一次世界大战（以下简称一战）前后，尽管不同的教育家和思想家曾经提出过一些教育公平的思想，但大都以谋求教育权利平等为基本诉求，既没有形成教育机会均等和教育公平的正式概念，也没有形成完整的理论体系。因此，该阶段的教育公平思想还处于萌芽状态。

（二）教育公平思想的正式形成阶段

1948年联合国大会通过《世界人权宣言》，确认“受教育权”为一项人权，提出了“废除种族歧视”和“人人具有均等地受教育的权利”两项原则，这实际构成了“教育机会均等”概念的核心，标志着“教育机会均等”观念在国际社会中正式形成。教育机会均等问题从此开始成为一个国际教育界关注的热门话题。

第二次世界大战后，西方社会学家就教育机会均等问题展开大量的实证研究，其中最有名的是美国社会学家詹姆斯·科尔曼（James S. Coleman）于1966年发表的《教育机会均等》（Equality of Educational Opportunity）报告。这一报告因其深远的影响力又称“科尔曼报告”。受此报告的影响，教育机会均等概念曾一度主导西方教育公平的研究，以致在较长一段时期，“教育公平的概念也几乎等同于教育机会均等的概念。可以说，在教育公平问题领域，西方学界就‘教育机会均等’议题形成了一个长期的研究传统。这一传统以科尔曼的研究为开端，一直影响到当下”[1]。自此，教育公平正式演变成为一种理论化和系统化的思想体系，并不断得到丰富、完善和发展。

1. 科尔曼的教育均等理论

科尔曼的教育均等理论集中体现在他的代表作《教育机会均等》（“科尔曼报告”）、《教育机会均等的观念》和《教育中的平等和学业成就》等著作中。在科尔曼的论著中，教育公平（education equity）所指的就是教育机会均等（equality of educational opportunity）。

科尔曼通过对一个半世纪里教育机会均等观念演变的剖析认为，“教育机会均等”（教育公平）可以归纳为四种含义：（1）在前工业社会中，家庭是生产单位，并承担着社会福利和教育的职责。教育面前机会均等在当时并不是一个问题。（2）在工业社会中，教育机会均等发展到面向人民群众子女的、基础的、义务的、公款帮助的教育。（3）欧洲的自由主义者和社会主义者着眼于能够建立为所有儿童提供同样机会的教育系统，也就是说，不论其社会出身，人人都能够不受限制地根据机会均等的原则受到教育。（4）在自由主义

---

[1] 熊春文，陈辉．西方国家教育机会均等及其观念的历史演进［J］．华中师范大学学报（人文社会科学版），2011（4）：131－143．

的理论中，教育机会均等被理解为受教育结果或学业成绩的均等。

接着，科尔曼提出了关于教育机会均等的四个标准：

（1）进入教育系统的机会均等。这也就是："提供一个免费教育，使劳动力的教育程度达到入职要求；为所有儿童、不同背景，提供一个共同的课程；并让这些来自不同背景的儿童在同一学校学习。"[1]

（2）参与教育机会的均等。其标准是指不同社会出身的组别，有相同比例的人数，得到同样的教育机会。他们无论在数量上和质量上，都得到相同的教育参与机会。

（3）教育结果的均等。其标准是指每一性别的每一社会阶层都有一定比例的人从每学年的教育进程和整体的教育经验中得到相似的教育成效。其不仅重视教育的数量，教育能否有效地提供生产能力高的成人所需要的生活技能、行为、态度也非常重要。

（4）教育对生活前景机会的影响均等。这是指通过教育克服人的出身、性别等本来的天然差别，取得同样的社会成就。按此观点，教育制度要对社会制度产生影响，也就是说，教育制度能补偿父母财富、收入、教育、政治力量、社会关系、文化等的差异，使这些因素不会影响成年子女在上述方面的机会。换言之，就是要通过教育公平来促进社会公平。

科尔曼的教育机会均等理论提出之后，遭到了学术界的部分质疑和批评。为此，1990 年，科尔曼发表了《教育中的平等和学业成就》（Equality and Achievement in Education），对他 1966 年所提出的教育机会均等理论进行了修正。科尔曼认为，无论是"机会的平等"（主要指学校投资的平等）还是"结果的平等"（主要指学生学业成就、态度人格的平等），都只有在极端情况下才有可能实现。无论学校如何努力，结果的平等都不可能实现，因为家庭背景对儿童教育会不可避免地产生影响。

由此出发，科尔曼重新分析了"教育机会均等"的含义，并指出："'教育机会均等'是一个错误的、误导的概念。之所以说它是错误的，因为它在教育机构中强调'机会的均等'，这使得人们集中关注教育自身，错误地把教育视为一种以自身为目的的事物，而不是正确地把教育视为以成年期的成就为目的的手段。之所以说它是误导的，因为它暗示一种超出单纯的学校投入之外的平等的教育机会是可以实现的，然而事实上是不可能的。因此，比'平等'更为合理的概念用语应该是'不平等的减少'。这个概念将促使各州学校更为

[1] 马和民，许小平．西方关于教育平等的理论杭［J］．杭州师范学院学报，1999（1）：73－79.

实际地关注儿童作为个体的学业成功，同时促使学校发现学校外持续的环境影响正在与学校争夺儿童的时间并且使学生之间的不平等加剧。学校的工作应该是，扩大对所有人的机会，并削弱上述各种不同环境对未来成人生活的不平等所造成的影响。”❶

科尔曼解释他当初提出“结果的平等”只是因为意识到应该“关注”结果的平等，并没有更深入地考虑衡量平等的标准是什么。他从法律上有关教育平等的规定中重新追溯教育平等的本意，发现教育平等在法律规定上的本来意图是关注公共教育制度对现实的充分有效性，换言之，就是教育能否导致“成人阶段成功机会的平等”。教育自身并不是结果，教育是达到某种结果的手段。平等机会更多地指向教育完成后获得生活质量的机会平等，而不是教育过程本身的平等（容易导致“一刀切”的教育）。

2. 胡森的教育机会均等理论

瑞典教育家托尔斯顿·胡森（Torsten Husen））在其代表作《社会背景与学业成就》一书中，对18世纪、19世纪至20世纪下半叶欧美各国有关教育机会均等的思想与实践的演变历程做了综合评述和概括性总结。他指出，教育机会均等的理念与对策在此期间曾经历了三个不同阶段，每一个阶段都有一种相应的社会哲学思想作为它的背景。

（1）保守主义均等观：主张教育起点均等，即入学机会均等，人人都有受教育的权利；强调上帝使所有的人具有不同的能力，而尽可能充分地利用这种能力则是个人自己的事情。基于上帝面前人人平等，人们之间的教育平等仅限于这一起点的均等，因为人们之间天生具有不同的能力，所以不同能力的人需要在过程中接受不同性质的教育，从而也可能取得不同的教育结果。该观念由此成为西方工业社会“双轨制”教育产生的理论基础，并在一战之前一直占据主导地位。

（2）自由主义均等观：主张入学机会和学业成就机会的均等，认为每个儿童都具有某些相应的天赋和能力，教育制度的重要功能就是消除经济或社会等外部障碍，平等地对待每一个儿童，并在策略上采取各种补救措施，以便使每个具有不同天赋和能力并有不同需要的人在教育中取得均等的学业成就机会。自由主义机会均等观的矛头指向的是不平等的双轨教育制度。

（3）激进主义均等观：主张学业成功机会均等，认为学生学业的成败应该归因于学校状况，尤其是教学组织。在他们看来，仅仅要求教育制度平等地

---

❶ 翁文艳．教育公平与学校选择制度［M］．北京：北京师范大学出版社，2003：89.

对待每一个儿童仍然是不够的，学校教育还应当使不同社会出身的儿童天赋得到充分发展，均有机会取得学业的成功。可见，激进主义均等观强调的是学校教育应当保证为每个学生提供最终取得学业成功的均等机会和条件。

胡森还从个体的角度分别对均等（equality）和机会（opportunity）进行了界定。他认为"均等"有三种含义：（1）指每个人都不受任何歧视地开始其学习生涯的机会；（2）以均等为基础对待不同的人种和社会出身的人；（3）促使学业成就的机会均等。他把"机会"作为可变标准，可以用地区之间和社会职业组之间某些在校率或辍学率的测定来表示。属于"机会"这一范畴的变量有：①学校外部的各种物质因素；②学校的各种物质设施；③家庭环境的某些心理因素；④学习环境中的某些心理因素；⑤学习机会。胡森认为，"均等"就意味着每个人都有受教育的机会，在此基础上注意到人与人之间所存在的差异性，而促使取得学业成就的机会均等和达到均等目标取决于学校内外部环境等各种因素。

3. 罗尔斯的教育公平观

美国当代著名哲学家、伦理学家、哈佛大学教授约翰·罗尔斯（John Rawls）于1971年出版了《正义论》一书，系统提出了"作为公平的正义"理论（公平理论）。他认为："所有的社会基本善（primary good）——自由和机会、收入和财富及自尊的基础——都应被平等地分配，除非对一些或所有社会基本善的一种不平等分配有利于最不利者。"❶ 在他看来，公平是关于权利和利益的合理分配的概念，公平的对象是社会的基本结构——即用来分配公民的基本权利和义务、由划分社会合作产生的利益和负担的主要制度。而解决社会不公平的途径就是"正义原则"，具体包括两个层次的三个原则："第一原则，每个人对其所有人所拥有的最广泛的平等的基本自由体系兼容的类似自由体系都应有一种平等的权利（平等自由的原则）。第二原则，社会和经济的不平等应这样安排，使它们：①在与正义的原则一致的情况下，适合于最少受惠者的最大利益；②并且依系于在机会公正平等的条件下职务和地位向所有人开放（机会的公正平等原则和差别原则）。"❷ 其中，第一正义原则优先于第二正义原则，第二个原则优先于第三个原则。

罗尔斯的"正义原则"对教育公平具有很强的理论指导意义。根据他的理论，西方学者一般也把教育视为一种"基本善"。按照该原则，教育公平首先要保证所有人所拥有的最广泛平等的基本自由体系，都应有一种平等的受教

---

❶ 约翰·罗尔斯著正义论［M］. 何怀宏，等译. 北京：中国社会科学出版社，1998：303.

❷ 约翰·罗尔斯著正义论［M］. 何怀宏，等译. 北京：中国社会科学出版社，1998：6－7.

育权利，即教育权利平等原则；其次，受教育机会平等地向所有人开放，保证教育机会均等公正，即教育机会均等原则；再次，依据适合最少受惠者最大利益（差别原则）的原则对弱势群体进行补偿教育，即差别原则和补偿原则。

罗尔斯的正义论涵盖了平等和自由两个维度，既注意到横向的、水平的、均等的公平即“平等地对待相同者”，又注意到垂直的、纵向的、不均等的公平即“不均等地对待不同者”；既关注能力主义的平等，又强调补偿教育政策的结合，实际上强调了起点均等、过程均等和结果均等的教育公平原则，从而丰富了教育公平的内涵。

4. 詹克斯的教育公平观念

美国社会学家克里斯多夫·詹克斯（Christopher S. Jencks）于1972年对美国教育不公平问题进行了实证研究并发现：“教育机会远没有实现平等，教育不平等突出表现在教育资源的不平等、学生就学机会的不平等以及学生选择课程机会的不平等上。而导致教育不公的主要原因在于现行公共教育制度中的官僚制对教育过分计划化的问题，使教育失去自由发展的活力。”❶

詹克斯由此认为：“个体间的不平等比群体间的不平等更重要，理想的学校制度应致力于探究如何提供多种多样的教育以适应儿童与家长的期望与需求，并使学校成为适合每一个儿童身心发展特点的有效组织。”❷ 因此，他从倡导“教育多样性与选择并重”的公平理念出发，在著名经济学家米尔顿·弗里德曼（Milton Friedman）的全无限制的、完全市场化的凭证制度理论的基础上，提出了一种有限制的“教育凭证制度”（Education Voucher Plan），也称补偿教育凭证制度。这种教育凭证制度从保障处境不利群体的利益出发，以多样化学校的创设为前提，通过给予家长选择学校的权利与自由，在教育内部引入竞争机制，从而在整体上提升教育质量，以便实现在“多样的平等”意义上的教育公平。

詹克斯的教育公平理论强调了学校选择在促进和实现教育公平中的重要意义。从此，学校选择开始成为教育公平的新议题和教育改革的一种新模式。

5. 南格尔的教育公平理论

美国的南格尔（Nagel）在1991年的论著中区分了教育平等的“消极平等”和“积极平等”两种类型。在他看来，消极平等是非干涉主义的：确定教育机会是否均等主要看在接受公共教育方面有没有正式的（特别是法律的）

---

❶ 翁文艳. 教育公平与学校选择制度［M］. 北京：北京师范大学出版社，2003：48－49.

❷ Jencks，Christopher S，et. al. Inequality：A Reassessment of the Effect of Family and Schooling in America. New York：Basic Books，1978，pp. 28，358－359.

障碍，基于诸如种族、性别、语言与教育无关的道德标准，阻止个人或群体接受公共教育。消极平等对于缺乏教育资源（文化、语言、政治和经济）的人来说是空洞的，正式的机会均等对他们来说是没有意义的。

积极平等是干涉主义的：它要求公共教育超越正式的平等规定，采取积极的措施消除造成不同环境下的学校儿童固有的不平等，特别是与社会不利因素相关联的差别。积极平等特别要干涉在道德上允许的不平等的原因。干涉的主要方法是建立基金，以帮助处于不利地位的儿童获得平等的教育机会，尤其是由于种族、天资原因不能获得平等结果的儿童。严格地说，他所谓的消极平等是“指国家对教育平等的有关规定，积极平等是指事实上促进教育机会均等的具体措施”❶。

南格尔对积极平等与消极平等的区分实际上厘清了教育公平概念体系中形式公平与实质公平的区别，强调了对处境不利的弱势受教育群体在受教育过程中采取积极措施进行补偿教育的必要性和重要性。

（三）教育公平思想的发展阶段

科尔曼等人的教育机会均等观念问世以后，不少学者对之进行了批判性的继承和反思。有部分学者认为，科尔曼的教育机会均等观念是建立在一种一元文化或所谓“同质化”社会和文化的前提之上的，但社会文化实际上是多元的。在这种多元的基础上，按照同一个文化标准去实现教育机会均等，这本身就是不公平的。因此，有学者主张用教育公平（education equity）来重新界定过去的教育机会均等（education equality）的概念。其中，美国社会学家布朗（T. F. Bfown，1999）的观点颇具代表性。

布朗认为：“对于那些为文化上自主的学校而斗争的群体来说，教育公平可以用来表达一种差异政治学（a politics of difference），由此，不同文化的学校系统可以发展不同的资质。公平（equity）将被看成是类似于尊重的平等（parity of esteem），也就是说，不同系统中发展出的资质将被看成是具有同等价值的。这样一种观点与科尔曼关于结果的平等的概念是不同的，因为他所设想的是根据不同资质的相同结果。在这种情况下，从结果的平等（equality of results）到公平（equity）的术语转换，反映了一个具有某种线性资质结构的教育系统向一个平行结构系统的潜在变化，它反映的是一个激进的多元主义的社会，而不是官僚制的和同质化的社会。”❷

---

❶ 翁文艳．教育公平与学校选择制度［M］．北京：北京师范大学出版社，2003：9.

❷ 熊春文，陈辉．西方国家教育机会均等及其观念的历史演进［J］．华中师范大学学报（人文社会科学版），2011（4）：131－143.

布朗等人的教育公平概念在西方理论界实现了从教育机会均等观到教育公平观的转变。教育公平观在理论上更强调个人的自由权利。它不同于“均等”（equality）概念对群体间统计上一致性的强调，即对量的特性的强调，而是一种对质的特性的强调，它不仅关注群体，也关注个体，并强调从民族和个体的层次可能产生对公平问题的多元理解，从而反映了教育公平理念的个体化和多元化取向。从此，教育公平概念取代了过去的教育机会均等概念，教育公平理论由此进入了一个新阶段。

二、教育公平的内涵与相关概念辨析

从教育公平思想的历史演进过程可见，教育公平是一个内涵和外延随着历史的变化而不断丰富和发展的概念。厘清该概念的内涵需要用动态的、多元的视角去把握。

（一）教育公平的含义

在对教育公平内涵的理解中，我国绝大多数学者都是在借鉴西方社会学有关教育公平的理念的基础上，从现代伦理学、社会学视角按照某种观念进行演绎，然后再对教育公平的内涵和外延进行本土化的表达。

我国学者田正平、李江源认为：“教育公平是教育对待对象和评价对象的合情合理。所谓合‘情’，是指合乎民心民意；所谓合‘理’，是指合乎教育的目的性、规律性。现代意义上教育公平的具体内容和规则主要是：受教育权利的保证，亦即保证原则；机会平等，亦即事前的原则；按照能力或才能进行分配，亦即事后的原则；补偿原则。”[1] 该观点用“合情合理”来表达教育公平内涵质的规定性，同时也指出了教育公平的外延和原则。

华中师范大学的周洪宇教授则认为：“教育公平是指每个社会成员在享受公共教育资源时受到公正和平等的对待。教育公平包括教育机会公平、教育过程公平和教育质量公平，只有做到了上述公平，才能有教育结果的公平。教育机会和教育过程的公平相对容易做到，但教育质量的公平，即让人人受到较高质量的教育，并使受教育者有同样成功的机会，则较难做到。从某种意义上说，教育公平既是一个原则，又是一个理想，同时也是一个过程。”[2] 周洪宇教授的观点强调了教育公平的适用对象是公共教育资源分配领域，同时也指出了教育公平具有四种类别和层次。

北京师范大学的石中英教授认为：“教育公平是社会公平价值在教育领域

---

[1] 田正平，李江源．教育公平新论［J］．清华大学教育研究，2002（1）：39－48.

[2] 周洪宇．教育公平：和谐社会的重要内容、基础和实现途径［J］．人民教育，2005（7）：7－10.

的延伸和体现，包括教育权利平等和教育机会均等两个基本方面。教育公平的主要内涵，在法律上，是人人享受平等的教育权利；在教育政策领域，是人人平等地享有公共教育资源；在教育活动领域，是人人受到平等的教育对待，人人具有同等的取得学业成就和就业前景的机会。为了真正体现和维护教育公平所蕴含的平等精神，在实际教育活动中，教育公平还必须包括：在客观上存在着社会发展不平等的历史时期，公共教育资源配置向社会弱势群体倾斜（'不平等'的矫正），在现实层面上，反对和遏制旨在破坏教育权利平等和机会均等的教育特权（'平等'的维护）。"[1] 石中英教授从法律、教育政策和教育活动三个不同层面阐述了自己对教育公平的理解，有助于人们对教育公平概念内涵和外延的全面把握。

我国学者胡劲松还从法学角度对教育公平做出了新的认识，认为教育公平既是一种价值，也是一种制度。从法理角度来看，"教育公平是一种在'比例平等'原则支配下合理分配教育资源份额的理想和确保其实际操作的法律制度"[2]。

我国学者劳凯声通过对我国教育公平实践和价值的思考，提出了一种全新的"可选择的教育机会平等观"。他从平等与自由关系的语境出发，发现"平等的教育理念和不平等的教育制度构成了现代教育中的一个悖论，教育机会的分配深受这一矛盾的困扰而无法完全摆脱"，认为"我们正面临两种不同的教育平等观，即以同一性为前提的教育平等观和以差异性为前提的教育平等观"[3]。接着，他从"人生而不同"的自然禀赋差异性出发，认为"每个生命个体由于其遗传基因、生命环境的不同而有各自不同的人性内涵，在追求教育机会平等的进程中，我们任何时候都不应忽视人性的这种差异性。在面对人与人之间的差异时，应把这种差异理解为人性的丰富性、多样性展现，从而在教育方面给予每个人一种可以自主选择的可能性。教育的这种可选择性是每一个人根据自己的需要在教育方面做出某种个性化选择的自由，即根据自己的需要选择最适宜自己发展的教育类型、学校、课程甚至教师的自由，使教育真正切合每一个人的发展需要"[4]。最后，劳凯声教授在肯定既有教育公平内涵的基础上，将自主选择作为教育公平的必要内涵之一，认为"平等、效率、公平竞争、自主选择构成了中国教育机会平等问题的独自特色"[5]。

---

[1] 石中英．教育公平的主要内涵与社会意义［J］．中国教育学刊，2008（3）：1－6.

[2] 胡劲松．论教育公平的内在规定性及其特征［J］．教育研究，2001（8）：8－12.

[3] 劳凯声．教育机会平等：实践反思与价值追求［J］．北京师范大学学报（社会科学版），2011（2）：5－15.

[4] 同上。

[5] 同上。

劳凯声教授“可选择的教育机会平等观”是对詹克斯等人有关教育选择公平思想的一种继承和发展。尽管这一提法的准确性和科学性目前还没有得到学界的完全认可，但这是我国学者对教育公平理论为数不多的一大创新，有利于增进人们对教育公平在操作层面的理解。

西方学者对教育公平的理解，经历了科尔曼的“教育机会均等”概念到布朗等人的“教育公平”概念的思想转换。迄今，教育公平已经成为一种被全球教育界广为接受的教育理念，尽管教育公平的主要内涵依然是指教育机会均等，但用教育公平概念替代过去的“教育机会均等”概念在西方学术界也已经达成共识。

联合国教科文组织在《学会生存》一书中对教育公平做出了新的理解，强调“给每一个人平等的机会，并不是指名义上的平等，即对每一个人一视同仁，如目前许多人所认为的那样。机会平等是要肯定每一个人都能受到适当的教育，而且这种教育的进度和方法是适合个人的特点的”[1]。这也就意味着教育公平是使学生最大限度地获取知识，并突出学生作为个体所具有的个性，努力做到“因材施教”。

2007 年经济合作与发展组织（OECD）在《不再有失败：教育公平的十个步骤》报告中指出：“教育公平有两个维度。第一个含义是公正（fairness），就是要保证性别、社会经济地位和种族等个人和社会因素不妨碍人达到其能力所允许的教育高度。第二个含义是全纳（inclusion），就是要保证每个人都受到基本的、最低标准的教育。”这也就意味着教育公平一是要做到“机会均等”，确保人尽其才，都有成功的机会；二是要保证每个人都受到最低标准的教育。

公平是因为分配问题而产生的。教育公平分配的对象是教育资源。教育公平回答的就是按照何种方式和方法来对此进行分配的问题。在当今社会，教育不仅具有消费性，还具有生产性。教育资源既是教育分配的对象，也是参与教育生产的必要条件。因此，受教育机会不仅是一种基本人权，还是影响受教育者个体和总体生产能力的一种因素。

因此，本书认为：教育公平就是按照时代特定的伦理价值和要求，对教育资源所做出的公正的、平等的分配。所谓公正就是在平等的基础上尊重差异，对相同的人给予相同的对待，对不同的人给予不同的对待。

教育公平包括教育权利平等与教育机会均等两个基本方面。教育权利平等

---

[1] 联合国教科文组织，国际教育发展委员会．学会生存——教育世界的今天和明天［M］．华东师范大学比较教育研究所，译．北京：教育科学出版社，1996：105．

是社会平等权利在教育领域的延伸，确保人人都享有受教育的权利和义务。教育机会均等是指在受教育过程中，要提供相对平等的受教育机会和条件；在此基础上，每个学生接受同等水平的教育后能达到一个最基本的标准，包括学生的学业成绩上的实质性公平及教育质量公平、目标层面上的平等。以上内容即教育起点公平、过程公平和结果公平。其中，教育起点公平和教育过程公平是实现教育结果公平的前提和基础，教育结果公平是前两者的最终目标和归宿。教育结果公平并不意味着每个人的学业结果必须整齐划一，而是说每个人在受到了平等而合适的教育后，个人潜能通过教育都得到了最大限度的发展，在将来的生存和发展过程中有大致均等的成功机会。正如科尔曼所指出的那样，教育结果均等并不是教育的目的，教育本身是促进人发展的手段，教育结果均等或教育公平的真正目的是让每个人在受教育后对未来的生活前景有大致均等的影响力，让每个人都能有大致均等的成就机会。

（二）教育公平的分类

教育公平的分类属于“教育公平”这一概念的外延范畴。教育公平具体如何分类取决于对教育公平的内涵的不同理解和分类的依据。

我国学者石中英教授（2008）对教育公平进行了六种分类：

（1）从教育活动过程来看，可分为教育起点公平、过程公平和结果公平。起点上的公平是指每个人不受性别、种族、出身、经济地位、居住环境等条件的影响，均有开始其学习生涯的机会。过程公平是指教育在主客观两个方面以平等为基础的方式对待每一个人。结果公平即教育质量平等。

（2）从教育实践主体来看，教育公平可分为学生公平与教师公平。学生公平是指对待和评价学生公平与否的问题；而教师公平则是指对待和评价教师公平与否的问题。

（3）从教育公平的结果是根据一定的公平原则进行操作而产生的这一角度来看，教育公平可分为原则的公平；操作的公平和结果的公平。教育公平原则是教育结果公平的前提条件；操作的公平需要把操作的步骤合理化，固定下来，形成公平的程序，还需要各种形式的监督机制、监督机构及配套的技术手段，进而保障结果的公平。

（4）根据是否认为教育实践的主体（教育者和受教育者）存在差异，教育公平可分为同质的教育公平和差异的教育公平。同质的教育公平是指忽略人与人之间的差异，用同一的教育公平原则指导实际的教育活动。而差异的教育公平认为每个人都是各不相同的。

（5）从实存与观念的角度来看，以上我们所谈的都是实存公平，除此之外，教育公平还有一种观念层次的公平，它是对实存公平的一种主观反映，是对实存公平的一种价值判断，主要表现为一种教育公平感，即对公平问题进行评价时所产生的一种心理感受。

石中英教授对教育公平分类的概括在我国目前的学术界已经是非常全面。但本书认为，从教育公平的实现程度来看，教育公平还可以分为形式公平和实质公平。

形式公平是指法律和制度对教育公平做出的规定和保障；实质公平是在具体的实践中，确保公平实现所需要的条件和采取的具体措施。1998 年诺贝尔经济学奖获得者、美国哈佛大学教授阿马蒂亚·森的“以自由看待发展”“自由是发展的首要目的”“自由是促进发展的不可缺少的重要手段”“自由作为一种能力”[1] 等一系列观念提出后，人们越来越认识到，仅仅靠法律和制度上的公平保障并不一定确保弱势群体获得真正的教育公平。要想在形式公平的环境下获得真正的公平，就需要具备阿马蒂亚·森所指的“可行能力”，而对社会弱势群体而言，这种可行能力往往是相对欠缺或不具备的，而获得这一能力的根本措施就是要通过个体在受教育过程中的充分发展来获得。这就意味着在受教育过程中，采取各种措施确保受教育者的起点公平和过程公平对受教育者获得“可行能力”、实现真正的自由和平等具有非常重要的作用。

（三）教育公平的相关概念辨析

在我国的教育理论研究与实践中，有几个与教育公平字面意义相近或相关的概念经常困扰我国学者。厘清这些概念的相互关系有助于我们正确理解教育公平的含义。

1. 教育公平与教育平等

要区分教育公平与教育平等的差别，首先要对“公平”（equity）与“平等”（equality）两个概念进行必要的辨析。

平等不同于公平。大多数教育研究者所使用的“平等”（equality，也经常被翻译为“均等”或“平均”）概念所指的是群体间统计上的一致性，即不同的种族、民族、性别、阶层等群体之间，在政治、经济、文化、教育等领域所获得的机会、条件及结果等方面的平均分布所达到的统计上的一致性。

塞卡达（Walter G. Secada）指出：“至少应该承认两个概念是有差异的。为了实现教育公平，需要区分教育公平什么时候与平等一致，而什么时候不一致。……公平与平等的根本区别在于，公平是一种质的特性（qualitative prop-

---

[1] ［印］阿马蒂亚·森．以自由看待发展［M］．任赜，于真，译．北京：中国人民大学出版社，2002：1.

erty)，而平等是一种量的特性（quantitative property）。公平不仅需要关注群体，也需要关注个体。从民族和个体的层次可能产生对公平概念的不同理解。”❶ 正如格林所指出的：“不公平（inequity）总是暗含着不正义或者不公正（injustice），而不平等（inequality）却不是。”❷

由此可见，“公平”与“平等”是一对既有联系又有区别的概念。“平等或者均等是可以测量的。公平作为一种质的规定性，是与正义、公正相联系的价值判断。”❸ 公平超出了统计上对群体差异量的检测，而与合乎正义与否的价值判断紧密相关，是一种质的合理性方面的判断。简单地说，公平就是公正（正义）的平等或平均。而“公正（正义）”（justice）则是一种价值观念，是对社会运行状态和人际关系（包括分配关系）进行判断的价值标准。因此，“公平”的内涵中既包含“平等”关于群体一致性的要求，也包含正义（公正）的价值要求，在内涵和外延上比平等更丰富。公平中一定有平等的成分，但单纯的平等未必公平。如，将一群男女放在同一起跑线上进行长跑比赛，对所有人而言他们的权利和机会都是平等的，但是这种无视性别差别的比赛规则并不公正，所以，公平的做法是将男女分开，并分别在同一起跑线上按相同的规则比赛。

区分了公平与平等的差别之后，就不难再对教育公平与教育平等进行辨析了。教育平等（educational equality）指公民受教育权利的相同性、一致性，更多地关涉事实、形式上的判断。教育平等是一个实证性的概念，它是对一种客观的教育资源分配结果或分配状态的描述，只是回答不同人之间分配的结果是否有差别或者是否有差距，但并不回答这种分配结果是“好”还是“坏”，也不对这种分配结果是“合理”还是“不合理”进行判断。

教育公平是一种价值判断，是用正义原则对教育资源的分配过程和分配结果的价值判断，“公平的本质是合理性。对‘合理性’的评价因人而异，因此公平观也有多种”❹。人们尽管对公平合理性的理解可能会仁者见仁、智者见智，但对教育公平问题的合理性原则和价值判断仍然会形成一些共识，即普适原则，如平等原则、差别原则和补偿原则等。由此可见，教育公平中包含教育平等的要求，但教育公平概念的内涵比教育平等更加丰富。

---

❶ Walter G. Secada Equity in Education [M]. London: New York: Falmer, 1989, pp. 82.

❷ Green T F. Excellence, Equity and Equality [A]. Shulman L S & Sykes G. Handbook of Teaching and Policy [C]. NewYork: Longman, 1983, pp. 318 – 341.

❸ 褚宏启，杨海燕. 教育公平的原则及其政策含义 [J]. 教育研究，2008 (1)：10 – 16.

❹ 褚宏启，杨海燕. 教育公平的原则及其政策含义 [J]. 教育研究，2008 (1)：10 – 16.

2. 教育公平与教育效率

“效率”一词是经济学的概念，一般是指投入与产出之比，是以一定量的投入求得最大的产出，或是以较小的投入求得一定量的产出。尽管经济学并非效率概念和研究的提出者与开创者，但真正赋予效率深远意义的则是经济学。

经济学意义上的效率主要包括生产效率与资源配置效率两种形式。生产效率即非配置效率，是指生产活动中如何根据各种资源的物质技术联系，使最符合生产要素性质的经济联系建立起来，生产出尽可能多的物品和劳务。资源的配置效率是指满足帕累托最优的资源配置状态。帕累托最优是指这样一种状态：任何形式的资源重新配置，都不可能使至少有一人受益而又不使其他任何人受到损害。如果既定资源配置状态的改变使得至少有一个人的状况变好，而没有使任何人的状况变坏，则这种资源的重新配置称为帕累托改进。所以，帕累托最优状态也就是任何帕累托改进都已经不再存在的资源配置状态。

帕累托最优的标准非常苛刻，用该标准去衡量资源配置的效率在现实中往往缺乏可操作性。正如新制度经济学派所指出的那样，鉴于现实生活中人的有限理性、信息不完全、交易成本大于零等约束，任何时点上的资源配置都只能是次优选择。

为此，有学者又提出了卡尔多—希克斯效率（Karldor Hicks Priciple）。所谓卡尔多—希克斯效率，是指如果一种改革使受益者所得足以补偿受损者的所失，这种变革就叫卡尔多—希克斯改进；如果已经不存在卡尔多—希克斯改进的余地，就实现了卡尔多—希克斯效率。如果受损者的利益实际上得到补偿，这个变革就是一个现实的帕累托改进，反之就是潜在的帕累托改进。卡尔多—希克斯效率标准以实现社会总福利的最大化为目标，条件比帕累托最优要宽泛得多，因此在实践中被广为接受。

在经济学中，公平和效率作为一对范畴通常用来处理社会的福利问题，二者都是社会所追求的一种价值目标。“效率被理解为资源更加优化的配置，公平是指收入更加平等的分配。”❶

教育公平与教育效率作为一对范畴共同使用明显是受到经济学影响的结果。然而教育毕竟不同于经济，教育公平与教育效率的概念也并非经济学中公平与效率概念的简单移植，而是有特定的意义。正如有学者指出的那样：“教育公平与效率关系的研究不能跟风，要尊重教育自身的规律和特点，要从教育的视角去研究。不能用经济逻辑取代教育逻辑、用经济话语取代教育话语。”❷

---

❶ 高鸿业. 西方经济学（第三版）[M]. 北京：中国人民大学出版社，2004：351.

❷ 褚宏启. 关于教育公平的几个基本理论问题 [J]. 中国教育学刊，2006 (12)：1-4.

教育经济学认为，教育领域内的“效率”从本质上讲是指“资源配置的结果要使效率最大化，即教育资源配置要形成一定的优势结构”[1]。考虑到教育效率涵盖了生产效率和资源配置效率两个方面的含义，教育经济学界主张“用教育资源的利用效率来概括教育投入与教育直接产出的比较较为合适”[2]，即通常所说的教育效率概念。

所谓教育资源的利用效率，是“指在一定时间内，具体一个教育单位资源的投入和产出的比较，不同教育单位资源的投入和使用情况不同，其效率就不一样”[3]。从教育资源利用效率的内涵来看，教育的直接产出不仅有量的考察，还应该有质的要求。不满足经济社会发展需要的教育产品在质量规格上是不合格的，就无从进行教育投入与产出的比较。然而教育质量作为教育产出的重要维度，至今还存在评价的可操作性难题，以致当前无论是在教育经济学界还是其他学科所使用的教育效率概念中，一般都把教育生产过程和教育质量问题视为黑箱，直接采用外在的可测指标来评估教育的直接产出，教育产出的质量差异实际上并没有被真正考量，甚至被人为地抹杀了。因此，在教育理论和实践中，教育效率实际上指的还是教育资源的配置效率，在这一点上，教育效率与经济学中所指的资源配置效率并没有本质上的差别。

自从我国经济学界提出了“效率优先，兼顾公平”的收入分配原则之后，教育公平与教育效率的关系也开始引起教育学界的积极关注和思考。教育效率强调在教育资源稀缺的情况下用最小的投入换取最大的产出；教育公平强调人人都有受教育的机会，人人都有享受优质教育和获得学业成功的机会。二者既有内在的联系，又相互区别。

教育机会的形成必须耗费一定的人力、物力和财力等资源投入。在教育资源稀缺，尤其政府作为公共教育投资主体的情况下，追求公共教育资源的利用效率是理所当然的价值追求。教育资源利用效率低下势必会产生公共教育资源的浪费，不仅有悖社会公平、正义的原则，而且还会遭受来自纳税人的批评和政治压力。

教育公平作为社会公平的一部分，是发展教育和社会进步必不可少的价值追求，也是社会公平的基础。国内有学者指出：“历史和现实表明，凡有人群并有利益分配的地方，就会产生公平问题。社会如果不设置有差别境界而引发竞争，必然缺乏动力源；而有差别却无公平，这种动力源就会枯竭，竞争必须

[1] 王善迈．教育经济学简明教程［M］．北京：高等教育出版社，2002：172.
[2] 范先佐．教育经济学新编［M］．北京：人民教育出版社，2009：316.
[3] 范先佐．教育经济学新编［M］．北京：人民教育出版社，2009：319.

在公平的条件下才是合理的。公平的有无关系到社会凝聚力的有无，实现公平是社会的基本要求。"❶由此可见，公平是确保社会有序合理竞争的必要条件。作为社会子系统的教育领域自然也离不开公平，同样需要追求教育公平。

缺少教育公平的社会公平是不完整的，也是非正义的，不但会影响教育自身的发展，而且会影响社会整体的稳定和发展。美国学者菲力普·库姆斯早就警告说："如果不更迅速和更大地减少教育的不平等，它将成为整个社会和经济进步的一种日益严重的障碍因素，并成为很多国家政治动乱的原因。"❷ 社会的不稳定很容易对包括教育在内的诸多社会领域的正常发展造成负面影响和损失，这种损失显然也是一种社会资源的效率损失。

教育公平不仅是社会公平的一部分，还是实现社会公平的途径。众所周知，教育是培养人的社会活动，教育通过促进人的发展提升人的生存能力和生产能力，而个人生产能力的提高可以改变个人的经济收入状况，产生收入分配功能，从而改变个人此前的家庭经济状况和社会地位，实现社会阶层的流动，并通过代际效应继续对后代产生影响。教育的这种特殊功能使得教育本身成为影响社会公平的一种因素。正如1998年诺贝尔经济学奖获得者、美国哈佛大学教授阿马蒂亚·森指出的那样，"发展是一种自由，自由是一种能力"，而教育则是社会弱势群体获得公平发展机会和"可行能力"的主要途径。❸ 由此可见，教育公平不仅影响当前个人的发展、自由和社会地位，还影响后代的平等、自由和发展。教育公平由此被认为是实现社会公平的阶梯，也是促进社会稳定的平衡器。

正因如此，教育公平与教育效率都是教育和社会发展所必不可少的价值追求。二者具有相互联系的内在统一性。一方面，教育效率的提高意味着同一教育质量标准下教育单位成本的节约或单位成本下教育产出的增加，使得有限的教育资源能够惠及更多人，发挥更大的效能，教育公平层次的提高和覆盖面的扩大就有了更强有力的资源保障；另一方面，教育公平的实现能够确保每个受教育者都有受教育的机会和得到充分的发展机会，实现人尽其才，进而能对社会做出更多更大的贡献，这既是发展教育的最高目的和归宿，也是教育效率的最好体现。正如英国著名经济学家马歇尔所褒奖的那样："一个伟大的工业天才的经济价值，足以抵偿整个城市的教育费用……在许多年中为大多数人举办高等教育所花的一切费用，如果能培养出像牛顿或达尔文、莎士比亚或贝多芬

---

❶ 周洪宇．教育公平：和谐社会的重要内容、基础和实现途径［J］．人民教育，2005（7）：7－10.

❷ ［美］菲利普·库姆斯．世界教育危机［M］．赵宝恒，李环，等译．北京：人民教育出版社，2000：225－226.

❸ 解韬．近年来我国教育公平研究综述［J］．现代大学教育，2009（2）：20－26.

那样的人，就足以得到补偿。”[1] 每个人的发展潜能是无限的，也是不可预测的。从教育促进人发展的角度而言，教育公平可以在最大限度内确保每个人得到充分的自由发展和获取成功的机会。可见，无论是教育效率还是教育公平，都包含着对教育质量的内在追求，这也是二者能够内在统一的逻辑起点。

然而由于教育公平与教育效率的目标指向和作用领域不同，二者在现实中又经常发生冲突。一方面，追求教育效率，就必然会考虑将有限的教育资源优先配置在产出相对较高的教育领域和受教育群体身上，这就可能对其他受教育者的公平受教育机会和权益产生影响，进而损害教育公平的实现程度；另一方面，如果追求教育公平，就要把教育机会均等放在首位，这样做又很可能没有实现教育资源配置的优化，容易产生教育资源的低效使用和浪费。

那么究竟该如何处理教育公平与教育效率的矛盾关系呢？到目前为止，学界基本上有三种主张：有人主张“效率优先，兼顾公平”；也有人主张“公平优先，兼顾效率”；还有人主张“教育公平与教育效率是两个可以独立的、同等重要的教育追求或者教育目标。现代教育永远都应该坚持‘教育公平与教育效率并重’的原则”[2]。

本书认为，处理教育公平与教育效率的关系应该着眼于特定的国情和历史发展阶段，根据不同阶段、不同类别教育的性质和特点，坚持教育公平与教育效率兼顾、动态平衡的原则，有区别、有针对性地确定二者的关系，努力实现二者的统一。

首先，教育公平与教育效率都是教育政策应该追求的同等重要的价值。二者在整体上并没有绝对的先后与主次之分，也不是固定的、机械的均衡关系，而是根据特定历史阶段和条件下教育发展所要解决的主要矛盾和主要方面所规定的。换句话说，教育的发展应该在整体上和长远上把教育公平和教育效率作为同等重要的教育价值追求，不能顾此失彼；而具体到某一个历史时期，应该根据当时社会发展对教育提出的要求和需要解决的主要矛盾来确定教育公平与教育效率的权重，在特定时点上可以适当向另一方有所倾斜。具体到某一项教育政策时，应该坚持教育公平为主还是应该坚持教育效率为主，主要取决于该教育政策所要解决的教育矛盾的性质，如果该矛盾的主要方面是公平问题，显然应该坚持“公平优先，兼顾效率”的策略；如果该矛盾的主要方面是效率问题，就应该坚持“效率优先，兼顾公平”的策略。

其次，教育公平与教育效率应该实现动态的平衡。所谓动态的平衡，是指

[1] 李锋亮，闵维方，丁小浩．教育的信息功能与筛选功能［M］．北京：北京大学出版社，2008：1.

[2] 褚宏启．教育公平与教育效率：教育改革与发展的双重目标［J］．教育研究，2008（6）：7－13.

公平与效率应该兼顾并协调发展，根据教育发展的需要和社会的承受能力，在发展中调整二者的权重，在动态中维持一定的平衡。在某一特定时期和特定的教育阶段，教育公平的问题相对突出时，则意味着公平与效率的平衡已经被打破，需要强化教育公平的价值，此时应该尽量在不损害效率现状的情况下设法去改善教育公平，一旦公平的目标已经基本实现，就不能再继续矫枉过正，不顾教育发展的实际需要和现阶段的国情，过分地超前提高教育公平目标，进而影响教育的效率；反之，当教育效率的问题相对突出时，处理方式也是如此。如果在实现公平与效率新的平衡之前，追求效率难以避免地伤害了公平，或者追求公平不可避免地伤害了效率，都应该在事后采取措施对另一面的价值进行必要的补救，并对受损群体进行必要的补偿。这样，无论什么样的政策变革都会符合帕累托改进或卡尔多—希克斯改进原则。

再次，教育公平与教育效率的关系要根据不同教育的性质具体问题具体分析。义务教育的性质是公共产品，教育机会关乎每个适龄儿童和少年在未来最基本的生存权利和生存能力，应该坚持“公平优先，兼顾效率”的原则，确保人人都有受教育的机会。在社会发展条件许可的情况下，政府应该努力追求人人都有享受优质教育和获得学业成功的机会。对于普通高中教育，由于其性质属于基础教育和准公共产品，是我国培养高等教育人才的过渡阶段，应该坚持“教育公平与教育效率并重”的原则；对于高等教育，由于其性质属于专业教育（职业教育）和准公共产品，应该坚持“效率优先，兼顾公平”的原则。无论什么性质的教育，在处理教育公平和教育效率的关系时，尽管有主次之分和轻重之别，但这种区分都只能是策略性的，教育公平和教育效率的价值目标最终都是为提高教育发展的整体水平和质量服务。

最后，教育公平与教育效率关系的处理不能脱离特定的社会发展现状和具体的国情，而应该依据教育和社会发展的需求和可能来确定。教育资源对任何一个国家和地区而言都是稀缺的，但稀缺程度又有空间和时间上的差别。从教育管理的角度而言，发展教育都需要提高教育效率，但由于资源稀缺性所产生的压力不同，不同国家和地区在把教育效率作为政策的价值目标时，政策实施的资源条件和自由裁量空间是不同的。教育公平既是人们追求的一种理想，也是一个逐步实现的历史过程。教育公平只有建立在坚实的物质基础之上，才有提升层次和扩大受惠范围的可能。教育公平的层次性决定了追求教育公平不能脱离特定社会发展的历史阶段和生产力水平而盲目追求更高的目标。比如，发达国家现在可能已经在追求教育结果公平的目标，而我国在现阶段只能先追求和确保实现教育起点公平的目标，然后才能逐步创造条件去实现教育过程公平和结果公平等更高层次的目标；城市义务教育的普及水平已经很高，当前教育公平的主要诉求是追求过程公平和结果公平，而农村义务教育刚刚普及，义务教育的基础依然十分薄弱，在教育公平问题上是进一步促进和巩固教育起点公平，在此基础上，在有条件的地区逐步向追求教育过程公平和结果公平努力。如果无视这种国情和历史发展的阶段性社会差异，就很容易陷入教条主义和机械主义的逻辑错误，不但不能正确处理效率与公平的关系，还会给教育发展带来负面影响。

3. 教育公平与教育均衡发展

教育均衡发展是近期在我国基础教育中努力践行的一种教育发展新理念。教育均衡发展与教育公平之间到底存在什么样的内在联系和区别？回答该问题既是认识教育公平问题的必要补充，也是解决教育实践困惑的必然要求。

教育均衡发展是指“在教育公平思想和教育平等原则的支配下，教育机构、受教育者在教育活动中，实现平等待遇的教育理想和确保其实际操作的教育政策和法律制度。其最基本的要求是在教育机构和教育群体之间，平等地分配教育资源，达到教育需求与教育供给的相对均衡，并最终落实在人们对教育资源的分配和使用上”[1]。从经济学角度而言，教育均衡发展的实质就是教育资源配置的均衡。这里所指的教育资源通常是以人力、物力和财力等为外在表现形式，以最终形成的教育服务数量和质量为内核。

教育均衡发展因为所指对象的不同，在内涵上也有所不同。从个体来看，教育均衡发展就是指受教育者是否能够均衡、全面发展，强调个体受教育权利和受教育机会的均等（包括起点均等、过程均等和结果均等）；从学校来看，教育均衡发展指的是教育资源在学校之间、区域之间和城乡之间的配置是否均衡，强调教育资源服务的均等性；从社会来看，教育均衡发展指的是教育供给与需求在数量、质量和结果上是否均衡，反映了社会需求与教育的生产性之间的匹配程度。

教育均衡发展“从宏观层面分析是教育供给与需求的均衡，从中观层面分析是教育资源配置的均衡，从微观层面分析是学校教育过程包括内部课程教学资源配置的均衡、教育结果的均衡以及教育评价的均衡”[2]。

当前我国政府所推动的教育均衡发展政策，主要是指基础教育领域的均衡发展，是指“我国不同地区之间、城乡之间、同一地区不同学校之间、同一学校不同群体之间的教育均衡发展问题。或者说，它主要涉及的是受教育者的受教育权利保障问题，教育的民主与公平问题”[3]。教育均衡发展是一个逐步实现的历

---

[1][2][3] 翟博．教育均衡发展：理论、指标及测算方法［J］．教育研究，2006（3）：16－28.

史过程，具有层次性和历史性。我国基础教育的均衡发展首先要实现县域内学校之间的均衡发展，然后逐步实现区域之间和城乡之间学校的均衡发展，最终实现合理配置教育资源，达到“办好每一所学校”和“教好每一个学生”的最终目标。

教育公平是教育均衡发展的理论依据和最终归宿。教育均衡发展的本质是追求教育平等和实现教育公平。教育均衡发展是实现教育公平的必要手段和现实途径。教育公平具有理想性，教育均衡发展具有现实性和可操作性。在我国现阶段要实现教育公平，就要先实现教育均衡发展，逐步消除校际之间、区域之间和城乡之间教育发展的差异。鉴于教育均衡发展的过程性和历史性，我国当前实现教育公平的重点是优先实现县域内义务教育的均衡发展。

三、教育公平的特点

教育公平作为指引当代教育发展的一种基本理念，是人类社会发展到一定阶段的产物。在教育公平思想的形成、演变和发展过程中，时代文化和学科认识的变化不断地赋予它新的特点，教育公平的内涵和外延由此也不断得以丰富和完善。

（一）教育公平具有历史性

从教育公平思想的历史演进过程可以看出，教育公平理念的发展具有明显的历史性特征，在不同的历史阶段，教育公平的内涵和外延并不相同。

从孔子“有教无类”朴素教育权利平等思想的提出，到朱熹关于“因材施教”这一教育结果均等思想的表达，我国古代思想家早就有了关于教育公平思想的言论。

从古希腊柏拉图对教育公平的关注到当代科尔曼关于教育机会均等观念的梳理，从教育机会均等观念到布朗等人有关“教育公平”概念的正式提出，从罗尔斯正义论的发表到当代国际组织对教育公平的正式定义，教育公平理念的每一次发展无不带着历史发展的脚印并体现着人类智慧的进步。

而人类在进入现代社会之前尽管有过对教育公平的追求和实践上的探索，但由于缺乏必要的历史条件和物质基础，教育公平并没有成为被广泛接受并付诸教育实践的基本价值。直到人类进入现代社会，“伴随着现代社会经济和文化等各方面的发展，教育公平的理念才被明确提出，并不断地从一种水平走向另一种更高的水平。教育公平是社会现代化包括教育现代化的直接产物和重要特征”[1]。因此，教育公平思想本身的演进过程就是一个漫长的历史过程，教

[1] 石中英．教育公平的主要内涵与社会意义［J］．中国教育学刊，2008（3）：1－6.

育公平思想本身具有历史性特点。

再从教育实践角度来看，教育公平的实现也不是一蹴而就的，教育公平既是一种过程，也是一种理想。教育公平是一个实现层次和覆盖水平随着社会历史发展而不断提高的漫长历史过程。同时，在教育公平的实现过程中，既要尊重当前的发展现状，强调水平公平，也要注意历史的差异，体现纵向的公平。

（二）教育公平具有原则性

教育公平是指导教育发展的一种理念。这种理念的要害在于是否符合人们关于公正或正义的伦理原则。但人们对公正和正义的理解具有多元性，从而导致对教育公平的具体理解也有不同。然而但凡人类能普遍认同的“正义”和“公正”原则，往往都有“异曲同工之妙”，尽管在表达上和强调的要点上有差异，但是一些基本的原则会被大家共同接受和认可，进而形成教育公平的基本原则，教育公平由此具有了原则性特征。

当前学界所公认的教育公平原则几乎无一例外地都受到罗尔斯在《正义论》中所提出的正义的两个层次三个原则的影响，即平等自由的原则、机会的公正平等原则和差别原则。据此，教育公平的基本原则主要有三个，即“平等原则、差别原则和补偿原则”[1]。

教育公平的平等原则包括受教育权利平等和教育机会平等两个方面，该原则强调教育起点平等和教育过程平等。教育权利平等废除了基于性别、身份、出身、地位、职业、财产、民族等附加条件的限制，体现了社会对所有成员的“不偏袒性”和“非歧视性”。教育机会平等强调要保证社会成员有平等的参与机遇，要求社会提供的生存、发展和享受机会对于每一个社会成员都始终均等。

教育公平的差异原则，是指根据受教育者个人存在的禀赋、兴趣和能力差异，差异性地配置教育资源，以满足其个性充分发展的需要。该原则正视个体的差异性，放弃对教育同质性的追求，不搞一刀切，不搞绝对的均等。它既主张人人都受教育，还主张人人都受适切的教育。这一原则反映在教育实践中就是要提供多样性的教育，既包括多样性的学校，还包括多种类型的课程。在我国，“因材施教”就是差异原则最有代表性的观点；在西方，古希腊思想家亚里士多德提出的“平等地对待平等的，不平等地对待不平等的”的思想也是对该原则最精辟的表述。

教育公平的补偿原则关注受教育者的社会经济地位的差距，并对社会经济

[1] 褚宏启，杨海燕．教育公平的原则及其政策含义［J］．教育研究，2008（1）：10－16.

地位处境不利的受教育者在教育资源配置上予以补偿。这一原则在配置资源时是不平等的，却是公平的。因为它符合罗尔斯提出的“差别补偿原则”，即如果社会资源无法做到平等分配，“只允许那种能给最少受惠者带来补偿利益的不平等分配，任何不平等的利益分配都要符合最少受惠者的最大利益”❶。补偿原则是对社会纵向不公平的一种矫正，所以通常也被称为纵向公平或垂直公平原则。

以上三个原则在进行教育资源配置时应该尽可能兼顾。如果不能同时兼顾，至少应该优先保证平等原则的实现，然后在此基础上尽量满足差异原则和补偿原则的要求。

（三）教育公平具有相对性

教育公平的相对性是指“教育公平总是相对于某一特定的教育法则和评价标准而言的，脱离了这一特定教育法则和评价标准，教育公平就是一个无意义的存在”❷。绝对的教育公平等同于平均主义，既是不公平的，也可能是不存在的。

教育公平本身首先是一种价值判断。这种价值判断的标准并不是绝对的、固定不变的，而是随着社会历史的发展和进步而不同。在不同的文化背景下，这种判断标准也可能会有差别。这种价值判断的相对性导致了教育公平的实现既是一种过程，也是一种理想，是发展教育必要的乌托邦。

教育公平是社会公平在教育领域的延伸。由于人与人之间存在自然禀赋、出身和地位等先天差异，教育公平所强调的教育起点公平实际上从一开始就存在事实的不平等。教育公平所指的教育起点公平实际上是默认受教育者先天已经存在的自然禀赋差异，强调从进入教育系统的那一刻起以及在后来的受教育过程中都要做到教育机会均等，保障每个受教育者都能够通过自身的努力获得成功的机会。关于这一点，“科尔曼报告”中有关“在影响教育不公平的因素中，最大的是家庭背景”❸ 的结论实际上已经对此做出了最好的说明。因此，科尔曼才认为：“由于存在着差别性校外影响，教育机会均等只可能是一种接近，永远也不可能完全实现。”❹ 而这一点正是教育公平相对性的体现。

（四）教育公平具有层次性

从教育公平的分类来看，教育公平有起点公平、过程公平和结果公平等不

---

❶ 约翰·罗尔斯．正义论［M］．何怀宏，等译．北京：中国社会科学出版社，1998：292.

❷ 张辉．教育公平思想溯源及启示［J］．河北职业技术学院学报，2008（1）：23－25.

❸ 詹姆斯·科尔曼．教育机会均等的观念［A］//张人杰．国外教育社会学基本文选．上海：华东师范大学出版社，1989：191.

❹ 同上。

同的层次，既有高低之分，也有实现程度大小和覆盖面多少的差别。

教育公平首先要确保人人都有平等的受教育权利，即受教育权平等或教育起点公平。这是教育公平最基本的要求，也是教育公平最低的层次。为了确保这项基本人权，当今世界大都通过教育立法和制度建设来对教育资源进行强制性的分配，以确保这一层次的教育公平能在最大范围内惠及更多的人群，其突出体现就是义务教育制度的实施。

在实现了人人都有受教育的机会这一层次之后，教育公平就会追求另一个更高的层次，即人人都要有均等的受教育质量。这就是我们所说的教育过程公平，确保受教育者在接受教育过程中有均等的参与机会和发展机会。

在实现教育起点公平和教育过程公平的基础上，人们会追求最高层次的教育公平——教育结果公平。教育结果公平并不是每个人的教育成就和发展水平整齐划一，也不可能做到每个人都成功，而是在尊重个体差异的基础上使得每个人都得到适切的教育，使得每个人都得到充分的发展，以便将来在生存和发展中有均等的成功机会。

教育起点公平、过程公平和结果公平这三个层次依次由低到高，前一个层次是后一个层次的前提和基础。教育公平的层次越高，实现的难度就越大，所需要的教育资源就越多，所经历的时间周期就越长。

从整体来看，教育公平的实现一般是一个层次从低到高、覆盖面由小变大的渐进过程。而在具体的实践中，教育公平的实现并不必然遵循逐级递进的步骤，而是一个多层次交织的非线性实现过程，即在某些方面对一部分受教育者而言可能已经实现了高层次的公平，但在其他方面对另一部分人而言可能连最低层次的教育公平还无法完全实现和保障。

（五）教育公平具有客观性

教育公平作为一种教育发展理念，虽然在形式上是主观的，而且还因为时代和人为因素而具有不同的内涵和外延，但是就其反映的内容而言具有客观实在性。

如前所述，教育公平是一种质的判断，反映的是人们对教育的理性的、公正的价值判断，而教育平等却是一种量的表征，是对受教育者群体间统计一致性的描述。

教育平等在实践中具有可测性，在统计学上又具有群体一致性标准的可参照性，所以，教育平等的测量结果本身是客观的，也是可以比较的。鉴于教育公平本身具有质的价值判断和量的测量两个层面，实践层面的教育公平研究和政策执行通常都是依据一定的教育公平理念和原则去制定标准，然后再用教育平等的尺度去衡量教育公平的实现程度，即采用定性和定量相结合的方法去衡量教育公平。这就是教育公平的概念正式使用之前，学术界所理解的教育公平实际上就是指教育机会平等的主要原因。也正因如此，科尔曼强调教育公平概念实际上用“不平等的减少”（见前文）来理解更为准确。

当然，在强调教育公平的客观性的同时，还需要区分另外一种主观层次的教育公平，即教育公平感。它是个体对教育问题是否公平进行评价时所产生的心理感受。这种感受具有明显的主观性，而且与周围类似人群的比较有很大的关联性。

个体的教育公平感一般情况下与客观的教育公平具有内在一致性，是个体意识对客观公平的一种能动的反映。当客观公平的实现程度较高时，个体的主观公平感会在群体统计上表现出较高的一致性，反之亦然。但是，由于教育公平价值标准具有多元性和历史性等特征，个体主观的教育公平感与客观公平在特定的时点和文化背景下也有不一致的时候。

我们在利用教育公平的理念引导教育发展和指导相关政策时，要尽可能以教育公平的客观性为依据，适度考虑不同的声音，照顾不同人群的主观公平感受，特别是弱势受教育群体的主观公平感。

四、影响教育公平的因素及其测量

实现教育公平是教育发展的理想和目标。在现实中，形形色色的教育不公平问题比比皆是，研究和解决教育不公平问题就成为学术界和实践工作者推进教育公平的重要使命。在此过程中，就需要了解教育公平的影响因素和测量方法。

（一）影响教育公平的因素

影响教育公平的因素是多方面的，既有特定历史条件下经济、政治、文化等社会因素的制约，也有教育内部的教育发展思想、教育结构和管理制度等方面的原因。目前学术界对教育公平影响因素的研究侧重于对当下社会中特定教育不公平现象和问题影响因素的研究。

在国内外关于教育公平影响因素的研究中，最著名的首推科尔曼于1966年发表的教育机会均等研究报告中所得出的关于学生学业成就影响因素的结论：“学校质量与学业成绩之间的相关性很小，学校内部的成绩差异大于学校之间的成绩差异，影响学生学业成功的最重要因素是学生的智能和家庭背景，而教师素质对无论哪一种社会出身儿童的学业成绩都有很大的影响。换言之，在影响教育机会均等的诸要素中，最重要的是学生的社会背景，其次是教师素

质，最不重要的是设备条件和课程。”❶

科尔曼由此认为：“由于存在着差别性校外影响，机会均等只可能是一种接近，永远也不可能完全实现。而教育机会均等的近似性实现不仅是由教育投入的均等决定的，还是由学校的影响与校外的差别性影响的相对强度决定的。产出的均等不完全由资源投入的均等决定，还由这些资源对学业成就产生的效力决定。”❷ 科尔曼的这一研究改变了人们对影响教育公平的学校因素权重的传统认识，有学者甚至认为该研究的最大贡献是“把教育公平的研究从学校投入资源的均等转向学校结果的均等”❸。

我国清华大学社会学系刘精明教授认为，影响教育公平的因素有先赋和自致两种。先赋因素对儿童教育机会的影响有三条主要路径：“一是通过促进儿童之间的能力分化而导致机会不平等，二是因个体或家庭的选择偏好而导致机会不平等，三是通过直接改变机会配置结构而产生机会不平等。”❹ 他以对教育机会平等的影响程度为标准，区分了两类不同的先赋影响因素，即内生性家庭资源和外依性家庭资源。在他看来，内生性家庭资源是“指一个家庭一经组成便自然固有的人口结构方式，以及内化于家庭成员之中的知性与情感体系。典型的内生性资源包括家庭结构以及家庭文化资本”。而“外依性”是“就家庭资源与外部社会之间的依赖性而言的。儿童成长与发展所必需的物质性资源均有赖于父母或其监护人在劳动力市场（更广泛地，应该是在全部社会领域）中的所得，它与劳动力市场状况、制度环境以及其他社会环境的变化有着密切的依赖关系。因此，外依性家庭资源的不平等作用根源于外部制度环境和社会环境”❺。他还通过对1976年至2000年间中国基础教育中的机会不平等及其变化所做的实证研究得出结论：“内生性家庭资源较少受外部社会条件和社会过程的干预，其对教育机会平等的影响是持久而稳定的；而外依性家庭资源对教育机会平等的影响则可能因教育扩展或其他大规模的平等化社会过程而下降，也可能在相反的社会条件下被强化。”❻

我国还有部分学者从社会学视角进行了宏观的研究，认为影响教育公平的

---

❶ 熊春文，陈辉．西方国家教育机会均等及其观念的历史演进［J］．华中师范大学学报（人文社会科学版），2011（4）：131－143．

❷ 詹姆斯·科尔曼．教育机会均等的观念［A］//张人杰．国外教育社会学基本文选．上海：华东师范大学出版社，1989：191．

❸ 翁文艳．教育公平与学校选择制度［M］．北京：北京师范大学出版社，2003：6．

❹ 刘精明．中国基础教育领域中的机会不平等及其变化［J］．中国社会科学，2009（3）：101－118．

❺ 刘精明．中国基础教育领域中的机会不平等及其变化［J］．中国社会科学，2009（3）：101－118．

❻ 同上。

因素主要包括经济层面、社会层面，如家庭背景、地区和城乡差异等；制度层面，如制度化教育、收费制度、招生制度、重点班校制度等；政策与实施层面，如高等教育资源配置制度等。

值得注意的是，由于教育公平议题的复杂性和具体性，我国学者对教育公平影响因素的研究较少涉及宏观层面，更多地是针对特定群体、特定教育政策与制度、教育现象的教育公平影响因素进行研究。如，有学者就农民工子女（流动儿童和留守儿童）的义务教育公平、少数民族等弱势群体教育公平、残障儿童教育公平和女童的教育公平等影响因素进行了研究，还有学者针对义务教育后的择校制度、“两为主”政策、异地高考政策、学生资助政策等具体的教育不公平问题的影响进行了研究。

就我国目前各种教育公平问题的影响因素而言，从宏观来看，最大的影响因素应该是经济发展不均衡所导致的教育资源配置的不均衡，如我国的城乡教育不公、区域教育不公问题和校际教育落差问题；其次是各种特定的教育制度和社会制度所带来的不公，如户籍制度所引发的各种教育不公平现象。从微观来看，影响教育公平的首要因素还是学校内部教育资源配置的不均衡，如重点班校制度、师资配备差异和班级规模过大等。

总之，教育公平问题的出现总是植根于特定的社会历史、政治、经济、文化和制度环境中，教育不公平的受害者总是特定的部分受教育群体。受教育者除了作为独立而完整的自然个体存在之外，还是社会中的一分子，从而不可避免地带有社会人的群体属性和特征。因此，作为一种研究视角，对于任何一种教育不公平问题影响因素的分析和探讨，都要将之置放在特定的社会背景中进行个体内部因素和外部因素两个方面的讨论，脱离特定的社会背景而笼统地谈其影响因素是空洞的和缺乏说服力的。

（二）教育公平的测量方法

教育公平的测量是依据一定的教育公平原则，根据具体的研究对象，制定特定的测量标准和可测指标，采用不同的计量方法来进行测度。

目前，国内外学者应用较多的测量教育公平的方法是计算教育基尼系数。基尼系数是经济学界根据洛伦茨曲线提出的判断收入分配平等程度的指标，后被引入教育领域。与其他统计学上的不平等测度指标（如比例、离差、值域和差异系数等）相比，其信息含量更加全面、客观和综合。张长征（2006）[1]、

[1] 张长征．中国教育公平程度实证研究：1978—2004——基于教育基尼系数的测算与分析［J］．清华大学教育研究，2006（2）：10－14.

林涛（2008）[1]和李全生等（2008）[2]都分别采用基尼系数法对我国的教育公平状况进行了实证分析和研究。

除了基尼系数之外，还有学者采用层次分析法对各种影响因子进行了定量化的研究。这种方法适合于具体的教育不公平问题，对宏观层次的教育不公平问题适用性不强。

由于基尼系数从收入分配领域的移植缺乏对教育不公平问题特殊性的考量，有学者还提出了教育公平指标体系方法来进行测度。我国知名教育经济学者王善迈教授从受教育权和入学机会公平、公共资源配置公平、教育质量公平和群体间教育公平等四个方面构建了三级教育公平的评价指标体系。[3]北京师范大学的周金燕也以基尼系数为基本分析工具，建立了适于进行整体评价和区域比较的我国教育公平综合指标体系，"具体分为义务教育均衡指数、高中教育公平指数、高等教育公平指数和教育存留公平指数四个子系统"[4]。

当然，还有部分研究者从自己研究主题的特定需要出发，采用自编问卷的调查方法或实地调查的方式对教育公平进行了测度。当然，这些方法通常适用于对一个较小范围内教育公平问题的考察，而不太适合于整体和宏观层面的考察。

第二节　农村中小学校布局调整与教育公平的关系

农村中小学校布局调整作为我国在农村义务教育阶段推行的一项教育政策，其初始目的主要是为了提高我国农村义务教育资源的配置效率。随着该政策的逐步推行，以效率为主要价值目标取向的学校布局调整政策与教育公平的政策价值目标的冲突逐步显现。如何认识学校布局调整与教育公平的关系成为一个重要的理论问题和政策实践议题。

一、教育公平是学校布局调整的应然价值取向

教育公平是社会公平的基础，是我国教育发展的基本价值追求。当前和今后的一切教育活动和教育政策都不能背离教育公平这个基本的价值追求。

---

[1] 林涛．基于基尼系数的我国教育公平问题研究［J］．教育发展研究，2008（9）：35－38.

[2] 李全生，解志恒．基于基尼系数对我国教育公平性的研究［J］．国家教育行政学院学报，2008（10）：59－61.

[3] 王善迈．教育公平的分析框架和评价指标［J］．北京师范大学学报（社会科学版），2008（3）：93－97.

[4] 周金燕．我国教育公平指标体系的建立［J］．教育科学，2006（1）：13－15.

（一）教育公平是教育法规政策的基本精神

在我国，教育公平作为教育发展的一种价值追求，不只是在学术界被倡导和呼吁，而是有着明确的法规保障。我国多部现行教育法规都对教育公平的相关精神或具体内容有过相关表述或明确的规定。

《中华人民共和国教育法》（以下简称《教育法》）第 9 条明确规定："中华人民共和国公民有受教育的权利和义务。公民不分民族、种族、性别、职业、财产状况、宗教信仰等，依法享有平等的受教育机会。"《教育法》是我国教育的基本法，该条款明确规定我国公民都有平等的受教育权利和机会，从法理上对教育平等权利做出了明确的规定。

2006 年新修订的《义务教育法》第 4 条重申："凡具有中华人民共和国国籍的适龄儿童、少年，不分性别、民族、种族、财产状况、宗教信仰等，依法享有平等接受义务教育的权利，并履行接受义务教育的义务。"这是公平接受教育的平等权利在义务教育领域的再次确认。

《义务教育法》第 6 条对义务教育资源配置的原则进行了规定，指出："国务院和县级以上地方人民政府应当合理配置教育资源，促进义务教育均衡发展，改善薄弱学校的办学条件，并采取措施，保障农村地区、民族地区实施义务教育，保障家庭经济困难的和残疾的适龄儿童、少年接受义务教育。国家组织和鼓励经济发达地区支援经济欠发达地区实施义务教育。"这是我国首次把促进义务教育均衡发展的教育公平精神列入正式的教育法律文本。

《义务教育法》第 12 条第 1—2 款规定："适龄儿童、少年免试入学。地方各级人民政府应当保障适龄儿童、少年在户籍所在地学校就近入学。父母或者其他法定监护人在非户籍所在地工作或者居住的适龄儿童、少年，在其父母或者其他法定监护人工作或者居住地接受义务教育的，当地人民政府应当为其提供平等接受义务教育的条件。具体办法由省、自治区、直辖市规定。"该条款强调了就近入学的入学方式，并且指出了确保非户籍所在地受教育者平等接受义务教育的法律保障措施。

《义务教育法》第 22 条第 1 款规定："县级以上人民政府及其教育行政部门应当促进学校均衡发展，缩小学校之间办学条件的差距，不得将学校分为重点学校和非重点学校。学校不得分设重点班和非重点班。"该条款指出了促进学校均衡发展和缩小校际差距是县级以上人民政府和教育行政部门的责任，这实际上就等于确立了促进教育均衡发展的责任主体是县级以上人民政府及其教育行政主管部门。

《国家中长期教育改革和发展规划纲要（2010—2020 年）》明确指出"促

进公平”是国家中长期教育改革和发展的工作方针之一，提出要“把促进公平作为国家基本教育政策。教育公平是社会公平的基础。教育公平的关键是机会公平，基本要求是保障公民依法享有受教育的权利，重点是促进义务教育均衡发展和扶持困难群体，根本措施是合理配置教育资源，向农村地区、边远贫困地区和民族地区倾斜，加快缩小教育差距。教育公平的主要责任在政府，全社会要共同促进教育公平”❶。这是迄今为止我国政府颁布的教育政策法规中对教育公平精神最准确而清晰的表达。该精神不仅阐明了教育公平的地位、意义、关键、要求、重点和根本措施，还指出了促进教育公平的责任主体是政府。这意味着促进教育公平自此成为我国政府发展教育的基本价值追求。

从以上教育法规的文本表述中不难看出，从《教育法》开始，我国就确认了教育权利平等的基本精神，而后随着教育发展的需要，又分别确认了促进义务教育均衡发展的目标，最后旗帜鲜明地提出要把促进教育公平作为国家基本教育政策。尽管上述不同的法规和政策文本受不同时期社会发展的限制而对教育公平关注的侧重点和表述方式不同，但教育公平的基本精神始终贯穿在我国相关的教育法规和政策之中。

教育法规是国家指导教育改革与发展的法律依据和行动准绳，一旦确立就必须遵守和执行。《国家中长期教育改革和发展规划纲要（2010—2020年）》已经明确提出要“把促进公平作为国家基本教育政策”。农村中小学校布局调整政策作为我国基础教育政策的一部分，自然不能违背相关法规中所指出的教育公平精神和原则，理应将促进教育公平作为该政策的价值追求之一。

（二）教育公平是教育政策的基本价值取向

教育政策是公共政策的范畴。公共政策学认为“公共政策的本质是对社会价值所做出的权威分配”❷。在分配社会利益的过程中，公共政策制定的主体常常面临多元的利益群体和不同的利益诉求，这些不同的利益可能会一致，也可能会在不同层面产生冲突。教育政策的最终确定实际上就是各利益集团围绕各自的教育权益相互博弈和妥协的结果。如何确保公共政策能够在不同利益群体之间达成一致目标由此成为困扰公共政策制定者的常见难题。为了对复杂的利益关系进行协调和整合，公共政策必须坚持公平公正的原则才能最大限度地减少政策制定和推行的社会阻力，公平由此成为公共政策顺利实施的价值保障之一。

---

❶ 教育部．国家中长期教育改革与发展规划纲要（2010—2020）[Z]．2010.

❷ David Easton, The Political System: An Inquiry into the State of Political Science. New York: Knopf, 1953, p. 129.

教育政策是在教育领域推行的公共政策，其实质也是政府对教育公共利益所做出的强制性权威分配。教育公平作为人类对教育的价值追求，是超越任何利益集团、满足和确保绝大多数人民获得教育利益的基本价值保障。

在现行公共教育体系中，政府作为公共权力的占有者和公共教育政策的制定者，也是多元利益主体之一。公共选择理论认为，政府是由个体组成的，同样满足利益最大化的“经济人”特征，只不过是通过促进公共利益来实现个体成员的个人利益最大化。政府的“经济人”特征使得政府在制定公共政策时会优先考虑能够给个人带来最大利益的政策选项。当教育公平成为广大人民群众所普遍认同和追求的社会价值目标时，只有符合教育公平精神的公共政策才能实现社会公共利益的最大化，而只有满足了公共利益最大化的公共政策才能获得人民群众的拥护和认可，政府成员才能获得相应的政绩、赞誉。纵观当代全球各国的教育，教育公平已经成为绝大多数国家发展教育的基本价值追求。正因如此，教育公平在我国目前的社会舆论中也日渐成为强势话语和敏感词汇，教育公平的理念已经深入人心，也成为关乎国计民生的重要风向标。在此政策舆论环境下，政府在制定公共政策时，必须把教育公平作为教育政策的基本价值取向来促进公共利益。

农村中小学校布局调整政策是公共教育政策的一部分，为了确保绝大多数人的教育公共利益，教育公平理应成为教育政策制定、执行和调整的基本价值追求。

（三）教育公平是人民群众对学校布局调整政策的基本诉求

农村中小学校布局调整提高农村义务教育资源利用效率的目标，反映了政府和社会对教育资源配置效率的价值追求，这种追求首先在最大程度上满足了各级地方政府降低教育经费开支和节约公共办学成本的利益，在特定的历史条件下是必要的，也是无可厚非的，从长远来看也满足了广大人民群体减轻税费负担的经济利益。

然而农村中小学校布局调整在形式上表现为学校的撤并和上学空间、距离的变化，这种空间和距离的变化会影响农村学生在接受义务教育过程中的方便程度和教育权益。由于不同的学生家庭所在地距离学校的远近不同，家校距离在学校布局调整中实际上成为影响不同学生受教育权益的重要分配依据。为了获得平等的受教育权益，就近入学就成为学校布局调整过程中的另一种利益诉求。如何在提高教育资源配置效率与代表教育公平价值的就近入学目标之间进行协调，实际上就成为农村中小学校布局调整政策在进行价值分配时所面临的关键问题。

2001年5月29日，国务院下发了《关于基础教育改革和发展的决定》（国发〔2001〕21号），明确提出要"因地制宜调整农村义务教育学校布局"，并要求各地政府要"按照小学就近入学、初中相对集中、优化教育资源配置的原则，合理规划和调整学校布局。农村小学和教学点要在方便学生就近入学的前提下适当合并，在交通不便的地区仍需保留必要的教学点，防止因布局调整造成学生辍学"❶。从政策出台的目标和要求来看，农村中小学校布局调整政策至少在官方正式文件中坚持了提高教育资源配置效率和就近入学两个目标兼顾的原则，把确保教育公平纳入了政策的应有价值取向中。

农村中小学校布局调整政策不仅仅是教育资源配置方式的一种转变，而且还是办学主体责任的一次调整，即由过去的人民教育人民办向人民教育政府办转变。"从本质上讲，无论是人民教育人民办还是人民教育政府办，都是为了解决教育机会的供求矛盾。因此，政府和村民的教育利益在根本上是一致的。"❷ 然而在特定的时间和空间内，政府的教育诉求与广大人民群众的教育需求未必完全吻合，二者不一致甚至出现冲突的情况时有发生。

政府希望通过合理配置农村教育资源实现农村义务教育的高效、优质、集中。尽管村民也渴望优质教育机会，但在教育诉求多元化和农村教育质量差别不大的情况下，不少村民和家长更希望子女能够就近、安全、方便地求学。如果孩子读书不方便或者求学成本过高，他们宁愿舍弃优质的教育机会而让子女就近在村校和教学点求学，特别是山区、交通不便和经济欠发达地区等地村民的这一愿望更为强烈。而且，不少家长甚至对集中办学能够提高效率的看法并不完全认同，在他们看来，村校或教学点的学生数量少，与家庭联系紧密，小班教学更具因材施教和家校合作的优势。因此，不少家长从教育公平的角度出发，不希望自己的子女在学校撤并后饱受上学远、上学难的痛苦，更希望就近入学。

由此可见，提高教育资源配置效率是学校布局调整的基本诉求，以就近入学为核心内容的教育公平目标也是广大人民群众对学校布局调整的基本诉求，而且是偏远地区、交通不便地区和经济相对落后地区人民群众的主导诉求。政府举办教育的最终目的是为了满足广大人民群众对教育的需求，办人民满意的教育就是要倾听不同群体的合理呼声，并最大限度地予以满足。人民群众就近入学的诉求代表着群众对不因地区差别而平等接受义务教育的一种期盼，应该在政策价值中得到尊重和满足。

---

❶ 国务院．关于基础教育改革与发展的决定（国发〔2001〕21号）[Z]．2001-05-29.

❷ 贾勇宏．农村学校布局调整过程中的利益冲突与协调 [J]．教育发展研究，2008（7）：66-69.

综上所述，无论是从教育法律、规章、制度规定，教育公共政策的合理价值追求，还是从学校布局调整过程中人民群众的现实诉求和呼声来看，教育公平都是农村中小学校布局调整应然的价值追求。

二、学校布局调整在一定条件下能够促进教育公平

农村中小学校布局调整是通过优化教育资源配置提高教育资源利用效率的教育办学变革活动，而教育公平既是指导教育资源配置的一种价值追求，同时也是教育发展的一种政策目标。学校布局调整一方面要遵循教育公平的价值原则，另一方面又可以通过优化教育资源的配置促进教育公平。

（一）合理的学校布局结构有助于促进教育公平

学校布局调整通过教育资源的优化配置来影响教育公平是通过两种途径来实现的：一是通过改变单所学校的空间位置和服务半径影响学校服务区内不同学生受教育的服务质量和服务成本；二是通过缩小不同学校之间的教育质量差距来促进教育的均衡发展。

农村中小学校布局调整政策的实施过程在形式上表现为农村学校的撤销、合并、扩建、改建或重建，实际上是对农村教育人力、物力和财力等教育资源在时间和空间上的一次重新配置，最终表现为在哪里重新办学的问题。这样一来，学校的空间地理位置和服务半径实际上将会影响学生上学距离的远近和上学成本的大小。合理的学校布局结构能够使学校的服务半径相对均等，学生上学的距离被控制在可接受范围之内，确保学校服务范围内的每个学生都有相对方便的上学机会和低廉的求学成本。不合理的学校布局结构只能使部分学生享受就近入学的便利，却会使另一部分学生饱受上学距离较远和上学成本较高的痛苦。这就意味着不同的个体在享有义务教育就学机会时，其服务的质量、内容和成本相对于不同的人而言并不平等，这就会造成对教育公平的损伤。

促进义务教育均衡发展是我国现阶段实现教育公平的现实途径和重点举措。教育均衡发展的关键是合理配置教育资源，使教育资源在城乡之间、区域之间、学校之间能够大致均衡地得到配置，确保每个受教育者在受教育过程中起点和过程机会均等。在通过农村中小学校布局调整实现教育资源的优化和重新配置过程中，一大批布点分散、教育质量低下的薄弱学校被撤销，大量现存的农村薄弱学校通过增加新的教育资源被改造和提高，县域内学校之间和城乡之间的教育差距逐步缩小，客观上将会促进农村义务教育的均衡发展。

鉴于学校布局调整具有通过合理的资源配置促进教育均衡发展的作用，不少地区在推进农村中小学校布局调整政策的实践中都把促进教育均衡发展作为

该政策的预期目标之一。2005 年教育部下发《关于进一步推进义务教育均衡发展的若干意见》（教基〔2005〕9 号）指出：实现教育均衡发展是我国义务教育今后较长一段时间内的发展方向和工作目标。此后各地下发的政府文件都将实现教育均衡发展作为本地学校布局调整工作的直接目的，“重视中小学教育的均衡发展成为政府进行农村学校布局调整的直接动力”❶。如，2005 年，河南省人民政府在《关于进一步推进义务教育均衡发展的若干意见》（豫政〔2007〕2 号）中明确提出把“进一步调整农村中小学布局，缩小学校办学条件差距，实现教育均衡发展”作为本省推进教育均衡发展的措施之一，要求各地政府“按照小学就近入学、初中相对集中、优化教育资源配置的原则，进一步调整农村中小学布局，合理配置好公共教育资源”❷。该文件实际上已经把学校布局调整作为本省实现教育均衡发展的手段之一。湖北省石首市教育局在《石首市“十一五”学校布局调整规划方案》中将本地学校布局调整的原则确定为“立足长远，统筹规划，集中办学，合理配置，分步实施，规范管理，促进中小学校均衡发展”。

再从学校布局调整执行的实际效果来看，农村中小学校布局调整确实在一定程度上促进了教育的均衡发展。本研究中教师问卷的相关调查结果显示，在 614 名样本教师中，57.2% 的教师认为学校布局调整“促进了教育资源的合理配置”，53.2% 的教师认为学校布局调整“有助于促进教育的均衡发展”。“中国中西部农村中小学校合理布局结构研究”课题组通过对全国 6 省（自治区）的调查研究发现：“教育行政人员、学校校长、中层管理人员、教师及其他（教辅和工勤人员）样本中认为学校布局调整实现了教育资源的合理配置的比例分别为 95.5%、78.7%、77.6%、69.8% 和 66.9%，认为促进了教育均衡发展的认同比例分别为 70.8%、56.1%、53.7%、50.1% 和 48.8%。”❸

由此可见，学校布局结构调整有利于促进教育资源的合理配置，并能在教育公平理念的指引下，通过教育资源的优化配置形成合理的学校布局结构，从而促进教育的均衡发展。学校布局调整能否促进教育公平和教育的均衡发展，关键取决于采用什么样的政策价值做指导和采用何种方式配置教育资源。采用公平与效率兼顾的政策价值指引，把促进教育均衡发展作为资源配置的重要目标，并在实践中按照教育规律达成上述目标的合理学校布局调整结构必将有力

❶ 范先佐．农村中小学校布局调整的原因、动力及方式选［J］．教育与经济，2006（1）：26－29.

❷ 河南省人民政府．关于进一步推进义务教育均衡发展的若干意见（豫政〔2007〕2 号）［Z］．2007－01－16.

❸ 范先佐．农村学校布局调整与教育的均衡发展［J］．教育发展研究，2008（7）：55－60.

地促进教育公平和教育均衡发展。相反，背离或漠视教育公平的价值目标不但不能促进教育公平，反而有可能损伤教育公平。

（二）适当的学校布局调整方式可以增加优质教育机会供给

在我国义务教育阶段，教育公平的主要目标是实现人人都有受教育的机会和人人都有享有优质教育的机会。然而受我国现阶段农村社会生产力发展水平和农村教育整体发展水平的限制，我国农村义务教育阶段的优质教育机会供给能力依然很有限，农村优质教育机会的供给数量与人民群众日益增长的教育需求之间的矛盾越来越突出。扩大优质农村义务教育机会的供给量是实现更高层次教育公平的必要步骤。

农村中小学校布局调整一方面通过学校的撤并优化教育资源的配置，提高教育资源的利用效率，为提供更多的优质教育机会创造了相对充足的物质条件；另一方面可以通过优质教育资源对相对薄弱学校的兼并或优质教育资源的进一步整合，实现以强带弱和强强联合的质量提升效果，从而扩大县域内优质教育机会的供给数量，提升教育公平的惠及范围。

农村中小学校布局调整在实践中根据各自的需要和具体情况可以采用多种方式。当前我国农村中小学校布局调整采用的常见方式有完全合并式、兼并式、交叉式、集中分散式和九年一贯制等具体形式。在农村城镇化背景下，部分地方政府还直接将大量农村学校撤销，几乎全部或大部分集中在县镇，形成了更为集中的城镇化办学模式。在这些学校布局调整方式中，学校合并几乎都是采用将薄弱学校撤销后整体并入另一所质量相对较好学校的做法，在这种合并过程中，薄弱学校原有的教育资源并没有消失，而是在合并后被逐步改造并形成更为优质的教育机会，在不增加过多教育投入的情况下扩大了优质教育供给的效率和优质目标，为实现人人享有优质的教育机会创造了条件。

因此，学校布局调整还可以通过采用恰当的学校撤并方式优化教育资源、提升教育质量，通过以强带弱方式实现对农村薄弱学校的教育质量改造，进而扩大优质教育机会供给，为实现更高层次的教育公平创造条件。

（三）适度的班级和学校规模有利于促进教育公平

国内外的研究发现，学校规模和班级规模的大小会影响生均教育资源占有量，进而影响学生个体在受教育过程中实际享有教育机会的充分性和有效性，从而影响受教育者的教育过程公平和教育结果公平。适度的学校规模和班级规模不仅可以实现规模经济效益，而且还会促进教育过程公平和结果公平。

农村中小学校布局调整为了实现教育规模经济效益，需要将教育资源适度集中，最终形成适度的班级规模和学校规模。一般来说，学校规模的实际大小取决于单个成建制班级的平均数量和个数，班级规模的大小比学校规模的大小对学生个体的平等受教育机会的影响更直接。

如果班级规模适度，在教育教学过程中，每个学生都有充分的参与机会和利用教育资源的机会，学生的发展就不会受到教育资源配置的外部影响，就有利于在微观层面形成师生互动充分、教育影响高效和优质的公平受教育环境，有利于学生的进一步发展和进步，促进教育结果的公平；如果班级规模过大，超出了规模经济的合理范围，则不但会额外增加教育资源的投入，而且还会造成教育资源的相对稀缺，必然会使部分学生无法充分享有教育机会，在教育教学过程中产生不公平，最终也会影响教育结果的公平。

因此，学校布局调整可以通过改变班级规模的大小影响个体的人均教育资源配置占有量和实际利用情况，从而在教育过程中影响教育公平。只有通过农村中小学校布局调整形成适度的学校规模和班级规模，才有利于促进教育公平。

三、学校布局调整是教育公平与效率的统一

教育效率与教育公平都是教育政策应该追求的价值目标，二者的对立统一关系也同样存在于农村中小学校布局调整政策中。

（一）学校布局调整常常面临效率与公平的冲突

理想的学校布局调整政策应该实现教育资源配置效率与公平的统一。但是，在农村中小学校布局调整实践中，由于种种原因可能会存在顶层设计失误、政策失真和目标置换等问题，学校布局调整过程中由此常常面临教育效率与教育公平的冲突。

1. 学校集中办学与分散办学存在矛盾

集中办学与分散办学是农村中小学长期存在的两种基本办学形式。集中办学有利于提高教育资源的利用效率和实现规模经济效益；而分散办学有利于学生就近入学，防止学生因为上学远、上学难而辍学、失学。前者代表教育效率的要求，后者代表教育公平的要求。

从教育效率的角度来看，学校相对集中可以实现规模经济，从而节约教育资源，避免浪费；但从教育公平的角度来看，似乎学校越分散越好，规模越小越好。在现代公立教育体系中，政府作为农村义务教育的投资责任主体，必须对纳税人负责，必须根据公共财政的相关原则提高公共教育经费的使用效率，避免不必要的浪费。因此，在学龄人口减少、教育资源出现闲置和浪费的情况下，地方政府必须提高教育资源的配置效率，这必然要通过学校的撤并实现适

度集中办学。然而，义务教育是公共产品，是惠及全民的基础教育，义务教育的这一特性又必须将教育公平放在优先考虑的位置。

从理论上讲，代表教育效率的集中办学与代表分散办学的教育公平应该兼顾。但是，正如我国学者劳凯声教授所指出的那样："在中国目前的社会发展中，兼顾平等与效率在大多数情况下只是一种价值企盼，教育政策制定者经常要面对的是必须在平等与效率二者之间做出某种选择。"❶ 受税费改革政策和农村义务教育投资体制变革的影响，学校布局调整政策是为了解决当时迫切需要解决的教育经费短缺矛盾而提出的，政策提出本身就带有明显的工具性价值，所以，该政策从一出台就带有效率优先的明显价值倾向。在当时特定的政策环境和政治压力下，教育公平的价值追求尽管也是学校布局调整所需要的，但只能退而居其次。这样一来，集中办学在当时的声音和地位就超过了分散办学，一些本该保留的农村小规模学校和教学点在效率占优势的价值目标导向下被强制撤并，教育公平与教育效率的平衡在学校布局政策执行过程中被打破，部分学生由此失去了就近入学的便利，上学距离变远，上学困难日渐突出，教育公平与教育效率的矛盾也逐渐凸显。

2. 学校位置的刚性选择与空间可达性不均等的矛盾

在学校布局调整过程中，为了实现现有教育资源的充分利用，多数地方政府都是在把小规模的学校和教学点撤并后，将原有教育资源并入现有的一所相对较大的学校中去，这样就避免了另起炉灶重建新学校。从教育效率的角度来说，这样做无疑是正确的。受此影响，如果没有特殊的需要，各地政府都是尽可能利用现有的校区或在现有学校基础上进行改建、扩建来满足合并后学校规模和容量增大的需求，尽量避免新建或重建学校。如此一来，学校地理位置的确定就几乎没有多少可以选择的余地，呈现刚性选择状态。

农村中小学校的服务对象是周边村落的适龄儿童和少年，从教育公平的角度来看，最理想的学校应该是以学校所在地为圆心，以学生能够就近入学的最大可承受能力为学校服务半径。这样，学生上学的距离大致均等，学校空间可达性对每个人基本上是均等的。但是，受我国地理环境复杂多样的影响，农村居住人口通常并不是均匀分布的。在学校定点位置并非学校服务范围圆心的情况下，这势必会造成不同居住地学生上学的距离不同，由此会导致不同学生在上学时间、辛苦程度和上学交通成本上产生差别，形成上学空间可达性的不均等。特别是地处交通不便、偏远山区的学生，如果上学距离过远，即使是同等

---

❶ 劳凯声．教育机会平等：实践反思与价值追求［J］．北京师范大学学报（社会科学版），2011（2）：5－15.

的家校距离，也会面临比其他地区学生更多的上学困难，这些因素如果与经济因素联系在一起，就会成为辍学和失学的诱发因素，进而对教育公平产生负面影响。

因此，在学校布局调整中，为了充分利用教育资源而导致的学校地理位置的刚性选择与代表公平诉求的学校空间可达性均等的要求容易产生矛盾。

3. 增加优质教育机会与促进教育均衡发展的矛盾

从教育效率的角度而言，教育资源配置必须在有限的公共教育资源约束条件下实现最大的教育产出。增加优质教育机会的供给必须设法提高教育质量，这一方面需要充足的教育资源做保障；另一方面需要提升质量的推力和拉力，如竞争、奖励等。为了提高教育资源配置的效率，教育管理部门常常会采用一些优先发展和重点支持战略，把有限的教育资源优先配置在一些教育产出优质高效的学校、班级和群体中，激励有条件的学校和群体在短期内尽快增加优质教育的产出，并形成示范效应，最后形成你追我赶的有序竞争状态。如优先支持示范学校、城镇学校和办学有特色的学校等。

然而在教育公平理念的指导下，追求教育均衡发展要求当前的教育资源配置要向现存的薄弱学校和教学点倾斜，向弱势受教育群体倾斜。这种倾斜从公平的角度来看是必要的，也是合理的，但是从教育效率的角度来看势必会在客观上造成“削峰填谷”的效率损失。另外，在教育均衡发展理念的指导下，教师和学校管理部门会倾向于将教育质量限定在略高于本校或本地区平均水平上，一旦达到这个标准，教师和学校管理部门就会失去继续提高教育质量的积极性，教育的效率就会受到负面的影响，教育公平也可能会停留在一种低层次和劣质的均等状态。

因此，在学校布局调整过程中，增加优质教育机会供给与促进教育均衡发展并非必然是统一的，而是有可能存在冲突的两个目标。

4. 学校城镇化与农村弱势群体保护的矛盾

农村中小学校布局调整过程植根于我国农村城镇化的伟大历史进程中，在此过程中，大量农村人口流入城市和县镇，并在城镇工作、定居和生活，造成农村学龄人口向城镇相应流动和农村学校学龄人口的相对减少。为了适应城乡学龄人口此消彼长的变化和优化城乡教育资源配置，教育资源在客观上需要向城镇相对集中，而农村校点将会根据农村教育需求的减少而相应地减少。从教育资源配置效率和城镇化的趋势来看，教育资源应该适当向城镇倾斜。

农村学校城镇化可以提高城乡教育资源的利用效率，但是人为加大了农村学生上学的自然半径。受我国地理环境复杂多样的影响，大量居住在山区、交通不便地区和经济欠发达地区的农村学生在学校城镇化背景下会面临最大的上学远和上学难问题。为了保护弱势受教育群体的平等受教育权益，政府又必须采用寄宿制办学、校车制度以及保留部分农村小规模学校和教学点的方式来解决学生上学远和上学难问题。在此过程中，寄宿制办学和校车制度会增加政府新的教育资源投入，而保留农村小规模学校和教学点则会受学校不可分割性的影响而造成资源闲置和浪费。这些做法从保护弱势群体的教育公平理念出发是正确的，但与教育资源配置效率的价值是冲突的。

因此，代表今后教育现代化方向的学校城镇化体现着效率的要求，却又与代表保护弱势受教育群体的农村校点存留、寄宿制和校车制度的目标不一致，从而产生公平与效率的矛盾。

（二）学校布局调整政策可以实现公平与效率的协调和统一

农村中小学校布局调整尽管在实践中容易产生教育资源配置效率与教育公平的冲突，但可以通过努力来实现公平与效率价值目标的协调和统一。

为了协调教育公平与效率的矛盾和冲突，麦克马洪（McMahon）认为："教育公平和效率并不总是此消彼长（trade-off）的关系。在教育资源配置不公平和非效率共存的状况下，社会一方面可以通过提升资源利用效率来增加社会总福利水平，另一方面可以对因效率提升而增加的教育产出进行更为公平的分配，从而降低教育产出的不公平程度，实现效率和公平共进。"❶ 根据这一理论逻辑，麦克马洪提出了协调教育公平与教育效率的三条"人道主义发展标准"（Humane Growth Criteria）："增进效率而不降低公平；增进公平而不降低效率；效率和公平共同增进。只要社会总福利水平的变化满足以上三条标准之一，社会发展即符合人道发展标准。"❷ 麦克马洪所提出的三条人道主义发展标准实际上都是一种帕累托改进，即在至少维持一种教育政策价值现状的情况下设法增进社会的总福利，是帕累托经济效率标准和卡尔多—希克斯效率准则在教育领域共同应用的一种结果。

根据麦克马洪协调教育公平与效率的三条人道主义发展标准，农村中小学校布局调整可以通过三种价值选择方式实现教育公平与教育效率的协调：第一，效率优先，兼顾公平，即增进了教育资源的配置效率但不损伤原有的教育

---

❶ McMahon, Walter W (1982). Efficiency and Equity Criteria for Education Budgeting and Finance, in Financing Education Overcoming Inefficiency and Inequity, edited by Walter W, McMahon and Terry G. Geske, Chicago; University of Illinois Press, pp. 1－30.

❷ 黄斌，钟宇平．教育财政充足的探讨及其在中国的适用性［J］．北京大学教育评论，2008(1)：139－163.

公平状态；第二，公平优先，兼顾效率，即改善了教育公平但不影响现有的资源配置效率；第三，效率与公平兼顾，即在提高教育资源配置效率的同时也改善了教育公平的状况。在以上三种价值选择方式中，第三种方式无疑是最理想的状态。

上述三种价值选择方式的存在意味着农村中小学校布局调整政策并不必然追求公平与效率两个价值目标机械的同步实现，而是可以有先后之分和主次之别，但必须有个底线：无论是坚持教育公平优先还是教育效率优先，都必须增加整个教育发展的总体水平，而且不能降低现有教育公平和教育效率的水平。

因此，农村中小学校布局调整政策不仅可以实现教育公平与效率的协调，还可以在坚持一定底线的基础上有多种选择。这就意味着农村中小学校布局调整政策在执行过程中对教育效率与公平价值的选择有更大的自由裁量权，可以根据本地教育发展的实际需要和政策实施环境做出适当的权衡和必要的修正。

综上所述，农村中小学校布局调整政策尽管是以提高教育资源配置效率为主要目标的一次政策变革活动，但不能回避教育公平这一必要的政策价值目标。鉴于该政策在特定的政策环境下对公平与效率价值目标的选择可能会有主次之分和时间上的先后之别，农村中小学校布局调整需要在整体上坚持教育公平和教育效率兼顾的原则下，坚守社会总福利不能降低的价值底线，不能顾此失彼，不能单方面以牺牲教育公平为代价来换取教育效率的提高，也不能单方面以牺牲教育效率为代价来换取教育公平，而应该从教育发展的实际需要出发，根据人道主义的标准尽量实现公平与效率的协调和统一。

本章小结

教育公平就是按照时代特定的伦理价值和要求，对教育资源所做出的公正的、平等的分配。而公正就是在平等的基础上尊重差异，对相同的人给予相同的对待，对不同的人给予不同的对待。简言之，教育公平就是公正的教育平等。

教育公平不同于教育平等或教育均等。教育公平是一种质的规定，而教育平等则是指个体间统计上的一致性。教育公平与教育均衡发展有联系，也有区别。教育公平是教育均衡发展的指导思想，教育均衡发展是实现教育公平的具体手段。教育公平与教育效率是对立统一的关系。二者都是教育政策应该共同追求的价值取向。处理教育公平与教育效率的关系应该着眼于特定的国情和历史发展阶段，根据不同阶段、不同类别教育的性质和特点，坚持教育公平与教育效率兼顾、动态平衡的原则，有区别、有针对性地确定二者的关系，努力实现二者的统一。

教育公平具有历史性、原则性、相对性、层次性和客观性等特征。教育公平可以分为教育起点公平、教育过程公平和教育结果公平三个层次。教育公平有三个基本原则：平等原则、差别原则和补偿原则。

教育公平是我国现行政策法规都明确规定的基本精神，是教育政策的基本价值取向，也是广大人民群众的基本诉求。合理的学校布局调整结构和方式能够通过教育资源的优化配置在一定程度上促进义务教育公平。教育公平是农村中小学校布局调整政策不能回避的应然价值取向。

农村中小学校布局调整政策应该实现教育公平与教育效率的协调统一。其前提条件是在学校布局调整过程中遵循人道主义发展标准，即在增加社会整体福利的情况下，要么在不损伤教育公平的情况下增进效率，要么在不损伤教育效率的情况下增进公平，或者实现教育公平与教育效率的同时增进。

第三章　农村中小学校布局调整对教育公平的损伤表现

农村中小学校布局调整政策推行10余年来，提高了教育资源的利用效率，取得了明显的规模经济效益，由此得到了绝大多数群众的理解和支持。然而在实践中，该政策也对部分农村受教育者的义务教育公平权益造成了损伤并产生了负面影响。诺贝尔经济学奖获得者丹尼尔·卡尼曼（Daniel Kahneman）曾经指出："人们在决策时，总是会以自己的视角或参考标准来衡量。比如，一个人加薪时他可能不会在乎什么，但如果要减薪时他可能就会十分敏感。而且一旦超过某个'参照点'，人们对同样数量的损失和赢利的感受是不相同的。在这个'参照点'附近，一定数量的损失所引起的价值损害（负效用）要大于同样数量的赢利所带来的价值满足。"[1] 因此，农村中小学校布局调整政策尽管取得了积极成效，但它对教育公平所带来的损伤和负面影响更容易引起社会各界的关注和重视。

那么农村中小学校布局调整政策对教育公平产生了什么样的损伤？受伤害的对象又是谁？为了回答上述问题，笔者所在的"农村中小学校布局调整对教育公平的损伤与补偿研究"课题组于2011年5—9月对全国9省（自治区）21个县（市）的教师、学生、家长和村民进行了大样本的问卷调查和实地访谈。本书将基于上述调研的数据和资料对农村中小学校布局调整中的教育公平受损现状和受损对象进行分析。根据学界对教育公平做出的教育起点公平、教育过程公平和教育结果公平三个层次的划分，本书探讨学校布局调整政策对教育公平的损伤也主要从这三个层次入手。

第一节　农村中小学校布局调整对教育起点公平的损伤表现

教育起点公平是指适龄儿童不受性别、民族、种族、出身、经济地位、居

[1] 朱青梅，孙晓燕．知识团队成员的负激励管理探析［J］．生产力研究，2009（19）：161．

住环境等条件的影响，均应享有平等的就学权利和机会。教育起点公平是教育公平的内涵之一，是实现教育过程公平和教育结果公平的前提条件。我国《义务教育法》第4条规定“凡具有中华人民共和国国籍的适龄儿童、少年，不分性别、民族、种族、家庭财产状况、宗教信仰等，依法享有平等接受义务教育的权利”。《义务教育法》从法律制度层面确保了我国适龄儿童、少年都有平等的受教育权利，教育起点公平在形式上得到了保证。然而形式上的教育平等权利的确认并不等于现实中的教育权利平等。在现实中，处境不利家庭的儿童或弱势受教育群体的平等受教育权利总会遭受来自经济、制度、居住环境等因素的侵蚀和挑战，教育起点公平由此受到损伤。

教育起点公平很难予以确定或直接衡量，而要公认教育起点的不公平却很容易。只要两个处境相似或相同的受教育者在接受同一性质的教育时不能享有平等的受教育机会或权益，即没有站在同一起跑线上，就意味着出现了教育起点的不公平。在农村中小学校布局调整政策的语境下，教育起点不公平是指该政策本身对学生受教育机会所造成的直接或间接的负面影响。农村中小学校布局调整之后，在物理距离和经济两大因素的共同作用下，部分学生平等接受义务教育的权利受到侵蚀和损伤，产生了一系列教育起点不公平问题，具体表现如下。

一、家校距离大大增加，学生上学远

农村中小学校布局调整之前，我国农村义务教育阶段基本上是“村村有小学，乡乡有初中”。农村中小学校布局调整将大量生源不足、布点分散的村办小学加以集中，改为联村办学或城镇办学，校点数量大量减少，学生大量向联村中心学校或县镇中心学校集中，学生上学的距离由从前的基本不出村或离村不远变为远距离上学，家校距离普遍增加。

在农村中小学校布局调整过程中被撤并的主要是农村小学和教学点，初中的撤并力度❶相对较小，而且一般都设在乡镇所在地，所以初中学生的上学距离在农村中小学校布局调整前后变化相对不大，即使上学距离有所增加，初中生相对较强的生活自理能力也基本能够消除这种负面影响。与初中情况不同的是，农村中小学校布局调整撤并了大量农村小学和教学点后，除了撤点并校后新校点所在地的学生尚能享受“就近入学”的便利之外，多数小学生需要离开此前相对便利的村小学和教学点上学，上学距离变远，上学所花费的时间也相应有所增加。国外学者对学校布局调整的研究表明，上学物理距离的增加不

❶ 撤并力度＝被撤并学校数量/原有学校数量。

仅仅意味着上学难度、成本、时间、安全等因素的增加，往往还意味着心理距离的增加，由此会加重学生的经济负担和心理负担，从而对教育起点公平产生负面影响。

学生问卷调查结果表明，农村中小学校布局调整后，乡镇小学生的平均家校距离最远，为8.609里（约合4.3公里）；教学点学生的平均家校距离最近的为4.109里（约2公里）；九年一贯制学校和其他小学的平均家校距离也都在5里（约2.5公里）以上；初中平均上学距离则高达10.3里（大约5公里），在所有学校中上学距离最远。（见表3-1）

表3-1　学生上学的日常家校距离和所费时间

学校类别	你家到现在的学校的距离			以目前的主要上学方式所花费的时间		
	样本数	均值	标准差	样本数	均值	标准差
县城小学	181	5.578	37.736	197	10.70	7.382
乡镇小学	806	8.609	32.086	961	24.91	32.481
村小学	846	5.165	8.082	891	31.83	86.741
教学点	23	4.109	3.8345	20	27.00	26.823
初中	967	10.328	21.631	1105	33.27	32.515
九年一贯制学校	222	5.300	4.686	205	33.24	34.476
合计	3045	7.742	23.01	3379	29.16	52.346

方差分析显示，上述各类学校学生的日常上学距离的平均值之间存在显著的差异（DF=5，F=5.77，P=0.00<0.01）[1]。经过事后多重比较分析发现，乡镇小学与村小学的学生上学距离有显著差异，乡镇小学与教学点之间的上学距离均值差异显著，含初中在内的九年一贯制学校与独立初中之间的差异显著，村小学和教学点、乡镇与县城学校上学距离均值之间的差异则不显著。这说明，乡镇小学的服务半径过大，乡镇小学学生上学的平均家校距离比村小学和教学点更远，独立的初中比九年一贯制学校的上学距离更远。

再从学生上学常用的方式所花费的平均时间来看，除了县城小学生上学的平均用时在10分钟左右外，其他各类学校学生上学的平均耗时都在24分钟以上（见表3-1）。由于学生上学所用时间与上学所采用的交通工具密切相关，考察上学所用时间还必须考虑学生上学的主要方式。

[1] P≤0.01表示统计量在0.01水平上显著，P≤0.05表示统计量在0.05水平上显著。下文如不加说明均同此处。

表 3-2　各类学校学生上学的日常家校距离事后多重比较分析

(I) (J)	均值差（I-J）				
	县城小学	乡镇小学	村小学	教学点	初中
乡镇小学	-3.0308				
村小学	0.4131	3.4439*			
教学点	1.4692	4.5000*	1.0561		
初中	-4.7498	-1.7190	-5.1629*	-6.2190*	
九年一贯制学校	0.2784	3.3091	-0.1347	-1.1909	5.0282*

注：* 表示均值在 0.05 水平上显著。❶

学生问卷调查结果显示，60.5%的样本中小学生平时上学的主要方式是步行，上学的平均用时为 26.33 分钟；10.2%的学生自己骑自行车上学，平均用时 27.26 分钟；其他同学基本都是乘坐机动车辆或坐船上学，约占 30%，上学平均用时也都在 30 分钟左右；其中，乘坐私人三轮车或面包车的学生用时最高，为 47.35 分钟。（见表 3-3）根据农村交通的一般情况和不同交通工具的平均速度，半小时左右的车程一般距离至少应该在 5—10 公里之间。所以，骑自行车或乘坐机动交通工具的学生上学距离普遍要比步行上学的同学远。

表 3-3　学生上学的不同方式及其所需要的时间　　（单位：分钟）

上学具体方式	平时上学的主要方式			上学用时		
	样本数	百分比	累积百分比	样本数	均值	标准差
走路	2353	60.5	60.5	2130	26.33	60.233
骑自行车	395	10.2	70.7	330	27.26	20.152
坐校车	84	2.2	72.9	68	29.02	35.721
坐公共汽车	504	13.0	85.8	446	35.32	38.731
坐家长的摩托车或包车	337	8.7	94.5	292	27.46	29.885
坐私人三轮车或面包车	182	4.7	99.2	167	47.35	38.216
坐船	1	0.0	99.2	1	30.00	—
其他	31	0.8	100.0	28	68.93	52.081
总数	3887	100.0	—	3462	29.09	51.898

从表 3-3 中的数据分析结果可见，农村中小学校布局调整之后，近 60%的学生上学的主要方式是步行，平均家校距离为 2.5 公里，平均耗费时间为半

❶ 在本书中，* 表示平均值在 0.05 水平上显著，** 表示平均值在 0.01 水平上显著。下文如不加说明均同此处。

小时左右；但有近40%的学生上学距离相对较远，部分学生上学的平均距离甚至超过了10公里。尽管距离学校较远的学生可以选择乘坐公共汽车等机动交通工具，但上学所用的时间也需半小时左右。这说明，绝大多数中小学生上学的距离与学校布局调整之前在村上小学相比明显增加了，“就近入学”的便利对多数学生而言已经不复存在。

再从上学距离与地形地貌的关系来看，地形地貌与学生上学的距离存在密切的关系。问卷调查的分析结果表明，牧区小学生的平均到校距离最远，为9.025里（约4.5公里）；山区小学生的平均到校距离次远，为7.551里（约3.77公里）；丘陵地区小学生平均到校距离位列第3位，为6.171里（约3.02公里）；平原地区、矿区、湖库区和其他地区上学距离依次递减。初中山区学生平均家校距离最远，为11.177里（约5.58公里）；湖库区、其他地区、丘陵和平原地区的平均家校距离分列其后。（见表3－4）

表3－4　小学和初中学生上学平均家校距离与方差分析　（单位：里）

家庭地理概况	小学生家校距离			初中生家校距离		
	样本数	均值	标准差	样本数	均值	标准差
山区	951	7.551	26.3739	598	11.177	21.459
丘陵	441	6.171	24.2108	348	7.824	17.982
平原	303	5.818	20.1857	139	5.196	6.4748
牧区	4	9.025	14.1446	1	54.000	—
矿区	4	5.500	6.4550	1	6.000	—
湖（库）区	12	3.833	6.7566	11	11.000	10.535
其他	124	3.505	9.3817	37	8.846	11.143
总数	1839	6.636	23.9724	1135	9.372	18.915
方差分析	DF=6　F=2.341　P=0.029			DF=4[1]　F=2.501　P=0.041		

方差分析结果显示，家庭所在不同地理概况的小学生到校距离之间存在显著的差异，初中生之间也存在显著的差异。经过事后多重比较分析发现，山区与平原地区小学生上学距离的均值差为1.733，差异非常显著（P=0.027）；山区与“其他”地区小学生上学距离的均值差为4.046，差异非常显著（P=0.001）；其他各类地区之间的均值差异则不显著。山区与平原地区初中生上学距离的均值差为5.981，差异非常显著（P=0.000）；其他各类地区之间的均

[1] 因为牧区和矿区样本都各只有1份，无法进行统计分析，所以分析中进行了删除处理，按自由度等于4处理。

值差异则不显著。这说明，无论是小学还是初中，山区的学生上学的家校距离都是最远的。

再从中小学生日常上学所用的时间来看，湖(库)区学生上学平均用时最长，为33.29分钟；其次是丘陵地区小学生平均上学用时次长，为29.62分钟；再次是山区小学生，平均用时29.57分钟；平原地区用时为22.58分钟；其他各类地区小学生上学平均用时都在20分钟以下。除了牧区和矿区之外，湖（库）区初中生的到校时间最长，为37.21分钟；山区初中生的到校时间为37.06分钟；其他各类地区学生的上学时间都低于30分钟。(见表3－5)

表3－5　小学和初中学生上学平均用时与方差分析　　（单位：分钟）

家庭地理概况	小学生到校所用时间			初中生到校所用时间		
	样本数	均值	标准差	样本数	均值	标准差
山区	1077	29.57	79.577	540	37.06	34.283
丘陵	449	29.62	33.698	326	28.90	20.370
平原	324	22.58	39.365	152	19.53	27.209
牧区	5	16.00	12.826	1	60.00	—
矿区	4	18.50	18.230	1	20.00	—
湖（库）区	14	33.29	60.883	14	37.21	27.493
其他	139	14.30	9.892	47	24.99	17.436
总数	2012	27.37	62.782	1081	31.64	29.626
方差分析	DF＝6	F＝4.691	P＝0.000	DF＝4[1]	F＝12.794	P＝0.000

方差分析结果显示，不同地区小学生和初中生的平均到校用时群组内都存在显著的差异。(见表3－5）经过事后多重检验分析发现，山区小学生的到校时间显著高于平原地区（P＝0.00）和“其他”地区（P＝0.00)，丘陵地区小学生的到校时间显著高于平原地区（P＝0.00）和“其他”地区（P＝0.00)，其他各类地区小学生的到校时间之间差异不显著。山区初中学生的到校时间显著高于丘陵地区（P＝0.00)、平原地区（P＝0.00）和“其他”地区（P＝0.01)，丘陵地区初中学生的到校时间显著高于平原地区（P＝0.002)，其他各类地区初中学生上学平均时间之间的差异则不显著。这说明，无论是初中生还是小学生，山区和丘陵地区学生的到校时间都是最长的。

国内其他学者的调查研究也发现，农村中小学校布局调整后学生上学距离

[1] 因为牧区和矿区样本都各只有1份，无法进行统计分析，所以分析中进行了删除处理，按自由度等于4处理。

普遍变远，华中师范大学义务教育学校布局调整问题研究课题组对国内11个省份的调查表明："农村中小学校布局调整前，学生家校距离平均为1.6公里；布局调整后，家校距离提高到4.05公里。布局调整后家校距离增加了2.5公里，增幅达到150%。布局调整前，学生走路到学校耗费半小时以下的比例是84.4%；布局调整后，学生走路到学校耗费半小时以下的比例是60.4%，降低了20%。以加权平均数计算，布局调整前后学生步行上学的时间从26分钟提高到44分钟，平均增加了18分钟。"❶ 这一研究结论与本书研究得出的"学校布局调整之后学生上学距离普遍增加"的调查结论基本一致。

综上所述，农村中小学校布局调整之后，农村中小学生上学的家校距离普遍增加，上学所用时间相应变长。无论是小学生还是初中生，山区和丘陵地区学生的上学距离和上学所用时间都是所有地理类别学生中最远和最长的，这就意味着山区和丘陵地区学生整体而言上学距离最远。

二、求学费用增加，学生上学贵

农村中小学校布局调整后，由于上学距离的增加，不少离校较远的家庭为解决孩子上学远问题而不得不面临在校寄宿、家长接送、乘车走读和陪读等应对方式的选择。学生家庭无论做出哪一种应对方式的选择都意味着经济负担的增加或时间成本的增加，学生上学的直接经济成本与学校布局调整之前相比变得昂贵了。在上学费用整体增加变贵的情况下，不同学生家庭所支付的求学成本是不同的，除了学校所在地及学校周边家校距离较近村庄的学生上学费用基本没有变化外，离校较远的学生的求学费用则随着上学方式的不同以及离校距离的远近而不同。

1. 寄宿生家庭经济负担沉重

农村中小学校布局调整之后，除了少数有经济能力和居住条件的路远家庭学生选择了陪读或乘车走读外，多数路远学生家庭选择的都是在学校寄宿或在校外租房居住❷的方式上学。

学生问卷调查结果显示，在全部3807份有效样本学生数据中，共有1880名学生选择在学校寄宿，寄宿生占有效样本数的比例为49.4%。（见表3-6）这意味着将近一半的学生已经在校寄宿。

---

❶ 雷万鹏，徐璐．农村校车发展中的政府责任——以义务教育学校布局调整为背景［J］．中国教育学刊，2011（1）：16-19.

❷ 校外租房居住除了家长陪读外，实际上是学校寄宿条件不完备情况下有寄宿需求学生不得已的选择，应视为寄宿生。

表 3－6　寄宿生和走读生占样本的比例

样本类别	频数	百分比	有效百分比	累积百分比
寄宿生	1880	47.8	49.4	49.4
走读生	1927	49.0	50.6	100.0
合计	3807	96.8	100.0	—
缺失值	126	3.2	—	—
合计	3933	100.0	—	—

寄宿生一般从周一到周五都在校食宿和生活，在周五或月末回一次家，周日或周一早晨再返回学校。如此一来，寄宿生与就近走读的学生相比就直接增加了三项家庭经济支出：住宿费、交通费和生活费，其中住宿费和交通费是额外增加的，生活费增加的部分实际上是学生在学校食堂就餐与在家就餐相比所产生的生活差距费。

面向学生家长的家庭问卷调查结果显示，寄宿生的平均住宿费用为 111.584 元/学期，交通费平均支出为 27.794 元/月，生活费平均支出为 198.786 元/月。（见表 3－7）如果将寄宿生平均生活费折半为 100 元作为寄宿与走读的生活差距费，按寄宿生每年在校寄宿 10 个月计算，与学校布局调整前的就近入学相比，一个寄宿生家庭每年将新增教育直接支出大约 1500 元。[1] 由此可见，农村中小学校布局调整后，寄宿生家庭的生均教育支出增加数额相当大，如果一个家庭不止一个孩子寄宿上学，家庭经济负担将会更加沉重。

表 3－7　寄宿生上学期间增列的三项经济开支均值

交通便利程度	住宿费（元/学期）			交通费（元/月）			生活费（元/月）		
	样本数	均值	标准差	样本数	均值	标准差	样本数	均值	标准差
很方便	86	97.221	333.9651	95	40.695	161.5510	126	196.762	150.2553
比较方便	363	116.744	379.0652	392	22.971	45.0595	472	202.258	190.6174
说不清	220	166.309	505.4359	235	23.562	51.2217	269	196.628	155.5093
不方便	175	61.817	285.6833	200	30.730	48.9947	248	193.226	144.0089
很不方便	66	51.455	210.8093	72	42.694	62.1463	81	205.889	125.6493
总计	910	111.584	386.6460	994	27.794	68.5032	1196	198.786	165.7280

[1] 计算过程为：111.584×2＋（27.794＋100）×10＝1501.008。

由于每所学校的在校住宿费是由上级教育主管部门统一核定的，除校外租房所发生的房租存在明显的地区差别之外，同一所学校的住宿费标准基本相同，所以，住宿费只有地区差别和校际差别，不存在太大的家庭开支差别。而交通费和生活费却受交通便利条件的影响比较大。对家庭调查问卷按交通便利程度进行分组分析后发现，交通便利程度不同的地区，学生家庭分担的三项费用也有所不同，交通很不方便的地区学生交通费用和生活费用月平均支出最高，分别为42.694元和205.889元。（见表3－7）经过相关分析后发现，学生每月的交通费与交通不便利程度呈显著的相关关系（$P=0.03<0.05$），学生每月的生活费与交通不便利程度存在显著的相关关系（$P=0.032<0.05$）。由此可见，越是交通不便利地区的学生，其家庭经济负担越沉重。

将寄宿生的家校距离与寄宿生家庭所负担的车费、住宿费和生活费进行相关性分析后发现，家校距离与每月的车费存在非常显著的正相关关系，相关系数为0.244；家校距离与每学期的住宿费存在正相关关系，相关系数为0.063；家校距离与每月的生活费也存在正相关关系，相关系数为0.069。（见表3－8）由此可见，学生家校距离是影响寄宿生三项费用增加的重要因素之一，家校距离越远的寄宿生，其家庭所担负的家庭教育支出就越多。

表3－8 寄宿生家校距离与上学期间增列经济开支的相关性

		车费（元/月）	住宿费（元/学期）	生活费（元/月）
你家到现在的学校的距离	相关性	0.244**	0.063*	0.069*
	显著性（双侧）	0.000	0.036	0.015
	样本数	1160	1125	1250

注：* 表示在0.05水平（双侧）上显著相关；** 表示在0.01水平（双侧）上显著相关。下文不加说明均同此处。

由于家校距离的远近与地理概况有关，所以，寄宿生家庭经济支出状况在整体上与家庭所在地的地理概况也有关联。按照家庭所在地的地理概况分类后发现，不同地理状况条件下的学生所承担的三项费用不同。其中，平原地区学生的住宿费为462.37元/学期；其次是丘陵地区学生，住宿费用为91.31元/学期；“其他”地区学生的住宿费位居第3位，为38.82元/学期；山区学生的住宿费居第4位，为18.37元/学期。在交通费上，湖（库）区学生的费用最高，为42.631元/月；其次是平原地区学生；再次是山区学生；丘陵地区学生的交通费位居第4位。生活费依然是平原地区最高，为220元/月；最低的为湖（库）区学生，只有87.516元/月。（见表3－9）

表3-9　不同地区寄宿生上学期间增列经济开支均值与方差分析

家庭地理概况	住宿费（元/学期）			交通费（元/月）			生活费（元/月）		
	样本数	均值	标准差	样本数	均值	标准差	样本数	均值	标准差
山区	695	18.73	121.529	748	18.96	40.142	822	203.32	184.205
丘陵	409	91.31	329.559	399	12.60	29.503	394	196.32	111.408
平原	82	462.37	634.470	73	23.29	41.862	88	220.39	199.729
牧区	2	60.00	84.853	3	23.33	20.817	4	142.50	109.049
矿区	3	40.00	69.282	3	16.67	5.774	3	256.67	128.970
湖（库）区	4	15.00	30.000	10	46.90	42.631	13	205.23	87.516
其他	34	38.82	161.353	37	5.89	17.261	42	142.86	147.554
总数	1229	73.15	289.220	1273	17.06	36.894	1366	200.50	165.684
方差分析	DF=6	F=33.94	P=0.00	DF=6	F=3.356	P=0.003	DF=6	F=1.28	P=0.262

方差分析结果显示，不同地区学生的住宿费和交通费群组内都存在显著的差异，生活费在统计学上无显著的差异。（见表3-9）经过事后多重检验分析发现，平原地区学生的住宿费显著高于除了牧区之外的其他各个地区（P=0.00），丘陵地区学生的住宿费显著高于山区（P=0.00），其他各类地区学生的住宿费之间的差异在统计学上不显著。这说明，平原地区和丘陵地区寄宿生的住宿费明显偏高，原因可能在于这些地区的学校集中程度更高，住宿条件和配套设施相对完备，寄宿成本相对较高，当然可能也与当地学生旺盛的校外寄宿需求所催生的租房市场价格较高有关。

经交通费用的事后多重检验分析发现，山区学生的交通费显著高于丘陵地区学生（P=0.047）和“其他”地区学生（P=0.003），其他地区学生之间的费用没有显著差异。这说明，山区学生的交通费用整体上是最高的，这与此前山区学生上学距离最远的结论是对应一致的。

生活费尽管在描述数据中有地区差别，但在统计学上差异不显著。这说明相同地区和相同学校的生活水平整体差异不大。原因可能在于学生在校期间的消费能力和生活水平直接受制于学校现有的寄宿条件和学校周边的生活服务水平，在消费条件和供给能力既定的情况下，学生的生活费开支与地区差异没有直接的关联度。

家庭经济开支的增加对部分家庭的经济承受能力产生了负面影响。学生调查问卷的数据分析结果显示，31.3%的寄宿学生表示家庭负担自己现在的上学费用稍微有困难或非常困难；对寄宿学生家长的问卷调查分析结果也印证了这一点，有39.9%的样本寄宿生家长表示家庭现在承担孩子求学期间的费用稍微有困难或非常困难。（见表3-10）由此可见，农村中小学校布局调整对寄宿学生家庭经济负担的加重已经使相当一部分家庭承担孩子的义务教育求学费面临或大或小的经济困难。

表3-10　寄宿生家庭对教育支出的承受能力

经济承受力	样本学生				样本家长			
	频数	百分比	有效百分比	累积百分比	频数	百分比	有效百分比	累积百分比
完全能	568	30.2	32.0	32.0	375	12.5	22.2	22.2
刚好能	651	34.6	36.7	68.7	640	21.4	37.9	60.1
稍微有点困难	496	26.4	28.0	96.7	559	18.7	33.0	93.1
非常困难	59	3.1	3.3	100.0	116	3.9	6.9	100.0
合计	1774	94.4	100.0	—	1690	56.5	100.0	—
缺失值	106	5.6	—	—	1304	43.5	—	—
总计	1880	100.0	—	—	2994	100.0	—	—

把家庭经济承受能力按照完全能、刚好能、稍微有点困难和非常困难的顺序依次赋值为1、2、3、4分，按照学生寄宿与否对学生问卷的调查样本分组进行比较分析发现，寄宿生家庭的教育支付困难程度均值为2.03（2代表刚好能，数值越高表示越难），远远高于走读生1.59的均值。（见表3-11）

表3-11　寄宿生与走读生家庭经济承受能力的均值比较

样本类别	频数	均值	标准差	T检验
寄宿生	1774	2.03	0.856	T=15.74　DF=3610
走读生	1838	1.59	0.809	P=0.00<0.05

经过独立样本T检验，在校寄宿生与走读生家庭的经济承受能力存在显著的差异。（见表3-11）由此说明，寄宿生家庭的经济负担整体上要比走读生相对沉重。

2. 一日走读生交通费和午餐费用增加

在家校距离较远但又在走读可达范围内的地区，一些学生采取每天早晚在家校之间往返一次、中午在校解决午餐的方式走读，这类学生可以称为“一日走读生”。这些学生所在的学校往往不具备完善的寄宿条件，或者有寄宿条件但家庭更宁愿学生走读上学。这类学生与寄宿生相比不需要在校住宿，没有住宿费支出，仅仅在学校吃一顿午餐，生活费用与寄宿生相比也较低，但是如果选择了乘坐车船等方式上学，交通费用会比较高。但与“完全走读生”[1]几

---

[1] 完全走读生是指在校学习期间每天早、中、晚都往返于学校和家庭之间的学生。

乎为零的在校生活费开支和住宿费开支相比，一日走读生的交通费和生活费开支也增加不少。

学生问卷调查结果显示，在283名一日走读生中，其平均生活费开支为127.92元/月，低于寄宿生平均198.98元/月的生活费近70元；在乘车走读的244名学生中，其交通费平均开支为44.36元/月，高于寄宿生平均27.794元/月的交通费开支近17元。（见表3－12）由此可见，一日走读生的午餐费支出和乘车走读生的交通费开支也比学校布局调整之前增加了不少。

表3－12　一日走读生交通费和生活费开支情况表

变量	样本数	极小值	极大值	均值	标准差
交通费（元/月）	244	0	600	44.36	102.385
生活费（元/月）	283	0	700	127.92	125.039

3. 乘车（船）的完全走读生交通费用增加

除了一日走读生和寄宿生之外，还有一类是住在自己家中，学习期间每天早、中、晚都往返于学校和家之间的学生，称为完全走读生。完全走读生要么家校距离比较近，只要步行或骑自行车就可以往返；要么距离较远，但交通条件比较方便，家庭有能力和条件让孩子选择乘坐车（船）等交通工具上学。

学生问卷调查结果显示，在1859名走读学生中，有48.5%的学生选择步行上学，9.5%的学生选择骑自行车上学，二者合计为58%；而乘坐各种车（船）等交通工具的学生比例累计为40.8%。（见表3－13）这意味着将近四成的走读学生上学需要乘坐机动交通工具。

表3－13　走读生的日常上学方式情况

上学方式	频数	百分比	有效百分比	累积百分比
走路	902	48.0	48.5	48.5
骑自行车	177	9.4	9.5	58.0
坐校车	41	2.2	2.2	60.2
坐公共汽车	378	20.1	20.3	80.6
坐家长的摩托车或包车	199	10.6	10.7	91.3
坐私人三轮车或面包车	139	7.4	7.5	98.8
坐船	1	0.1	0.1	98.8
其他	22	1.2	1.2	100.0
合计	1859	99.0	100.0	—
缺失值	21	1.0	—	—
合计	1880	100.0	—	—

与在校寄宿的学生相比，除了自由支配的零花钱外，步行上学的走读生在校期间几乎不会发生任何必须支付的校内额外经济支出，乘车（船）走读的学生却需要付出额外的走读交通费。学生问卷调查结果显示，在1150名乘车走读的学生中，平均每月的交通费开支为18.09元；而在41名乘车走读学生的样本家长中，学生每月交通费开支的均值却高达92.439元。（见表3－14）家长问卷所得的同一费用明显高于一日走读生和在校寄宿生。

表3－14　走读生的交通费开支均值　（单位：元/月）

样本类别	样本数	极小值	极大值	均值	标准差
学生问卷	1150	0	400	18.09	36.503
家长问卷	41	0	200	92.439	63.8956

之所以出现样本学生的交通费均值低于样本家长的情况，原因可能在于，部分走读学生乘坐的是家庭所拥有的交通工具，交通成本相对比较低，学生样本在填写问卷时可能将乘坐自己家庭所有的交通工具的经济成本忽略不计为零或低估，由此导致了其实际交通成本开支失真。但无论如何，乘车走读学生的交通成本相对于以前的就近入学无疑都增加了。

4. 陪读生家庭经济负担更加沉重

在农村中小学校布局调整中，部分地区采用了集中程度更高的城镇化学校布局调整模式，农村大量学校、教学点被撤销，只保留少量教学点，绝大多数适龄学生不得不在县城或乡镇中小学校读书。由于低龄学生远离父母在学校读书，上学路途不安全，生活难以自理，不少家庭不得不选择在学校周边租房或购房，并由一名家人专职负责照顾孩子的起居饮食，农村学生陪读现象剧增。

学生问卷调查结果显示，在3933名样本中小学生中，共有103名陪读学生，占样本总数的2.6%。由于本次调查对县镇中小学的调查样本有限，对学生陪读问题的针对性不够，获得的有效样本数量比较少。而国内的同类研究却发现，农村中小学校布局调整之后，县镇学校周边来自农村的家人陪读现象有增加的趋势。李祥云教授2008年所做的入户问卷调查分析结果显示："当问及样本家庭有没有因为孩子上学的问题而到学校周围买房或租房陪读时，回答已经买房或租房陪读的占被调查对象的9.4%；回答目前没有买房或租房，但以后会这样做的，占被调查对象的19.5%；回答不会买房或租房陪读的占被调查对象的71.2%。"[1] 另据《兰州晨报》的报道："甘肃省会宁全县有中小学

[1] 李祥云．农村中小学校布局调整与"两免一补"的实施情况分析——基于农户问卷调查的结果［J］．教育发展研究，2008（21）：57－61．

生 148 000 多人，其中在县城就读的学生就达 45 000 多人。据粗略统计，全县有人陪读的学生达 10 000 多人。”❶

专职陪读使农村学生家庭付出了更多的房租和生活费，经济负担更加沉重。根据学生问卷调查结果，样本陪读学生住宿费（房租）最大值达到 2000 元/学期，平均 219.57 元/学期；每月交通费平均开支为 23.48 元；每月生活费平均开支为 207.79 元；对样本家长的调查发现上述费用更高，住宿费每个学期平均高达 702.22 元，最大值达到 3000 元；交通费每月平均高达 59.44 元，生活费每月平均高达 354.80 元。（见表 3－15）

表 3－15　陪读学生家庭经济开支情况

支出费用类别	样本学生					样本家长				
	样本数	极小值	极大值	均值	标准差	样本数	极小值	极大值	均值	标准差
住宿费（元/学期）	23	0	2000	219.57	467.76	36	0	3000	702.22	705.85
交通费（元/月）	27	0	240	23.48	51.66	27	0	200	59.44	57.98
生活费（元/月）	29	0	600	207.79	186.25	36	0	1500	354.80	323.17

与寄宿生相比，陪读学生的上述费用都明显高于在校寄宿生的三项开支。（见表 3－7）由此可见，陪读学生是农村中小学校布局调整之后家庭经济负担最重的学生类别，尽管这类学生不占多数，他们的陪读选择却是农村中小学校布局调整之后农村家庭对子女受教育做出的最大牺牲。

总之，农村中小学校布局调整之后，除了学校所在地及其附近的学生尚能享受就近入学的便利、基本没有增加开支之外，其他各类学生的家庭教育开支都有不同程度的增加。国内外已有大量的研究表明，经济因素往往是影响学生辍学或失学的主要因素之一。教育支出负担的沉重和不公很容易导致部分学生因为家庭贫困而辍学或失学，辍学或失学儿童的平等受教育权利就会因为经济因素而受到侵蚀和剥夺，教育起点公平由此受到损伤。

三、求学困难多，学生“上学难”

农村中小学校布局调整之后学生上学距离的增加导致大多数学生失去了过

❶ 雷媛．黄土魂：教育背后的丰厚人文［N］．兰州晨报，2009－11－12．

去“就近入学”的便利，上学路远不安全，上学困难重重。尽管各级政府在学校布局调整之后采取了多种措施解决学生上学难问题，但由于配套措施的不到位和教育资源的相对短缺，不少地方的学生上学难问题依然没有得到有效解决。

1. 偏远地区学生上学交通困难

受我国地理情况复杂多样和经济发展水平不平衡的影响，我国农村不少地区道路、交通等基础设施建设严重滞后，不少山区和相对落后地区至今仍然无法通车，不少偏远地区学生上学主要靠步行或骑自行车。农村中小学校布局调整之后，就近设置的大量农村教学点和村小学被撤并，单所学校的服务半径加大，学生上学距离变远，家校距离较远的偏远地区的学生日常上学困难增加，如果再遇到雨雪霜冻等恶劣天气，上学将会更加困难。

学生问卷调查结果显示，在3478名样本学生中，湖（库）区学生上学不方便或很不方便的学生比例最高，分别为15.6%和3.1%；其次是山区学生，上学不方便或很不方便的学生比例分别为12.9%和2.4%；再次是丘陵地区学生，上学不方便或很不方便的比例分别为12%和3.4%；平原地区学生上学不方便或很不方便的比例相对较低，分别为4.9%和0.8%。（见表3－16）经过卡方分析发现，学生家庭所在的地理概况与学生上学的交通方便程度存在显著的相关关系。由此可见，自然地理条件相对较差的地区交通不便程度最高，学生上学最困难。

表3－16　不同地理状况学生上学的交通方便程度

家庭所在地理概况		你上学时的交通方便吗					合计
		很方便	比较方便	说不清	不方便	很不方便	
山区	样本数	620	742	125	227	42	1756
	百分比	35.3	42.3	7.1	12.9	2.4	100.0
丘陵	样本数	277	365	90	104	29	865
	百分比	32.0	42.2	10.4	12.0	3.4	100.0
平原	样本数	292	227	44	29	5	597
	百分比	48.9	38.0	7.4	4.9	0.8	100.0
牧区	样本数	4	2	2	0	0	8
	百分比	50.0	25.0	25.0	0.0	0.0	100.0
矿区	样本数	1	3	0	0	1	5
	百分比	20.0	60.0	0.0	0.0	20.0	100.0
湖（库）区	样本数	12	9	5	5	1	32
	百分比	37.5	28.1	15.6	15.6	3.1	100.0

续表

家庭所在地理概况		你上学时的交通方便吗					合计
		很方便	比较方便	说不清	不方便	很不方便	
其他	样本数	109	69	25	11	1	215
	百分比	50.7	32.1	11.6	5.1	0.5	100.0
合计	样本数	1315	1417	291	376	79	3478
	百分比	37.8	40.7	8.4	10.8	2.3	100.0
卡方分析	$X^2=121.772$　DF = 24　P = 0.000 < 0.05						

将学生上学的交通便利程度按照5等级（1表示很方便，5表示很不方便）依次赋值，按学生家庭所在地的自然地理概况分类进行均值比较后发现，交通不便程度平均值按照由高到低的顺序依次为矿区、湖（库）区、丘陵、山区、牧区、其他和平原，方差分析结果显示，群组之间的整体差异显著。（见表3－17）

表3－17　按地理分组的学生上学便利程度均值

家庭地理概况	样本数	均值	标准差	均值排序
山区	1756	2.05	1.075	4
丘陵	865	2.12	1.092	3
平原	597	1.71	0.865	7
牧区	8	1.75	0.886	5
矿区	5	2.40	1.517	1
湖（库）区	32	2.19	1.203	2
其他	215	1.73	0.893	6
总数	3478	1.99	1.048	—
方差分析	F = 13.505　DF = 6　P = 0.000 < 0.05			

经过进一步的事后多重比较发现，山区组学生的上学交通不便程度都显著高于平原组和其他组（P = 0.00 < 0.05，P = 0.00 < 0.05），丘陵组学生上学交通不便程度也显著高于平原组和其他组（P = 0.00 < 0.05，P = 0.00 < 0.05）。其他各组之间的均值差异则不显著。这说明，农村中小学校布局调整之后，学生上学最困难的地区为山区、丘陵等交通不便地区。

学生问卷的直接心理感受调查也证明了上述结论。当问及学生是否赞同自己现在上学很辛苦时，辛苦程度得分（1代表完全不赞同，5代表完全赞同，得分越高表明越辛苦）均值按照由高到低的顺序依次为：丘陵、矿区、牧区、山区、平原、其他地区、湖（库）区。（见表3－18）经过方差分析发现，群内整体差异显著。经过进一步的事后多重比较分析发现，丘陵组均值显著低于山区、平原和其他地区（P＝0.00＜0.05，P＝0.00＜0.05，P＝0.00＜0.05），山区组显著低于“其他”地区组（p＝0.05≤0.05）；剩余各组之间的均值差异不显著。这说明，就学生自身的直接感受而言，丘陵地区和山区学生上学困难程度都相对较高。

表3－18　按地理分组的学生上学辛苦程度均值

家庭地理概况	样本数	均值	标准差	均值排序
山区	861	2.22	1.377	4
丘陵	346	2.62	1.535	1
平原	328	2.21	1.447	5
牧区	6	2.33	1.751	3
矿区	4	2.50	1.732	2
湖（库）区	11	1.91	1.136	7
其他	115	1.94	1.054	6
总数	1671	2.28	1.417	
方差分析	F＝7.425　　DF＝6　　P＝0.000＜0.05			

综合表3－16、表3－17、表3－18的分析结果可以发现，尽管不同地理状况条件所在地的学生上学都有不同程度的交通困难问题，但总体而言，偏远山区和丘陵地区的学生上学交通不便程度最高，上学最困难，处境最不利。

2. 低龄学生生活自理困难

农村中小学校布局调整之后，不少地区考虑到低龄学生的学习和生活情况可能比较困难，暂时保留了部分农村小学的1—2年级或1—3年级作为教学点，小学3年级或4年级及以上的学生全部被集中在中心学校就读。随着学龄人口的进一步减少，部分地区最后甚至连学前班和教学点也都撤销了，从学前教育到小学6个年级的所有学生一律集中在为数不多的乡镇中心学校或几所联村中心学校就读。为了解决学生上学远问题，家庭离中心学校较远的低龄小学生（3—4年级学生）也不得不在学校统一寄宿或由家长在学校附近租房陪读。

学生问卷调查结果显示，从小学3年级开始，各年级都有一定比例的样本学生在校住宿或在学校周边寄宿。其中，小学3年级的寄宿生比例为39.9%，在3—6年级中的同比最高；小学6年级的寄宿生比例为28.8%，远远低于3—5年级的寄宿生比例。初中阶段三个年级学生的寄宿率都高达70%以上，作为毕业班的9年级寄宿生比例最高。(见表3－19)农村中小学校布局调整之前，大部分初中学生需要寄宿，小学一般不需要寄宿或高年级部分学生寄宿。农村中小学校布局调整之后，在小学3—6年级学生中有1/3左右的学生需要在校寄宿，这说明寄宿生有低龄化的趋势。实地访谈也发现，农村中小学校布局调整之后多数学校都是从小学3年级或4年级开始鼓励或要求上学距离较远的学生在校寄宿，所以3—4年级是多数小学生寄宿生活的起始期。

表3－19　样本中小学各年级寄宿生与走读生的分布比例

样本类别		年级									合计
		1	2	3	4	5	6	7	8	9	
寄宿生	频数	0	1	120	158	320	212	397	542	129	1879
	百分比	0.0	50.0	39.9	34.1	35.9	28.8	73.8	78.2	87.2	49.8
走读生	频数	2	1	181	306	571	524	141	151	19	1896
	百分比	100	50.0	60.1	65.9	64.1	71.2	26.2	21.8	12.8	50.2
合计	频数	2	2	301	464	891	736	538	693	148	3775
	百分比	100.0	100.0	100.0	100.0	100.0	100.0	100.0	100.0	100.0	100.0

注：因为少量教学点学生全部参与了调查，所以本表中包含了少量小学1—2年级学生样本。

寄宿生的低龄化促使小学寄宿生不得不独立处理自己的在校生活问题，这对其生活自理能力提出了更高的要求。在这种环境下，部分学生的生活自理能力通过锻炼得到了提高，战胜生活挫折的能力也不断增强，客观上有利于学生自理能力的提高。然而在过重的生活自理压力下，相当一部分低龄学生至少会在刚刚寄宿的短时期内面临巨大的生活自理困难，这种压力和学习压力结合在一起，很容易成为压垮低龄学生承受能力的"最后一根稻草"，从而对学生的身心健康和发展产生负面影响。因此，对低龄学生而言，在校寄宿并不是解决上学远问题的最佳选择。

问卷调查也显示，农村中小学校布局调整之后低龄学生面临更大的上学困难。在2994名样本家长中，21.9%的家长表示布局调整后低龄学生上学更加困难；在614名样本教师中，46.4 %的教师认为农村中小学校布局调整对小学低年级学生的负面影响最大。

在学生调查问卷中，当问及小学生样本"你认为你的生活自理能力如何"时，得出的结论是小学寄宿生的生活自理能力均值得分为3.51（最高5分，最低1分），高于走读生0.23分。（见表3－20）经过独立样本T检验，结果为非常显著。这说明小学寄宿生的生活自理能力明显高于走读生，同时也意味着小学低年级（主要是3、4年级）学生在日常学习的同时还面临更多的生活挑战和自理困难，只是他们已经基本适应了这种寄宿生活。

表 3－20　小学寄宿生与走读生的生活自理能力均值比较

样本类别	样本数	均值	标准差	独立样本 T 检验
寄宿生	784	3.51	1.417	T = －3.83　DF = 2297
走读生	1515	3.28	1.351	P = 0.000 < 0.05

对 544 名在校小学寄宿生的生活辛苦程度进行均值比较后发现，小学 3 年级学生的困难程度最高，得分为 3.79 分；而小学 4 年级寄宿生的得分最低。经过方差分析发现，3—6 年级 4 个群组之间的整体差异显著。（见表 3－21）

表 3－21　小学寄宿生上学的辛苦程度方差分析表

年级	样本数	均值	标准差	标准误
3	119	3.79	1.295	0.119
4	151	2.95	1.467	0.119
5	311	3.66	1.300	0.074
6	201	3.49	1.127	0.080
总数	782	3.50	1.320	0.047
方差分析	F = 12.645　DF = 3　P = 0.018 < 0.05			

经过事后多重检验发现，小学 3 年级在校寄宿生上学辛苦程度显著高于 4 年级（均值差 = 0.836，P = 0.00 < 0.05），小学 4 年级在校寄宿生上学辛苦程度显著低于 3、5、6 年级（P = 0.00，P = 0.00，P = 0.00），其他年级之间的差异则不显著。这说明，小学 3 年级在校寄宿生面临最大的生活自理困难。这与小学 3 年级首次寄宿年龄最小、生活自理困难更大的实际情况是一致的。而同为低龄段的小学 4 年级学生为什么反而是困难最小的群体呢？经过访谈发现，小学 4 年级大多已经经历了 3 年级一年的寄宿经历，生活自理能力得到大幅度提高，能够基本适应学校的寄宿生活，而且同样由于年幼也得到了学校老师的部分帮助，所以，小学 4 年级在校寄宿生生活的困难程度得到了最大限度的降低。5—6 年级学生则因为缺少老师的帮助，部分困难得不到及时解决，所以困难认同度反而高于 4 年级。

3. 学生上学安全保障有困难

农村中小学校布局调整之后，学生上学距离的增加使得步行上学和乘坐各种交通工具上学的学生在途时间延长，加之中小学生贪玩的特性以及薄弱的安全保护意识，学生在上学和放学途中发生交通安全和其他人身安全事故的几率大大提高，学生上学的安全保障面临困难。

问卷调查结果显示，学校布局调整之后，学生交通安全事故频频发生。在3774份有效学生问卷中，有8.6%的样本学生回答自己发生过一次或一次以上的交通安全事故；在2913份有效家长样本中，有5.3%的家长回答自己的孩子在上学期间发生过一次或一次以上的交通安全事故。（见表3－22）由此可见，上学路远所引发的上学交通安全保障问题不容忽视。

表3－22　学生上学期间发生的交通安全事故次数

发生次数	学生问卷				家长问卷			
	频数	百分比	有效百分比	累积百分比	频数	百分比	有效百分比	累积百分比
没有发生	3447	87.6	91.3	91.3	2760	92.2	94.7	94.7
只有一次	223	5.7	5.9	97.2	121	4.0	4.2	98.9
两次	42	1.1	1.1	98.4	—	—	—	—
两次以上	62	1.6	1.6	100.0	32	1.1	1.1	100.0
合计	3774	96.0	100.0	—	2913	97.3	100.0	—
缺失值	159	4.0	—	—	81	2.7	—	—
合计	3933	100.0	—	—	2994	100.0	—	—

频频发生的交通安全事故对学生的安全防范意识和家庭的安全监护都产生了巨大的压力。当问及“你现在上学最担心的是什么”时，在3627名有效学生样本中，回答最担心路远不安全的学生有602名，占有效样本的16.6%，排在所有学生担心的问题中的第3位；当问及家长“您家孩子上学时您最担心的问题是什么”时，在2917名有效样本家长中，有1411名家长回答最担心孩子的安全问题，占有效样本总数的48.4%，位居所有家长所担心的问题的首位；在614名样本教师中，有460名教师将学生上学路远不安全视为本地学校撤并对学生产生的最大负面影响，认同比例占总样本的76.3%。由此可见，学生上学交通安全保障是学校布局调整之后学校和家长所担忧的最大问题。

除了交通安全之外，学生在上学途中的人身安全也面临挑战。我国是一个自然灾害频发的国家，山区学生在较远的上学路途中极容易遭受雨雪霜冻、洪涝冰灾、山体滑坡和泥石流等自然灾害的突然袭击，发生人身意外事故的概率增加，安全令人担忧。此外，由于上学路远、在途时间长，缺乏有效监护的女童在上学途中更容易遭受性侵害、拐卖等不法伤害，人身安全难以保证。

学校布局调整之后，部分农村地区在县乡之间、乡镇之间和乡村之间开通了专门接送学生的校车，能够享受校车服务的农村地区学生的人身安全保障问题有所改善。然而由于校车管理制度的不健全，频发的校车安全事故不断见诸媒体报端，农村中小学生上学安全保障依然是公众关心的热点议题。

4. 流转学生面临新环境调适困难

在农村中小学校布局调整过程中，部分学校和教学点被关闭，被关闭校点的学生不得不流转到指定的附近学校或自主选择到其他学校上学，成为具有一次或多次流转经历的学生。流转学生在面对陌生的新学习和生活环境时，往往存在较长时间的心理调适困难，严重的将会直接影响此后在新环境中的学习。农村学校布局调整中的校点关闭客观上造成大量学生流转，特别是农村小学校点的大量合并，直接导致部分小学生产生了较重的新环境心理调适困难。

问卷调查结果显示，当问及样本小学生"你现在上学最担心的问题是什么"时，有463名在学校合并中有流转经历的样本学生中，回答担心学习成绩下降的学生比例为52.7%，回答担心不适应学校环境的学生比例为5%，回答担心受同学欺负的学生比例为8.6%，担心"其他"问题的占2.8%，四项与新环境适应相关的问题累计比例为69.1%。（见表3－23）由此可见，学校布局调整中的校点关闭对流转学生已经造成了较大的新学习环境心理调适困难。

表3－23　小学流转学生上学期间最担心的问题

担心事项	频数	百分比	有效百分比	累积百分比
路远不安全	85	17.4	18.4	18.4
家长负担重	58	11.9	12.5	30.9
受同学欺负	40	8.2	8.6	39.5
学习成绩下降	244	50.0	52.7	92.2
不适应学校环境	23	4.7	5.0	97.2
其他	13	2.7	2.8	100.0
合计	463	94.9	100.0	—
缺失值	25	5.1	—	—
合计	488	100.0	—	—

国外的研究发现，学生转学和流动所产生的适应困难往往容易导致学生学习成绩的下降，而学习成绩的下降也会导致学生厌学而最终辍学。与普通的学生流转所不同的是，农村中小学校布局调整中的学生流转是在学校被关闭后被

迫流转的，大多带有制度强制性的特征。这种方式的学生流转对学生心理适应所造成的困难往往比自愿流转更大。

5. 留守儿童学生家庭监护困难

随着城镇化进程的加快，越来越多的农村青壮年剩余劳动力进入城市务工，不少未成年少年儿童无法跟随父母进城读书生活，留在农村而成为留守儿童。留守儿童因为父母一方或双方缺位，缺少亲情关爱和帮助，在家庭结构上与其他儿童相比成为弱势受教育群体。

农村中小学校布局调整之后，不少学生上学距离较远不安全，需要家人接送，部分家庭为了孩子求学方便甚至不得不在学校附近租房专职陪读。在农村中小学校布局调整政策的相同影响下，不同家庭接送孩子的生活负担是不同的。家庭接送负担与家长每周接送孩子的频率密切相关。家长每周接送孩子上学的频率又与孩子的年龄、家校距离、安全状况、家庭成员的时间和家长对孩子的关爱程度等因素密切相关。一般来说，低龄走读儿童需要家长天天接送，在校住宿的小学低龄儿童需要在周五或周日接送 1—2 次，距离学校较近的学生和高年级学生一般不需要接送。

在其他条件相同的情况下，接送孩子负担的轻重与学生家庭剩余劳动力数量以及监护人的闲暇时间密切相关。对于有剩余劳动力或闲暇时间较多的家庭而言，时间的直接成本和机会成本都比较低，接送孩子的家庭负担相对较轻；而缺少剩余劳动力或父母闲暇时间较少的农村家庭，接送孩子的负担则相对比较沉重。农村留守儿童的家庭结构因为父母的外出务工而不完整，其日常生活和学习主要由自己的爷爷奶奶或外公外婆代理监管，这些隔代监护人常常会因为自身的时间、精力和体力不支等原因，难以确保留守儿童学生的生活和安全需要，在面临相同的接送孩子上学问题上将会面临更多困难，留守儿童家庭的接送负担由此相对沉重。

当问及样本学生“你现在上学最担心的问题是什么”时，回答“家长负担重”的留守儿童比例为 51.6%，高于非留守儿童；回答“路远不安全”“受同学欺负”“学习成绩下降”和“不适应学校环境”的样本学生中，留守儿童所占比例也都超过了 50%，同比均高于非留守儿童学生。（见表 3－24）路远不安全、受同学欺负等因素会增加留守儿童家庭的安全监护需求，学习成绩下降和不适应学校环境则会提高留守儿童家庭对孩子的学习指导需求。留守儿童对上述问题以及“家长负担重”的担心高于非留守儿童，从侧面说明留守儿童家庭的监护负担整体上比非留守儿童家庭要沉重。

表 3－24　留守儿童与非留守儿童上学最担心的问题比较

学生类别		路远不安全	家长负担重	受同学欺负	学习成绩下降	不适应学校环境	其他	合计
留守儿童	样本数	321	372	115	923	77	55	1863
	百分比	56.1	51.6	51.3	53.8	57.5	48.7	53.5
非留守儿童	样本数	251	349	109	792	57	58	1616
	百分比	43.9	48.4	48.7	46.2	42.5	51.3	46.5
合计	样本数	572	721	224	1715	134	113	3479
	百分比	100.0	100.0	100.0	100.0	100.0	100.0	100.0

家长问卷的调查结果也表明，农村中小学校布局调整之后，留守儿童家庭的接送负担沉重。当问及学生家长样本“当地学校合并后对您家和本村孩子上学产生了什么影响”时，在1651名样本留守儿童监护人中，16.6%的留守儿童监护人表示布局调整后家长的接送负担沉重。

沉重的家庭监护负担使留守儿童比非留守儿童有更高的寄宿需求。学生问卷调查结果显示，留守儿童的寄宿比例更高，在1940名小学3—9年级留守儿童中，寄宿生的比例为57%；在1722名非留守儿童中，寄宿生的比例只有41.5%。留守儿童较高的寄宿比例在客观上减轻了部分留守儿童家庭的日常监护负担，但对缺乏寄宿条件的小学3年级以上留守儿童和缺乏生活自理能力的低龄留守儿童而言，其日常监护负担依然很重，而且寄宿所带来的高支出对家庭而言也是不小的经济负担。

通过学生问卷调查还发现，留守儿童陪读现象也相对严重。在3933名样本中小学生中，共有103名陪读学生，占样本总数的2.6%；在103名陪读生中，共有留守儿童61名，占全部陪读生的59.8%，比例高于非留守儿童。“陪读”现象占用了留守儿童家庭成员的大量时间和精力，也增加了留守儿童家庭的经济负担和监护负担。

总之，因为家庭结构的不完整而处于相对弱势地位的留守儿童，在面临学校布局调整带给家庭的相同挑战时，留守儿童父母监护责任的缺位会使其代理监护人承受更多更大的家庭监护负担，代理监护人监护能力的不足会使留守儿童缺乏应有的家庭关爱，农村留守儿童因此成为农村中小学校布局调整政策中教育权益受到损伤相对较大的弱势群体之一。

四、诱发厌学倾向，辍学率整体反弹

衡量教育起点公平的常用综合性指标是失学率和辍学率。我国义务教育实现“普九”之后，农村义务教育起点公平在制度上得到了强有力的保证，失学率降到历史最低点，失学问题已不再是我国义务教育阶段的主要矛盾，后“普九”时期的主要任务也由增加教育机会供给转变为巩固和提高教育质量，失学率对教育起点公平的检测效度和敏感度都有所下降。因此，农村中小学校布局调整对义务教育起点公平是否产生损伤和负面影响就集中反映在辍学率在政策实施前后的变化上。

农村中小学校布局调整之后，在“上学远”“上学难”和“上学贵”等因素的综合影响下，有相当一部分地区的农村中小学校辍学率出现了增加的趋势。在面向全国9省（区）完成学校布局调整的学校教师所进行的问卷调查中，当问及386名样本学校教师“当地学校合并后，贵校的辍学率与合并前相比如何”时，有37.4%的初中教师认为本校学生辍学率增加了；有16.2%的小学教师认为本校学生辍学率增加了。（见表3－25）这说明，农村中小学校布局调整后，部分地区的农村中小学学生辍学率已经有反弹的趋势，而且初中辍学率反弹现象大大高于小学。

表3－25　学校布局调整前后本校学生辍学率的变化情况

辍学率变化	样本初中教师				样本小学教师			
	频数	百分比	有效百分比	累积百分比	频数	百分比	有效百分比	累积百分比
增加了	49	34.8	37.4	37.4	35	14.3	16.2	16.2
减少了	32	22.7	24.4	61.8	66	26.9	30.6	46.8
差不多	50	35.5	38.2	100.0	115	46.9	53.2	100.0
合计	131	93.0	100.0	—	216	88.2	100.0	—
系统	10	7.0	—	—	29	11.8	—	—
总计	141	100.0	—	—	245	100.0	—	—

值得注意的是，农村中小学校布局调整政策实施后，辍学率虽然有整体反弹的趋势，但该政策对辍学率的影响具有双重性，即增加效应和减少效应。相当一部分学校的辍学率在该政策实施后甚至还增加了。从表3－25中可见，24.4%的初中教师和30.6%的小学教师反映本校学生辍学率下降了，而且小学的下降幅度明显大于初中，原因何在呢？

这是因为农村中小学校布局调整通过对现有学校的兼并、联合、撤销和重建优化了教育资源的配置，实现了优质教育资源的相对集中和薄弱校点的减少，客观上有助于县域内教育均衡的实现，因此在整体上对教育起点公平具有积极的促进作用。然而农村中小学校布局调整过程中的过度撤并又导致了部分学生上学远、上学难和上学贵等问题，对偏远地区学生、经济困难家庭学生和低龄儿童学生造成的负面影响尤为严重，所以又在一定程度上损伤了教育起点公平。农村中小学校布局调整对不同地区和不同学校的义务教育学生辍学率整体上产生何种效应，不取决于该政策本身，而是取决于当地政府的政策执行条件和执行方式。

再从农村中小学校布局调整政策实施后辍学率的绝对值来看，不少农村中小学校的辍学率偏高。在面向已经完成学校布局调整的学校教师所进行的问卷调查中，当问及386名样本教师“近三年您所在班级的学生平均辍学率大约是多少”时，回答高于5%以上的初中教师占有效样本总数的比例为39.1%；回答高于5%以上的小学教师占有效样本总数的比例为5.3%。（见表3－26）

表3－26　中小学样本教师所带班级近三年来的平均辍学率

辍学率	初中				小学			
	频数	百分比	有效百分比	累积百分比	频数	百分比	有效百分比	累积百分比
5%以下	84	59.6	60.9	60.9	196	80.0	94.7	94.7
6%—10%	35	24.8	25.4	86.2	7	2.9	3.3	98.1
11%—15%	11	7.8	8.0	94.2	1	0.4	0.5	98.6
16%—20%	6	4.3	4.3	98.6	—	—	—	—
21%—30%	1	0.7	0.7	99.3	2	0.8	1.0	99.5
30%以上	1	0.7	0.7	100.0	1	0.4	0.5	100.0
合计	138	97.9	100.0	—	207	84.5	100.0	—
缺失值	3	2.1	—	—	38	15.5	—	—
总计	141	100.0	—	—	245	100.0	—	—

由表3－26可见，无论是初中还是小学，都有相当一部分教师近三年所带班级的平均辍学率已经超过全国平均5%的控辍线。这说明，义务教育阶段辍学率已经出现明显的整体反弹趋势，而且初中辍学率偏高现象比较严重，小学则相对较轻。

控制辍学率是我国农村义务教育阶段“后普九”时代巩固和提高义务教育质量工作的重要内容。为什么学校布局调整之后辍学率反而在整体上有所反弹呢？当问及学生和教师农村学生辍学的原因时，学生问卷的调查结果显示，回答“学习成绩不好”排在首位，回答“家穷”排在第2位，回答“想打工挣钱”排在第3位，回答“其他”（厌学）[1] 的排在第4位，与布局调整直接相关的两个原因“上学路远辛苦和没有人接送”分列第6位和第7位；在614

[1] 问卷统计分析发现，“其他”一栏中填写最多的原因是“自己不想上了”，这一答案与厌学十分接近，可等同于厌学。

名样本教师的问卷调查中，当问及学生辍学的原因时，回答“读书不如打工，家长太现实”的排在第1位，回答“学习成绩差，升学无望”的排在第2位，回答与布局调整直接相关的理由“上学路远太辛苦，学生厌学”的排在第3位，回答“家庭经济困难”的排在第4位，而且前3位的原因都与厌学有关。（见表3－27）

表3－27　布局调整后农村中小学生辍学的原因

辍学原因	学生样本				教师样本				
	频数	百分比	个案百分比	排序	辍学原因	频数	百分比	个案百分比	排序
上学路远辛苦	285	5.9	9.1	6	上学路远太辛苦，学生厌学	149	21.0	41.9	3
没人接送	132	2.7	4.2	7	学习成绩差，升学无望	185	26.0	52.0	2
家穷	1038	21.6	33.0	2	家庭经济困难	96	13.5	27.0	4
学习不好	1683	35.0	53.5	1	读书不如打工，家长太现实	223	31.4	62.6	1
想打工挣钱	857	17.8	27.2	3	子女多，家长重男轻女	28	3.9	7.9	6
身体差	321	6.7	10.2	5	其他	30	4.2	8.4	5
其他	486	10.1	15.5	4	总计	711	100.0	199.8	—
总计	4802	100.0	152.7	—	—	—	—	—	—

以上分析结果表明，农村学校布局调整造成的“上学路远辛苦”和“没有人接送”尽管对学生辍学的影响力还相对较小，但已经直接对学生辍学产生了负面影响，成为诱发辍学的新因素。学界的相关研究表明，学生辍学的主要原因是家庭经济困难和因为成绩不好而导致的厌学。农村学校布局调整之后“上学贵”在经济方面客观上加重了农村学生家庭的经济困难，“上学远”和“上学难”则又从多个不同方面共同加重了学生的学习困难，从而间接地从经济和厌学两个方面加速了辍学率的反弹。值得注意的是，与农村中小学校布局调整对辍学的直接影响力相比，其间接的影响力作用更大，更加隐蔽。因此，农村中小学校布局调整整体引发的辍学率反弹已经成为该政策损伤义务教育起点公平的表征信号，也是该政策影响教育公平最直接和最严重的结果。

第二节　农村中小学校布局调整对教育过程公平的损伤表现

教育过程公平是指在教育过程中，为了学生的差异性优化发展的需要，给予学生公平待遇，提供公平的机会。这里的“机会”则是指几组变量：学校外部的各种物质因素；学校的各种物质设施；家庭环境中某些心理因素；学校环境中某些心理因素；学习机会（即教学条件）。教育过程公平包括两个内涵，即平等对待学生和差异对待学生。农村中小学校布局调整从形式上看是教育资源配置的空间调整，从实质上看是教育利益格局在空间和结构上的变化，这种变化在教育过程中会使学生占有不同的教育资源和教育机会，由此对教育过程公平造成损伤和负面影响。

一、家校距离有别，课余学习时间投入不同

学生的学习和发展离不开充足的课余学习时间。农村中小学校布局调整前，多数学生就近入学，学生上学路途所花费的时间很少，体能消耗也不大，大部分学生都拥有相对充裕的课余时间，能够用于学习和休息的最大可能时间也相对充裕，有利于学生业余兴趣爱好的培养和身心健康的发展。农村中小学校布局调整后，学生上学距离普遍变远，走读学生上学路途所花费的时间大量增加，路途体能消耗加大，能够用于学习和培养业余爱好的有效时间相对减少；寄宿生尽管节约了大量日常路途上学的时间，但用于生活自理的时间有所增加，在学习过程中可能支配的实际时间也有所减少。课余学习时间作为学生学习过程中的一种重要的个体投入资源，因为受到学校布局调整的负面影响而在客观上有所不同，有效学习时间由此开始成为影响教育过程公平的重要因素。

1. 不同地区学生上学用时不同

通常情况下，上学所用的时间与学生的家校距离和上学方式两个因素密切相关。在相同的上学方式下，上学距离越远，上学用时越长；在相同的上学距离下，采用的交通工具越先进、速度越快，上学用时就越短。受这两大因素的影响，家庭所在不同地区的学生上学用时是不同的。

为了准确了解不同类别学生的上学路途所用时间，我们按照家庭所在地理概况将样本学生分组，同时对走读生和寄宿生采用日常上学方式所用的时间进行考察。

小学生的问卷调查分析结果显示：小学走读生采用各自的日常方式上学平均用时为19.48分钟，其中，湖（库）区和平原地区学生日常上学用时最长，分别为33.29分钟和22.74分钟；矿区学生日常上学用时最短，为12.5分钟。小学寄宿生周末或月末通常上学的平均用时为43.45分钟，大大高于走读生，其中，丘陵地区和山区小学寄宿生的上学时间最长，分别为53.91分钟和44.21分钟；“其他”地区学生上学用时最短，仅有9.95分钟。（见表3－28）

表 3-28　小学走读生与寄宿生通常上学所用时间　（单位：分钟）

家庭所在地理概况	小学走读生			小学寄宿生		
	样本数	均值	标准差	样本数	均值	标准差
山区	603	18.70	16.379	450	44.21	119.836
丘陵	305	19.11	17.110	133	53.91	47.380
平原	275	22.74	41.292	42	21.95	28.011
牧区	2	19.00	15.556	3	14.00	13.892
矿区	2	12.50	3.536	2	24.50	28.991
湖（库）区	14	33.29	60.883	—	—	—
其他	113	15.18	10.241	21	9.95	5.979
总数	1314	19.48	24.468	651	43.45	102.578
方差分析	DF=6	F=2.292	P=0.033	DF=5	F=1.163	P=0.326

方差分析结果显示，小学不同地区走读生上学平均用时之间的差异显著，但小学寄宿生上学用时的地区差异不显著。（见表 3-28）这是因为小学寄宿生大多是因为上学距离比较远才寄宿，在周末或月末上学时大多是乘坐家长的摩托车、三轮车、电动车或公共汽车等机动交通工具上学，上学方式基本一致，只有交通工具速度的差别，因此在整体上上学用时差异并不大；而小学走读生基本上都是以步行为主要上学方式，在相同的上学方式下，上学用时与上学距离的远近和小学生步行的速度密切相关，而上学远近与地理概况密切相关，因此小学走读生上学用时的地区差异显著。

再从初中样本学生问卷调查的分析结果来看，初中走读生采用各自的日常方式上学平均用时为 15.21 分钟，其中，“其他”地区学生上学用时最长，为 16.92 分钟；湖（库）区学生日常上学用时最短，为 5.33 分钟；山区、丘陵和平原地区学生上学用时都在 13—16 分钟之间。初中寄宿生周末或月末通常上学的平均用时为 35.66 分钟，同比大大低于小学寄宿生，其中，牧区和湖（库）区初中寄宿生的上学时间最长，分别为 60 分钟和 47.5 分钟；平原地区学生用时最短，仅有 23.44 分钟（见表 3-29）。

表 3-29　初中走读与寄宿学生通常上学所用时间　（单位：分钟）

家庭所在地理概况	初中走读生			初中寄宿生		
	样本数	均值	标准差	样本数	均值	标准差
山区	99	16.16	19.244	420	41.41	34.918
丘陵	32	16.78	15.261	286	30.24	20.326
平原	87	13.63	12.110	62	23.44	16.421

续表

家庭所在地理概况	初中走读生			初中寄宿生		
	样本数	均值	标准差	样本数	均值	标准差
牧区	—	—	—	2	60.00	0.000
矿区	—	—	—	1	20.00	—
湖（库）区	3	5.33	1.528	10	47.50	25.083
其他	13	16.92	13.775	34	28.07	17.871
总数	234	15.21	15.929	815	35.66	29.275
方差分析	DF = 4　F = 0.702　P = 0.591			DF = 6　F = 7.402　P = 0.000		

方差分析结果显示，初中不同地区走读生上学平均用时之间的差异不显著，但初中寄宿生上学用时的地区差异非常显著（见表 3 - 29）。这是因为农村中小学校布局调整之后，多数乡镇只有一所初中，不同地区的上学距离差异非常大，而路远寄宿的初中学生周末回家或返校上学多数都是骑自行车或乘坐其他交通工具，在相同的上学方式下，上学用时很容易受到交通路况和距离的影响，而交通路况和直线距离受地理状况的影响比较大，因此，初中寄宿生上学用时的地区差异显著。

2. 不同地区学生课余学习时间充足程度不同

对寄宿生而言，周末、节假日和月末往返学校的路途比较远，上学需要占用较长的周末或节假日时间，能够用于学习的课余时间相对减少。对走读学生而言，上学期间每天要往返于家庭与学校之间，在上学路途中占用的时间相对较长，课余学习的时间就相对不足。如此一来，受上学路途远近所花费时间的影响，家庭所在不同地区的学生实际可以利用的课余学习时间就存在地区差别，在学习过程中能够投入到学习活动中的最大可能利用时间就存在不同。

学生问卷调查结果显示，当问及样本小学生是否认同“我的课余学习时间很充足”时，不同地区的样本有着不同的认同。回答“不太赞同”和“完全不赞同”的样本比例分别为13.8%和5.5%，合计为19.3%。其中，山区小学生回答“不太赞同”和“完全不赞同”的样本比例分别为10.3%和5.8%，二者合计为16.1%；丘陵地区小学生回答“不太赞同”和“完全不赞同”的样本比例分别为22.1%和4.2%，二者合计为26.3%；平原地区小学生回答“不太赞同”和“完全不赞同”的样本比例分别为15.5%和6.9%，二者合计为22.4%；其他地区样本的同比合计也都超过10%。（见表 3 - 30a）卡方分析结果显示，地理概况与样本学生的认同度之间存在显著的相关关系。这说明地理概况所导致的上学路途较远是影响样本学生课余学习时间充足程度的重要相关因素。

表 3－30a　样本小学生对课余学习时间充足程度的认同

家庭所在地理概况		我的课余学习时间很充足					合计
		完全赞同	基本赞同	无所谓	不太赞同	完全不赞同	
山区	计数	504	355	108	119	67	1153
	百分比	43.7	30.8	9.4	10.3	5.8	100.0
丘陵	计数	159	132	45	101	19	456
	百分比	34.9	28.9	9.9	22.1	4.2	100.0
平原	计数	139	131	45	63	28	406
	百分比	34.2	32.3	11.1	15.5	6.9	100.0
牧区	计数	4	2	0	1	0	7
	百分比	57.1	28.6	0.0	14.3	0.0	100.0
矿区	计数	3	0	0	1	0	4
	百分比	75.0	0.0	0.0	25.0	0.0	100.0
湖(库)区	计数	8	1	1	3	1	14
	百分比	57.1	7.1	7.1	21.4	7.1	100.0
其他	计数	84	38	14	15	6	157
	百分比	53.5	24.2	8.9	9.6	3.8	100.0
合计	计数	901	659	213	303	121	2197
	百分比	41.0	30.0	9.7	13.8	5.5	100.0
卡方分析	$X^2=69.568$　DF = 24　$P=0.000<0.05$						

再从样本初中学生的课余学习时间问卷调查结果来看，不同地区学生的课余学习时间也不尽相同。当问及样本初中学生是否认同“我的课余学习时间很充足”时，山区初中学生回答“不太赞同”和“完全不赞同”的样本比例分别为 31.5% 和 13.7%，二者合计为 45.2%；丘陵地区初中学生回答“不太赞同”和“完全不赞同”的样本比例分别为 30.5% 和 11.3%，二者合计为 41.8%；平原地区初中学生回答“不太赞同”和“完全不赞同”的样本比例分别为 18.8% 和 7.6%，二者合计为 26.4%；湖（库）区样本同比合计高达 69.3%；“其他”地区样本同比合计为 48%。（见表 3－30b）卡方分析结果显示，家庭地理概况与学生对课余学习时间充足的认同度之间存在显著的相关关系。由此可见，农村中小学校布局调整之后，初中学生的课余学习时间同样受到了不同地区路途远近的影响，而且该因素所产生的影响远远大于小学。

表 3-30b　样本初中生对课余学习时间充足程度的认同

家庭所在地理概况		我的课余学习时间很充足					合计
		完全赞同	基本赞同	无所谓	不太赞同	完全不赞同	
山区	计数	78	183	43	175	76	555
	百分比	14.1	33.0	7.7	31.5	13.7	100.0
丘陵	计数	45	121	34	105	39	344
	百分比	13.1	35.2	9.9	30.5	11.3	100.0
平原	计数	34	64	27	32	13	170
	百分比	20.0	37.6	15.9	18.8	7.6	100.0
牧区	计数	0	0	0	2	0	2
	百分比	0.0	0.0	0.0	100.0	0.0	100.0
矿区	计数	0	1	0	0	0	1
	百分比	0.0	100.0	0.0	0.0	0.0	100.0
湖（库）区	计数	1	3	0	6	3	13
	百分比	7.7	23.1	0.0	46.2	23.1	100.0
其他	计数	4	18	5	18	6	51
	百分比	7.7	34.6	9.6	34.6	13.4	100.0
合计	计数	162	390	109	338	137	1136
	百分比	14.3	34.3	9.6	29.8	12.0	100.0
卡方分析	$X^2=59.943$　DF = 30　P = 0.001 < 0.05						

为了进一步考察不同地理概况对学生课余时间充足程度的影响，我们将学生的认同度按照5个等级赋值（1代表非常赞同，5代表完全不赞同），进行方差分析，由此来确定哪一地区学生受到的影响最大。经分组后的描述统计分析发现：样本小学生中，丘陵地区学生的认同度最高，均值为2.32；其次是平原地区，均值为2.29；湖（库）区和山区均值也都超过2.0；牧区学生的认同度得分最低，均值为1.71。在样本初中生中，“其他”地区和牧区样本的认同度最高，均值分别为4.65和4；湖（库）区样本均值为3.54；山区均值为2.98；丘陵地区均值为2.92。（见表3-31）总体而言，样本初中生的认同均值为2.98，同比高于小学生2.13的均值。这说明，初中生学习时间的充足程度受到地理因素所致的路途遥远问题的负面影响大于小学生。

表3－31　不同地区样本学生对课余学习时间充足程度的认同均值及方差分析

家庭所在地理概况	样本小学生			样本初中生		
	样本数	均值	标准差	样本数	均值	标准差
山区	1153	2.04	1.211	555	2.98	1.326
丘陵	456	2.32	1.269	344	2.92	1.277
平原	406	2.29	1.272	170	2.56	1.221
牧区	7	1.71	1.113	2	4.00	0.000
矿区	4	1.75	1.500	1	2.00	—
湖（库）区	14	2.14	1.512	13	3.54	1.330
其他	157	1.86	1.157	52	4.65	11.426
总数	2197	2.13	1.240	1137	2.98	2.759
方差分析结果	DF＝6　F＝5.382　P＝0.000			DF＝6　F＝4.08　P＝0.000		

经过方差分析发现，不同地区的样本小学生对课余学习时间的认同度差异非常显著；不同地区的样本初中生对课余学习时间的认同度差异也非常显著。（见表3－30）事后多重检验分析结果显示，在样本小学生中，丘陵地区学生的认同度显著高于山区（均值差＝0.281，P＝0.001），平原地区学生的认同度显著高于山区（均值差＝0.458，P＝0.001），丘陵地区学生的认同度显著高于“其他”地区（均值差＝0.248，P＝0.013），其他地区样本之间的认同度差异不显著。这说明在样本小学生中，丘陵地区和平原地区因为小学集中程度相对比较高，学生课余学习时间受路途较远的影响最大。

在样本初中生中，牧区学生的认同度显著高于山区、丘陵和平原地区学生（P＝0.00，P＝0.00，P＝0.00），山区学生的认同度显著高于平原地区学生（P＝0.003），丘陵地区学生的认同度也显著高于平原地区学生（P＝0.037），其他地区之间的认同度差异不显著。这说明在样本初中生中，牧区、山区和丘陵等偏远地区因为初中集中程度更高而路途更远，学生课余学习时间与其他同学相比最不充足。

综上所述，无论是小学生还是初中生，都不同程度地受到家校距离变远所导致的对课余学习时间的负面影响。其中，小学生中，丘陵地区和平原地区学生所受负面影响最大；初中生中，牧区、山区和丘陵地区学生所受负面影响更大。

3. 主、客校学生课余学习时间充足程度不同

在农村中小学校布局调整过程中，通常采用的是在一所原有学校的基础上，以兼并另外一所或几所学校的方式完成撤点并校的政策目标，这就产生了

主校学生和客校学生。由于农村学校布局调整之前的小学校都是根据自然村或行政村的自然分布而建立的，主校学生家庭所在地通常都是学校所在地的村庄或学校周边家校距离较近的村庄，属于农村中小学校布局调整后依然能够享受“就近入学”便利的学生，上学距离往往比较适中且一直在本学校就读；客校学生则是从被关闭学校或其他学校转学过来的学生，一般都不在本村上学，家校距离往往比较远。如此一来，主校学生和客校学生就有了上学距离远近和上学费时长短的差别，反映在课余学习时间上就有了充足程度的不同。

学生问卷调查结果显示，小学主校学生（没有合校经历且一直在本校学习的学生）对课余学习时间充足的认同度的均值得分为2.06，客校生（有合校经历而从其他学校转学过来的学生）对课余学习时间充足的认同度的均值得分为2.26，经过独立样本T检验，二者的均值差异非常显著。（见表3－32）这说明，客校生因为上学距离较远，占用较多路途上学时间，从而在课余学习时间的充足程度上明显低于主校生。

表3－32 主、客校样本对课余学习时间充足程度的认同均值T检验

样本类别	样本数	均值	标准差	T检验
主校生	420	2.06	1.125	T＝－2.681 DF＝862.588 P＝0.007
客校生	1103	2.24	1.292	

学生问卷对有过合校经历的样本学生的调查分析结果也表明，有相当比例的学生在学校合并之后学习时间与以前相比明显减少。当问及685名有过学校合并经历的样本中小学生与合校前相比学习时间发生了什么变化时，736名小学生中有20.9%的学生明确表示学习时间比以前减少了，323名初中生中有20.4%的学生明确表示学习时间比以前减少了。（见表3－33）这说明，学校合并带来的路远占用了样本学生较多的时间，确实对部分学生的学习时间产生了负面影响。

表3－33 样本学生合校前后的学习时间变化情况

样本类别		与合校前相比，合校后你的学习时间			合计
		比以前多	比以前少	说不清	
初中生	样本数	205	66	52	323
	百分比	63.5	20.4	16.1	100.0
小学生	样本数	480	154	102	736
	百分比	65.2	20.9	13.9	100.0
合计	样本数	685	220	154	1059
	百分比	64.7	20.8	14.5	100.0

总之，在相同的学校作息制度下，农村中小学的课余时间总量都是一定的，但由于每个同学的上学在途时间不同，学生实际可以利用的相对课余学习时间就不同。学校布局调整对学习时间的这种挤占效应对学生的学习在外部条件上构成不利影响，导致处于偏远地区的学生和客校学生的课余学习时间相对缺乏。

二、班级规模大，师生互动难

适度的班级规模和学校规模是确保学生在受教育过程中得到充分和公平发展机会的前提条件。我国义务教育班级规模的标准是小学每班不超过 45 人，初中每班不超过 50 人，在此标准以内，班级规模适当缩小会更有利于师生交流和互动，更有利于教学质量的提高和学生的发展。当然，从效率的角度考虑，班级规模也不是越小越好，只有在适度规模内才能兼顾效率、公平和质量。农村中小学校布局调整之后，学校数量减少，校均规模扩大，平均班额也发生了变化，不少地方出现了超大规模的巨型学校，班级额度超标，对学生的发展极为不利。

1. 学校班级规模超标现象严重

当问及样本教师本校目前的平均班额是多少时，已经完成学校布局调整的完全小学平均班额为 42.12 人，初中为 57.42 人，九年一贯制学校为 47 人，除了小学和九年一贯制班额在国标线下之外，初中学校班额都超过了 50 人的国家标准，平均班额超标幅度为 14.8%，最大值竟然高达 90 人；而正在进行学校布局调整地区的完全小学平均班额是 46.66 人，初中为 53.56 人，九年一贯制学校 46.54 人，这三类学校平均班额都已超标；即将进行学校布局调整地区完全小学和初中平均班额分别是 35.72 和 56.36 人，九年一贯制学校平均班额为 35 人。（见表 3 – 34）由此可见，布局调整前各类学校的平均班额都低于布局调整之后地区各类学校班额。这说明，布局调整之后各类学校的班级规模都有所扩大，初中规模集中程度比小学更高。

表 3 – 34　学校布局调整之后农村中小学平均班额　（单位：人）

学校布局调整进程	学校类别	样本数	均值	标准差	极小值	极大值
已完成	完全小学	91	42.12	14.549	20	90
	教学点	5	19.00	2.236	15	20
	初中	43	57.42	15.152	24	90
	九年一贯制学校	10	47.00	10.708	30	60
	总计	149	46.09	16.517	15	90

续表

学校布局调整进程	学校类别	样本数	均值	标准差	极小值	极大值
正在进行	完全小学	86	46.66	13.846	10	100
	教学点	1	64.00		64	64
	初中	63	53.56	11.691	30	75
	九年一贯制学校	13	46.54	13.818	30	65
	总计	163	49.42	13.405	10	100
即将进行	完全小学	57	35.72	17.163	10	88
	初中	80	56.36	14.305	32	80
	九年一贯制学校	3	35.00	13.229	20	45
	总计	140	47.50	18.520	10	88

本次调查的结果与2006年笔者随同“中国中西部农村中小学合理布局结构研究”课题组在全国6省138个县（市）的问卷调查分析结果基本一致。在2006年的调查中，小学已经进行过布局调整的学校班额平均值为38.36人，略高于没有调整过和正在进行调整的学校，但三类小学的班额都在国家规定的45人标准以下；初中三类学校的班额都在56—59人之间，规模超过国家规定的50人标准；九年一贯制学校已经调整过的学校班额低于另两种学校，但均值都在国家标准以下。

表3－35　2006年学校布局调整后中小学平均班额变化情况　（单位：人）

布局调整进行情况	小　学		初　中		九年一贯制学校	
	平均值	标准差	平均值	标准差	平均值	标准差
已调整过	38.36	12.862	57.80	13.770	38.02	15.033
没调整过	37.43	14.695	58.32	16.681	43.63	14.492
正在进行	36.86	13.209	56.13	14.285	40.80	13.963
样本数量	5242		3425		592	

注：本表数据根据“中国中西部农村中小学合理布局结构研究”课题组数据库分析整理而来。

由此可见，农村中小学校布局调整之后，班级规模在两次调查中都表现出扩大的趋势，这说明部分地区的农村学校布局调整工作已经偏离了规模适度的基本原则，有规模过大的倾向。

通过对教师问卷不同类别学校班级学生的平均值和极值的考察发现：在16所初中样本学校中，有9所学校存在学生最大班额超过50人的国家规定标准现象，超标学校数占样本学校总数的56.25%；有3所学校最大班额刚刚达到50人的国家标准线；有7所学校的初中学生最大班额和校均班额都超标，其中最大班额高达90人。在35所样本小学中，有16所小学存在最大学生班额超过国家规定的小学45人最大班额标准现象，班额超标学校数占样本学校总数的45.71%；有4所学校的最大学生班额刚刚压线；有15所学校的校均班额和最大班额都超标，班额最大值高达100人。（见表3－36）

表3－36　样本学校学生班额均值与超标情况　（单位：人）

中小学	学校名称	均值	样本数	标准差	极小值	极大值	超标情况
中学	1. 十里中学	43.73	11	3.289	40	50	压线
	2. 走马民族中心学校	63.29	58	4.484	40	71	超标
	3. 小林镇一初中	54.00	15	0.000	54	54	超标
	4. 金马中学	43.57	23	4.620	35	50	压线
	5. 滥泥畈中学	33.60	5	2.191	30	35	正常
	6. 徐凤冲小学	36.67	3	5.774	30	40	正常
	7. 双庙学校	44.89	9	6.623	40	60	超标
	8. 双旺中学	78.46	13	2.402	75	80	超标
	9. 合江初中	76.67	9	4.330	70	85	超标
	10. 旺茂一初中	83.75	8	5.175	80	90	超标
	11. 大坝镇二初中	58.67	12	7.726	50	70	超标
	12. 伍桥镇中学	56.33	18	3.662	50	65	超标
	13. 洛阳中学	35.93	14	2.973	30	40	正常
	14. 郭家桥中学	44.25	4	1.708	42	46	正常
	15. 曲水县中学	50.00	10	0.000	50	50	压线
	16. 宝林中心学校	50.00	4	14.142	30	60	超标
	总计	55.83	216	13.758	30	90	—
小学	1. 建阳小学	50.60	15	4.171	40	57	超标
	2. 十里小学	50.62	8	4.173	45	60	超标
	3. 走马小学	58.40	40	4.539	50	68	超标
	4. 保利希望小学	25.56	16	1.750	24	30	正常
	5. 走马民族中心学校	62.50	2	3.536	60	65	超标
	6. 新菊小学	28.67	9	2.693	23	30	正常
	7. 英山小学	21.67	12	3.393	18	30	正常
	8. 金马中学	45.00	3	0.000	45	45	压线
	9. 滥泥畈中学	35.00	1		35	35	正常
	10. 徐凤冲小学	33.56	9	4.953	30	42	正常
	11. 河西畈小学	34.75	12	0.866	32	35	正常
	12. 双庙小学	43.69	13	1.932	40	45	压线

续表

中小学	学校名称	均值	样本数	标准差	极小值	极大值	超标情况
小学	13. 沙湖中心小学	50.83	6	3.764	45	55	超标
	14. 分新村小学	38.42	12	8.969	26	50	超标
	15. 英梅小学	38.67	9	2.693	33	40	正常
	16. 富山村小学	45.67	6	14.166	30	70	超标
	17. 枫木村小学	51.89	9	1.764	50	55	超标
	18. 旺茂中心小学	58.92	12	4.481	53	63	超标
	19. 六田村小学	40.95	19	5.254	21	45	压线
	20. 博白第四小学	67.00	8	13.038	40	88	超标
	21. 伍桥中心小学	41.81	16	3.763	30	45	压线
	22. 洋源小学	18.33	6	2.582	15	20	正常
	23. 洛阳中学	35.00	1		35	35	正常
	24. 玉合小学	24.43	7	2.637	20	28	正常
	25. 地蒙小学	16.20	5	3.347	14	22	正常
	26. 江口小学	11.25	4	2.500	10	15	正常
	27. 普乐小学	25.29	7	2.138	24	30	正常
	28. 环江二小	50.00	18	0.000	50	50	超标
	29. 凌云中心小学	30.05	19	4.156	25	43	正常
	30. 芝华小学	50.00	1		50	50	超标
	31. 城关二小	80.00	5	28.284	30	100	超标
	32. 五里镇中心小学	53.00	3	0.000	53	53	超标
	33. 西天宫小学	34.00	2	1.414	33	35	正常
	34. 兴华小学	56.60	5	0.548	56	57	超标
	35. 宝林中心小学	50.00	1		50	50	超标
	总计	42.61	321	15.045	10	100	—

注：走马中心学校为九年一贯制学校，根据教师所带年级将样本按中小学自然分开。

由表3-36可见，农村中小学校布局调整后，农村中小学都有超过45%的样本学校存在大班额超标现象，而且这些班额超标学校多为乡镇中心小学和初中。由此可见，在农村中小学校布局调整过程中，学校向乡镇所在地学校集中的趋势十分明显，乡镇中心学校由于承载了大量的学生接纳压力，大班额现象最为突出。

学校和班级规模过大直接导致师生比提高。针对学校教师的问卷调查结果显示，当问及本校目前的师生比情况如何时，已经完成和正在进行学校布局调整的完全小学平均师生比分别为17.7954和22.8189，都高于即将进行布局调整的学校均值 16.1159；初中已经完成和正在进行学校布局调整的学校师生比均值都低于即将进行布局调整的学校均值；已经完成和正在进行学校布局调整的九年一贯制学校师生比与即将进行学校布局调整的学校相比均值都略有提高。（见表 3－37）由此可见，学校布局调整之后，无论是初中还是小学师生比，整体上都得到了优化，而且整体都控制在国家标准范围之内，但小学和九年一贯制学校的师生比整体上呈现上升趋势，初中的师生比则略有下降。出现这种情况，一方面是因为农村小学在布局调整之后的集中程度高于初中，另一方面是由于初中师资力量在学校布局调整之后明显得到改善甚至有些富余。

表 3－37　不同类别学校样本师生比变化情况

学校类别	学校布局调整已完成			学校布局调整正在进行			学校布局调整即将进行		
	样本	均值	标准差	样本	均值	标准差	样本	均值	标准差
完全小学	91	1:17.7954	6.48790	85	1:22.8189	18.90185	57	1:16.1159	4.59646
教学点	6	1:6.6444	0.05443	1	1:15.0000	—	1	1:21.0588	—
初中	43	1:14.2674	3.14409	57	1:13.8156	3.99286	79	1:14.5269	3.96020
九年一贯制学校	11	1:15.1832	6.46208	13	1:16.5011	3.89587	3	1:15.1797	4.60167
总计	151	1:16.1574	6.09498	156	1:18.9526	14.80082	140	1:15.2345	4.29702

再从分地区师生比情况来看，已经完成学校布局调整的山区学校师生比均值低于即将进行布局调整的学校，而正在进行学校布局调整的山区学校师生比均值则高于即将进行布局调整的学校；丘陵、平原地区已经完成和正在进行布局调整的学校师生比均值都高于即将进行布局调整的学校。（见表 3－38）从绝对均值来看，布局调整前后所有类别的学校师生比均值都在国家标准范围之内，但除了山区之外，丘陵和平原地区的师生比整体上都在学校布局调整中和之后明显上升。这一方面说明，学校布局调整整体上优化了学校的师生比，教育人力资源的利用充分程度有所改善；但另一方面也说明，除山区之外，其他地区的学校在布局调整之后班级规模和师生比整体上都提高了，这种提高意味着少数在乡镇和县镇的学校规模可能超标。

表 3－38　不同地区样本中小学校师生比变化情况

学校所在地理状况	学校布局调整已完成			学校布局调整正在进行			学校布局调整即将进行		
	样本	均值	标准差	样本	均值	标准差	样本	均值	标准差
山区	73	1:14.4404	5.30060	121	1:18.4486	16.29331	70	1:16.3131	3.42624
丘陵	67	1:17.5653	6.49275	52	1:17.9105	4.89279	54	1:15.3486	5.06786
平原	20	1:16.7695	5.75713	14	1:21.1283	11.01095	22	1:11.1575	1.99418
总计	160	1:16.0401	6.03359	187	1:18.4996	13.67219	146	1:15.1795	4.31684

学校班级规模的扩大和师生比的整体升高，使教师在学校布局调整之后的劳动强度和工作负担相应增加，学生个体在教育过程中受益于师生互动的积极影响力和频次相对减少，这在教育过程中对学生的正常发展会产生潜在的负面影响。

2. 学生在校被关注度和参与度减少

教师对学生的积极关注是学生在受教育过程中成长与发展的重要资源，确保每个学生能够享有平等的师生互动机会是保证教育过程公平的重要因素。然而农村中小学校布局调整后所形成的超大规模班额现象使得教师管理学生的难度增加，导致教师对学生的积极关注度和师生互动享有面相对减少，部分学生甚至一直无法获得教师的积极关注，在受教育过程中处于不利境地。

当问及样本学生是否赞同“老师很关心我的学习和生活”时，学生问卷的调查分析结果显示，有 85.4% 的样本学生明确表示完全赞同和基本赞同，但有 7.9% 的样本学生则明确表示不太赞同或完全不赞同。（见表 3 – 39）这说明学校布局调整之后，有部分学生在学习和生活上很少或几乎得不到老师的关心和帮助。

表 3 – 39　样本学生对“老师很关心我的学习和生活”的认同情况

认同度	频数	百分比	有效百分比	累积百分比
完全赞同	2067	52.6	54.6	54.6
基本赞同	1165	29.6	30.8	85.4
无所谓	255	6.5	6.7	92.1
不太赞同	208	5.3	5.5	97.6
完全不赞同	91	2.3	2.4	100.0
合计	3786	96.3	100.0	—
缺失值	147	3.7	—	—
合计	3933	100.0	—	—

当问及样本学生是否赞同“老师常让我回答问题、背书、做练习”时，有 68.5% 的样本学生表示完全赞同或基本赞同；19% 的样本学生则表示不太赞同或完全不赞同。（见表 3 – 40）这说明农村中小学校布局调整之后，有相当部分的学生在学习过程中很少或几乎与老师有互动，被关注度不够。

当问及样本学生是否赞同“老师经常与我的父母联系”时，有 41% 的样本学生表示完全赞同或基本赞同，44.5% 的样本学生则表示不太赞同或完全不赞同。（见表 3 – 41）这说明学校布局调整之后，有近四成以上的样本学生家庭无法通过教师与家长的沟通和联系渠道获得学生在校的学习情况和其他教育反馈信息，家校联系通道对这些学生而言近乎被阻断。

表 3-40　样本学生对“老师常让我回答问题、背书、做练习”的认同情况

认同度	频数	百分比	有效百分比	累积百分比
完全赞同	1346	34.2	35.6	35.6
基本赞同	1247	31.7	33.0	68.5
无所谓	471	12.0	12.5	81.0
不太赞同	478	12.2	12.6	93.6
完全不赞同	241	6.1	6.4	100.0
合计	3783	96.2	100.0	—
缺失值	150	3.8	—	—
合计	3933	100.0	—	—

表 3-41　样本学生对“老师经常与我的父母联系”的认同情况

认同度	频数	百分比	有效百分比	累积百分比
完全赞同	694	17.6	18.3	18.3
基本赞同	859	21.8	22.7	41.0
无所谓	545	13.9	14.4	55.4
不太赞同	766	19.5	20.2	75.7
完全不赞同	921	23.4	24.3	100.0
合计	3785	96.2	100.0	—
缺失值	148	3.8	—	—
合计	3933	100.0	—	—

考虑到学校班级规模会对学生在校期间的被关注度产生影响，我们将样本学生按照规模达标学校和超标学校分为两组，为学生对被关注指标的认同度赋值（1 为完全赞同，5 为完全不赞同，得分越高表示认同度越低），结果发现，除了认同项目①和项目③外，超标学校的样本学生在其他项目上的认同度均值都高于达标学生。（见表 3-42）

经过独立样本 T 检验分析发现，达标学校和超标学校样本学生在项目 1 和 3 上的认同度均值无显著差异，但在项目 2、4、5 上的认同度差异都显著。（见表3-42）这说明规模超标学校的样本学生对学校生活的参与度和在校被关注度在整体上低于达标学校样本学生，规模超标学校的样本学生在教育过程中所享有的隐形教育机会因为受到学生规模超标的影响而明显低于达标学校学生样本。

表 3-42 班额达标学校与超标学校初中学生参与度与被关注度认同差异

认同项目	学校类别	样本数	均值	标准差	T 检验
①我很喜欢现在的老师和学校	达标学校	617	2.09	1.020	T = 0.972 DF = 1171 P = 0.331
	超标学校	556	2.03	0.981	
②我经常参加各种课外活动	达标学校	608	2.80	1.261	T = -2.331 DF = 1105.6 P = 0.02
	超标学校	540	2.99	1.357	
③老师很关心我的学习和生活	达标学校	608	1.88	1.005	T = 0.25 DF = 1139.03 P = 0.802
	超标学校	547	1.87	1.010	
④老师常让我回答问题、背书、做练习	达标学校	612	2.24	1.162	T = -3.89 DF = 1132.12 P = 0.00
	超标学校	550	2.52	1.222	
⑤老师经常与我的父母联系	达标学校	612	3.21	1.348	T = -2.709 DF = 1139.44 P = 0.007
	超标学校	552	3.43	1.400	

再从学校合并过程中有过合校流转经历学生的调查情况来看，部分学生在校学习期间的被关注度确实有所下降。当问及样本学生“与合校前相比，合校后老师对你的学习关心程度如何”时，回答“减少了”的样本学生有108名，占有效样本数的10.1%。（见表3-43）由此可见，学校布局调整后由于学校规模的变化，部分学生在学校期间的被关注度确实有对自己发展不利的变化。

表 3-43 与合校前相比，合校后老师对学生学习的关心程度变化

变化情况	频数	百分比	有效百分比	累积百分比
多了	568	14.4	53.2	53.2
少了	108	2.7	10.1	63.3
差不多	392	10.0	36.7	100.0
合计	1068	27.2	100.0	—
缺失值	2865	72.8	—	—
合计	3933	100.0	—	—

“中国中西部农村中小学合理布局结构研究”课题组的调查研究结果也表明，农村中小学校布局调整之后，部分教师与学生在一起相处和互动的时间明显减少了。在11226名有效样本学生数据中，有1750名样本中小学生表明布局调整之后教师与自己相处的时间减少了，占样本总数的15.6%。（见表3-44）由此可见，除了课堂时间外，部分地区和学校的教师在课余与学生相处和互动的时间确实有所减少，而导致这一变化的主要原因就是班级规模的增加和教师精力的限制。

表 3-44　学校布局调整后老师与学生在一起的时间变化情况

变化情况	频数	百分比	有效百分比	累积百分比
多些	7124	59.5	63.5	63.4
少些	1750	14.6	15.6	79.0
差不多	2352	19.6	20.9	100.0
合计	11226	93.8	100.0	—
系统缺失	744	6.2	—	—
合计	11970	100.0	—	—

数据来源："中国中西部农村中小学合理布局结构研究"课题组。

当问及样本教师本地学校撤并对当前学生上学产生了哪些负面影响时，在614名样本教师中，有11.6%的样本教师认为学校布局调整之后学生的师生互动机会减少，位列所有负面影响中的第9位；有7.8%的样本教师认为师生融洽度下降，位列所有负面影响中的第11位。（见表3-45）这说明农村中小学校布局调整之后，师生关系发生了微妙的变化，互动减少，融洽度降低，这都将在教育教学过程中影响教育的质量和效果，影响学生的成长和发展。

表 3-45　本地学校撤并对当前学生上学产生的负面影响（N=614）

负面影响	频数	百分比	个案百分比	排序
上学路远不安全	460	24.7	76.3	1
学生生活自理压力大	322	17.3	53.4	2
学习投入时间减少	90	4.8	14.9	8
师生互动机会少	70	3.8	11.6	9
学生出现交往困难	66	3.5	10.9	10
家庭经济和生活负担重	225	12.1	37.3	4
学生纪律散漫	105	5.6	17.4	6
与家庭的联系减弱	234	12.6	38.8	3
成绩因环境调适困难而下降	97	5.2	16.1	7
师生融洽度下降	47	2.5	7.8	11
上学难诱发厌学、辍学	136	7.3	22.6	5
其他	12	0.6	2.0	12
合计	1864	100.0	309.1	—

综上所述，农村中小学校布局调整之后，由于学校和班级规模的变化，不少班额超标的学校学生与教师的互动机会有所减少，学生被关注度和参与机会有所减少。

三、工作繁重，教师责任心下降

为了减少富余教师给地方政府带来的教育财政压力，农村中小学校布局调整的核心任务就是通过集中生源和减少在编教师来优化教育人力资源配置。受教师编制政策目标的限制，农村中小学校布局调整政策执行情况的关键考核指标就是地方教师编制的减少情况和师生比的整体变化状况。教师编制整体下降，师生比在国家标准以内且绝对值越高，则表明当地布局调整的完成力度就越大。

农村中小学校布局调整政策对教师编制数量的严格控制和师生比的严格考核，导致农村中小学校布局调整之后大多数学校教师在出现短期的结构性富余之后又普遍出现相对短缺现象。这种师资相对短缺导致教师个体的平均工作强度加大，教师的工作态度和责任感由此都受到了负面影响。

当问及样本教师“本地农村中小学校布局调整对您的工作有哪些影响”时，教师问卷的调查结果显示：在614名样本教师中，有361人认为学校布局调整后工作负担和压力增加，占样本总数的60.6%，占应答人次总数的25.6%，位列所有影响中的第2位。（见表3－46）由此可见，农村中小学校布局调整之后，教师的工作负担和压力确实有不同程度的增加。

表3－46　当地学校布局调整对教师工作的影响（N＝614）

工作影响	教师样本			
	频数	百分比	个案百分比	排序
上班距离变远	149	10.6	25.0	4
工作负担和压力增加	361	25.6	60.6	2
与学生家庭的联系减少	161	11.4	27.0	3
上课责任心下降	19	1.3	3.2	8
学生管理难度增加	377	26.8	63.3	1
人际环境发生变化	131	9.3	22.0	6
工作环境有所改善	134	9.5	22.5	5
工资待遇有所提高	60	4.3	10.1	7
其他	16	1.1	2.7	9
合计	1408	100.0	236.40	—

教师工作负担的加重和工作环境的变化，导致部分教师的责任心有所降低。在614名样本教师中，有19人承认学校布局调整之后自己上课的责任心下降，占样本总数的3.2%，位列所有影响中的第8位。（见表3－46）由此可

见，农村中小学校布局调整之后，教师的责任心确实有所下降。

教师责任心下降属于教师职业倦怠的表现和范畴，产生原因一般与教师的职业价值观、外部激励等因素密切相关。在学校布局调整背景下，出现教师责任心下降的结果除了上述一般原因之外，一方面可能还与班级规模较大和学生数量剧增有关；另一方面也可能与教师上班距离变远而导致的时间投入和精力不足有关。

教师问卷的数据分析结果显示，在614名样本教师中，有377名教师认为学校布局调整后学生管理难度增加，占样本总数的63.3%，占总人次数的26.8%，位列所有影响中的第1位；149名样本教师表示学校布局调整之后自己的上班距离变远，占样本总数的25%，位列所有影响中的第4位。（见表3-46）由此可见，学生数量剧增所导致的学生管理难度增加和上班距离变远所导致的教师精力不足正是导致布局调整之后部分教师责任心下降的重要原因。

四、家校疏离，对学生成长不利

教育学认为，学校教育、家庭教育和社会教育是个体成长和发展都不可缺少的教育形式。特别是在青少年成长阶段，学校教育和家庭教育互为基础和补充，家庭教育和学校教育的有机结合才能对学生个体产生更好的教育效果。这就要求学校教育与家庭教育要保持一定的联系，形成家校联合的教育机制，共同促进学生的成长和进步。

农村中小学校布局调整政策的实施改变了过去“村村有小学，乡乡有初中”的办学格局，使学生大量向联村中心学校和城镇中心学校集中，部分地区甚至出现了“村无小学，乡镇无初中”的新现象，家庭与学校之间的自然联系在物理距离的阻隔下变得更加遥远。面对遥远的上学距离，大量学生不得不在学校寄宿，家庭教育对学生成长的传统影响力在逐步减弱，家校联合的重要教育机制正在被学校布局调整的步伐逐步侵蚀和破坏，日益严重的家校疏离现象对学生在学校期间的正常学习和生活极为不利。

当问及样本教师“本地农村中小学校布局调整对您的工作有哪些影响”时，教师问卷的调查结果显示：在614名样本教师中，有161人认为学校布局调整后自己与学生家庭的联系减少了，占样本总数的27%，位列所有影响中的第3位。（见表3-46）当问及样本教师“本地学校的撤并对当前的学生上学产生了哪些负面影响”时，在614名样本教师中，有38.8%的教师认为学校布局调整之后学生与家庭的联系减弱，位列所有负面影响中的第3位。

（见表3－45）由此可见，学校布局调整之后，家校疏离现象确实很严重。

家校疏离使得家长对学生成长和发展过程中的日常变化难以准确把握和及时纠正，给传统家庭教育的实施效果也带来了不利影响。当问及样本家长“当地学校合并之后对您家和本村孩子上学产生了什么影响”时，在3895份有效家长问卷中，有553名样本家长表示学校布局调整之后，感觉家长管教孩子变难，占样本总数的20.8%，位列所有影响中的第6位。（见表3－47）由此可见，学校布局调整所导致的家校疏离对家庭教育的效果也产生了负面影响。

表3－47　当地学校合并之后对农村学生产生的影响（家长问卷）

负面影响	频数	百分比	个案百分比	排序
上学路远不方便	1180	24.7	44.3	1
家长接送负担重	442	9.2	16.6	7
家庭经济负担重	571	11.9	21.4	5
家长管教孩子难	553	11.6	20.8	6
低龄孩子上学难	583	12.2	21.9	4
学习成绩下降	679	14.2	25.5	2
没有明显的影响	652	13.6	24.5	3
其他	120	2.5	4.5	8
总计	4780	100.0	179.5	—

注：有效样本N＝3895。

总之，农村中小学校布局调整政策扩大了家庭与学校之间的物理距离，导致学校教师与学生家庭之间的自然联系减弱。在生源爆满、班额扩大的情况下，教师难以抽出过多的时间和精力主动与家庭就学生的教育情况进行沟通和交流，导致家校联系渠道窄化和弱化；同时，在学生大量寄宿的条件下，学生在家庭生活和学习的时间相对变短，与家人的相处与交流时间相应减少，家庭对孩子成长与变化的信息的把握能力也相对减弱，对孩子及时进行正确教育的时机难以确定，导致孩子难以管教，家庭教育的传统功效由此减弱乃至丧失。这种家校疏离的成长环境正在成为挑战现代学校教育效果的重要变量。

五、寄宿条件不完善，寄宿生膳食营养状况堪忧

农村中小学校布局调整之后，大量中小学生因为离家较远，午餐需要在学校内外就近解决。寄宿条件较好的学校配备了学生食堂，学生可以在学校自己

购买饭菜；学校寄宿条件不完善或没有食堂的学生，自己带饭菜到学校加热来解决午餐问题；连加热饭菜等条件都不具备的学校，学生只能在学校周边商店购买方便面或其他零食充饥。由于农村中小学校布局调整之后各地的寄宿配套条件不够完善，农村中小学寄宿生的膳食营养受到了影响。

学生问卷调查结果显示，将近 70% 的学生午餐是以不同方式在学校就近解决的。在 3718 名样本学生中，有 65% 的学生在学校买午餐吃，其中绝大部分属于寄宿生；另有 2.5% 的学生自己带午饭到学校加热吃；还有 2.3% 的学生是自己在学校自起炉灶做饭吃。（见表 3－48）

表 3－48　样本学生的午餐解决方案

午餐解决方案	频数	百分比	有效百分比
在学校买	2416	61.4	65.0
带饭到学校吃	93	2.4	2.5
回家吃	1122	28.5	30.2
自己在学校做饭吃	87	2.2	2.3
合计	3718	94.5	100.0

受学校食宿条件不完善和家庭经济条件的共同影响，在校寄宿生膳食无法获得足够的营养，健康状况堪忧。学生问卷调查结果显示，在校寄宿生在校期间每周能够摄取的青菜次数均值为 4.1 次，走读生同比为 3.84 次，经过独立样本 T 检验，寄宿生每周能够吃到的青菜次数显著高于走读生；再从荤菜摄入量来看，寄宿生每周能够吃到的荤菜次数均值为 3.01 次，走读生同比为 3.36 次，经过独立样本 T 检验，寄宿生每周的荤菜摄入次数显著低于走读生。（见表3－49）这说明寄宿生在校期间的营养状况整体偏素食，青菜摄入量多于走读生，而荤菜摄入量却少于走读生，整体营养状况不如走读生。

表 3－49　样本学生上学期间每周吃到的青菜和荤菜次数比较

膳食类别	学生类别	样本	均值	标准差	T 检验
青菜	寄宿生	1838	4.10	1.449	T = 5.535　DF = 3652
	走读生	1816	3.84	1.460	P = 0.000 < 0.01
荤（肉）菜	寄宿生	1817	3.01	1.551	T = −7.09　DF = 3554
	走读生	1793	3.36	1.352	P = 0.000 < 0.01

学生问卷调查还发现，有 70 名在校寄宿生在校期间每周连吃一次青菜

的机会都没有，占样本的比例为 3.8%；另有 258 名在校寄宿生每周不能吃一次荤菜，占样本的比例为 14.2%。访谈中调查员也发现，不少在校寄宿生的午餐吃米饭或馒头，用咸菜下饭；还有部分学生每天中午吃的都是方便面。

中小学阶段正是青少年儿童成长发育的关键时期，营养不良会损害学生的身心发育和健康。不完善的寄宿条件和家庭经济条件的制约导致寄宿生的膳食营养不足，健康状况堪忧。寄宿生由此在膳食营养方面成为所受负面影响较大的群体之一。

第三节　农村中小学校布局调整对教育结果公平的损伤表现

教育结果公平是指受教育者在相同的受教育过程中获得大致相同的心智发展水平，能够在未来的生活中获得相对均等的成功机会。教育公平强调的是并不需要每个来自不同背景的学生在教育结果上完全平等，而是考虑将教育无法控制的变量排除之后，教育系统自身的变量对学生学习结果所造成的影响是平等的。

教育结果公平可以通过教育结果的客观表现来测量。“教育结果，顾名思义是指学生在一段学习经历以后所获得的结果以及影响。在教育结果内涵的范畴中，包括两个相类似的概念，即教育产出和教育影响。教育产出表示的是在教育系统中，通过教育过程和接受到的教育资源而获得的一种直接的结果，比如学习的成绩、学位的获得、能力或素养的增长。教育影响表示的是教育的一种间接影响，来自当前的教育产出以及先前的教育经验。例如，由于教育带来的高收入水平、较高的生活水平，以及其他有利的个人资本状态。”[1] 这两个概念虽然在理论上能够进行区分，但在现实中是相互重叠的，二者共同构成教育结果的内涵。

在基础教育领域，根据 Schalock 的划分，教育结果主要直接表现在教育条件的获得上。一般来说，基础教育学生所获得的教育结果包括学生在测验中的学业表现、思想道德水平、体育健康能力、心理素质水平、审美意识和劳动技能水平。这实际上就是我国教育方针一直提倡的“德、智、体、美、劳”的“五育”。目前国际上常用的对教育结果进行测量的工具是标准化的成就测验，以此考查学生在接受教育后所获得的结果。公平测量的目标是考查某个变量分

[1] 辛涛，黄宁．教育公平的终极目标：教育结果公平——对教育结果公平的重新定义［J］．教育研究，2009（8）：24－27．

布的相似性或一致性程度。在经济领域，这个变量可以是个人或全国的收入；在教育投入领域，这个变量可以是对每个学生的教育投入；而对于教育结果而言，公平测量主要是基于学生学业成就分数的分布。为了对教育结果的公平状况进行科学测量，研究中通常从学生学业成就的绝对差异、相对差异以及相对差异指标的微观结构三个方面来描述。

在本书中，由于受教育对象属于尚未完成义务教育的中小学生，对其教育结果的考察只能是其在学业上的表现，即对其德、智、体、美、劳等方面的考察，至于未来的教育影响在目前还无法考察。而教育结果公平强调的是在义务教育阶段，学生在相同的学习过程和同等投入中都能得到适合自己的发展水平，获得大致相同的学业成就。教育结果并不意味着学生的发展都整齐划一，它承认差异，鼓励因材施教，关键是做到人尽其才。因此，本书对教育结果公平的论述也主要是从学生学业成就的绝对差异、相对差异以及相对差异指标这三个方面来考查。

一、学生学习成绩群体差异很大

学习成绩是衡量学生在心智发展水平方面的常规指标。衡量教育结果公平就必然要考查学生在学习成绩上的表现。由于学习成绩本身就存在个体差异，而差异又是教育公平的外在表现之一，所以本书只比较群体之间的差异，不研究个体之间的差异。由于本书中的样本学生都是以班级为对象采用整群抽样，所以他们的学习环境相同，所受的教育过程基本相同，但如果群体之间存在较大的学习成绩差别，就意味着不同群体之间存在教育结果的不公平。

1. 客校学生学业成绩欠佳

在农村中小学校布局调整中，撤销和合并学校产生了两类不同的学生群体：校点被关闭的学生（简称客校生）和一直在本校就读的学生（简称主校生）。客校生需要转入其他学校学习，家校距离往往比之前就读的学校更远。客校生与一直在本校就读的主校生相比，往往会在转入新学校初期对新学习环境和生活环境产生一定的调适困难，这种调适困难往往会在一定时间内影响客校生的学习成绩，进而拉大与主校生在学习成绩方面的差距。国内外的相关研究已经发现，转学在特定时期内对学生的学习成绩有一定的负面影响。农村中小学校布局调整作为一种强制性制度变迁，使学生的转学和流动具有了外生性、被动性和群体性等特点。这种大规模的强制性转学对学生学习成绩的影响可能也会带有群体性特征。

为了考察样本学生的学习情况是否受到学校布局调整过程中转学因素的影响，学生问卷以班级为单位，采用整群抽样法，根据百分制的绝对评分方式对样本中小学生离调查期最近一次的语文、数学和外语考试成绩以及在班级内的一般排名情况进行了调查，获取了样本学生语文、数学和英语三门学科离调查期最近一次考试成绩的百分制原始数据。

百分制评分数据代表了样本学生在同一次考试中、同一班级内的学习成绩的绝对性评价。但由于在调查过程中，各个样本学校不同年级和班级的学生成绩在考试内容、难度和时间上都不尽相同，直接采用百分制数据进行比较显然会欠缺可比性。

为此，我们以班级为单位，根据每个样本所在班级的同一科目成绩的平均值和标准差，将样本学生的语文、数学和英语三科的原始成绩（百分制）全部转换为标准分（Z 分数），其计算公式为：

$$标准分（Z）=\frac{观察分数-平均分}{标准差（S）}$$

为了消除标准分的正负值差异，根据教育测试常用的 T 分数换算方法，按照 $T=50+10Z$ 的换算公式将全部 Z 分数转换为 T 分数，根据 T 分数计算出样本 3—9 年级主校生和客校生三门学科成绩的平均值和标准差。（见表 3－50）转换后的 T 分数由于消除了学习成绩的校际差异和班际差异，能够客观地反映不同样本之间的相对成绩差异。

表 3－50　样本学生 T 分数描述性统计及独立样本 T 检验

年级	科目	样本类别	样本数	平均值	标准差	T 值	DF	Sig.（双侧）
3	语文	主校生	174	49.9114	9.49883	－0.360	186.823	0.719
		客校生	98	50.3690	10.3772			
	数学	主校生	175	50.3525	9.87485	0.676	204.037	0.500
		客校生	99	49.5146	9.84679			
	英语	主校生	54	50.1878	10.0685	0.196	91	0.845
		客校生	39	49.7791	9.76163			
4	语文	主校生	256	49.4807	9.88537	－1.681	323.727	0.094
		客校生	151	51.1490	9.54166			
	数学	主校生	264	49.7711	9.95212	－0.693	414	0.489
		客校生	152	50.4667	9.71215			
	英语	主校生	154	49.7795	10.0214	－0.273	200	0.785
		客校生	48	50.2205	8.83289			

续表

年级	科目	样本类别	样本数	平均值	标准差	T 值	DF	Sig.（双侧）
5	语文	主校生	367	50.8317	9.71242	2.238	783	0.026*
		客校生	418	49.2589	9.92549			
	数学	主校生	363	50.8615	9.62412	2.150	785	0.032*
		客校生	424	49.3543	9.95420			
	英语	主校生	230	51.5143	9.49241	2.990	522	0.003**
		客校生	294	48.9527	9.91733			
6	语文	主校生	354	49.8232	10.4403	-0.601	651	0.548
		客校生	299	50.2911	9.23756			
	数学	主校生	361	49.7896	10.1341	-0.530	658	0.596
		客校生	299	50.2000	9.61045			
	英语	主校生	197	50.0541	10.1483	0.025	326.834	0.980
		客校生	148	50.0278	9.50426			
7	语文	主校生	329	50.0870	9.60742	0.525	479	0.600
		客校生	152	49.5758	10.60422			
	数学	主校生	324	49.8211	9.92001	-0.096	283.899	0.924
		客校生	148	49.9155	9.95912			
	英语	主校生	319	50.2644	9.85745	0.928	463	0.354
		客校生	146	49.3418	10.14400			
8	语文	主校生	419	50.2595	9.32542	0.314	630	0.753
		客校生	213	49.9997	10.74459			
	数学	主校生	419	50.1403	9.62382	0.100	624	0.921
		客校生	207	50.0567	10.38308			
	英语	主校生	416	50.1424	9.79133	-0.035	407.299	0.972
		客校生	206	50.1715	9.83130			
9	语文	主校生	110	51.1574	8.98830	3.512	126	0.001**
		客校生	18	42.7737	11.62909			
	数学	主校生	110	50.8426	9.31637	2.192	20.987	0.040*
		客校生	18	44.7133	11.25132			
	英语	主校生	109	50.0087	10.10662	0.096	124	0.924
		客校生	17	49.7626	7.73779			

由表3－51可见，在5年级、7年级和9年级样本学生中，客校生的语文、数学和外语三门成绩均值同比都低于主校生；8年级客校生的语文和数学成绩均值同比也都低于主校生；在其他年级同学科的均值比较中，客校生成绩反而高于主校生。经过独立样本T检验发现，5年级客校生与主校生的三科学习成

绩均值差异都显著，9 年级客校生的语文和数学成绩与主校生同比差异显著，其他年级的相同科目比较二者差异不显著。这说明在农村中小学校布局调整过程中，客校生的学习成绩受到较大的负面影响，整体不如主校生，而且在 5 年级和 9 年级表现得尤为突出。

经过进一步研究发现，5 年级样本的客校生数量大于主校生，而其他各个年级都是主校生数量大于客校生。客校生数量的多寡实际上反映了当地学校撤并后被关闭学校的多少和学生的流转情况。小学 5 年级客校生数量大于主校生而且学习成绩显著低于主校生，这一方面说明小学 5 年级是样本学校撤并力度最大的年级，同时也是学习成绩受到负面影响表现得最集中的级段；另一方面也说明农村学校撤并所造成的学生被动转学对学生学习成绩负面影响的大小可能与学校合并的力度和主客生的结构密切相关。

标准分是基于原始成绩衍生出来的一种相对评价，学生单科成绩在班级内的排名情况作为一种相对评价也能消除学校和班级考试内容的差异，使得不同学校的不同样本学生学习成绩具有可比性，而且这种排名能更加直接和客观地反映学生学习成绩的相对状况。

为了进一步考察客校生和主校生之间的成绩差异，我们还对样本学生语文、数学和英语三门成绩在自己所在班级内的一般排名进行了调查。对学生调查问卷的班级排名情况的数据分析结果显示：客校生三科成绩在班内前 10 名中所占的比重都低于或等于主校生；在语文科目上，客校生在班级后 20 名和后 10 名中所占的比例分别为 17.6% 和 7.2%，同比都高于主校生；在数学科目上，客校生在后 20 名和后 10 名样本学生中所占的比例合计为 28.6%，同比高于主校生 2.7 个百分点；在英语科目上，客校生在后 20 名和后 10 名样本学生中所占的比例合计为 34.6%，同比高于主校生 4.4 个百分点。（见表 3－51）由此可见，客校生在班级内的相对成绩排名整体上低于主校生，学习后进学生所占的比例相对偏高。

结合表 3－50 和 3－51 的数据分析结果可以发现，无论是基于原始分换算而来的标准分成绩所进行的相对评价，还是根据成绩在班内的一般排名所进行的直接评价，客校生的学习成绩在整体上都低于主校生。原因何在呢？实地访谈的调查研究结果发现：一方面，在农村中小学校布局调整中，学校合并多采用一所办学条件较好和教育质量较高的学校兼并其他一所或几所学校的形式，学校合并之前，被合并的客校教育质量和办学条件与主校相比可能就存在一定的差距，特别是师资力量处于相对劣势，这种教育质量的校际差异反映在学生个体身上就会出现校际间的群体差异；另一方面的原因还在于学校合并之后，客校生和主校生面临的学习环境不同，客校生因为被迫进入不连续的新学习环

表 3－51　样本小学生的班级成绩排名情况

科目类别	样本类别	变量	成绩在本班内的一般排名					合计
			前 10 名	前 20 名	后 20 名	后 10 名	其他名次	
语文	主校生	样本数	131	149	57	23	29	389
		百分比	33.7	38.3	14.7	5.9	7.5	100.0
	客校生	样本数	334	336	174	71	76	991
		百分比	33.7	33.9	17.6	7.2	7.7	100.0
	合计	样本数	465	485	231	94	105	1380
		百分比	33.7	35.1	16.7	6.8	7.6	100.0
数学	主校生	样本数	133	119	64	36	34	386
		百分比	34.5	30.8	16.6	9.3	8.8	100.0
	客校生	样本数	312	313	191	92	83	991
		百分比	31.5	31.6	19.3	9.3	8.4	100.0
	合计	样本数	445	432	255	128	117	1377
		百分比	32.3	31.4	18.5	9.3	8.5	100.0
英语	主校生	样本数	70	61	50	21	33	235
		百分比	29.8	26.0	21.3	8.9	14.0	100.0
	客校生	样本数	121	159	102	77	59	518
		百分比	23.4	30.7	19.7	14.9	11.4	100.0
	合计	样本数	191	220	152	98	92	753
		百分比	25.4	29.2	20.2	13.0	12.2	100.0

境中学习，面对陌生的新学习环境和老师，缺乏主校生在学习和生活上的便利条件和人际环境中的优越性，有心理上处于客场竞争的劣势，加之新老学校原有教育质量和学习方式的差距，客校生至少会在较短时间内与本校生不在同一个起跑线上进行公平的学习竞争。国内外的研究也发现，转学会导致学生适应困难，进而影响学生的学习成绩。农村中小学校布局调整导致客校生大面积集体转学，正是这一因素导致农村中小学校布局调整中的客校生成为学业受到负面影响相对较大的群体。

在农村中小学校布局调整中，学生流转主要有五种情况：一是留在原来的学校一直学习，这种学生即主校生；二是根据地方政府安排转到指定的学校就近学习，此类学生是被动、强制流转的客校生；三是自己转到较好的学校学习；四是到县城学习；五是转到父母打工的地方学习。后三种流转学生属于主动选择的客校生，而且大多带有追求优质教育机会的择校动机。

由于客校生的流转方向有差别，客校生内部还有可能存在群体差异。为此，我们再将具有合校经历的 989 名样本小学生的学习成绩变化状况与学生的流转去向进行交互分析来加以验证。

交互分析之后发现，学校合并对不同流向的学生成绩产生了成绩提高、下降和先降后升等不同的学习效应。在主校生（留在原来学校学习的学生）中，回答成绩下降的样本比例为 17%，回答先降后升的占 10%，二者合计在五组样本流转学生中的下降比例最低；而在“转到其他指定学校”的客校生中，回答成绩下降的和先降后升的样本比例分别为 19% 和 14.2%，成绩下降的比例明显高于主校生。在回答成绩提高的样本中，“转到其他指定学校”的客校生比例也明显低于“留在原来学校”的主校生。“自己转到现在的学校”和“转到县城的好学校”这两类主动型客校生因为有明显的择校倾向，受教育质量差异的影响，其学习成绩提高者的比例整体上高于“转到其他指定学校”的被动型客校生，成绩下降的比例也明显低于后者。（见表 3－52）

表 3－52　样本小学生流转类别与学习成绩的关系交互分析

合校后学生的学习流向		与合校前相比，合校后的学习成绩变化				合计
		提高了	下降了	先降后升	说不清	
留在原来学校	频数	99	53	31	128	311
	百分比	31.8	17.0	10.0	41.2	100.0
转到其他指定学校	频数	65	52	39	118	274
	百分比	23.7	19.0	14.2	43.1	100.0
自己转到现在的学校	频数	172	57	54	78	361
	百分比	47.6	15.8	15.0	21.6	100.0
转到县城的好学校	频数	7	3	2	5	17
	百分比	41.2	17.6	11.8	29.4	100.0
转到父母打工的地方	频数	3	3	2	7	15
	百分比	20.0	20.0	13.3	46.7	100.0
其他	频数	2	3	0	6	11
	百分比	18.2	27.3	0.0	54.5	100.0
合计	频数	348	171	128	342	989
	百分比	35.2	17.3	12.9	34.6	100.0
卡方检验	$X^2=65.102$　DF = 15　P = 0.000					

经过卡方检验后发现，学校撤并过程中学生的流转去向与学生学习成绩的变化之间存在显著的相关关系。(见表 3－52) 这一结果说明，学校合并所导致的学生流转方向对主客校学生的学习成绩有不同的影响，转学对被动型客校生学习成绩的消极影响要比对主校生大；在择校因素的影响下，转学对主动型客校生的学习成绩反而能产生积极的影响。

综上所述，学校布局调整过程中的学生流转在整体上对客校生的学习成绩产生了明显的负面影响，这种负面影响对被动流转到指定学校学习的客校生的数学成绩表现得尤为突出。这一结论与东梅等人做出的“学校布局调整政策对学生学习成绩的影响效应不明显，二者之间的关系没有确定”❶ 的研究结果是相反的，但与卢珂、杜育红（2010）❷ 的研究结论基本一致。学校合并对被动型客校生学业成绩产生消极影响意味着被合并学校的被动流转学生在农村中小学校布局调整中的教育公平受到了伤害。

2. 小学阶段规模较大学校的学生学习成绩受影响

农村中小学校布局调整促进了学校的集中，提高了教育资源的利用效率和规模经济效益，在规模适度的情况下，一般不会影响学校正常的教育质量。然而在现实中，部分地方政府错误地理解了规模经济的内涵，误认为规模越大越经济，片面追求规模效益，结果造成部分学校和班级规模超标，成为大规模学校和超大规模学校。大规模学校由于班额过大和生均资源有限，可能会影响学生在校学习过程中对教育资源的占用和分享，进而影响教育的结果。

为了了解学校规模大小对学生学习成绩的影响，我们将样本学生所在学校按其班级平均规模是否达标（初中班级 50 人，小学班级 45 人）划分为达标学校和超标学校，在此基础上比较二者的差异。经过 T 检验分析发现，小学阶段达标学校学生的数学成绩显著高于超标学校，初中阶段超标学校的数学和英语成绩却明显高于非超标学校。(见表 3－53)

由表 3－53 可知，学校规模是否超标对初中和小学产生了不同的影响。小学阶段，超标学校学生的数学平均成绩明显受到了负面影响；而初中则表现出相反的结果，超标学校比达标学校的成绩似乎还好些。这究竟是什么原因造成的呢？

---

❶ 东梅，等．农村小学布局调整对学生成绩影响的实证分析：以陕西为例［J］．南方经济，2008（9）：42－49．

❷ 卢珂，杜育红．农村学校布局调整对学生成绩的影响——基于两水平增值模型的分析［J］．清华大学教育研究，2010（6）：64－73．

表 3－53　不同规模样本学校学生成绩均值与 T 检验表

年级	科目	学校类别	样本	均值	标准差	T 检验
小学	语文成绩	达标学校	1427	77.88	14.396	T = －1.45　DF =2178
		超标学校	753	78.85	15.740	P =0.147 >0.05
	数学成绩	达标学校	1446	77.31	17.543	=2.382　DF =1359.0
		超标学校	755	75.25	20.130	P =0.017 < 0.05
	英语成绩	达标学校	876	76.36	18.794	= －1.07　DF =549.3
		超标学校	297	77.63	17.336	P =0.285 >0.05
初中	语文成绩	达标学校	559	77.91	13.194	T = －1.679　DF =1074
		超标学校	523	79.18	11.509	P =0.093 >0.05
	数学成绩	达标学校	554	68.58	23.453	T = －9.22　DF =1019
		超标学校	517	80.17	17.448	P =0.000 < 0.01
	英语成绩	达标学校	550	69.40	22.132	T = －2.639　DF =105.1
		超标学校	511	72.63	17.627	P =0.008 < 0.01

调查研究发现，学校规模主要影响学生对教育资源的占有和充分利用程度。学校规模对学生成绩的影响并非线性关系，既不是越大越好，也不是越小越好。在小学阶段，师资质量差别通常不大，大规模学校的生均资源占有量相对比较小，所以教育质量容易受到规模过度的影响。而在初中，一个乡镇通常只有 1—2 所学校，规模较大的学校通常办学条件最好，教育质量也相对较高；而规模较小的学校办学条件则较差，教育质量也处于相对劣势。所以，尽管规模达标，但由于其他影响教育质量的因素依然处于下风，所以教育质量依然不如超标学校。这一结果一方面说明学校规模与教育质量之间的关系并非确定的线性关系，同时也说明现行农村初中的学校规模标准似乎还有再提高的空间。

3. 路远走读学生的学习成绩受到较大负面影响

国内外的学者研究发现，“学习时间是影响学生学习成绩的一个联合变量”[1]。农村中小学校布局调整导致了部分学生的上学距离与之前的“就近入学”相比变远。上学距离变远会增加学生上学的在途时间和生理疲劳，导致学

[1] 白益民．学习时间与学习结果关系模型述评［J］．外国教育研究，1999（6）：3－9.

生能够用于学习的有效时间和精力相对不足，“农村中小学校布局调整通过影响学生的学习时间投入进而影响学生的学习结果”[1]，由此对学生的学习成绩产生负面影响。

另有国内学者研究发现，“农村中小学校的最佳服务半径是1000米，最远不应该超过3000米，而中小学阶段学生上学的最佳用时是半个小时以内”[2]。上学超过半个小时，无论是步行还是乘坐交通工具都属于远距离上学，容易引起上学困难和影响学生学业成绩。

在相同的上学方式下，上学距离与上学所用时间是正相关的，而同一到校距离的上学所用时间又受上学方式和交通工具速度的影响。无论采用何种方式上学，上学时间的长短都能反映和表征学生上学距离的远近。由于上学距离是通过上学时间来影响学生的学习投入进而影响学生学习成绩的变量，因此，我们直接从按平时上学的一般方式上学所耗费的在途时间维度来考察农村中小学校布局调整中的上学距离对学生学习成绩的影响。

为此，我们先把全部样本小学生分为寄宿生和走读生两组，整体考察两组群体之内学生上学用时与学习成绩之间的关系。经过相关分析发现，小学寄宿生按照日常上学的一般方式所用时间与学生三门课程的学习成绩之间没有显著的相关关系；但在小学走读生群体内，学生日常上学的一般方式所用时间与学生三门学习成绩之间存在负相关关系，且在数学成绩上相关关系极其显著，相关系数为 -0.079。在样本初中生中，寄宿生上学用时与数学成绩之间存在显著的负相关关系，相关系数为 -0.163；在走读生中，数学和英语成绩与上学用时直接都存在显著的负相关关系，相关系数分别为 -0.186 和 -0.198。（见表3-54）这说明，无论是寄宿生还是走读生，上学在途时间的长短都会影响学生的学习成绩，小学阶段上学用时过长对走读生的数学成绩的负面影响最明显；初中阶段，上学用时过长对走读生的数学和英语成绩都有负面影响，对寄宿生的数学成绩有显著的负面影响。

经过实地访谈发现，上学距离过远对寄宿生和走读生都有不同程度的负面影响。在同一种上学作息制度下，学生的课余学习时间是既定的，如果上学在途时间过长，能够直接用于学习的时间就会相对缩短，而且用于恢复生理疲劳的休息时间也会相对变长，这些都会变相缩短学生课余的实际可支配学习时

[1] 贾勇宏．农村中小学校布局调整对学生学习时间的负面影响［J］．教育学术月刊，2013（3）：100-103.

[2] 赵丹，吴宏超．“一千米”“半小时”农村教学点撤并的政策期待——以对西部某县的实证研究为基础［J］．中小学管理，2011（11）：20-23.

表 3-54 样本学生上学距离一般用时（分钟）与学习成绩的相关性

样本类别	变量		小学			初中		
			语文	数学	英语	语文	数学	英语
寄宿生	上学一般用时	相关性	0.028	-0.036	0.016	-0.064	-0.163**	0.008
		显著性（双侧）	0.474	0.357	0.765	0.055	0.000	0.821
		样本数	647	653	350	900	894	887
走读生	上学一般用时	相关性	-0.035	-0.079**	-0.023	-0.013	-0.186**	-0.198**
		显著性（双侧）	0.230	0.006	0.562	0.841	0.003	0.002
		样本数	1181	1194	623	254	251	247

注：** 表示在 0.01 水平上显著。

间。寄宿生尽管免除了每天日常上学的在途时间耗费，但是在周末或节假日期间要在家校之间往返，在途时间过长会影响学生的实际节假日休息时间，进而也会影响其能够用于学习的实际时间；而走读生上学期间每天都要在家庭和学校之间来回奔波，上学距离过远，每天的在途时间耗费过长，他们能够直接用于学习的时间就会相对变短，进而影响学习的时间投入和精力投入。所以，上学距离的远近对走读生日常上学时间耗费的作用和学习成绩的负面影响更加明显，而且相同的上学用时对不同年龄段学生的生理和心理影响也是不同的。

为此，我们还需要对受年龄因素影响较大的小学走读生按年龄分组，进一步考察上学时间与学习成绩的相关性。经相关分析发现，小学 4 年级语文、数学成绩与学生上学用时之间呈现出显著的负相关关系，小学 6 年级数学成绩与上学用时也呈现出显著的负相关关系；其他各组除了 4 年级和 6 年级英语成绩之外，各个年级的走读生上学用时与语文、数学和英语成绩之间整体上呈负相关关系，但在统计上并不显著。（见表 3-55）在控制年龄因素之后，上学用时与走读生学习成绩的负相关关系从数学扩及语文科目，这进一步说明，上学用时长短会对部分学生的部分科目成绩产生负面影响，上学距离越远，上学用时越长，越容易对学生的学习产生较大的负面影响。

表 3－55　小学走读生不同年级上学用时（分钟）与学习成绩的相关性

年级	参数		语文	数学	英语
3	上学一般用时	相关性	－0.025	－0.025	－0.132
		显著性（双侧）	0.762	0.766	0.364
		样本数	144	146	49
4	上学一般用时	相关性	－0.198**	－0.153*	0.003
		显著性（双侧）	0.002	0.018	0.972
		样本数	233	238	129
5	上学一般用时	相关性	－0.014	－0.093	－0.054
		显著性（双侧）	0.774	0.060	0.387
		样本数	414	413	263
6	上学一般用时	相关性	－0.013	－0.099*	0.083
		显著性（双侧）	0.796	0.049	0.266
		样本数	388	395	181

在确认上学耗时与小学走读生数学学习成绩有显著的负相关关系之后，我们再把样本小学生按照平时上学所用方式的耗时与最近一次考试的数学成绩之间建立简单线性回归模型：Y = a + bx + §，其中，Y 表示样本学生的数学成绩，x 代表上学时间，a 表示常数数项，§ 表示干扰项。经过回归分析后发现，上学所用时间与数学成绩的线性关系显著，显著性为 0.010，标准回归系数 b 为 －0.080，其中 R^2 为 0.006，标准估计误差为 15.539。（见表 3－56）这一结果说明，走读生上学所用时间对其数学成绩产生了明显的负相关影响，上学耗时越长，成绩相对越差，反之亦然。

表 3－56　走读生上学用时与数学成绩的回归分析参数

模型	R^2	标准估计误差	非标准化系数		标准误差	T	Sig.
			B	标准系数	试用版		
（常量）a	0.006	15.539	76.513	0.769		99.542	0.000
上学一般用时 x			－0.059	0.023	－0.080	－2.566	0.010

a. 因变量：样本最近一次考试的数学成绩。

根据学生上学的时间长短，我们再把小学走读生分成 7 组，对 7 组样本的数学成绩进行比较后发现，上学用时在 30 分钟以下时段的样本成绩均值差距不大，用时在 50 分钟时段和 60 分钟以上时段的走读生的数学成绩明显低于其他时段学生，用时 60 分钟以上时段样本的成绩均值最低。经过方差分析之后发现，7 组样本组内差距整体上差异显著（$P = 0.037 < 0.05$）。经过事后多重

检验发现，上学耗时在60分钟以上的样本与除了51—60分钟组样本外的其他各组之间整体差异都非常显著（P=0.00），其他各组之间的差异不显著。（见表3-57）这说明，在我国农村中小学校布局调整中，无论采用何种方式上学，小学走读生上学的极限时间是1个小时，在1个小时之内，耗时的长短对数学成绩的影响不大；如果耗时超出1个小时，数学成绩就会受到明显的负面影响。

表3-57　上学耗时不同时段的小学走读生数学成绩均值与方差分析

时段	频数	均值	标准差	标准误	F	显著性
1—10分钟	504	50.3015	10.04917	0.44763	2.242	0.037 <0.05
11—20分钟	366	50.4462	9.77045	0.51071		
21—30分钟	198	49.6409	9.26010	0.65809		
31—40分钟	39	50.4529	10.96956	1.75653		
41—50分钟	26	52.0155	8.93998	1.75327		
51—60分钟	38	47.7244	11.04664	1.79200		
60分钟以上	21	43.5348	12.47723	2.72275		
总数	1192	50.0772	9.95610	0.28837		

综上所述，上学耗时与走读生的数学成绩之间整体上呈现负相关关系；上学耗时因素在回归模型中对数学成绩的影响系数为-0.08；上学时间超过1个小时的走读生的数学成绩受到明显的负面影响，在其他条件既定的情况下，上学时间每增加10分钟，样本走读生的数学成绩下降0.8分（绝对值）。由于数学成绩是除个人禀赋之外受到学校外部因素影响最小的科目，所以，该结论足以说明上学距离变远所产生的上学时间耗费对样本走读生的学习成绩有明显的负面影响，耗时在1个小时以上的样本走读生所受该负面影响最明显。

二、部分学生群体心理发展失衡

学生的学业结果既包括智力的发展，也包括心理的发展。农村中小学校布局调整过程中产生的上学远和上学难等问题不仅改变了学生上学的家校距离，而且还改变了学生的学习生态环境，影响了学生的心理发展，甚至导致部分学生产生心理困惑和障碍，出现心理发展失衡。东北师范大学秦玉友教授在研究农村中小学校布局调整时指出："如果说辍学和安全这样的问题容易被人认识到，那么健康这样的问题往往不为人们所认识，有些问题多年之后对个体和社会产生影响时，才为人们所觉知和重视。学生的健康主要包括身体健康和心理健康。与身体健康相比，心理健康更容易被人们忽视。”❶ 学生的心理健康问题往往具有较长的潜伏期，因而更加隐蔽，更难发现，一旦形成，对学生发展的负面影响也就更大。

1. 低龄儿童“上学苦”，心理负担沉重

农村中小学校布局调整使学生上学距离变远，上学需要耗费更多的时间和精力，上学变得比较困难。为了解决学生上学难问题，不少地方采用寄宿制办学，家校距离比较远的学生由此选择了在校寄宿。对寄宿生而言，不仅要独立面对和承担自己在校学习期间的生活问题，还要承受节假日期间往返学校的长距离奔波之苦。对于走读生来说，虽然依然可以享受家庭的温暖，却要在上学期间每天承受路途的来回奔波之苦；上学距离较远并且家庭经济条件较差的走读生通常无法乘坐便捷的交通工具上学，走路遇上极端恶劣天气会更加辛苦。

面对相同的上学困难，不同年龄阶段学生的心理承受能力是不同的，年龄越小的儿童心理承受能力可能相对越差，而年龄较大的儿童则会相对较好。

为了考察学校布局调整之后学生的心理发展情况，学生问卷采用李克特五级量表（1 表示完全不赞同，5 表示非常赞同）对 3—9 年级寄宿和走读学生的心理状况进行了调查。从样本学生对上学辛苦程度的认同来看，寄宿生的辛苦程度平均得分为3.16，同比低于走读生3.5 的得分。这说明，走读生对上学辛苦程度的认同度整体上高于寄宿生，寄宿制能够显著降低学生上学的辛苦程度。（见表 3 – 58）而从分年级的数据比较来看，年龄最小的小学 3 年级寄宿生对辛苦程度的认同度平均得分最高，小学 4 年级走读生的认同均值低于 5、6 年级，小学 4 年级寄宿生的认同均值低于 5、6、7 年级；除小学 4 年级之外，3—9 年级其他样本的认同度都呈现出年级越高，对上学辛苦程度的认同度得分越低的趋势。（见表 3 – 58）经过方差分析发现，3—9 年级中的不同年级寄宿生对上学辛苦程度的认同均值差异整体上非常显著，3—9 年级中的不同年级走读生之间的认同度差异整体上也非常显著。（见表 3 – 58）对上述分析结果做事后多重比较分析后发现，小学 3 年级寄宿生的认同度显著高于 4、7、8、9 年级寄宿生；小学 4 年级寄宿生显著低于 3、5、6 年级；小学 5 年级显著高于初中三个年级；小学 6 年级显著高于 7、8 年级；其他年级之间的差异均不显著。（见表 3 – 59）由此可见，同等条件下，年龄对上学辛苦程度的认同度有显著的影响，小学 3 年级寄宿生对上学辛苦程度的认同度最高，小学生的上学辛苦程度认同度整体比初中生高。

❶ 秦玉友．农村学校布局调整的认识、底线与思路［J］．东北师范大学学报（哲学社会科学版），2010（5）：150 – 155.

表 3-58 不同年级学生对上学辛苦程度的认同度均值与方差分析

年级	寄宿生			走读生		
	样本	均值	标准差	样本	均值	标准差
3	119	3.79	1.295	173	3.89	1.353
4	151	2.95	1.467	281	3.53	1.317
5	311	3.66	1.300	528	3.61	1.271
6	201	3.49	1.127	514	3.60	1.188
7	380	3.00	1.259	131	3.04	1.309
8	524	2.79	1.258	147	2.84	1.215
9	127	3.11	1.249	19	2.68	1.455
总数	1813	3.16	1.320	1793	3.50	1.294
方差分析	$F = 20.82$ $P = 0.000 < 0.05$			$F = 3.665$ $P = 0.007 < 0.05$		

表 3-59 不同年级寄宿生上学辛苦程度认同度的事后多重比较分析

(I) / (J)	均值差（I-J）					
	3 年级	4 年级	5 年级	6 年级	7 年级	8 年级
4 年级	0.836*					
5 年级	0.128	-0.709*				
6 年级	0.302	-0.534*	0.175			
7 年级	0.787*	-0.049	0.660*	0.485*		
8 年级	1.002*	0.165	0.874*	0.699*	0.214	
9 年级	0.680*	-0.157	0.552*	0.377	-0.108	-0.322

值得注意的是，同样是小学低龄的 4 年级寄宿生，虽然辛苦程度显著低于小学 3 年级寄宿生，却又显著低于高龄的 5、6 年级学生，这从逻辑上似乎不符合年龄越低辛苦程度感受越高的生活常识，究竟是何种原因呢？

经过实地访谈发现，对寄宿生而言，上学的辛苦程度感受直接与在校寄宿期间的生活自理困难有关。小学低龄学生因为生理上不够成熟，首次寄宿独自面对寄宿生活有很大的自理困难，所以，多数寄宿制学校都采取了相关措施来加强对低龄寄宿学生（3、4 年级学生）学习和生活的帮扶，帮扶力度与寄宿生的年龄相关，年龄越小，帮扶力度越大，低龄学生在寄宿期间的生活自理困难由此得到了最大限度的减轻。在同等条件下，小学 4 年级学生经过 3 年级一年的寄宿生活锻炼，大多数已经基本能够适应学校的寄宿生活，加上年龄的相对优势，无论是在生理成熟程度还是心理承受能力方面，相对于初始寄宿的小学 3 年级学生而言都具有明显的优势，因此 4 年级寄宿生对上学辛苦的感受相对于小学 3 年级寄宿生而言明显下降。小学 5、6 年级寄宿生作为高年级学生，因为年龄和生理上的优势，多数学校认为他们已经能独立面对寄宿生活，由此不再为他们提供额外的生活帮助，所以，尽管在年龄上比 4 年级学生有一定优势，但在缺少学校和老师帮助的情况下，其独立面对生活和学习可能依然会有一定的困难，所以，其对辛苦程度的认同度会高于仍有教师帮扶的小学 4 年级寄宿生。

再从走读生对辛苦程度的认同度来看，小学 3 年级的认同度最高，除了小学 4 年级之外，认同度均值得分随年级的增加而呈下降趋势；经过方差分析发现，3—9 年级样本走读生的认同度得分均值在不同年级之间的差异显著。（表 3－58）经过事后多重比较分析发现，小学 3 年级走读生的认同度显著高于初中三个年级，小学 4、5、6 年级走读生的认同度都显著高于 7 年级和 8 年级，其他年级之间的差异不显著。（见表 3－60）这说明，小学走读生的辛苦程度整体上高于初中走读生，在小学内部同样经历日常上学奔波之苦的走读生的辛苦程度差异在统计学上不明显。

表 3－60　不同年级走读生上学辛苦程度认同度的事后多重比较分析

(J) \ (I)	均值差（I－J）					
	3 年级	4 年级	5 年级	6 年级	7 年级	8 年级
4 年级	0.360					
5 年级	0.277	－0.083				
6 年级	0.293	－0.067	0.016			
7 年级	0.852*	0.492*	0.575*	0.559*		
8 年级	1.047*	0.687*	0.770*	0.754*	0.195	
9 年级	1.206*	0.846	0.929	0.913	0.354	－0.159

综上所述，农村中小学校布局调整实施后产生的上学难在心理上对不同年龄的学生都产生了一定程度的负担，无论寄宿生还是走读生，都对上学辛苦程度有不同的认同度。其中，走读生对上学辛苦程度的认同度高于寄宿生，小学生的认同度整体上高于初中生，年龄较低的寄宿生和走读生的认同度高于高年级学生。

2. 寄宿生孤独感较强

在校寄宿虽然解决了家校距离较远所导致的学生日常上学的困难，但物理距离的增加也相应地增加了孩子与家庭的心理距离，家校疏离问题在寄宿生身上表现得较为突出。由于寄宿生在校期间无法与家人直接接触和及时沟通，一旦遇到生活困难就比其他同学更容易思念自己的父母和其他家人，这种心理需求如果长时间无法得到及时满足，就很容易产生孤独感，甚至诱发其他心理问题。

学生问卷采用李克特五级量表，在问及学生样本是否认同“我经常想念我的爸妈，感到孤独”时，寄宿生的认同（1 表示完全不赞同，5 表示非常赞同）均值得分为 3.27，远远高于走读生 2.06 的均值得分，分年级考察后发现，小学 4—9 年级寄宿生对孤独感的认同得分均值同比都高于本年级的走读生。（见表 3 - 61）经过独立样本 T 检验后发现，寄宿生与走读生对孤独感的认同度均值的整体差异非常显著，小学 4—9 年级寄宿生与走读生的认同度差异也都非常显著。（见表 3 - 61）这说明，寄宿生的孤独感明显高于走读生，寄宿产生的家校疏离导致了寄宿生心理上的情感饥渴，对学生的心理健康产生了负面影响。

表 3 - 61　不同年级样本学生孤独感的认同均值与方差分析

年级	寄宿生			走读生			独立样本 T 检验		
	样本	均值	标准差	样本	均值	标准差	T	DF	Sig.（双侧）
3	118	2.97	1.666	1	4.00	0.000	1.767	290	0.078
4	151	3.61	1.633	174	2.63	1.642	6.014	423	0.000
5	315	3.44	1.641	274	2.59	1.691	6.220	840	0.000
6	203	3.11	1.480	527	2.73	1.589	3.434	711	0.001
7	385	3.21	1.447	510	2.68	1.544	5.803	514	0.000
8	523	3.30	1.365	131	2.36	1.463	7.080	665	0.000
9	127	3.02	1.425	144	2.38	1.439	3.594	27.926	0.001
总数	1822	3.27	1.501	1761	2.06	0.998	12.750	3596.64	0.000
方差分析	F = 11.936　P = 0.000 < 0.05			F = 1.704　P = 0.093 > 0.05			—		

再从分年级样本的孤独感来看，小学阶段寄宿生的孤独感认同得分从小学 4 年级开始随年级逐次递减；而走读生除 6 年级的孤独感较高之外，其他年级的规律不明显。经过方差分析发现，寄宿生各个年级对孤独感的认同得分均值整体差异显著，走读生各年级对孤独感的认同得分均值整体差异不显著。（见表 3 - 60）这说明，年龄（年级）对寄宿生的孤独感有明显的影响。经过事后多重检验分析发现，小学 4 年级样本的孤独感显著高于 3 年级（P = 0.041 < 0.05）和 9 年级（P = 0.028 < 0.05），其他年级之间的差异不显著。由此可见，小学 4 年级寄宿生的孤独感最强。

同样是寄宿的低龄学生，为什么小学 3 年级样本寄宿生的孤独感反而没有小学 4 年级样本强烈呢？经访谈发现，影响在校学生孤独感的因素是多方面的，不仅与年龄和亲子互动频率有关，还与情感的替代、同辈群体的关系、课余生活的充实程度等因素相关。小学3年级学生是我国农村中小学校布局调整政策规定的初始寄宿最小年龄段，由于学生年龄小，很多寄宿学校都对初次寄宿的小学3年级学生给予了大量的生活帮助和心理上的慰藉，而对年龄较高的小学4年级学生则减少或放弃了帮扶，在缺少或没有教师帮扶的情况下，在校寄宿的小学4年级学生会突然面临一段失去教师帮扶的心理"断乳期"，需要一定时间的调适才能逐渐适应这种变化，所以在此之前孤独感会相对较高。随着时间的增加和年龄的增长，寄宿生的心理调适能力逐渐增强，孤独感就会相应降低。高年级学生的孤独感随着年龄增加而逐步降低的描述数据刚好印证了这一点。因此，在同等条件下，缺少教师情感替代慰藉的小学4年级寄宿生的孤独感相对于年龄较小的小学3年级寄宿生会更强。

3.8年级学生厌学倾向性最高

农村中小学校布局调整增加了学生上学的困难和心理负担，该因素与传统的其他厌学因素结合，容易加剧学生的厌学倾向。

为了解学生的厌学倾向，学生调查问卷中采用李克特五级量表要求样本学生对"我经常有不想上学的想法"进行认同评定，其中1代表完全不赞同，5代表完全赞同。

对样本进行分年级比较后的数据分析结果显示：初中阶段不同年级样本学生的厌学认同得分均值都在1.66分以上，整体上高于小学3—6年级各个年级样本的认同均值。其中，小学5年级认同度最低，只有1.41；8年级最高，认同均值超过了2分。（见表3－62）经过方差分析发现，样本学生对厌学倾向性的认同上，年级整体差异很显著（P＝0.00，DF＝6，F＝30.381）。这说明，

表3－62 不同年级学生的厌学倾向认同度均值比较

年级	频数	均值	标准差
3	297	1.46	1.046
4	442	1.61	1.169
5	860	1.41	0.971
6	741	1.51	1.017
7	533	1.66	1.107
8	695	2.11	1.332
9	149	1.76	1.050
总数	3717	1.64	1.133

各个年级都有不同程度的厌学倾向，而且初中8年级学生厌学倾向最明显，初中整体上高于小学。经事后多重检验发现，8年级样本学生的厌学倾向性显著高于其他各个年级（P=0.00），其他各个年级之间的差异不显著。这说明，样本学生的厌学倾向性具有明显的年级性差异，8年级样本学生的厌学倾向性最高。

把样本按主、客校生进行区分比较之后发现，除了小学4、5年级主校生厌学认同均值低于客校生外，其他年级的主校生厌学认同均值都高于客校生。经过独立样本T检验发现，小学3年级主校生厌学认同倾向显著高于客校生，小学4年级主校生厌学倾向显著低于客校生，其他各个年级的差异不显著。（见表3-63）这初步说明小学4年级客校生和小学3年级主校生的厌学倾向同比相对较高。

表3-63　主、客校生厌学倾向比较

年级	样本类别	频数	均值	标准差	T	DF	Sig.（双侧）
3	主校生	202	1.53	1.098	2.660	202.814	0.008**
	客校生	80	1.23	0.779			
4	主校生	270	1.44	1.006	-3.461	223.245	0.001**
	客校生	139	1.88	1.316			
5	主校生	573	1.38	0.923	-1.835	269.916	0.068
	客校生	183	1.55	1.093			
6	主校生	434	1.54	1.033	0.754	646	0.451
	客校生	214	1.48	1.024			
7	主校生	362	1.69	1.122	1.300	510	0.194
	客校生	150	1.55	1.034			
8	主校生	521	2.11	1.344	0.307	649	0.759
	客校生	130	2.07	1.301			
9	主校生	130	1.76	1.070	0.043	19.477	0.966
	客校生	16	1.75	1.000			

将学生上学的交通便利程度、上学的辛苦程度、学习动机水平和学习兴趣程度等因素与学生的厌学倾向进行相关分析后发现，上学辛苦程度与学生的厌学倾向显著正相关，且相关系数达到0.316，其他因素与厌学倾向性呈现显著的负相关关系。（见表3-64）在农村中小学校布局调整过程中，交通便利程度和上学辛苦程度是与厌学倾向关系比较直接的变量，而上学辛苦程度又是交通便利程度的最直接反映，该因素与厌学倾向显著正相关说明，学校布局调整

过程中所衍生的上学交通困难、路途远近和生活自理等困难对学生的厌学倾向有显著的负面影响，上学越辛苦，厌学倾向性越高。

表 3-64　样本学生厌学倾向相关性分析

		交通便利程度	上学辛苦度	学习动机水平	学习兴趣
我经常有不想上学的想法	相关性	-0.059**	0.316**	-0.165**	-0.344**
	显著性（双侧）	0.001	0.000	0.000	0.000
	样本数	3244	2972	3589	3331

考虑到寄宿和走读会对学生的辛苦程度有不同的影响，进而影响学生厌学的倾向，所以我们再把3、4年级样本主客校生按照寄宿与否做进一步的比较分析。对控制寄宿因素后的主、客校生分年级进行对比分析发现，在小学3、4年级走读学生中，客校生的厌学倾向性认同度都高于主校生；在小学3年级寄宿生中，主校生的厌学倾向认同度高于客校生；在小学4年级寄宿生中，主校生的厌学倾向认同度低于客校生。（见表3-65）

表 3-65　控制寄宿因素后的3、4年级主、客校生厌学倾向比较

	年级	样本类别	频数	均值	标准差	T	DF	Sig.（双侧）
走读生	3	主校生	144	1.42	0.958	-1.928	33.077	0.062
		客校生	29	1.97	1.451			
	4	主校生	218	1.44	0.959	-1.431	65.311	0.157
		客校生	53	1.72	1.350			
寄宿生	3	主校生	49	1.53	1.063	1.418	93.290	0.160
		客校生	68	1.26	0.908			
	4	主校生	48	1.58	1.182	-1.761	106.992	0.081
		客校生	100	1.97	1.381			

经过独立样本T检验发现，主、客校生的认同差异都不显著。（见表3-65）这一结果说明，在控制了寄宿因素之后，主、客校生的厌学倾向性差异在统计学上不显著。因此，学校布局调整的寄宿制能显著降低学生的辛苦程度，进而降低主、客校生的厌学倾向性。

4. 主校生学习动力相对不足

学生的学业发展离不开较强的学习动力。学习动机和学习兴趣水平是表征学生学习动力的常见指标。为了解学生的学习动力，学生调查问卷中采用李克特五级量表（1代表完全不赞同，5代表完全赞同）设计了"我要好好学习，报答我的父母"和"学习是一种乐趣，我很喜欢学习"两道测题，要求学生对之进行认同度评定，以此来分别考察学生的学习动机水平和学习兴趣高低。

学校布局调整对学校的关、停、并、转对客校生和主校生产生了不同的影响。客校生离开自己原来就读的近、便学校而进入一个家校距离相对较远的陌生环境学习，上学困难往往更大。这种上学困难一方面会影响部分心理相对脆弱的学生的学习积极性，进而使其产生厌学倾向；另一方面作为一种心理成本又会激发客校生更加珍惜来之不易的求学机会，可能使其在学习动力系统上表现出更加积极的倾向。

将样本学生分年级按照主、客校生对“学习是一种乐趣，我很喜欢学习”的认同度得分进行比较分析后发现，除了3年级客校生的学习兴趣认同得分均值低于主校生外，其他年级客校生的学习兴趣认同得分均高于或等于主校生。经过独立样本T检验发现，各年级主、客校生二者之间的差异不显著。（见表3－66）这说明，除了3年级之外的客校生学习兴趣高于主校生，但在统计学上差异不显著。

表3－66　主、客校生的学习兴趣和学习动机水平比较

年级	题项	样本类别	频数	均值	标准差	T	DF	Sig.（双侧）
3	学习是一种乐趣，我很喜欢学习	主校生	167	4.65	0.769	0.572	259	0.568
		客校生	94	4.59	0.944			
	我要好好学习，报答我的父母	主校生	188	4.88	0.604	－1.331	260.598	0.184
		客校生	96	4.96	0.408			
4	学习是一种乐趣，我很喜欢学习	主校生	258	4.37	0.967	－0.028	400	0.978
		客校生	144	4.38	1.077			
	我要好好学习，报答我的父母	主校生	272	4.78	0.695	0.033	427	0.974
		客校生	157	4.78	0.748			
5	学习是一种乐趣，我很喜欢学习	主校生	375	4.46	0.854	－0.410	772	0.682
		客校生	399	4.48	0.856			
	我要好好学习，报答我的父母	主校生	391	4.88	0.443	－0.773	818	0.440
		客校生	429	4.91	0.459			
6	学习是一种乐趣，我很喜欢学习	主校生	359	4.31	0.895	0.118	670	0.906
		客校生	313	4.30	0.971			
	我要好好学习，报答我的父母	主校生	383	4.80	0.602	－1.428	716	0.154
		客校生	335	4.87	0.544			

续表

年级	题项	样本类别	频数	均值	标准差	T	DF	Sig.（双侧）
7	学习是一种乐趣，我很喜欢学习	主校生	315	4.18	0.915	1.646	457	0.101
		客校生	144	4.02	1.074			
	我要好好学习，报答我的父母	主校生	344	4.82	0.535	-1.346	363.541	0.179
		客校生	154	4.88	0.427			
8	学习是一种乐趣，我很喜欢学习	主校生	385	3.89	1.061	0.176	586	0.860
		客校生	203	3.87	1.092			
	我要好好学习，报答我的父母	主校生	431	4.74	0.600	-0.788	651	0.431
		客校生	222	4.78	0.602			
9	学习是一种乐趣，我很喜欢学习	主校生	117	4.25	1.058	-0.008	131	0.994
		客校生	16	4.25	1.000			
	我要好好学习，报答我的父母	主校生	127	4.93	0.338	1.125	19.156	0.274
		客校生	19	4.74	0.733			

对样本学生分年级按照主、客校生对“我要好好学习，报答我的父母”的学习动力认同度得分进行比较分析后发现，除了9年级客校生的认同均值低于主校生外，其他年级客校生的学习动机认同均值都高于或等于主校生，经过独立样本T检验发现，各个年级中二者的差异不显著。（见表3-66）

考虑到是否为留守儿童对父母的感情可能有不同，进而对报答父母的学习动机有影响，我们再将样本首先分为留守儿童和非留守儿童，然后再比较主客校生的差别。经过分类比较发现，在留守儿童群体中，客校生3—9年级的学习动机水平认同均值同比都高于主校生；经过独立样本T检验发现，3年级和7年级样本中二者的差异显著，其他年级中二者的差异不显著。（表3-67）这说明在控制样本学生的留守儿童身份以后，3年级和7年级客校生的学习动机水平明显高于主校生。由于3年级和7年级都分别是小学和初中开始受到农村中小学校布局调整影响的法定初始年级，这两个年级的主、客校生差异显著而其他年级差异不显著，还说明客校生的学习动机随着对环境的适应而逐步减弱。

在非留守儿童群体内，6、7、8年级客校生的学习动机水平认同均值高于主校生，3、4、5、9年级主校生的学习动机水平认同均值高于客校生。经过独立样本T检验发现，非留守儿童3—9年级主、客校生的学习动机认同均值差异不显著。（见表3-67）这说明，非留守儿童内部主、客校生差异不明显。

表 3－67　控制留守儿童与否后的主、客校生学习动机水平比较

年级	样本类别	留守儿童						非留守儿童					
		频数	均值	标准差	T	DF	Sig.	频数	均值	标准差	T	DF	Sig.
3	主校生	95	4.82	0.729	－2.392	94.00	0.019	90	4.98	0.148	0.845	26.58	0.405
	客校生	69	5.00	0.000				27	4.85	0.770			
4	主校生	118	4.73	0.747	－0.903	220	0.368	143	4.85	0.585	1.497	53.09	0.140
	客校生	104	4.82	0.707				43	4.63	0.900			
5	主校生	169	4.85	0.553	－1.159	303.53	0.247	207	4.92	0.324	0.430	384	0.668
	客校生	236	4.91	0.428				179	4.90	0.509			
6	主校生	174	4.84	0.583	－0.337	363	0.736	181	4.80	0.630	－1.826	310.83	0.069
	客校生	191	4.86	0.494				132	4.91	0.470			
7	主校生	159	4.78	0.633	2.094	240.81	0.037	173	4.87	0.426	－1.622	172.42	0.107
	客校生	93	4.90	0.297				55	4.95	0.229			
8	主校生	213	4.70	0.640	－0.941	339	0.347	208	4.78	0.562	－0.253	292	0.801
	客校生	128	4.77	0.608				86	4.80	0.610			
9	主校生	71	4.87	0.445	－0.801	77	0.426	51	5.00	0.000	1.644	8.00	0.139
	客校生	8	5.00	0.000				9	4.44	1.014			

综上所述，从认同度的平均值来看，主校生的学习兴趣和学习动机水平在整体上低于客校生，但在统计学意义上并不显著。在控制留守儿童身份之后，留守儿童群体内部的 3、7 年级客校生学习动机水平明显高于主校生。因此，农村学校布局调整对留守儿童群体的学习动机水平有明显的影响，主校生的学习动机水平在整体上低于客校生。

5. 部分群体存在不同程度的负面心理

农村中小学校布局调整中的上学难、上学远和上学贵与农村教育原有的其他问题结合在一起，诱发了农村留守儿童的负面心理，少量学生甚至出现了焦虑、孤独、压抑等负面心理。

为了解学生的心理健康状况，学生调查问卷中采用李克特五级量表（1 代表完全不赞同，5 代表完全赞同）设计了“我经常想念我的爸妈，感到孤独”“我经常担心我的学习成绩会下降”和“我经常感到压抑、苦闷”三道测题，要求学生对之进行认同度评定，以此来分别考察样本学生的孤独感、学习焦虑以及压抑等心理健康状况。

在农村中小学生中，留守儿童是一个特殊的群体，已有的国内相关研究证实，留守儿童与非留守儿童相比存在相对较大的群体性心理健康问题，容易出现孤独、心理饥渴和压抑等负面心理健康问题。因此，我们首先将留守与否作为一个控制变量，再在留守儿童与非留守儿童内部探讨学校布局调整对学生心理健康状况产生的影响。

在学校布局调整过程中，学生年龄（年级）、主客校生身份、寄宿与否和上学距离都是可能影响留守儿童心理健康状况的因素，因此有必要一步步来探索这些变量所产生的影响。

（1）低年级客校生孤独感相对较重。

在控制年级和留守身份之后，再对主客校生就“我经常想念我的爸妈，感到孤独”的认同感进行比较后发现，在留守儿童群体内部，除了小学3年级和7—9年级主校生的认同均值高于客校生外，小学4—6年级主校生的孤独感认同均值都低于客校生。经过独立样本T检验发现，3、4年级留守儿童群体内主、客校生的孤独感均值差异显著，其他年级中二者差异不显著。（表3－68）

表3－68　控制留守身份后的主客校生心理健康状况比较

年级	题项	样本类别	留守儿童						非留守儿童					
			频数	均值	标准差	T	DF	Sig.	频数	均值	标准差	T	DF	Sig.
3	我经常想念我的爸妈，感到孤独	主校生	98	3.21	1.601	2.596	168.00	0.010*	94	2.54	1.695	0.316	120.00	0.752
		客校生	72	2.57	1.600				28	2.43	1.597			
	我经常担心我的学习成绩会下降	主校生	95	3.49	1.662	-3.69	163.90	0.000**	93	4.00	1.422	-1.19	119.00	0.236
		客校生	71	4.32	1.228				28	4.36	1.283			
	我经常感到压抑、苦闷	主校生	96	2.31	1.324	0.914	166.00	0.362	92	2.16	1.432	1.867	52.20	0.068
		客校生	72	2.11	1.525				27	1.67	1.144			
4	我经常想念我的爸妈，感到孤独	主校生	119	3.01	1.660	-3.75	217.90	0.000**	146	2.17	1.573	-2.50	185.00	0.013*
		客校生	103	3.83	1.581				41	2.88	1.691			
	我经常担心我的学习成绩会下降	主校生	120	4.12	1.342	0.269	214.10	0.788	144	4.11	1.390	1.035	187.00	0.302
		客校生	106	4.07	1.469				45	3.87	1.358			
	我经常感到压抑、苦闷	主校生	117	2.51	1.324	0.970	200.80	0.333	144	2.44	1.437	-0.955	185.00	0.341
		客校生	102	2.32	1.536				43	2.67	1.393			
5	我经常想念我的爸妈，感到孤独	主校生	175	3.13	1.636	-1.40	358.50	0.161	213	2.37	1.616	4.29	396.00	0.000**
		客校生	247	3.35	1.528				185	3.08	1.676			
	我经常担心我的学习成绩会下降	主校生	174	4.13	1.257	-1.64	416.00	0.100	209	3.95	1.354	-1.20	389.00	0.231
		客校生	244	4.32	1.124				182	4.12	1.327			
	我经常感到压抑、苦闷	主校生	172	2.34	1.343	0.235	418.00	0.814	211	2.41	1.358	2.163	388.80	0.031*
		客校生	248	2.31	1.302				182	2.13	1.262			

续表

年级	题项	样本类别	留守儿童						非留守儿童					
			频数	均值	标准差	T	DF	Sig.	频数	均值	标准差	T	DF	Sig.
6	我经常想念我的爸妈，感到孤独	主校生	177	3.00	1.606	-0.695	367.00	0.488	185	2.43	1.420	-1.76	318.00	0.079
		客校生	192	3.11	1.561				135	2.72	1.514			
	我经常担心我的学习成绩会下降	主校生	178	4.34	1.063	0.621	365.50	0.535	187	4.09	1.181	1.25	319.00	0.212
		客校生	193	4.27	1.047				134	4.25	1.108			
	我经常感到压抑、苦闷	主校生	175	2.48	1.321	0.650	362.00	0.516	182	2.43	1.356	0.502	316.00	0.616
		客校生	189	2.39	1.423				136	2.35	1.291			
7	我经常想念我的爸妈，感到孤独	主校生	165	3.30	1.466	0.711	260.00	0.478	182	2.82	1.525	0.234	235.00	0.815
		客校生	97	3.16	1.427				55	2.76	1.527			
	我经常担心我的学习成绩会下降	主校生	164	4.15	1.179	-0.056	259.00	0.955	183	4.09	1.159	1.429	73.74	0.157
		客校生	97	4.15	1.112				54	3.78	1.462			
	我经常感到压抑、苦闷	主校生	162	2.85	1.412	2.270	256.00	0.024*	180	2.69	1.442	0.229	234.00	0.819
		客校生	96	2.44	1.367				56	2.64	1.566			
8	我经常想念我的爸妈，感到孤独	主校生	219	3.50	1.409	0.036	298.80	0.971	216	2.59	1.368	2.43	304.00	0.015*
		客校生	132	3.49	1.269				90	3.02	1.491			
	我经常担心我的学习成绩会下降	主校生	220	4.25	1.014	0.264	350.00	0.792	215	4.01	1.070	-1.65	303.00	0.100
		客校生	132	4.22	1.086				90	4.23	1.028			
	我经常感到压抑、苦闷	主校生	222	3.08	1.423	0.646	352.00	0.519	215	2.79	1.391	-1.26	303.00	0.206
		客校生	132	2.98	1.356				90	3.01	1.473			
9	我经常想念我的爸妈，感到孤独	主校生	71	2.96	1.439	0.155	77.00	0.877	52	2.85	1.406	1.442	59.00	0.155
		客校生	8	2.88	1.356				9	2.11	1.453			
	我经常担心我的学习成绩会下降	主校生	72	4.06	1.243	-0.426	78.00	0.672	51	4.14	1.114	1.693	58.00	0.096
		客校生	8	4.25	1.035				9	3.44	1.236			
	我经常感到压抑、苦闷	主校生	72	2.85	1.507	-0.924	78.00	0.358	52	2.62	1.457	0.109	59.00	0.914
		客校生	8	3.38	1.768				9	2.56	1.878			

在非留守儿童群体内部，除了3年级、7年级和9年级主校生的认同度均值高于客校生外，其他年级主校生的孤独感认同均值都低于客校生。经过独立样本T检验发现，4、5、8年级客校生的孤独感显著高于主校生，其他年级中二者的差异不显著。（见表3-68）这说明，在非留守儿童群体内部，客校生的孤独感整体上高于主校生，客校生的心理健康受到了学校布局调整的显著影响。

在前面的论述中已经发现，寄宿对样本学生孤独感的增加有明显的影响，因此，要确定留守儿童内部主客校生的孤独感差异，还需要进一步控制寄宿因素。

控制寄宿因素之后发现，在留守儿童寄宿生内部，3年级主校生的孤独感认同均值为3.67，同比高于客校生1.12分；4年级客校生的孤独感认同均值为3.85，同比高于主校生。经过独立样本T检验发现，3、4年级主客校生的差异依然很显著。（见表3－69）在寄宿生内部4年级客校生的孤独感整体上高于主校生，说明4年级客校生的孤独感相对较强。而3年级客校生的孤独感低于主校生是受到学校教师特别关注的结果，这也从侧面说明3年级主校生也应该是学校帮扶不能忽略的群体。在留守儿童走读生中，尽管4—7年级客校生的认同均值高于主校生，但经过独立样本T检验发现，3—9年级中主校生与客校生的差异均不显著。（表3－69）由此印证了前面的论证，即寄宿生的孤独感整体上要高于走读生，走读生内部主、客校生的孤独感差异不显著。

表3－69　控制留守和寄宿身份后的主客校生心理健康状况比较

年级	样本类别	留守儿童寄宿生						留守儿童走读生					
		频数	均值	标准差	T	DF	Sig.	频数	均值	标准差	T	DF	Sig.
3	主校生	30	3.67	1.398	3.189	79.00	0.002**	67	2.99	1.647	1.162	85.00	0.248
	客校生	51	2.55	1.591				20	2.50	1.606			
4	主校生	33	2.91	1.702	－2.796	105.00	0.006**	82	3.06	1.643	－1.814	108.00	0.072
	客校生	74	3.85	1.567				28	3.71	1.652			
5	主校生	49	3.61	1.605	0.239	178.00	0.811	119	2.96	1.607	－0.776	229.00	0.439
	客校生	131	3.55	1.545				112	3.12	1.481			
6	主校生	44	3.27	1.468	－0.032	113.00	0.975	126	2.92	1.638	－0.502	239.00	0.616
	客校生	71	3.28	1.456				115	3.03	1.619			
7	主校生	130	3.42	1.396	1.341	212.00	0.181	29	2.55	1.572	－0.948	39.00	0.349
	客校生	84	3.15	1.375				12	3.08	1.782			
8	主校生	179	3.53	1.375	－0.173	264.28	0.863	33	3.27	1.587	0.540	44.00	0.592
	客校生	116	3.55	1.232				13	3.00	1.414			
9	主校生	63	3.08	1.440	0.399	67.00	0.691	8	2.00	1.069	—	—	—
	客校生	6	2.83	1.472				1	2.00				

在非留守儿童内部，同样控制寄宿因素之后发现，在非留守儿童寄宿生内部，只有3年级主校生的认同均值高于客校生，主校生的认同均值为3.58，客校生的认同均值为2.39 。经过独立样本T检验发现，二者的差异显著（P＝0.044 DF＝35 T＝2.090），其他年级主、客校生之间的差异都不显著。这

说明，低年级主校生的孤独感也受到了学校布局调整进程的影响。在非留守儿童走读生内部，由于多数年级的样本过少，无法进行统计比较。

如前所述，在学校布局调整中，客校生因为学校被关闭，需要转向其他学校学习，大多数学生上学距离有所增加，所以需要寄宿的学生比例相对于客校生较高。如果主校生也选择寄宿，就说明主校生家庭离自己所在的学校同样也比较远，否则其不需要寄宿。如此看来，学校布局调整是否增加了学生的孤独感并不直接取决于学生是主校生还是客校生，而是取决于学生在校期间与家庭联系的密切程度，如果家校距离较远而选择在校寄宿，物理距离就会影响心理距离，无论是主校生还是客校生，都可能会产生一定的孤独感。

（2）样本学生的学习焦虑感普遍比较强。

学生在学习过程中面临较大的学习压力，进而会产生一定的学习焦虑感，这种焦虑如果相对严重就会影响学生的心理健康。

当问及样本学生对“我经常担心我的学习成绩会下降”的认同度时发现，无论是在留守儿童内部还是非留守儿童内部，主、客校生的认同均值都在3.44—4.36之间，认同均值相对偏高。而经过独立样本T检验发现，控制留守身份后的3—9年级内部主、客校生之间的认同均值差异都不显著。（见表3-68）

前面的研究已经发现，在学校布局调整中，客校生的学习成绩受到了较大的负面影响，在整体上不如主校生。所以，主、客校生在学习压力上的差异不显著说明二者的学习焦虑感在统计学上的差异并不明显，同样处于焦虑感较高的水平。

（3）主校生的压抑苦闷感相对较强。

受到各种因素的影响，部分样本学生有不同程度的压抑、苦闷感。当问及样本学生对“我经常感到压抑、苦闷”的认同度时发现：在留守儿童内部，主、客校生的认同均值都在2.1—3.38之间，且除了9年级之外，3—6年级主校生的压抑、苦闷心理认同感均值都高于客校生。经过独立样本T检验发现，留守儿童内部7年级主校生的认同均值显著高于客校生，其他年级中二者的差异不显著。（见表3-68）这说明留守儿童内部7年级主校生的负面心理相对严重。在非留守儿童内部，主、客校生的认同度均值在1.67—3.01之间，相对于留守儿童而言均值较低，除了4、8年级之外，主校生的认同均值都高于客校生。经过独立样本T检验发现，留守儿童5年级内部主校生的认同均值显著高于客校生，其他年级中二者的差异不显著。（见表3-68）

由此可见，在学校布局调整过程中，主校生的压抑、苦闷感相对于客校生而言整体较高。造成这一结果的原因在排除其他因素的影响之后，可能与主校生的心理调适能力相对于客校生偏弱有关。

本章小结

农村中小学校布局调整在提高教育资源利用效率、取得明显规模经济效益的同时，也对农村义务教育公平造成了损伤和负面影响，具体表现在对教育起点公平、过程公平和结果公平三个方面。

农村中小学校布局调整对教育起点公平的损伤主要表现在：多数学生的家校距离普遍增加，学生上学远；学生的交通费、寄宿费和生活费等求学费用不同程度地有所增加，学生上学变贵；学生上学期间面临交通不便、生活自理困难、安全保障困难和学习调适困难等问题，上学日益艰难；在前三个因素的影响下，农村义务教育阶段辍学率整体反弹，初中辍学率大大高于小学。

农村中小学校布局调整对教育过程公平的损伤主要表现在：学生的课余学习时间因为家校距离不同而有差异，部分学生的课余学习时间不充分；学校过度撤并所引起的班级规模变大，导致师生互动难，学生人均占有教育资源数量下降，部分学生在教育过程中难以享有均等的教育服务数量和质量；教师工作繁重，责任心有所下降；寄宿引起的家校疏离现象严重，不利于寄宿学生的成长。

农村中小学校布局调整对教育结果公平的损伤主要表现在：客校生、小学班级规模较大的学生、路远走读生的学业成绩欠佳，低龄儿童心理负担沉重，寄宿生孤独感相对较强，部分学生厌学倾向严重，主校生学习动力相对不足，部分学生群体有不同程度的负面心理障碍。

第四章　农村中小学校布局调整损伤教育公平的特点与性质

农村中小学校布局调整政策对教育公平造成损伤和负面影响，这是政策设计者当初可能没有预料到也不愿意看到的结果。面对这种无法改变的既成事实，理论界和实践者从不同角度给出了解读和诠释，得出了仁者见仁、智者见智的认识结论和评价。究竟该如何认识和评价农村中小学校布局调整政策对教育公平造成的损伤问题？该问题的背后又隐藏着什么样的逻辑？这是解决该问题之前要从认识上予以明晰的问题。鉴于农村中小学校布局调整政策植根于农村义务教育发展的土壤中的基本特点，认识和评价农村中小学校布局调整政策对教育公平造成的损伤问题，也必须将其置身于我国农村义务教育的大背景下进行。

第一节　农村中小学校布局调整损伤教育公平的特点

农村中小学校布局调整对教育公平的损伤是农村中小学校布局调整政策执行后产生的一种负面影响，是政策后果的一种信息反馈。通过本书第三章农村中小学校布局调整对教育公平损伤表现的分析，加上我们对该政策的综合研究，从中可以发现该政策对教育公平的损伤有一些明显的主要特征。

一、损伤对象多为弱势受教育群体

农村中小学校布局调整作为一种自上而下的教育制度安排，其实质是教育资源重新配置过程中的教育利益格局调整。在此过程中，不同人群的利益损益状况必然各异。在这种利弊同在的政策结果格局中，谁是农村中小学校布局调整政策的利益受损对象呢？本书第三章在研究农村中小学校布局调整对教育公平的损伤表现时已经回答了这一问题。

那么接下来的问题是：在利益受损的群体中，谁又是利益受损相对较大者呢？我国学者张宇燕教授曾经指出，制度具有“非中性”的特征，“在同一制度下，不同的人或人群所获得的往往是各异的东西”[1]。农村中小学校布局调整政策作为一种教育制度安排也是如此，在相同政策的负面影响下，处于优势地位的群体往往有能力和条件摆脱和减少负面影响；处于相对弱势的受教育者则会因为缺乏足够的应对能力和规避条件而常常成为受损最大的群体。受弱势地位成因各异的影响，不同弱势群体在农村中小学校布局调整中的实际教育受损情况也各有差别。

为了准确了解农村中小学校布局调整政策对受教育者的损伤状况，我们在问卷调查中设计了“本地学校撤并对哪些学生的学习和生活的负面影响比较大”的专项调查，并预列了9类可能受损的学生群体对样本教师和样本家长分别进行了测试。教师问卷的调查数据分析结果显示，在614份有效数据中，样本教师对问卷预列的9类可能受损学生群体都有不同程度的认同度，认同比例从0.8%—64.3%不等。把被选受损学生群体按照认同度由高到低的顺序排列依次是：“偏远或交通不便地区学生”“家庭经济困难的学生”“小学低年级学生”“留守儿童”“学前教育儿童”“寄宿学生”“被关闭校点原有的学生”“适龄女童”和“其他”学生。（见表4－1）

表4－1　学校布局调整中对利益受损较大的学生群体的认同

受损学生群体	教师样本				家长样本			
	频数	百分比	个案百分比	排序	频数	百分比	个案百分比	排序
偏远或交通不便地区学生	385	23.5	64.3	1	1312	25.5	51.7	1
家庭经济困难的学生	284	17.3	47.4	2	950	18.4	37.4	3
小学低年级学生	278	17.0	46.4	3	716	13.9	28.2	4
留守儿童	265	16.2	44.2	4	1021	19.8	40.2	2
学前教育儿童	151	9.2	25.2	5	338	6.6	13.3	6
寄宿学生	127	7.7	21.2	6	377	7.3	14.8	5
被关闭校点原有的学生	118	7.2	19.7	7	297	5.8	11.7	7
适龄女童	27	1.6	4.5	8	—	—	—	—
其他	5	0.3	0.8	9	141	2.7	5.6	8
合计	1640	100.0	273.7	—	5152	100.0	202.9	—

[1] 张宇燕．利益集团与制度非中性［J］．改革，1994（2）：97－106．

对 2994 名家长的同题问卷调查数据结果也显示，样本家长对问卷预列的 8 类可能受损学生群体也都有不同程度的认同比例，认同比例在 5.6%—51.7%之间，把被选学生群体按照认同度由高到低的顺序排列后依次是：“偏远或交通不便地区学生”“留守儿童”“家庭经济困难的学生”“小学低年级学生”“寄宿学生”“学前教育儿童”“被关闭校点原有的学生”和“其他”学生。(见表 4 - 1)

由表 4 - 1 可见，教师和家长两类样本对“偏远或交通不便地区学生”和“被关闭校点原有的学生”的认同度的位次排序完全一致，对其他样本的认同顺序差别均不超过两个位次，而且双方对“偏远或交通不便地区学生”的受损程度的最高认同比例都超过了 50%，这说明“偏远或交通不便地区学生”是公认在学校布局调整政策中权益受损最大的学生群体。再从认同比例的绝对值来看，在前 7 名利益受损的学生群体中，样本教师和样本家长的认同比例都超过了 10%，而且样本教师的认同比例普遍高于样本家长。由此说明，“偏远或交通不便地区学生”“留守儿童”“家庭经济困难的学生”“小学低年级学生”“寄宿学生”“学前教育儿童”“被关闭校点原有的学生”都是农村中小学校布局调整政策中利益受损比较大的学生。

值得注意的是，在上述利益受损群体中，偏远或交通不便地区学生属于家庭居住条件处于相对弱势的群体，家庭经济困难的学生属于在经济上处于相对弱势的群体，小学低龄学生和学前学生属于在年龄上处于生理弱势的群体，留守儿童属于在家庭结构中处于相对弱势的群体，女童是在性别上处于弱势的群体，寄宿儿童和被关闭校点原有的学生则是在教育制度安排中因为经济、居住地和年龄等因素交互作用而处于相对弱势的群体。由此可见，在农村中小学校布局调整中利益受损最大的学生群体都是我国农村基础教育中的传统或新生弱势受教育群体，农村中小学校布局调整对教育公平造成的损伤更多的是一种教育弱势伤害。

教育弱势伤害是指受教育群体因为自身的生理弱势（年龄、性别、健康等）或社会弱势（经济、政治、制度、地位等），在面对相同教育政策产生的影响时无力规避不利因素和改变不利处境的一种结果。教育弱势伤害既是表征教育不公平的一种外在表现，也是教育政策不公平的一种结果。评价一项政策对教育公平是否有积极影响，重要的标志就是看它是否改善了弱势群体的教育权益。

《国家中长期教育改革和发展规划纲要（2010—2020 年)》提出要“把促进公平作为国家基本教育政策”，强调指出：“教育公平是社会公平的基础。……教育公平的重点是促进义务教育均衡发展和扶持困难群体，根本措施是合理配置教育资源，向农村地区、边远贫困地区和民族地区倾斜，加快缩小教育差距。”[1] 根据上述精神，弱势受教育群体本应是现行农村教育政策予以优先倾斜和照顾的对象，然而他们的教育权益在农村中小学校布局调整政策中不仅没有得到明显的改善，反而受到较大的伤害，这无疑是对弱势受教育群体公平接受义务教育权利的再次伤害，是对教育政策公平精神的一种漠视或亵渎。

农村中小学校布局调整对教育公平的损伤对象大多为弱势受教育群体，意味着农村中小学校布局调整政策的不良后果更多地为处境不利和最无力抗争的弱势受教育群体所承担，这使得本就十分脆弱的农村教育生态呈现出受教育权益两极分化的结果，对农村义务教育阶段受教育者的基本权利平等和农村社会的稳定都会产生负面影响。因此，农村中小学校布局调整政策对教育公平的弱势伤害比一般的教育公平问题更加严重，由此也受到社会各界更多的关注。

二、损伤程度有明显的区域性不同

学校是开展教育活动的场所，也是教育活动相关人员的集散地。学校的这一特点对办学的空间地理条件和交通条件有特殊的要求。自然地理环境优美、交通便利、空间可达性强、辐射半径相对均匀的地方往往是最理想的办学地点；而交通不便、周边地理环境恶劣（有潜在危险）、空间可达性差、辐射半径过大的地区往往不是办学的最佳地点。

农村中小学校布局调整在形式上主要表现为教育资源配置在地理空间上的变化，地理概况和交通条件必然会影响农村中小学校布局调整政策的实际实施条件和结果。学校布局调整政策对教育公平的损伤作为该政策的一种负面影响，自然也与学生家庭所在地的地理概况和交通状况密切相关。

我国农村人口具有居住地理环境多样、分布广阔的特征，在平原、山区、丘陵、河谷盆地、林区、牧区和湖（库）区等不同地貌中，凡是适宜人居住的地方基本上都有不同数量的人口分布。人口居住地的复杂多样性对学校撤并产生了直接的影响，使其对教育公平的损伤程度形成了以学生家庭所在地的地理概况和交通便利条件作为划分依据的区域性差异。

地广人稀的偏远山区、丘陵和湖泊等地区，由于学龄人口相对较少，难以集中办学并形成规模经济效益；此外，这些地区的社区公共服务和基础设施建

[1] 教育部．国家中长期教育改革和发展规划纲要（2010—2020 年）[Z]．2010.

设往往也比较落后，特别是公共道路和交通条件发展相对滞后，生活条件和工作条件往往比较艰苦，师资队伍难以稳定，办学成本和管理成本相对比较高。在片面追求教育资源配置效率的政策价值目标驱使下，上述偏远地区的学校因为办学比较分散，学校师生比很难达到现行农村学校办学的国家最低标准，由此很容易成为地方政府撤并的首选对象。受自然地理条件和道路交通条件的影响，这些地区撤并之后的单所学校服务半径无法相对均匀地辐射到辖区内的学生家庭所在地，很容易导致部分学生上学距离变远，上学困难增加，对受教育者教育公平的损伤程度就相对比较大。

而在人口相对集中、交通比较便利的平原地区，由于学龄人口相对比较多，容易形成规模，学校即使被撤并，单所学校的服务半径也没有山区和丘陵等偏远地区那么远，学生上学的空间可达性也就相对比较好；再加上拥有相对便利的交通条件，学校布局调整政策即使对部分学生的教育公平产生了负面影响，也容易通过采取其他措施来补救，所以，相同的学校撤并政策对这些地区的负面影响和损伤程度就相对较轻。

问卷调查结果显示，在614份有效样本教师数据中，有64.3%的样本教师认为“偏远或交通不便地区的学生”是学校布局调整中受到负面影响最大的群体；在2994名样本家长中，有51.7%的家长认为“偏远或交通不便地区的学生”是学校布局调整中受到负面影响最大的群体。（见表4－1）

由此可见，学校布局调整对教育公平的损伤有明显的地理概况区域性差异。在同等条件下，自然条件相对较差、交通不够便利的山区、丘陵等地区受损程度最高，交通比较便利的平原等地区受损程度最小，其他地区的受损程度则根据具体的交通便利状况而介于两类地区之间。

三、损伤程度有层次性差异

教育公平本身具有层次性。根据其层次，可以将教育公平分为教育起点公平、教育过程公平和教育结果公平。农村中小学校布局调整对教育公平的损伤也覆盖到教育公平的以上三个层次，并且在各层次的损伤面和损伤程度上有差异。

1. 教育起点公平：损伤面最大，损伤程度最重

农村中小学校布局调整政策通过上学距离和经济因素两个变量导致绝大多数学生上学距离普遍变远，低龄儿童和偏远地区学生上学困难，路远学生和寄宿生的上学成本增加，相当多的受教育群体成为“上学远”“上学难”和“上学贵”的承受者，甚至直接导致义务教育阶段学生辍学率的整体反弹。上述负面影响直接损伤了农村义务教育阶段部分学生的平等受教育权利，对教育起

点公平造成的损伤最直接，受影响的学生数量也最多，损伤的力度也最大，问题也就最突出。（见表4－2）由于教育起点公平是学生受教育权利平等的体现，也是教育公共服务均等化在教育领域的基本要求，所以，对这一层次的损伤应该给予优先的关注和解决。

表4－2　学校布局调整对教育公平损伤的层次差异比较

公平项	损伤中介变量	损伤对象	损伤面	损伤程度
起点公平	家校距离、家庭经济状况	路远学生、客校生、寄宿生、低龄学生、经济困难学生、偏远地区学生	最大	最重
过程公平	学校和班级规模、资源均衡性	规模超标学校学生、路远走读学生	较小	较轻
结果公平	学习环境、个人努力	客校生、留守儿童、寄宿生、路远走读学生、低龄学生	较大	最轻

2. 教育过程公平：损伤面较小，损伤程度较轻

教育过程公平涉及教师、学生、环境、制度和资源等多方面因素的影响。作为一项教育政策，学校布局调整主要是通过该政策及其相关制度改变教育资源的分配方式和分配结果，进而影响学生在受教育过程中的公平权益，它对教育过程的影响不是直接的，而是建立在直接影响教育过程公平的中介变量基础之上。这些中介变量主要有：班级规模的大小、人均占有的资源量、课程资源的可获得性、学生的学习投入状况、教师的关注程度、学校和班级的文化氛围等。学校布局调整政策对教育过程公平是否产生负面影响，关键取决于教育资源在学校和学生群体之间是否进行了均衡性配置。如果学校课堂内外的教育资源对所有学生的配置是相对均衡的，学生人均占有的教育资源差别在合理范围内或不大，那么这种资源配置方式对教育过程公平就是有利的，反之就是不利的。

在农村中小学校布局调整过程中，部分地方政府因为片面理解了提高教育资源的配置效率和实现规模经济的政策目标，误认为班级和学校学生规模越大越能节约办学经费和管理成本，盲目过度撤并了大量学校，导致学校和班级规模过大，学生校均规模已经超出“规模适度”的合理区间，人均实际可利用的教育资源在有限的校园和班级空间内又变得相对稀缺，个人在教育过程中占有教育资源的可获得性相对下降，从而对教育过程公平产生了影响。这种盲目过度撤并学校和片面追求规模经济效益的教育资源配置方式不但没有真正提高教育资源的利用效率，反而与此前相比增加了更多的管理成本，还对教育过程公平产生了损伤，并衍生出其他新的教育问题。

由此可见，农村中小学校布局调整政策对教育过程公平的损伤是有条件和范围的，在盲目过度撤并学校并形成大规模或超大规模学校和班级的地区才表现得比较突出；在那些采用合理的教育资源配置方式科学地撤并学校并实现了规模适度的学校和班级，该政策不仅没有负面影响，反而能产生积极作用。此外，由于路远走读生在学习时间和精力投入上的不足，该政策也对路远走读生的教育过程公平产生了负面影响。有鉴于此，该政策在此层次上的影响面没有对教育起点公平的影响面大。同时，由于教育过程公平是一个受到多因素共同影响的因变量，学校布局调整政策又是作为制度因素的一个方面通过其他中介变量对教育过程公平产生影响，所以，农村中小学校布局调整政策对教育过程公平的损伤程度相对于教育起点公平而言也比较小。

3. 教育结果公平：影响面较大，损伤程度最轻

教育结果公平是教育公平的最高层次，具有理想性和现实性的双重属性。从理想性的一面来看，受资源稀缺性的限制和现行教育手段的制约，人类可能永远也无法实现所有受教育者之间的绝对公平，只能尽可能地缩小与这一目标的差距，进而无限地接近这种理想状态；从现实性来看，我们可以通过努力，尽可能缩小不同学生群体、不同学校和不同区域教育结果的差距，将差距控制在一个能够接受的较小范围内，从而实现一个合理的、有限度的教育结果公平目标。

教育公平不仅具有层次性，而且往往具有一定的连续性。连续性是指教育起点公平、教育过程公平和教育结果公平的实现一般都有先后的继承性，低层次的公平往往是高层次公平实现的基础，高层次公平是低层次公平实现后继续积累的结果。教育公平的连续性特点使得教育结果公平在实践中常常受到教育起点公平、教育过程公平实现程度的影响。如果教育起点公平和教育过程公平的问题得不到有效解决，最终就可能会自然延伸到教育结果公平中去。

但是，由于学生是能动的主体，对不良的环境往往能够做出适应性的调整，在面对不公平的教育起点和教育过程环境时，可以通过改变自身的努力程度来部分地改变受教育的结果，所以，在教育结果公平的实现过程中，教育起点不公平和教育过程不公平的不良结果并不必然导致同样的教育结果不公平问题。换句话说，只要教育结果公平了，教育起点和教育过程的不公平可以通过教育结果公平得到改善。

除此之外，影响教育结果公平的因素还是多方面的，学校布局调整政策只是从制度层面通过改变学生的学习环境和影响其个体能动性来对之产生影响，

这种影响主要表现在学生的学业和心理发展结果上。从损伤对象来看，主要是对被关闭校点学生、规模较大学校学生、路远走读学生等群体的学业成绩产生了比较明显的负面影响，另外对寄宿生和低龄学生的心理健康有一定的负面影响（见表4－2）。

正是由于教育结果公平影响因素的多元性和自身的继承性特征，农村中小学校布局调整对部分学生群体的学业成绩和心理发展的影响是有限的，更多的是在此阶段加重了上述影响，而并非直接导致上述影响的产生。所以，农村中小学校布局调整对教育结果公平的影响相对于前两个层次而言损伤面较大，但是损伤程度却最轻。

四、损伤是政策对教育公平影响的两面性中的一面

尽管农村中小学校布局调整对教育公平产生了负面影响，但该政策在实施过程中对教育公平产生的并非都是负面影响，还有积极的影响。

1. 农村中小学校布局调整客观上促进了教育的均衡发展

根据中央和地方有关学校布局调整政策的文件，农村中小学校布局调整的首要目标是实现教育资源的合理配置。合理配置教育资源既有效率层面的要求，也有公平层面的要求。在我国现阶段，实现教育资源的均衡配置是促进教育公平的主要手段和阶段性目标，促进教育均衡发展由此成为学校布局调整政策的目标之一。

农村中小学校布局调整之前，我国农村学校存在规模小、布局分散、资源配置不均衡、校际落差大等教育发展不均衡问题。在学校布局调整中，很多地方把提高教育资源配置的规模经济效益与实现教育资源的均衡配置结合起来，通过强校兼并弱校、撤销小规模薄弱学校和教学点、几所学校重组扩建以及学校城镇化等方式在学校撤并中促进教育的均衡发展，大大改善了农村现存学校的办学条件和资源结构，客观上缩小了校际差距，在促进县域内城镇与乡村、乡村内学校之间教育资源的均衡配置方面起到了积极的作用。

教师问卷调查结果也显示，学校布局调整有利于教育的均衡发展。在614名样本教师中，53.2%的样本教师认为学校布局调整“有助于教育的均衡发展”，在学校布局调整的所有成效中，认同度高居第3位。（见表4－3）

农村中小学校布局调整后尽管农村教育均衡发展的问题依然存在，但是学校撤并中大量薄弱学校的消亡在客观上缩小了农村薄弱学校与区域内中心学校以及其他学校的差距；同时，学校撤并后校点的相对集中让相对稀缺的教育资源能够在更大范围内发挥规模经济效益，为教育资源的均衡配置提供了相对充

裕的物质条件和回旋空间，相对较少的校点也为教育管理部门的管理节约了行政管理成本，这些在客观上都有利于教育的均衡发展。

表 4-3 样本教师对当地农村中小学校布局调整成效的看法（N=614）

成 效	频数	百分比	个案百分比	排序
提高了学校规模效益	280	14.1	46.6	4
实现了教育资源的合理配置	344	17.3	57.2	1
提高了教育质量	221	11.1	36.8	5
减轻了教师的负担	138	6.9	23.0	7
有助于教育的均衡发展	320	16.1	53.2	3
方便教育管理	324	16.3	53.9	2
降低了择校发生率	136	6.8	22.6	8
有利于新课程改革的推行	217	10.9	36.1	6
其他	10	0.5	1.7	9
合计	1990	100.0	331.1	—

2. 农村中小学校布局调整在整体上改善了农村师资力量和结构

师资是农村教育资源中最重要的部分，师资队伍的质量和结构直接影响着农村学校的生存和发展。在农村中小学校布局调整中，地方政府严格按照国家现行师生比标准（农村小学 1:23，初中 1:19）核定教师编制数量，因此产生了大量富余教师。在此背景下，大量不合格的教师和代课教师被清退，教师队伍的整体素质有了显著的提高；科任教师的供给相对充足，原先无法开设的课程也有专职教师负责，教师的专职化程度明显提高，教师一人兼带数门课程的现象大大减少，教师队伍结构得到明显改善；一些富余科任教师通过转岗分流充实到学校教育的其他工作岗位上去，对减轻现有在岗教师的工作负担起到了积极作用。

教师问卷调查结果显示，在 614 名样本教师中，有 23% 的教师明确表示学校布局调整有利于减轻教师的工作负担，认同比例位居学校布局调整成效的第 7 位。（见表 4-3）

教师队伍整体质量的提高和结构的改善有利于教育质量的提高，有利于扩大优质教育机会的供给，为实现更高层次的教育公平创造了条件。

3. 农村中小学校布局调整有利于提高农村教育的整体质量

农村中小学校布局调整通过教育资源的合理配置使得一大批农村薄弱学校的办学条件得到优化和提高，特别是对师资队伍的优化配置，提高了教师队伍的整体质量，改善了教师队伍的专业结构，进而提高了教育质量。

教师问卷调查结果显示，在614名样本教师中，有36.8%的教师明确表示学校布局调整有利于提高教育质量，认同比例位居学校布局调整成效的第5位。（见表4-3）

教育质量是一切教育教学活动的最终目标和根本归宿，也是评价教育政策的最高标准和根本依据。学校布局调整在整体上提高了教育质量，意味着教育资源向优质化方向转变，这对于实现更高层次的教育公平有着基础性的意义。

4. 农村中小学校布局调整有利于新课程改革的推进

新课程改革是21世纪初以来我国基础教育推进素质教育、提高教育质量的主要手段。然而学校布局调整以前，在不少农村薄弱学校和偏远地区，由于师资的匮乏和教学条件的落后，不少农村学校根本无法按照新课程改革的标准开齐所有课程，更无法按照新课程改革的教学理念、要求组织课堂教学、实施素质教育。学校布局调整后，教育资源的优化配置为农村学校顺利推进新课改提供了条件，过去在大多数农村小学无法正常开设的英语、信息技术、艺术课等科目基本都能正常开设，不少学校甚至有了专任教师；过去只在影视传媒资料中才能观摩和了解到的新教学方式与新教学方法，现在因为有了教学条件也能在农村偏远地区和薄弱学校实施，部分农村学校甚至还利用农村的自然社会条件，因地制宜地开展综合实践活动课程改革试验，并且在实践中取得了不俗的教学成果。

教师问卷调查结果显示，在614名样本教师中，有36.1%的教师明确表示学校布局调整有利于促进新课程改革的推行，认同比例居学校布局调整成效的第6位。（见表4-3）

农村中小学校布局调整的实行促进了农村义务教育阶段新课程改革的实施，提高了九年义务教育阶段新课程标准实施的覆盖面，缩短了农村义务教育与教育现代化的差距，对提高教育质量和实现教育过程公平有着非常重要的作用。

正是因为农村中小学校布局调整在促进教育公平方面还有上述积极作用，所以，看待和认识农村中小学校布局调整对教育公平的损伤问题还必须坚持一分为二的观点：学校布局调整政策对教育公平同时具有积极和消极的两面影响。我们当前探讨的学校布局调整损伤教育公平问题是在坚持一分为二观点前提下的讨论，对损伤的关注并不否认学校布局调整对教育公平的促进作用。学校布局调整对教育公平的损伤问题是该政策对教育公平影响的两面性中的一面，即负面影响。

五、损伤的前提是政策整体效果利大于弊

任何政策都可能会产生两种后果：正面的和负面的。一项教育政策的实施效果不是从局部的得失去判断，而是从政策的总体目标和效果去判断。出于研究视角的需要，本书着力于农村中小学校布局调整对教育公平的损伤的考察，但这并不意味着本书否认该政策已经取得的积极成效，从而脱离农村中小学校布局调整政策的整个分析框架去执之一端而求全责备。

农村中小学校布局调整政策的首要目标是为了提高教育资源的利用效率，这一政策目标是在21世纪初我国农村学龄人口下降、税费改革后农村教育经费紧张的背景下做出的政策选择。在当时特定的政策环境下，这一政策毫无疑问是有利于农村教育的整体发展和进步的，所以在现实中也受到了广大干部、群众、教师和学生家长的支持。

本书中的问卷调查结果显示，农村中小学校布局调整政策推行后确实取得了很多成效，在很多方面促进了农村教育的进步。当问及614名学校样本教师对当地农村中小学校布局调整所取得的成效的看法时，有57.2%的教师认为该政策实现了教育资源的合理配置，认同比例居首位；有53.9%的教师认为方便了教育管理，认同比例居第2位；另有46.6%的教师认为提高了学校规模效益，认同比例位居各种成效认同度的第4位。（见表4－3）由此可见，农村中小学校布局调整在实现教育资源的合理配置、降低管理成本和提高规模经济效益方面的成效十分显著，而且在提高教育质量、促进教育均衡发展、降低择校率和促进新课改等方面也有一定的积极效果，因此得到了广大教师的广泛认同。

农村中小学校布局调整政策正是因为取得了上述诸多成效，才能在实践中得以持续地推行。尽管该政策损伤了教育公平并产生了一系列负面影响，但从整体评价而言，这一政策的效果是利大于弊。学校问卷和家长问卷的调查结果都印证了这一点。

在农村中小学校布局调整中，政府是该政策的决策者和执行者，学生、家长和村民是该政策的接受者和最直接的利益相关者。因此，代表学生利益的学生家长和村民对该政策的整体评价最能说明政策的整体成效。当问及村民和学生家长对当地中小学合并政策的总体看法时，在2561名样本村民与家长中，有32.3%的村民与家长认为该政策是“利大于弊”，有12.7%的村民与家长认为是“弊大于利”，赞同“利大于弊”者多于赞同“弊大于利”者近20个百分点。（见表4－4）由此可见，绝大多数村民和家长对农村中小学校布局调整政策整体效果的看法是“利大于弊”。

表 4－4　样本村民与家长和教师对当地农村中小学校布局调整政策的总体看法

评　价	村民与家长				学校教师			
	频数	百分比	有效百分比	累积百分比	频数	百分比	有效百分比	累积百分比
利大于弊	827	27.6	32.3	32.3	412	67.1	69.2	69.2
弊大于利	324	10.8	12.7	44.9	101	16.4	17.0	86.2
说不清	1410	47.1	55.1	100.0	82	13.4	13.8	100.0
合计	2561	85.5	100.0	—	595	96.9	100.0	—
缺失值	433	14.5	—	—	19	3.1	—	—
合计	2994	100.0	—	—	614	100.0	—	—

当问及学校布局调整的另一重要利益相关方——学校教师对农村中小学校布局调整政策的整体效果的看法时，在595名学校样本教师中，有69.2%的教师认为该政策是“利大于弊”，有17%的样本教师认为是“弊大于利”，赞成“利大于弊”者多于赞成“弊大于利”者超过50个百分点。（见表4－4）由此可见，绝大多数学校教师认为学校布局调整政策的整体效果是“利大于弊”，而且认同度明显高于村民和家长。

正是因为大多数村民、家长和教师都认为该政策的整体效果是“利大于弊”，所以该政策在实际执行中得到了广大群众的理解、拥护和支持。当问及村民和家长对当地农村中小学校布局调整政策的总体态度时，在2590名样本村民与家长中，明确表示“支持”的样本为49.4%，明确表示“反对”的样本只有10.9%。（见表4－5）所以，大多数农村学生家长和村民是支持和拥护农村中小学校布局调整政策的。

表 4－5　样本村民和家长对当地中小学合并政策的总体态度

态度	频数	百分比	有效百分比	累积百分比
支持	1280	42.8	49.4	49.4
反对	282	9.4	10.9	60.3
说不清	1028	34.3	39.7	100.0
合计	2590	86.5	100.0	—
缺失值	404	13.5	—	—
合计	2994	100.0	—	—

教师作为国家公职人员，理应遵守国家的教育方针和政策。所以，在实际工作中，教师无论内心对农村中小学校布局调整政策持什么态度和看法，都不能直接反对该政策。正因如此，教师内心的真实想法恰恰最能够反映该政策的

合理程度和实际支持度。

由于本次调查中的教师问卷没有直接设计同题对此进行测试，加上本研究中教师问卷调查的样本量相对较小，所以，我们借用“中国中西部农村中小学校合理布局结构研究”课题组的同类调查数据来考察样本教师对学校布局调整政策的支持度。在该课题组的教师问卷调查中，当问及10 443名样本学校教师对农村中小学校布局调整政策的态度时，有83.9%的教师明确表示“支持”，只有5.6%的教师表示“不支持”。（见表4－6）由此可见，学校布局调整政策也获得了绝大多数教师的支持。

表4－6　教师对农村中小学校布局调整政策的总体态度

态度	频数	百分比	有效百分比	累积百分比
支持	8761	76.4	83.9	83.9
不支持	585	5.1	5.6	89.5
无所谓	1097	9.6	10.5	100.0
合计	10443	91.1	100.0	—
系统缺失	1020	8.9	—	—
合计	11463	100.0	—	—

注：本表数据根据“中国中西部农村中小学校合理布局结构研究”课题组的数据库分析而来。

综上所述，农村中小学校布局调整是一项整体实施效果“利大于弊”的教育政策，它促进了教育资源的合理配置，提高了规模经济效益，还产生了其他附带的积极影响，这是“利”的一面；“弊”的一面是指该政策损伤了教育公平，对部分受教育者的教育权益产生了负面影响。本书所探讨的农村中小学校布局调整对教育公平的损伤是在该政策效果整体“利大于弊”的语境下进行的讨论，是在“利大于弊”这一前提下关于小部分“弊端”的探讨。这种探讨不但不否认农村中小学校布局调整对农村教育发展所产生的积极影响，而且服从和服务于改进政策以促使其产生更多更积极成效的目的。因此，农村中小学校布局调整损伤教育公平的首要前提（或性质）是“利大于弊”，脱离这一基本前提的探讨和研究很容易断章取义地片面强调教育公平的重要性，不但可能会抹杀学校布局调整的积极成效，也可能在实践中无法真正有利于改进教育公平和推动教育事业的发展。

第二节　农村中小学校布局调整损伤教育公平问题的性质

农村中小学校布局调整政策在产生了经济效益的同时，也对教育公平产生了负面影响。这一看似矛盾的结果很容易在实践中对人们的认识产生干扰，造成思想和工作上的混乱。究竟该如何认识和判断这一问题的性质？这是在理论上和实践中需要予以明确回答的问题。根据我们的调查研究，并结合国内外已有的相关理论研究，本书可以就农村中小学校布局调整对教育公平损伤问题的性质做出以下基本判断。

一、该问题属于制度衍生型教育公平范畴

促进教育公平是发展义务教育事业的价值追求，也是国家的基本教育政策。影响教育公平的因素是多方面的，教育政策本身也是其中之一。根据教育公平问题产生的原因，可以将之划分为制度衍生型和非制度衍生型教育公平问题两类。所谓教育制度衍生型教育公平问题，是指由于一项或多项教育政策的实施而从中产生的教育公平问题，政策或制度本身是导致教育公平问题出现的直接原因。除了此类原因之外的教育公平都属于非制度衍生型教育公平问题。

农村中小学校布局调整政策对教育公平的损伤是该政策在义务教育领域实施之后的一种负面影响，这些影响绝大多数都直接来自该政策本身，如上学远、上学难和低龄寄宿儿童生活自理困难等问题都是由于这项政策的实施而直接导致的；学校过度撤并所产生的校点过度集中以及大班额教学对教育过程公平的影响也是由该政策的执行偏差等原因造成的。除此之外，还有部分负面影响是学校布局调整政策与其他影响教育公平问题的因素共同产生的，如上学贵问题既有农村义务教育财政政策本身的影响，也有学校布局调整政策实施后所增加的经济负担等因素的影响；部分学生群体的学业成绩欠佳、心理健康失衡等问题则是该政策与农村义务教育其他公平影响因素的共生问题。如果没有农村中小学校布局调整政策的实施，上述绝大部分教育公平问题就不会产生或至少没有目前这么严重。因此，从整体来看，该问题属于制度衍生型教育公平问题。

二、该问题是公平与效率价值冲突的外在表现

政策学者戴维·伊斯顿（David Easton）认为“政策是对全社会的价值做权威性的分配”[1]。教育政策作为公共政策的一种，公平与效率都是其所追求的价值目标。效率目标要求教育政策提高教育资源的配置效率，减少教育资源

---

[1] David Easton，The Political System：An Inquiry into the State of Political Science. New York：Knopf，1953，p. 129.

的不当使用和无效耗费，最大限度地提高产出。公平目标要求教育政策要促进教育的均衡发展，为不同的受教育者提供均等的受教育机会。

实现教育公平与提高教育资源配置的效率在现实中是对立统一的关系。一方面，二者具有相互促进的作用，资源配置效率的提高为更好地改善教育公平提供了物质条件和现实可能，教育公平的改善也可以使得人才能够产生更大更多的社会价值。另一方面，二者也存在冲突的一面，改进效率要求资源向最有利于产出的区域和人群集中和流动，这就无法为所有受教育者提供均等的机会，而提高公平就要资源均衡配置，这必然会带来效率损失。

教育公平与教育效率价值关系的矛盾使得教育政策在实际执行中经常在两大价值目标中摇摆，很难真正达到公平与效率兼顾条件下的统一。在此情况下，以效率为主要目标的教育政策通常可能会伤及教育公平，以公平为目标的政策通常会伤及效率。农村中小学校布局调整政策是以提高教育资源配置为首要的目标，“追求效益是各级政府进行农村中小学校布局调整的初始动力”[1]，尽管不少地方政府在文件中也宣称本地学校布局调整的目标之一是“为了促进教育均衡发展”，但在实际的政策执行中，效率的目标是压倒性的，公平的目标很少或很难真正达成。正如有学者指出的那样：“农村中小学校布局调整不可避免地会遇到公平与效率的冲突，这种冲突在政策文本中被政策设计者采用模糊性的语言掩盖了，地方政府在目标、手段和最后结果的评价上都存在较高的模糊性。这种模糊性使得提高教育经济效率的目标在实际执行中得到激励，而确保教育公平的目标却在模糊的执行艺术中被忽略，由此导致教育公平受损。”[2] 正因如此，教育公平的价值取向在该政策的实际执行过程中没有得到应有的重视，甚至是以牺牲公平为代价来换取资源配置效率的片面提高，结果必然导致对教育公平的损伤。因此，农村中小学校布局调整对教育公平的损伤问题实际上是该政策在教育公平与教育效率价值取向上没有协调统一，进而产生矛盾冲突的一种外在表现。

三、该问题是农村义务教育有效供给不足的一种反映

教育供求关系是影响教育发展的一个基本规律。教育供给是指“一定社会为了培养各种熟练劳动力和专门人才，促进经济、社会和个体的发展，而由

[1] 贾勇宏．农村中小学校布局调整的预期和动力——基于中西部6省（区）的调查与分析［J］．教育发展研究，2007（21）：9－14．

[2] 周芬芬．地方政府在农村中小学校布局调整中的执行策略——基于模糊冲突模型的分析［J］．教育与经济，2006（3）：64．

各级各类教育机构提供给学生受教育的机会。它包括广义和狭义两个方面。狭义的教育供给是指正规教育机构（诸如普通大、中、小学等）提供的教育机会；广义的教育供给还包括许多非正规教育机构（诸如成人教育、职业教育、在职培养等）所提供的教育机会”❶；教育需求是指“社会、企业和个人对教育机会有支付能力的需要”❷。教育供求规律要求教育供给与教育需求要均衡，供给不足或需求不足都会造成供求失衡。从供给角度来看，如果教育供给难以满足教育需求，供给短缺或过多，都会造成教育的有效供给不足。

在我国义务教育阶段的农村中小学校布局调整政策中，广大人民群众对该政策有很多需求和期待，如就近入学、获得优质的受教育机会等。但受教育资源稀缺性的制约，作为教育供给者的地方政府，在有限的教育资源中无法满足所有受教育群体的所有教育需求，不可能做到让所有受教育者都能获得就近入学的平等受教育机会，只能保证绝大多数人的这一需求得到满足；同时，受我国农村义务教育发展不均衡的影响，地方政府目前还无法将优质的教育资源公平地配置给每一个受教育者，更无法做到使每一个人都能公平地享有高质量的受教育机会。这就必然导致少部分受教育者的公平而便利的入学机会受到负面影响，或者优质的受教育机会无法平等地获得，由此在教育供求关系上就会出现两类失衡状态：一是入学机会上的供求失衡，二是优质受教育机会上的供求失衡。受义务教育公共产品属性的影响，一个地区义务教育阶段受教育者的教育需求一般是既定的，而政府作为教育供给的主体，供给能力却是有限的，当供给能力难以满足既定的教育需求时，就会出现有效供给不足而造成的供求失衡问题。

因此，从教育供求的角度来看，农村中小学校布局调整损伤教育公平实际上就是义务教育供给难以满足受教育者需求的一种失衡状态，是便利、优质的受教育机会有效供给不足的一种反映。

四、该问题是政策目标单一化的结果

一项教育政策的实施总是针对特定的目标。政策目标的设定一般不能太多，目标越多，政策针对性就越差，政策价值冲突出现的概率就越大，政策实施过程中政策资源的配置效率就越低，政策实施的效果就越难以保证。因此，一项目标的最终达成通常不能仅仅依靠一项政策在短时间内实现，而是需要一揽子政策相互配合和补充并在一定时间内才能实现。对于政策实施之后出现的

❶ 范先佐．教育经济学新编［M］．北京：人民教育出版社，2009：165－166.

❷ 范先佐．教育经济学新编［M］．北京：人民教育出版社，2009：159.

一些负面效果和新问题，常常还需要采取新的政策和相关配套措施加以补救和解决。

农村中小学校布局调整对教育公平产生损伤，在目前的农村义务教育政策环境中是政策实施目标单一性自身无法避免的结果，必须依靠后续的配套政策和相关措施补充到位来补救。如学生上学远和上学难问题至少可以采用寄宿制、校车制度以及恢复和保留教学点等不同方式因地制宜地来解决，而大规模、超大规模学校和班级的问题则可以通过增加生均教育资源配置等方式来解决，只要这些配套措施能到位，上述问题就基本可以解决或者能够降低到影响最小的程度。

因此，农村中小学校布局调整对教育公平的损伤问题是单一化的政策目标实施后的一种自然结果，这些问题并非无药可救，而是需要其他相关政策的配套来补救，在配套政策合理到位的情况下，这些问题中的绝大多数都可以消除或最大限度地降低。

五、该问题是政策过程性特征的体现

从时间序列来看，教育政策的制定和执行具有一定的阶段性。根据管理学家戴明的观点，一项政策的执行需要经历计划（plan）、执行（do）、检查（check）和处理（action）四个基本流程，根据其首字母简称为 PDCA，政策的实施过程其实就是 PDCA 流程不断循环往复的过程。其中，计划主要包括政策方针和目标的确定，以及活动规划的制定；执行主要是根据已知的信息，设计具体的方法、方案和计划布局，再根据设计和布局进行具体运作，实现计划中的内容；检查主要是总结执行计划的结果，分清哪些是对的、哪些是错的，明确效果，找出问题；处理是对检查的结果进行处理，对成功的经验加以肯定并予以标准化，对失败的教训也要进行总结并加以重视。对于没有解决的问题，应提交至下一个循环中去解决。

由于政策实施效果的滞后性，政策实施的负面效果的显现往往有一定的时滞，政策问题引起社会的关注也需要一定的时间并经历特定的过程，政策问题的反馈能否及时得到处理就取决于政策反馈机制的畅通性和灵敏性。如果政策反馈灵敏畅通，政策处理的速度就会加快，反之就会导致更长的时滞。

我国于 2001 年正式开始推进农村中小学校布局调整，但是由于各地区实施学校布局调整的时间表并不统一，实施的方式、力度和条件保障也都各不相同，再加上政策的负面效果的显现需要一定时间，所以直到 2005 年前后，学校布局调整实施的负面效果才陆续被有关部门和学者关注，此时，教育部就代表中央政府在2005年对这些负面影响及时进行了预警并提出了相关指导性建议。随着该政策在全国范围内的深入推行，政策的负面影响越来越凸显。在媒体和学界的广泛关注下，教育部于2012年年底正式提出暂停农村中小学校布局调整政策，并对农村中小学校布局调整政策的负面影响进行了专门的处理。

由此可见，农村中小学校布局调整政策对教育公平的负面影响正是发生在政策提出和实施到政策终止的政策实施过程之间，是政策实施过程中反馈机制滞后的典型表现。

六、该问题是社会不公平在农村义务教育中的延伸

从逻辑上讲，教育不公平是社会不公平的一种，教育不公平必然导致社会不公平。但就一项教育政策的影响而言，社会不公平因素未必都会影响到教育公平。

经济因素是家庭支持子女接受义务教育的保障。经济因素的差异是造成子女接受义务教育不公平的主要家庭因素。农村中小学校布局调整对政府而言是一种办学方式的变革，对农村义务教育阶段的受教育者和家庭而言则意味着牺牲就近入学的便利来换取相对优质的教育资源或者成为教育权益的牺牲者。在同等政策的负面影响下，学生家庭为孩子争取和创造便利的求学机会所能承受的经济成本和付出的代价是不同的。正如美国著名经济学家阿瑟·奥肯所指出的那样："尽管金钱一般不能直接购买到权利的额外帮助，但在事实上，它能买到各种服务，这种服务可以产生更多、更好的权利。"[1] 如此一来，学生家庭的经济状况就成为影响学生上学权利的重要筹码。

同样是面临上学距离远的困难，经济条件较好的学生家庭可以拥有更多的选择，如购买和乘坐便利的交通工具接送孩子上学、在学校周边就近陪读、投奔亲友寄宿，甚至以直接在县城的学校周边购房居住等方式消除学校布局调整对子女求学的不利影响。而那些家庭经济条件较差的学生家庭受经济支付能力的限制，在这些困难面前显然缺乏更多的选择，只能被动地接受学校布局调整政策自然产生的一切后果，更多地成为学校布局调整不利影响的最大承受者。由此可见，农村中小学校布局调整政策对教育公平的负面影响并不仅仅是教育政策本身的问题，而且还是建立在经济差异因素基础上的社会不公平问题在教育领域的进一步延伸。

---

[1] ［美］阿瑟·奥肯．平等与效率——重大抉择［M］．王奔洲，等译．北京：华夏出版社，2010：25－26.

本章小结

农村中小学校布局调整对教育公平造成的损伤和负面影响是一个既成事实。正确认识和评价该问题是解决该问题的必要前提。鉴于农村中小学校布局调整政策植根于农村义务教育发展的土壤中的基本特点，认识和评价农村中小学校布局调整政策对教育公平产生的损伤问题，也必须将之置于我国农村义务教育的大背景下进行。

根据农村中小学校布局调整对教育公平产生损伤和负面影响的具体结果发现，该问题有以下几个特点：损伤对象多为弱势受教育群体，主要包括偏远或交通不便地区学生、家庭经济困难的学生、小学低年级学生、留守儿童、学前教育儿童、寄宿学生、被关闭校点原有的学生和适龄女童；损伤程度有明显的区域差异，山区、丘陵地区受损最严重；损伤具有层次性，对教育起点公平的损伤最大、最严重，次重的是教育过程公平，最轻的是教育结果公平；损伤是对教育公平影响的两面性中的负面特征；损伤的前提是政策整体效果利大于弊。

通过以上特征，本书可以就农村中小学校布局调整对教育公平产生损伤和负面影响的性质做出以下基本的判断：该问题属于制度衍生型教育公平问题；该问题是公平与效率价值冲突的外在表现；该问题是农村义务教育有效供给不足的一种反映；该问题是政策执行目标单一化的结果；该问题是政策执行过程性特征的体现；该问题是社会不公平在农村义务教育中的进一步延伸。

第五章　农村中小学校布局调整损伤教育公平的成因

农村中小学校布局调整政策对教育公平造成了损伤和负面影响，特别是对偏远地区学生、家庭经济困难的学生和低龄学生等弱势受教育群体的公平受教育权益的伤害比较大，作为政策执行的一种负面结果，其成因究竟何在？有学者认为："任何教育状况都是教育政策的结果……如果说教育公平与效率问题是'症'的话，那么根源在于教育政策。"[1] 基于此，农村中小学校布局调整对教育公平的损伤问题也是教育政策实施与执行过程中的一种病症，其根源就在于政策本身。因此，探寻该问题的成因也理应从农村中小学校布局调整政策本身入手。

第一节　政策价值取向偏差：在源头上忽略教育公平

公共政策的价值取向就是对政策系统行为的选择，即对社会资源的提取和分配以及对行为管制的选择。教育政策是公共政策的一种，其价值取向是教育政策的指导思想，对教育政策的制定、执行、反馈和调整等环节都起着根本性的定向作用。教育政策价值出现偏差，会直接影响政策的顶层设计和执行过程，必然会使政策结果出现问题。农村中小学校布局调整政策在价值目标上存在以下三个方面的偏差。

一、重效率轻公平

如前文所述，公平和效率是教育政策的两种基本价值取向，二者存在对立统一的矛盾关系。一方面，教育效率与教育公平的实现由于都需要占有教育资源而存在矛盾的一面，重视效率可能会影响公平，注重公平可能又会牺牲效率；另一方面，二者又可以在培养人才的过程中相互促进，教育资源配置效率

---

[1] 石火学．教育政策视角下的教育公平与效率问题研究［J］．清华大学教育研究，2010（5）：29－34.

的提高可以为改善教育公平创造物质条件，教育公平的实现又能确保受教育者拥有公平的受教育机会，在长远上能够提高人才培养的质量，从而提高教育资源的投入产出效率。教育公平与教育资源配置效率的矛盾要求教育政策的“顶层设计”要正确处理二者的关系，尽量实现公平与效率兼顾，当二者不能同时兼顾时，应该在政策配套措施中做出相应的补救。

1.“重效率轻公平”政策价值偏向形成的背景

要了解农村中小学校布局调整政策在公平与效率问题上的价值取向，首先要了解该政策出台的基本背景。我国在历史上进行过多次学校布局调整，而始于 21 世纪初的本次农村学校布局调整却是在农村税费改革中拉开序幕的。

2000 年 3 月 2 日，我国政府颁布了《中共中央、国务院关于进行农村税费改革试点工作的通知》（中发〔2000〕7 号），开始在农村实行税费改革，逐步取消了农民长期担负的各种税费。这次税费改革是我国财税历史上具有里程碑意义的一件大事，对促进农业的发展、农村的稳定和农民的福祉都具有划时代的积极意义。农村税费改革试点工作开始之后，试点地区原来用于支持农村义务教育发展而专门面向农民征收的乡统筹费、农村教育集资等行政事业性收费被废止，农村义务教育发展由此失去了经费来源。为了适应农村税费改革试点的新形势和新变化，中央政府将“精简乡镇机构和压缩人员”作为农村税费改革试点的配套措施之一，并特别提出要“严格核定人员编制……适当合并现有乡村学校，对教师队伍进行必要的整顿和压缩”❶，这是我国政府决定进行本次农村中小学校布局调整的最早表述。

为了确保农村税费改革后义务教育的经费投入，中央政府又对农村义务教育投资管理体制进行了相应的改革。2001 年 3 月 24 日，国务院颁布了《关于进一步做好农村税费改革试点工作的通知》（国发〔2001〕5 号），指出“农村税费改革必须相应改革农村义务教育管理体制，由过去的乡级政府和当地农民集资办学，改为由县级政府举办和管理农村义务教育，教育经费纳入县级财政，并建立和完善农村义务教育经费保障机制，加强县级政府对教师管理和教师工资发放的统筹职能，将农村中小学教师工资的管理上收到县”❷。从此，农村义务教育阶段开始实施“以县为主”的教育投资和管理新体制，县级人民政府成为农村义务教育经费投资和管理的主体，对义务教育经费的投资承担

❶ 中共中央，国务院．关于进行农村税费改革试点工作的通知（中发〔2000〕7 号）[Z]．2000-03-02.

❷ 国务院．关于进一步做好农村税费改革试点工作的通知（国发〔2001〕5 号）[Z]．2001-03-20.

主要责任，农村义务教育经费从此也开始成为县级政府公共支出的重要内容，农村义务教育也由过去的“人民教育人民办”开始向“人民教育政府办”转变。

然而受我国区域经济发展不平衡的影响，不少县级地方政府，特别是中西部地区的贫困县（市），在实施“以县为主”的义务教育经费新体制之后面临巨大的教育投入压力，单纯依靠自身的力量在现行国家财政体制内难以承担义务教育经费的全部支出，农村学校面临教育经费短缺和运转困难的严峻问题。与此同时，受我国长期推行计划生育政策的影响，农村义务教育阶段的适龄儿童和少年在2000年基本普及九年义务教育之后开始逐年下降，许多农村学校在学龄人口高峰期过去之后因为生源不足而存在规模偏小、布点分散和教育资源利用不充分等问题，教育资源配置存在很大的效率提升空间。

为了减轻“以县为主”的新体制实施后县级财政的压力，降低农村义务教育学校的办学成本和提高教育资源的配置效率，同时也为了适应我国学龄人口下降的新情况，中央政府将学校布局调整和精简教师队伍作为该变革的一项重要配套措施来实施。国发〔2001〕5号文件明确提出：“要进一步优化教育资源配置，合理调整农村中小学校布局。根据实际情况适当撤并规模小的学校和教学点，提高农村学校办学效益。精简和优化中小学教师队伍，坚决辞退代课教师，依法辞退不合格教师，压缩农村中小学校非教学人员，清退临时工勤人员。有关部门要抓紧研究制定科学合理的教职工与学生人数或教职工与班级数比例，并据此核定中小学校编制，进一步规范和加强中小学教职工编制管理。”❶ 值得注意的是，此时文件中所提到的学校布局调整尚未真正形成一项专门的政策，而是作为税费改革的配套措施提出来的指导性建议。

为了贯彻中央政府关于农村税费改革和实施“以县为主”的教育投资和管理新体制的有关精神，教育部于2001年3月20日下发了《关于报送中小学布局结构调整规划的通知》（教财函〔2001〕32号），要求各地要“减少中小学校数量”“扩大校均规模”，这标志着学校布局调整正式进入政策设计阶段。2001年5月29日，国务院下发了《关于基础教育改革和发展的决定》（国发〔2001〕21号），该文件在农村义务教育实施“以县为主”的教育投资和管理新体制的基础上，明确提出要“因地制宜调整农村义务教育学校布局”，并要求各地政府要“按照小学就近入学、初中相对集中、优化教育资源配置的原则，合理规划和调整学校布局。农村小学和教学点要在方便学生就近

---

❶ 国务院．关于进一步做好农村税费改革试点工作的通知（国发〔2001〕5号）［Z］．2001-03-20.

入学的前提下适当合并，在交通不便的地区仍需保留必要的教学点，防止因布局调整造成学生辍学”❶。这是我国中央政府提出实施农村中小学校布局调整政策的正式指导文件。

从义务教育阶段农村中小学校布局调整政策出台前后的社会背景和政策文本的主要精神来看，农村中小学校布局调整是一场以提高教育资源配置效率和教育规模经济效益为主要政策目标的教育变革活动，但其前提是要方便学生就近入学以确保教育公平。

然而判断一项教育政策的真实价值追求不仅要依据其文本宣称的价值追求和目标，更要根据其在实践过程中所表现出来的真实目标和结果来确认。在该政策的实际执行过程中，由于提高教育资源的配置效率可以明显减轻地方政府的教育经费负担，对地方政府执行该政策具有内在的激励性，而“就近入学”的教育公平取向往往缺乏刚性的制度约束和内在激励，所以，尽管中央政府三令五申不断强调“要在方便学生就近入学的前提下适当合并”，不少地方政府实际上依然都把“提高教育资源配置效率和规模经济效益”作为政策执行的主要目标，与中央政府所强调的“就近入学”的政策目标渐行渐远，呈现出明显的重视效率而忽略公平的政策价值偏向。

教师问卷调查结果表明，农村中小学校布局调整过程中不少地方存在明显的效率价值偏向。当问及样本教师“您认为本地学校布局调整的政策取向是什么”时，26.8%的教师直接回答为效率优先，11.9%的教师则认为是公平优先，认同效率优先的教师比例大大高于认同公平优先的教师。（见表5－1）由于认同“效率与公平兼顾”的地区在实际政策执行中也会更多地倾向于效率，如果把此类样本也算上，认同效率价值偏向的样本比例就高达88.1%。由此可见，布局调整政策存在明显的效率价值偏向，对教育公平的价值取向重视不够。

表5－1　教师对农村中小学校布局调整政策价值的看法

政策价值取向	频数	百分比	有效百分比	累积百分比
效率优先	149	24.3	26.8	26.8
公平优先	66	10.7	11.9	38.7
效率与公平兼顾	340	55.4	61.3	100.0
合计	555	90.4	100.0	—
系统缺失	59	9.6	—	—
合计	614	100.0	—	—

❶ 国务院．关于基础教育改革与发展的决定（国发〔2001〕21号）［Z］．2001－05－29.

2. 重效率轻公平政策价值偏向形成的原因

为什么中央文件已经明确指出“农村小学和教学点要在方便学生就近入学的前提下适当合并，在交通不便的地区仍需保留必要的教学点，防止因布局调整造成学生辍学”，而在实践中这一文件精神却并没有得到高度的重视和有效执行，以致形成了重效率而轻公平的政策价值偏向呢？

公共选择理论认为，政府是由个人组成的社会管理组织，政府官员和普通人一样也具有“理性经济人”的特征，也会追求自身利益的最大化。由于政府官员没有什么经济收入来源，在理性经济人动机的驱使下，政府官员的主要目标是从上级政府那里获取最多的资源，即争取财政预算额的最大化。农村税费改革之后，教育投资已经成为地方政府公共支出的重要组成部分，其投资和管理行为自然会受到政府官员“理性经济人”这一行为动机的影响。

在经济理性的驱动下，撤并学校、提高教育资源的配置效率可以形成规模经济效益，减少教育经费开支，这对地方政府官员而言就具有内在的激励性。在地方政府收入来源既定的情况下，教育投入所占的比重越小，其他领域能够使用的资金就相对较多。所以，地方政府就有更大的积极性来撤并更多的学校，追求教育资源配置效率的目标在实践中就有了强大的经济利益驱动机制。如果缺乏足够和有效的约束机制，在经济利益驱动下的效率价值目标就会在实践中压倒一切，很容易形成效率优先的政策偏向。

教育公平是我国教育发展的基本国策，在追求教育资源配置效率的同时兼顾公平无疑是最理想的教育政策结果。然而在实践中，教育公平的价值目标为什么难以得到体现和保障呢？

经济学中的委托—代理理论认为，一项制度能否顺利实施必须满足两个条件：一是参与约束，二是激励相容约束。所谓参与约束，就是代理人做一件事情的收益必须要大于不做这件事的收益。所谓激励相容约束，是指代理人会有自利的一面，会按自利的规则行动，导致其行动的目标函数与委托人的目标函数不一致，甚至有可能损害委托人的利益，产生道德风险和逆向选择问题，即代理人问题；如果能有一种制度安排，使代理人的行为在追求个人利益最大化的同时，正好与委托人的利益最大化目标相吻合，那么这一制度安排就是“激励相容”。

农村中小学校布局调整政策是中央政府设计和制定的、由地方政府来执行的一项教育政策。中央政府与地方政府的关系也是典型的委托—代理关系。中央政府作为委托人，一方面希望地方政府通过撤点并校减少地方教育经费开支；另一方面又希望地方政府维护教育公平，方便学生就近入学，确保受教育者有公平的受教育机会。而作为代理人的地方政府一方面会努力迎合上级政府和中央政府提出的政策目标，追求政绩，以便获取更多的教育拨款和奖励，直接增加本级政府的预算收入；另一方面又会尽量降低本级政府教育投资的整体规模，增加地方政府在其他公共支出领域更大的财政支配能力。

在中央政府的授权下，地方政府可以通过合法地撤点并校来提高教育资源的配置效率，通过实现学校规模经济效益来大幅缩减本地区的日常办学成本和管理成本，这一行为的收益与其试图增加地方政府预算收入的整体目标具有一致性，满足了激励相容约束和参与约束两个行为条件。然而中央政府试图让地方政府确保学生就近入学却没有刚性的制度约束和激励机制。所以，地方政府在政策实际执行中会根据选择性激励原则优先考虑教育资源配置效率的目标，忽略或没有积极性去关注教育公平的目标。

地方政府“效率优先”的教育政策价值导向没有在政策顶层设计上正确处理教育效率与教育公平的关系，在政策实际执行过程中忽略或漠视了教育公平。为了实现提高资源配置效率的目标，不少地方政府不顾本地教育的实际情况，盲目强调撤并学校所能够带来的规模经济效益，不惜牺牲学生就近入学的便利，过度撤并农村小学和教学点，导致农村学校和教学点数量锐减，学校服务半径越来越大，学生上学距离越来越远，家庭经济负担越来越重。在规模经济效益的激励下，部分地方政府即使在布局调整政策已经明显损伤教育公平和出现负面影响的情况下，依然采取了更大范围的学校撤并和集中行动，实行了把小学全部集中在乡镇、大部分初中设置在县城的所谓“农村学校城镇化”做法，俨然把提高规模经济效益作为农村中小学校布局调整的唯一政策目标。我国著名经济学家茅于轼曾经指出：“教育和其他行业不同，它不但要追求效率，还要保证公平，几乎一切有关教育问题的争论都是因为公平而引起的。如果不考虑公平的需要，绝大部分的争论都不会发生。”[1] 由此可见，地方政府过分强调提高经济效率而忽略教育公平的做法是有失偏颇的。正是这种政策价值的偏差直接导致了农村中小学校布局调整在实际执行过程中政策目标和结果的偏差，从而在源头上对教育起点公平产生了损伤。

教师问卷调查结果也表明，农村中小学校布局调整的政策价值偏向是导致该政策损伤教育起点公平的原因之一。当问及614名样本教师关于导致农村中小学校布局调整损伤教育公平的原因时，回答“政策重效率，忽略公平”的

[1] 茅于轼．经济学的智慧［M］．天津：天津社会科学院出版社，2004：219.

教师占总应答人次的比例为9.5%，占样本总数的28.9%，位居11个原因中的第6位；认同“弱势群体保护意识不强”的教师占总应答人次的比例为10.1%，占样本总数的30.6%，位居11个原因中的第5位。(见表5-2)

表5-2 农村中小学校布局调整损伤教育公平的原因（N=614）

原因	频数	百分比	个案百分比	排序
地理环境复杂多样	235	12.9	39.0	2
布局调整规划不科学	205	11.2	34.1	3
政策重效率，忽略公平	174	9.5	28.9	6
配套措施不到位	370	20.2	61.5	1
教师编制政策过紧	195	10.7	32.4	4
政策急功近利，方式不当	131	7.2	21.8	7
漠视群众的合理呼声	128	7.0	21.3	8
政策执行“一刀切”	124	6.8	20.6	9
弱势群体保护意识不强	184	10.1	30.6	5
人口密度小	72	3.9	12.0	10
其他	10	0.5	1.7	11
总计	1828	100.0	303.9	—

“政策重效率轻公平”直接指出了该政策的效率价值偏差，“弱势群体保护意识不强”说明布局调整政策的公平价值欠缺或不足，表5-2中两项原因较高的样本认同度说明，农村中小学校布局调整重效率而轻公平的政策价值偏差是其损伤教育起点公平的政策源头。

二、重城镇轻农村

我国目前正处在从农业社会向工业社会变革的社会转型期，伴随其中的工业化和城镇化（城市化）浪潮席卷全国。作为教育自身变革一部分的农村中小学校布局调整难免会受到城镇化这一社会大变革的影响和冲击。由于教育资源配置具有空间流动性的特征，农村中小学校布局调整必须在整体上考虑采用什么方式配置资源和在哪里重新办学等一系列问题，这自然就会涉及农村学校如何定位以及学校如何在农村和城镇（县镇）中选择的问题。

在我国长期的教育和办学实践中，无论是在教育投资政策，还是在其他相关教育政策的实施中，总是存在一种自觉或不自觉的城镇化中心倾向，即优先照顾城镇的利益，减少或忽略农村的利益。这种城镇中心的立场和倾向导致了城乡教育的巨大鸿沟，既是我国城乡教育非均衡发展的重要原因，也是农村教育迄今依然积贫积弱的重要原因。作为教育变革一部分的农村中小学校布局调整政策也不例外，在处理城乡教育关系问题上也带有明显的重视城镇、忽略和轻视农村学校的城镇中心倾向。

1. 农村中小学教师编制标准城乡倒挂

农村中小学校布局调整实施的重要依据是以师生比为基础而制定的我国现行农村教师编制标准。我国目前现行的中小学教师编制标准规定：城市和县镇小学师生比分别为1∶19、1∶21，初中师生比分别为1∶13.5、1∶16；而农村小学和初中的师生比分别为1∶23和1∶18。（见表5－3）从师生比标准来看，农村教师的师生比标准明显高于城市和县镇，存在严重的城乡倒挂和城市优先的导向。

表5－3　中小学教职工编制国家标准（师生比）

城乡类别	高中	初中	小学
城市	1∶12.5	1∶13.5	1∶19
县镇	1∶13	1∶16	1∶21
农村	1∶13.5	1∶18	1∶23

注：“城市”指省辖市以上大中城市市区；“县镇”指县（市）政府所在地城区。

现行教师编制标准的理论依据是经济学中的规模适度理论，其前提预设是学龄人口可以自由地、无限度地集中，从而可以达到一定规模，实现教育资源配置的规模经济效益。该标准显然是与城镇学龄人口相对集中、交通相对便利、学校空间可达性强、班级规模比较大等特点相适应的，对城镇学校的布局调整非常有利。然而农村办学的主要目的首先不是为了实现规模经济效益，而是确保广大农村的适龄儿童和少年能够就近入学，使他们获得平等和便利的受教育机会。

现行教师编制标准在注重规模经济效益的同时却忽略了对农村办学地广人稀、学龄人口相对分散、地理位置具有多样性、交通不便、安全保障相对欠缺、学校规模较小、成班率比较低、低龄学生上学难以及弱势受教育群体教育权益保护、农村乡土文化保护和寄宿制办学需要专职生活教师等特殊情况需要更多教师的考虑，不仅一刀切地制定了该标准，而且从实际需要而言本应对农村学校倾斜的师生比编制却向城镇进行了倾斜。这种城乡倒挂的错误倾向使得农村学校教师编制过紧，农村小规模学校由此成为学校布局调整中被撤并的主要对象，规模不达标或成班率低的农村小规模学校被大量撤销，偏远地区的教学点仅能确保“一校一师”或“一班一师”的最低师资配置，难以满足教学点正常的生存和发展需要，还常常因为师资不足问题而面临随时消亡的命运。农村校点的大量消亡导致农村偏远地区学生就近上学的梦想与现实越来越远，上学半径越来越大，上学困难随之大幅增加，对教育公平的损伤也自然产生。

因此，现行农村教师编制标准是典型的城镇中心主义导向的产物，城乡倒挂的教师编制标准直接导致了农村中小学校布局调整过程中重城镇轻农村的政策价值偏向。

2. 对农村学校的认识和定位有误

在我国农村城镇化的社会变革大潮中，农村教育该扮演什么样的角色？农村学校该何去何从？这是农村中小学校布局调整政策在处理城镇化背景下的城乡教育关系时必须予以明确回答的问题。

城镇化（urbanization/urbanisation）也称为城市化、都市化，是由农业为主的传统乡村社会向以工业和服务业为主的现代城市社会逐渐转变的历史过程，具体包括人口职业的转变、产业结构的转变、土地及地域空间的变化。衡量一个国家城镇化水平最常用的核心指标是城镇化率，即城镇居住人口[1]占一个国家或地区总人口的比例。

农村人口向城镇的集聚是城镇化的主要标志和首要特征。学校布局调整中教育资源的空间流动性特征使该政策具有实现学龄人口向城镇集中的可能性，学校布局调整由此在城镇化过程中具有加速农村人口城镇化的工具性价值。一方面，农村学校布局调整不得不正视农村城镇化的社会整体进程，做出顺应性的政策调整和变革；另一方面，农村中小学校布局调整也必须意识到我国当前城镇化历史进程的阶段性、长期性特征以及农村学校自身存在的合理性和特殊性，尊重教育规律和办学规律，不能把学校布局调整政策完全视为推进农村城镇化的工具，忽略教育规律而试图消灭农村学校，进而超越我国现存社会发展的历史阶段而不切实际地超前完成教育城镇化目标。

我国目前正处在实现城镇化的伟大历史进程中。截至2013年1月，“我国的城镇化率为51.3%，不过，如果把在城市常住的1.8亿农民工去掉，真实的城市化率只有35%左右。而发达国家的城市化率一般在70%以上”[2]。由此可见，我国要实现更高程度和更高水平的城镇化，还需要经历一个相对较长的历

---

[1] 在我国，关于城镇化率的城镇人口统计口径在学术上有很大争议。有人主张按户籍人口计算，有人主张按常住人口计算，也有人主张只按城区人口计算，还有人认为应该把城郊农村人口也计入。根据国家统计局的统一口径，城镇人口按常住人口而非户籍人口计算，本书尊重和采用国家统计局的官方计算口径。

[2] 庄植．中国真实城市化率只有35%左右［EB/OL］．大公网，2013－01－16，http：//finance.takungpao.com/hgjj/q/2013/0116/1390770.html.

史时期。在此历史阶段中，妄图在短时间内实现所有农村和农民的城镇化既不可能，也不可取。即使在我国实现了更高水平的城镇化后，农村作为我国社会发展的基本形态依然也不可能完全消失。因此，可以肯定的是，在我国只要还有农村存在，伴随农村学龄人口而设立的农村学校和农村教育就不可能完全消亡。事实上，即使在已经实现教育现代化和高度城市化的欧美发达国家，迄今还有大量的农村小规模学校和教学点存在，而且这些学校和教学点已经成为确保偏远地区学生和弱势受教育群体公平地接受教育的一种特殊形式而受到了地方当局的保护。所以，积极顺应城镇化的社会发展趋势，因地制宜地将部分学校适当向城镇集聚，同时尊重农村学校的合理存在，在促进教育均衡发展的理念下对城镇和农村学校一视同仁，通过教育资源投入向农村教育的倾斜来加强农村薄弱学校的建设和质量的提升，通过缩小城乡差距来实现城镇与乡村教育的均衡发展，这才是处理学校布局调整与城镇化关系的正确路向。

然而在我国的农村中小学校布局调整过程中，许多地方政府站在城镇化和工业化的立场上对农村学校和农村教育进行了重新认识和定位，产生了以城镇化名义否定农村学校和农村教育存在的错误倾向。在他们眼中，“工业化、城市化、市场化是现代社会发展的象征，而农业化、乡土化、社群化则被视为落后、迟滞的，在现代化浪潮中需要被改造与重新设计。于是，城市化的教育模式被完全移植到农村，要实行现代意义的具有合理规模的班级教学，要统一学习现代城市化取向的课程，要培养工业化建设所需要的人才。在片面追求城乡一体化的过程中，农村教育的特殊性与独特性被完全抹平。农村学校被塑造成了为城市选拔人才的基地，由此而衍生的农村学校自然不需要散落在乡间，自然也就不需要具有乡村文化气息的小规模教学”❶。受此影响，弱势群体赖以生存的农村学校成为学校布局调整中被改造和消除的对象，暂时还存在的农村学校也因为缺少教育资源的持续投入和均衡配置而只能“望城兴叹”或沦为更加薄弱的学校。在教育管理者眼中，只要农村学校和教学点向县镇实现了集中，就浸染于城镇教育现代化的环境中，农村教育的整体质量和教育均衡发展因为农村薄弱学校的自然消亡就得到了改善，教育管理的成本因为学校的集中而大大降低，县域内的教育现代化和学校现代性由此也就提升到一个新的档次，农村教育城镇化似乎是我国农村教育一夜之间迈向教育现代化的不二选择。

❶ 王海英．农村学校布局调整的方向选择——兼谈农村学校“撤存”之争［J］．东北师大学报（哲学社会科学版），2010（5）：156－161.

在城镇化工具理性的指引下，教育城镇化似乎与教育现代化等同，学校城镇化似乎与现代性等同。于是，从教学点到农村中心小学，从村中心小学到乡镇中心小学，从乡镇中心小学到九年一贯制学校，再到县城完全学校（从小学一直到高中），地方政府采用渐进式的变革按照上述路径逐步来实现农村学校向城镇高度集中的既定目标。农村校点由此变得越来越少，县镇学校越来越集中，班级规模越来越大，服务半径越来越长，农村学生上学越来越远，低龄学生上学的困难越来越大。实际上，以城镇化名义实现学校的过度集中和组建的超大规模学校，并没有实现地方政府预想的提高规模经济效益的目标，反而已经在实践中暴露出很多亟待解决的新问题，如管理成本急剧上升、班级规模过大、生均教育可利用资源紧张等。

在城镇化人口集聚理论的指引下，农村学校城镇化这一悄无声息的改革正在以农村学校的大量消亡为代价。东北师范大学农村教育研究所邬志辉教授和史宁中教授通过对2000—2009年学校布局调整的研究发现，肇始于21世纪初的此次农村中小学校布局调整呈现出三个宏观特征：力度为历次最大，主要发生在农村，主要调整的是农村小学。他们还通过教育部公布的统计数据发现："在1979—2009年的30多年间，全国共撤并小学和初中66.79万所，其中近10年（2000—2009年）减少了27.98万所，占30年学校减少总量的41.9%，平均每天约有77所学校消失……在近10年减少的27.98万所中小学中，有21.5万所为农村中小学，占学校减少总量的76.84%，即每天约有59所农村中小学在消失……在近10年减少的21.5万所农村中小学中，农村小学达20.6万所，占农村学校减少总量的95.81%，是近10年全部中小学减少总量的73.62%。"❶

另据《中国教育统计年鉴》和《教育部全国教育事业发展统计公报》提供的统计数字，全国县域内小学及教学点由2000年的69.4万所（个）减少到2009年的33.62万所（个），累计共减少35.78万所（个），减幅达51.56%；2000年全国县域内有小学52.14万所，到2009年只剩下26.39万所，10年期间共减少25.75万所，减幅达49.39%。其中，农村小学数由2000年的44.02万所减少到2009年的23.42万所，减幅达46.8%，净减少20.6万所，占县域内小学总减少量的80%；农村小学教学点由2000年的15.75万个减少到2009年的7.10万个，减幅达54.92%，净减少8.65万个，占县域内小学教学点总减少量的86.24%。（见表5-4）

---

❶ 邬志辉，史宁中．农村学校布局调整的十年走势与政策议题［J］．教育研究，2011（7）：22-30.

表 5-4　2000 年和 2009 年县域内小学和教学点数量（万所）及变化情况

学校类型	年份	县镇		农村		县域学校合计	
		数量	比例（%）	数量	比例（%）	数量	比例（%）
小学	2000	8.12	15.57	44.02	84.42	52.14	100.00
	2009	2.97	11.25	23.42	88.74	26.39	100.00
	变化	-5.15	-63.42	-20.6	-46.80	-25.75	-49.39
教学点	2000	1.51	8.70	15.57	22.43	17.26	100.00
	2009	0.13	7.50	7.10	21.11	7.23	100.00
	变化	-1.38	-91.39	-8.65	-54.92	-10.03	-58.11

数据来源：根据《中国教育统计年鉴》、《中国统计年鉴》2000 年和 2009 年数据计算而来。

注：县镇和农村数量比例以当年县域学校总数为基数计算而来，变化比例是以 2000 年学校数为基数计算而来。

农村学校的急剧消失进一步加剧了农村的“空巢化”和“空心化”，曾经作为农村“乡土文化”标志和符号象征的农村学校在不恰当的城乡教育关系定位中正在被城镇化的大潮淹没和吞噬。这一学校变革的过程和趋势与民国期间费孝通先生所概括的“文字下乡”的教育现代化进程完全相反，以致我国当代学者熊春文教授将该趋势称为“文字上移”[1]过程，其中的一“下”、一“上”准确、直接地反映了农村学校在不同历史时期城乡关系中的不同地位和变化。

总之，由于地方政府对农村教育在当代的地位和价值的认识还存在一些误区，在农村中小学校布局调整过程中产生了重城镇而轻乡村的城市中心主义价值偏差，在实践中形成了以城镇化来统率学校布局调整的工作思路和策略，忽略了对农村教育现有地位和特殊作用的尊重，在价值层面缺乏对农村弱势受教育群体的尊重和保护，在实践中造成了对农村适龄儿童和少年教育公平的伤害。

三、学校规模重大轻小

农村中小学校布局调整的首要目标是实现教育资源的优化配置，获得规模经济效益。整个政策的理论依据是建立在规模经济理论基础上的教育规模适度理论。学校规模的大小是学校布局调整能否实现规模经济效益的控制性技术指标。学校规模究竟是大还是小好？对此，需要根据教育规模经济理论和国内外

[1] 熊春文．“文字上移”：20 世纪 90 年代以来中国乡村教育的新趋［J］．社会学研究，2009（5）：110-123.

的实践经验来寻找答案。

1. 确定学校规模的理论依据

确定学校规模大小的依据是教育经济学中的教育规模经济理论。教育规模经济（economics of educational scale）指“单位生均成本因学生人数增加而下降的情况；反之，教育规模不经济（diseconomics of scale in education）则指单位生均成本因学生人数增加而上升的情况”❶。“教育规模经济的形成是在保证一定教育质量的前提下使学校资源获得充分而适当的使用；同时，规模经济必须在规模扩大后不致衍生不经济缺陷的条件下才能产生。教育规模经济的形成显然是基于以下三个条件：一是资源利用的充分性；二是资源使用的适当性；三是规模扩大的有限性。”❷

根据教育规模经济原理，在其他条件既定的情况下，学校规模（学生数）与学校生均成本（单位学生成本）之间呈 U 型关系。在学校生均规模相对较小的时候，由于教育资源的利用效率比较低下，此时增加学生数量不仅不会导致生均成本上升，反而会使生均成本下降而产生规模经济效益，根据规模报酬递减规律，此时的边际成本会逐步下降；如果继续增加学生至一定数量时，边际成本将会上升，当边际成本（MC）等于生均成本（AC）时，规模经济效益达到最大值。此时如果继续再增加学生数量，边际成本将高于生均成本，就会产生规模不经济。（见图 5－1）

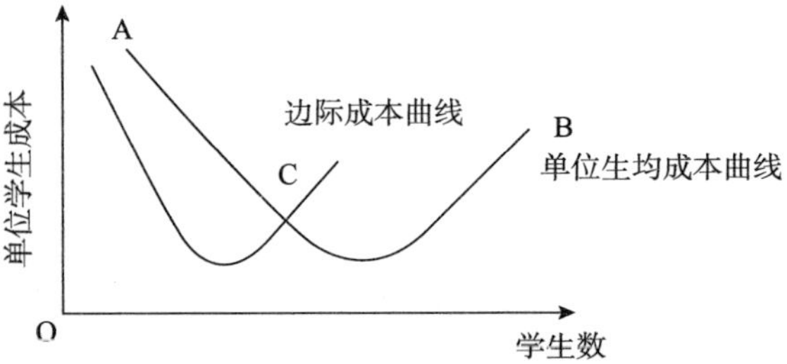

图 5－1　学校规模经济示意图

注：AC 线段为教育规模经济效果，CB 线段为教育规模不经济效果。

由此可见，学校规模既不是越大越好，也不是越小越好，而是要规模适度。所谓学校规模适度，是指“学校拥有恰好可以使所有资源得以充分和恰当利用而不致衍生各种弊端的适当学生数”❸。学校太分散，学校规模就会相

❶ 姚永强. 基于规模经济视域下的农村中小学校布局调整［J］. 现代教育科学，2009（3）：1－2.

❷ 范先佐. 教育经济学新编［M］. 北京：人民教育出版社，2010：57.

❸ 范先佐. 教育经济学新编［M］. 北京：人民教育出版社，2010：57.

对偏小，教育资源就难以得到充分利用，生均成本会过高，形成教育资源的部分闲置和浪费；学校太集中，则可能会超出规模适度的合理区间，导致管理成本膨胀和衍生其他教育问题，形成“有规模但不经济”的相反结果。

2. 学校规模“重大轻小”认识偏差的原因

在学校布局调整实践中，由于部分地方政府对学校规模扩大的限度认识不足，片面强调学校规模的集中所能产生的规模经济效益，把农村中小学校合理布局调整等同于“学校规模越大越好”，在学校规模适度问题上产生了明显的“重大轻小”的思想倾向。

不少地方政府认为：只有学生大规模集中，学校才能实现规模经济效益，才能更好地实现教育均衡发展，才能在大一统的教育环境下更好地推进农村新课程改革，才能实现科任教师的专业化，才能有效地提高农村教育的整体质量。在经济效率价值取向的指引下，地方政府把农村小规模学校和教学点都视作现阶段农村教育中的不合理存在，认为它们分散了限域内有限的教育资源，降低了教育资源的使用效率，增加了教育管理的日常成本，而且多数小规模学校和教学点教育质量低下，影响了教育均衡发展，降低了县域内教育质量的整体水平。

在这种“重大轻小”政策理念的指引下，地方政府“见小必撤”，不顾当地农村受教育群体的特殊需求，盲目追求“学校大规模”，过度撤并了大量不该撤销的农村小规模学校和教学点，使农村学校有无限度地向大规模学校和城镇学校集中的趋势。部分县市甚至把县域内农村小学 3 年级以上的小学和初中学生全部集中在县城，并与县城已经存在的高中一起组建了几个超大规模完全学校（从学前班到高中），只在农村部分村镇保留少量的教学点，而且以此作为本县教育城镇化和学校布局调整的一种特色而大肆宣扬。这种过度的学校集中已经超出学校规模适度的合理区间，不仅没有真正有效降低教育成本，反而因为学校规模过大和班级规模过大而衍生出许多对教育过程公平不利的新问题。

实际上，关于学校规模究竟是大还是小好的问题在国内外也存在争议。早期的国外教育界根据规模经济效益理论也比较强调“大规模学校”的好处。但是近些年来，随着国际教育界对教育质量的日益重视，国外教育界在实践中认为小规模学校更有利于教育质量的提高，正在实现从大规模学校向小规模学校的转变。

从我国当前的农村办学实践来看，小规模学校和教学点在普及农村义务教育中正发挥着特殊的作用。现存小规模学校和教学点在方便偏远地区学生和低龄学生就近入学、减轻低收入家庭接受义务教育的负担、保护弱势群体的正当受教育权益、巩固和提高义务教育普及的质量等方面都有着大规模学校不可替代的作用。在部分边疆和民族地区，小规模学校和教学点还是传承和弘扬民族文化与乡土文化、保护地方特殊文明的重要场所。

从办学成本来看，大规模学校虽然通过教育资源的优化配置节约了政府的日常教育经费开支，但增加了学生上学的距离，进而增加了部分学生家庭上学的交通成本和寄宿成本。政府办学成本的节约实际上是以部分学生家庭教育开支的增加和学生上学的不方便为代价的。为了解决学生上学远和上学难的后续问题，政府又不得不投入大量物力、财力进行寄宿制学校建设、大规模学校校舍扩建和重建、校车工程配套等工作，这与学校撤并之前相比在一定程度上又耗费了新的经济资源。如果将学校布局调整转嫁到农民家庭上的负担与学校布局调整配套措施新增的教育开支计算在一起，部分地区的这部分教育开支甚至会高于政府撤并学校本身所形成的规模经济效益而节约的成本。所以，在适当撤并部分农村学校之后，保留必要的小规模学校和教学点不仅可以方便学生就近入学，而且其办学成本可能还会低于当下因为过分撤并学校之后的平均成本。

再从教育质量提升的角度来看，小规模学校因为师生比较小，师生互动充分，可以发挥因材施教和乡村教育生活化的独特优势，更有利于提升学生的综合素质和教育质量；大规模学校则因为规模过大，人均可占有和利用的教育资源相对有限，反而不利于教育质量的提升。但在多数“重大轻小”者的眼中，小规模学校和教学点教育质量低下，教学方式落后，课程专业化程度低，是迟早要被淘汰的办学形式。实际上，现存小规模学校教育质量的整体低下并非小规模学校和教学点的办学形式本身所致，而是师资和其他教育资源配置的严重不均衡所致。在教育资源向大规模学校倾斜的条件下，小规模学校和教学点与大规模学校不站在同一个起点上，上述教育质量提升的优势因为缺乏必要的条件和保障而难以显现。

由此可见，学校规模大小问题是一个多元视角的教育理论议题。单纯从经济学角度来看，学校规模既不是越大越好，也不是越小越好，而是要规模适度。从教育质量和学校的功能来看，小规模学校和教学点在我国农村现阶段还是一种必不可少的特殊教育形式，在确保教育公平方面有着大规模学校所不具备的优势，在同等条件下大规模学校在提升教育质量方面的优势甚至可能还不如小规模学校。所以，学校规模问题上，“重大轻小”的政策取向是错误的，应该在规模适度范围内把提高规模经济效益与提高教育质量和维护教育公平有机结合起来，在不同层面发挥不同规模学校在各自适宜条件内的规模优势。

第二节　政策执行过程存在偏差：在过程中损伤教育公平

政策价值追求和具体目标的实现最终要依赖政策的实际执行情况。政策执行的具体过程和方式将会直接影响政策执行的最终结果。我国是一个幅员辽阔、地理环境复杂多样的国家，农村中小学校布局调整政策在执行中很容易受到人口分布密度、学生群体差异、自然地理条件差异、交通概况和文化差异等多方面因素的影响。面对不同的情况和问题，地方政府必须在自由裁量权范围之内根据政策的价值追求和目标因地制宜、实事求是地推进农村中小学校布局调整。然而就实际执行过程来看，许多地方政府存在违反科学决策原则、工作程序简单、一刀切和急功近利等执行问题，在政策实施过程中偏离教育公平的价值追求和中央政府设定的“就近入学”等基本政策精神和政策原则，在政策实际执行中人为地加重了对教育公平的损伤。

一、学校布局调整整体规划不科学

2001 年中央政府下达了实施农村中小学校布局调整政策的文件之后，全国各地陆续制定了本地区的政策实施方案和学校布局调整整体规划，开始分阶段、分步骤地实施农村学校布局调整政策。学校布局调整规划作为各地进行农村中小学校布局调整的指导性文件，对确保该政策有计划、分阶段地顺利实施以及确保政策的最终效果起着宏观上的调控作用。

然而从各地学校布局调整规划的制定过程和结果来看，存在很多不够科学的地方。不少地方政府的学校撤并规划目标往往缺乏足够的实地调查研究和充分的科学论证，规划整体目标的出炉不是建立在科学依据之上，而是根据现行农村教师编制师生比标准（小学 1:23，初中 1:18）简单核算而成。按照该标准，凡是学龄人口下降比较严重、师生比不达标的学校都应该在撤并之列，刚性的教师编制标准几乎成了各地制定学校布局调整规划的唯一依据，人口密度差异、上学距离远近、自然地理条件差异、经济条件和学校的特殊性等因素都没有被认真考虑并纳入规划。在这种科学性不足的学校布局规划的基础上，地方政府又通过行政命令直接下达学校布局调整规划目标的数字指令，层层加码，导致各地农村学校撤并力度越来越大，对教育公平的损伤程度也越来越大。

学校教师问卷调查发现，在 614 名样本教师中，有 34.1% 的教师认为“布局调整规划不科学”是导致农村中小学校布局调整损伤教育公平的原因之

一，占样本总人次的11.2%，位居11个原因中的第3位。（见前表5－2）

在实地调研中，课题组调查人员也发现，不少地方的学校布局调整相关文件中所提到的撤点并校目标几乎都是惊人的一致——“减少现有学校数量的1/3”，当问及地方行政人员这一目标是怎么得来的时，多数被访者要么语焉不详，要么答曰依据“上级政府指令而来”。还有部分地方政府似乎已经在学校布局调整中尝到了提高教育规模经济效益的甜头，开始实行“车轮战”，即在完成第一轮学校布局调整目标的基础上，再进行第二轮、第三轮学校布局调整，每次都在学校布局调整规划中要求本地的农村中小学校数量在现有基础上再减少一定的比例，而制定依据在规划中则依然不明确。

由此可见，各地学校布局调整规划在制定时带有明显的政绩导向和“政出数字”特征，规划目标缺乏科学依据，却又层层加码，导致原本为了适应学龄人口减少而提出的学校布局调整政策悄悄演变成为一场功利主义指引下为了学校撤并而撤并的政绩竞争行为。

二、学校撤并缺乏科学的实施标准

一项政策的具体实施不仅要有合理的政策目标和实施原则，还必须在此基础上制定科学的政策实施标准和细则，以便在执行过程中具有可操作性和规范性。为了配合本次学校布局调整，中央政府制定了一个简单的师生比标准，并要求各地政府根据本地基本情况核定教师编制数量。

本次农村中小学校布局调整是在学龄人口减少的客观背景下，政府为解决农村税费改革之后的农村义务教育经费困难而提出的相应改革措施。在农村义务教育经费中，人员经费（教师工资）通常占了全部教育经费的70%以上，因此，科学核定教师编制数量对于控制农村义务教育经费整体规模和实现教育资源的优化配置具有决定性的意义。

为了压缩农村义务教育经费的整体规模，同时也顺应农村税费改革后精简机构和压缩事业单位人员编制改革的整体要求，国发〔2001〕5号文件明确指出要“精简和优化中小学教师队伍，坚决辞退代课教师，依法辞退不合格教师，压缩农村中小学校非教学人员，清退临时工勤人员。有关部门要抓紧研究制定科学合理的教职工与学生人数或教职工与班级数比例，并据此核定中小学校编制，进一步规范和加强中小学教职工编制管理”❶。

为了适应该文件的精神，2001年10月11日《国务院办公厅转发〈中央

❶ 国务院．关于进一步做好农村税费改革试点工作的通知（国发〔2001〕5号）［Z］．2001－03－20．

编办、教育部、财政部关于制定中小学教职工编制标准意见〉的通知》（国办发〔2001〕74号）在保证基础教育发展的基本需要，与经济发展水平和财政承受能力相适应，力求精简和高效，因地制宜、区别对待四个基本原则的基础上，以师生比为依据制定了现行国家教师编制标准（见前表5-3），并特别指出："由于我国地区差异较大，各地经济发展水平不平衡，各省、自治区、直辖市在制定中小学教职工编制标准的实施办法时，可根据本地生源状况、经济和财政状况、交通状况、人口密度等，对附表中所提出的标准进行上下调节。各地在具体核定中小学教职工编制时，具有下列情况的，按照从严从紧的原则适当增加编制：内地民族班中小学，城镇普通中学举办民族班的学校和开设双语教学课程的班级，寄宿制中小学，乡镇中心小学，安排教师脱产进修，现代化教学设备达到一定规模的学校，承担示范和实验任务的学校，山区、湖区、海岛、牧区和教学点较多的地区。承担学生勤工俭学和实习任务的校办工厂（农场）按照企业管理，特殊情况的可核定少量后勤服务事业编制。"❶ 从该文件的具体精神来看，中央政府制定的现行中小学教师编制标准既有一定的原则性，也有一定的灵活性。但是，该标准有明显的解决农村义务教育经费短缺"燃眉之急"的痕迹，也没有经过先试点、再修正和推广的改革一贯做法就仓促上阵、立即实施，从而留下了科学性和适应性不足的隐患和遗憾。

在实际执行中，大多数县级政府并没有根据自己的情况适当放宽本地的教师编制标准，而是从压缩教师编制数量更有利于地方政府的"自利"动机出发，严格按照国家现行农村教师编制（小学1∶23，初中1∶18）和县镇教师编制（小学1∶21，初中1∶16）标准核定农村中小学教师编制总量。这样一来，教师编制的数量实际上是在师生比标准基础上根据本地区的教育财政供给能力而设定的，而不是根据学校和教育发展的合理需求而设定的。如果本地区财力有限或短缺，建立在教师编制数量基础之上的学校布局调整标准显然就很难顾及学校正常发展的实际需求，只能按照上级的要求通过合并学校来裁汰富余教师，进而完成学校布局调整的整体目标。从这个意义来看，学校布局调整的核心任务并不是撤并学校，而是通过减少教师编制来降低本地教育财政负担。

如前所述，现行农村教师编制标准并非一项合理的制度设计，它适用于学龄人口密度相对比较大的地区和流动能力比较强的学生群体，但不适合于交通不便地区和流动能力较差的低龄学生群体。在此简单学校撤并标准的指引下，学龄人口密度较大的平原地区所受影响较小，而学龄人口密度较小的山区、丘

---

❶ 国务院办公厅．国务院办公厅转发中央编办、教育部、财政部关于制定中小学教职工编制标准意见的通知（国办发〔2001〕74号）[Z]．2001-10-11.

陵和其他特殊地区的学校因为师生比偏低而承受着较大的学校撤并压力，而这些地区的学校和教学点一旦被撤并，就会因为中心学校辐射半径过大而造成大量学生上学远和上学难。这一刚性的教师编制政策成为地方政府强制撤并农村学校和教学点的“尚方宝剑”，如果当地村民和学校教师不同意政府制定的学校撤并方案，上级政府就拒绝再为该学校委派老师，学校就会名存实亡。教师编制过紧不仅直接导致部分学校的消亡，而且还对寄宿制学校的发展带来消极影响。

问卷调查也表明现行教师编制标准不合理。当问及样本学校教师“您认为现行农村教师编制师生比标准（小学 1∶23，初中 1∶19）是否合理”时，在 579 名有效样本教师中，46.6% 的教师明确表示“不合理”。（见表 5－5）当问及样本教师农村中小学校布局调整损伤教育公平的原因时，32.4% 的样本教师认为是“教师编制过紧”，占全部应答人次的 10.7%，位列问卷所列全部原因中的第 4 位。（见前表 5－2）由此可见，不合理的刚性教师编制标准是导致农村中小学校布局调整政策执行偏差的制度层面的直接原因。

表 5－5　教师对现行农村教师编制标准是否合理的看法（N＝614）

看法	频数	百分比	有效百分比	累积百分比
是	309	50.3	53.4	53.4
否	270	44.0	46.6	100.0
合计	579	94.3	100.0	—
缺失值	35	5.7	—	—
合计	614	100.0	—	—

除了教师编制标准不科学之外，学校布局调整在学校撤并过程中还缺乏基于教育公平价值的学校撤并操作细则。特别是对于什么样的学校应该保留、什么样的学校应该撤并，缺乏必要的科学论证和分类指导。正是因为缺乏教育公平价值保障的底线和类似的操作性执行标准，农村中小学校布局调整政策在实际执行中对小规模学校和教学点的撤并几乎没有约束机制，大量本该保留的小规模学校和教学点也被强制撤并或过度撤并，严重伤害了偏远地区学生和弱势受教育群体的公平受教育权益。

从国际经验来看，欧美发达国家在实现城镇化的过程中也曾经经历过农村学校布局调整的历史进程。他们在学校布局调整中非常重视学校布局调整标准的制定。在他们看来，学校布局调整不仅要实现教育资源的优化配置，而且要注意教育公平，他们强调“最小数量受教育者的公平权利也应该得到保障”。据此，很多国家的政府根据 GIS（地理信息系统）技术对撤并后学校的辐射半径进行合理设计和科学规划，尽可能保证学生的上学距离不超出当前学生的经济和生理承受能力；同时还对不宜撤并的学校类别做出了特别的说明，如慈善机构和个人善款捐建的学校，交通不便的偏远山区、丘陵、岛屿和河谷等地学校，可能存在语言沟通障碍的民族地区学校，有着特殊文化和历史的学校，撤并后容易造成不良教育后果的学校等。从我国各地的学校布局调整规划和标准来看，各地学校撤并的标准似乎大多都是按照现行教师编制标准制定的，很少考虑到撤并学校服务半径的合理性和公平性，更鲜有像欧美国家那样对不宜撤并学校的类别做出特别说明和约束。

总之，由于学校布局调整标准科学性的欠缺和约束机制的缺失，地方政府在农村中小学校布局调整政策执行过程中偏离了政策设计的初始目标和公平价值，在政策过程中损伤了教育公平。

三、政策执行缺乏弹性

在我国长期的公共行政实践中，存在“一统就死，一放就乱”的怪圈。上级政府如果采用统一的标准和管理要求，就难以照顾到地方事务的复杂多样性，政策执行就会面临无法执行和效力打折等困难；上级政府如果不制定统一的标准和目标，地方政府就会在自由裁量权范围之内自主解读和自行决定政策行动方式，从而很容易形成背离政策目标的乱局。农村中小学校布局调整作为一项公共教育政策，在执行中自然也面临上述矛盾。

在农村中小学校布局调整中，为了防止基层地方政府在政策执行中出现背离政策整体目标的行为，省市级地方政府一般都制定了统一的政策执行原则和政策规划目标。为了完成上级政府制定的学校布局调整整体规划目标，县和乡镇地方政府官员作为基层执行者，往往片面追求数字和政绩，不顾本地区人口的疏密状况和自然地理条件的不同对农村中小学校布局调整所提出的特殊要求，违背中央政府提出的“实事求是”和“因地制宜”的农村学校布局调整工作精神，不切实际地制定统一的学校布局调整标准，不等学校撤并的条件和时机成熟，令到即行，在短期内强制撤并大量学校，出现了“一刀切”和“急功近利”的工作倾向。如不少学校规定小学 3 年级及以上学生都必须进入附近的中心学校就读，还有地区规定凡是学校规模低于 10 人的教学点都必须撤并、学校规模低于 50—100 人的村小学必须合并等。这些做法尽管对部分地区和学校明显不合适并为不少农村干部和群众所反对，但在政策的高压下依然被强制执行。

问卷调查结果显示，23.4% 的样本教师认为本地学校布局调整主要采用的是“强制方式”，49%的教师回答是“示范与强制相结合的方式”；16.5%的样本家长和村民也认为本地布局调整采用了“强制方式”，17.2%的家长和村民认为采用了示范与强制相结合的方式。（见表5-6）由此可见，农村中小学校布局调整过程中政策强制执行方式占有相当大的比例，急功近利的特征很明显。

表5-6 当地农村中小学校布局调整所采用的方式

方式	教师样本				家长样本			
	频数	百分比	有效百分比	累积百分比	频数	百分比	有效百分比	累积百分比
示范方式	146	23.8	26.1	26.1	1489	49.7	66.3	66.3
强制方式	131	21.3	23.4	49.6	370	12.4	16.5	82.8
示范与强制相结合的方式	274	44.6	49.0	98.6	387	12.9	17.2	100.0
其他	8	1.3	1.4	100.0	—	—	—	—
合计	559	91.0	100.0	—	2246	75.0	100.0	—

不恰当的政策执行方式在政策实施过程中直接导致弱势群体的教育公平权益受损。在教师调查问卷中，认为“政策急功近利，方式不当”和“政策一刀切”是导致教育起点公平受损原因的应答人次百分比分别为7.2%和6.8%，分别占样本教师总数的21.8%和20.6%，在问卷所列原因中分列第7位和第9位；认为“地理环境复杂多样”和“人口密度小”两种客观条件是导致农村中小学校布局调整政策损伤教育公平原因的人次比例分别为12.9%和3.9%，分别占样本教师总数的39%和12%，分列问卷所列原因中的第2位和第10位。（见前表5-2）

政策执行既有科学性，也有艺术性，在坚持政策的基本原则和基本精神的前提下，根据具体的情况具体分析是政策执行弹性和艺术性的具体体现。地理环境的复杂多样性和人口的疏密因素在客观上影响学校布局调整的执行方式和教育公平的实现，同时也对政策执行的灵活性和艺术性提出了更高的要求，学校布局调整政策理应根据具体的学校类型和地理特征差异对不同的学校做出有区别的对待和处理。一刀切式的学校布局调整政策执行方式不仅没能有效消除客观因素差异对教育公平本身所带来的消极影响，反而人为地加剧了政策对教育公平的负面影响；急功近利的政策执行方式则在不恰当的时间和条件下过早撤并了本应该撤并的学校，不仅错过了可以最大限度减少对教育公平负面影响的最佳时机，而且增加了该政策执行的社会阻力和社会震荡。

四、执行程序欠缺民主公正性

农村中小学校布局调整事关地方政府、学校教师、学生、家长和村民的切身利益，地方政府官员是农村中小学校布局调整政策的实际决策者和执行者，学校教师、学生、家长和村民是该政策的接受者。教师作为国家公职人员应该拥护党和国家的政策方针，所以在学校布局调整政策上基本与国家和地方的政策方向保持一致。村民与学生家长是学校布局调整政策最主要的影响对象，也是教育政策实施结果的主要承受者。如此一来，学校布局调整政策中最主要的矛盾关系就发生在政府与村民之间。根据利益相关者理论的观点，除了政府官员之外，学校教师、学生、家长和村民作为利益相关者都理应对学校布局调整政策拥有相应的知晓权、参与权、决策权和监督权。

学校布局调整从“人民教育人民办”到“人民教育政府办”，本身是一种办学投资方式的转变，在此过程中包含着“人民办学”时期农村村民和学生家长已经投入而形成的教育资产（包括有形资产和无形资产）的交割问题，所以，这种转变并非只是简单的学校撤并和学校在空间的转移，实际上还涉及地方政府与村民围绕校产而产生的很多经济利益分配纠纷等问题。如果缺乏民主公正的学校撤并程序，将学校一撤了之，不仅可能损害当地学生就近上学的教育利益，而且很可能还会损害村民前期已经投入到村办教育中的经济利益。另外，从国家办教育的宗旨来看，人民教育服务于人民，“办人民满意的教育”的最终评判主体应该是与农村教育直接相关的村民与学生家长。因此，作为学校布局调整重要利益相关者的村民和学生家长的相关利益和合理诉求必须得到应有的尊重和保护，理应参与到本地学校布局调整政策的相关决策和监督过程中去。

然而在学校布局调整实践中，部分地方政府为了尽快完成上级政府制定的学校布局调整政策目标，无视广大农村干部和人民群众的民主权利，漠视人民群众的合理呼声和正确建议，不等学校撤并的时机成熟，不等政府与村民达成一致意见，就立即开始雷厉风行地推行学校撤并工作。政策执行中一旦遭到村民的反对，就利用行政力量采用自上而下的强制变迁方式完成学校撤并工作，在工作程序中缺乏民主公正性。

问卷调查中，当问及教师和学生家长当地学校合并是否征询过其本人或其他代表的建议时，在575名有效样本教师中，有64%的教师明确回答“否”；在2562名有效家长与村民问卷中，25.3%的样本回答“否”，另有52.2%的样本表示对此事不清楚。（见表5-7）由此可见，地方政府在推行农村学校布局调整过程中，对重要利益相关者的教师和村民的意见征询率偏低，没有充分尊重教师、村民和家长的知晓权、参与权，更不用说决策权和监督权。

表 5－7　当地学校布局调整是否征求过教师和村民代表的建议

是否征询过建议	教师问卷				村民与家长问卷			
	频数	百分比	有效百分比	累积百分比	频数	百分比	有效百分比	累积百分比
是	207	33.7	36.0	36.0	576	19.2	22.5	22.5
否	368	59.9	64.0	100.0	648	21.6	25.3	47.8
不清楚	—	—	—	—	1338	44.7	52.2	100.0
小计	575	93.6	100.0	—	2562	85.6	100.0	—
缺失值	39	6.4	—	—	432	14.4	—	—
合计	614	100.0	—	—	2994	100.0	—	—

制度经济学认为政策制定和形成过程的实质是不同利益集团相互博弈的结果，如果政策制定和执行过程中的利益相关者力量不均衡，存在明显的强势集团和弱势集团，政策的最终结果往往就会以牺牲弱势群体的利益而告终。农村中小学校布局调整政策中民主程序公正性的欠缺，导致家长和村民的合理利益诉求得不到有效的表达和保护，在政府强制推行布局调整过程中沦为弱势群体，其子女的公平受教育权利由此受到了损伤。

教师问卷调查结果显示，21.3%的样本教师认为“漠视群众的合理呼声”是导致农村中小学校布局调整损伤教育公平的原因之一，占全部应答人次的7%，位列问卷所列原因的第 8 位。（见前表 5－2）由此可见，农村中小学校布局调整在执行政策过程中的确忽略了部分群众的合理诉求，在工作程序上欠缺必要的民主性和公正性。

地方政府行政方式的失当和民主公正性的欠缺，导致村民和家长的利益表达渠道不够畅通或受阻。为了维护自身的正当权益和合理诉求，部分村民和家长不得不利用“弱者的武器”❶ 或以极端方式对本地政府的学校布局调整政策进行反抗，不少地方由此发生了政府与村民之间不同程度的冲突，对当地的社

❶ “弱者的武器”是由美国耶鲁大学政治科学和人类学教授詹姆斯·C. 斯科特（1936—）在其所著《弱者的武器》（凤凰出版传媒集团 2007 年 1 月版）一书中提出的概念，作者通过对马来西亚的农民反抗的日常形式——偷懒、装糊涂、开小差、假装顺从、偷盗、装傻卖呆、诽谤、纵火、暗中破坏等的探究，揭示出农民与榨取他们的劳动、食物、税收、租金等利益者之间的持续不断的斗争的社会学根源。作者认为，农民利用心照不宣的理解和非正式的网络，以低姿态的反抗技术进行自卫性的消耗战，用坚定强韧的努力对抗无法抗拒的不平等，以避免公开反抗的集体风险。这种反抗方式即“弱者的武器”。

会稳定产生了一定的不良影响。

问卷调查结果显示，在2545名样本家长与村民样本中，有4.6%的家长与村民明确表示本地发生过政府与村民的冲突；在569名有效教师样本中，19.7%的教师表示本地发生过政府与村民的冲突。（见表5－8）学校布局调整政策执行方式的失当已经使本次教育变革在部分地区背离了农村主流的民情和民意，也使这场整体上有利于人民的教育变革因为缺乏农村社区和人民群众的充分支持而陷入了政治斗争的漩涡，撤点并校引发的官民冲突由此成为因该政策执行程序不公和民主缺乏而付出的沉重社会代价，许多地方政府不得不在学校布局调整之后又重新面对和着手解决这一社会问题，不仅浪费了大量的行政资源和社会资源，而且对政府的形象造成了负面影响。

表5－8　当地农村中小学校布局调整是否发生过政府与村民的冲突

判断	教师问卷				村民与家长问卷			
	频数	百分比	有效百分比	累积百分比	频数	百分比	有效百分比	累积百分比
是	112	18.2	19.7	19.7	118	3.9	4.6	4.6
否	457	74.4	80.3	100.0	1137	38.0	44.7	49.3
不清楚	—	—	—	—	1290	43.1	50.7	100.0
小计	569	92.7	100.0	—	2545	85.0	100.0	—
缺失值	45	7.3	—	—	449	15.0	—	—
合计	614	100.0	—	—	2994	100.0	—	—

总之，程序公正和民主是利益相关者利益平衡的必要制度保障，也是政策执行中政策错误纠偏的重要机制之一。程序不公正和民主缺乏必然导致部分相关利益群体的诉求难以得到表达和有效保护，从而就容易对弱势群体的正当权益造成损伤。因此，农村中小学校布局调整过程中的程序不公正和民主缺乏是导致部分受教育群体教育公平受损的重要原因。

第三节　政策配套措施不足：在结果上损伤教育公平

农村中小学校布局调整政策不只是农村学校和教学点的简单撤并，而是一场以撤点并校为主要内容，包括寄宿制办学、校车制度和其他各种配套措施在内的综合性系统工程，其实质是一场把相对分散的村民办学转变为相对集中的政府办学的教育变革活动。

农村中小学校布局调整损伤教育公平的直接原因在于农村学校和教学点的过度撤并偏离了农村义务教育“就近入学”的办学宗旨，导致绝大多数学生上学距离变远，从而使学生家庭的居住地与中心学校的上学距离成为影响教育公平的首要因素。在上学距离变远的不利条件下，为了换取孩子平等的求学便利权利，学生家长必须在寄宿和走读之间进行选择，无论哪一种选择都要比学校布局调整之前的“就近入学”增加不少家庭经济负担和生活负担。正如美国著名经济学家阿瑟·奥肯所指出的那样：“尽管金钱一般不能直接购买到权利的额外帮助，但在事实上，它能买到各种服务，这种服务可以产生更多、更好的权利。”❶ 上学距离的远近由此导致了家庭经济和生活负担的不同，经济因素也开始成为影响教育公平的另一重要因素。在上学距离和经济因素的双重影响下，经济困难家庭和偏远地区家庭学生为此而付出的代价要比其他学生大得多。

如果政府在发现部分群体的教育公平权益受损之后能够及时调整政策并采取配套措施加以弥补，农村中小学校布局调整对教育公平产生的大多数负面影响都可以被消灭在萌芽状态。然而受县级地方政府财力不均衡的影响，我国不少经济贫困地区在进行农村中小学校布局调整之后因为经费困难而难以确保农村中小学校布局调整的配套措施到位，导致部分学校寄宿条件不完善、校车配备难以满足学生的需求、生活教师缺乏、学生资助和帮扶措施滞后等。政府配套措施的不到位迫使学生和家庭必须独立承担学校布局调整之后的负面影响，本应该由政府承担的部分交通费用和教育成本实际上被转嫁给了家庭，经济困难学生的家庭由此经济负担更加沉重，教育公平的受损程度就更高。

教师问卷的调查结果显示，有61.5%的样本教师认为“配套措施不到位”是导致农村中小学校布局调整政策损伤教育公平的主要原因之一，占全部应答人次的20.2%，位列问卷所列全部原因的首位。（见表5－2）由此可见，学校配套措施的不到位从政策结果上直接导致了农村中小学校布局调整政策对义务教育公平的损伤。那么在农村中小学校布局调整过程中，究竟是哪些政策配套措施没有到位呢？

一、农村义务教育经费短缺

农村中小学校布局调整政策的顺利实施需要一定的保障机制，特别是教育经费保障机制来支撑，才能发挥其积极效应。但是在政策实际执行中，政府的资金投入远没有达到学校布局调整规划的要求。因此，由资金投入不足而引发的问题已成为农村中小学校布局调整过程中各种矛盾的集合点。

---

❶ ［美］阿瑟·奥肯．平等与效率——重大抉择［M］．王奔洲，等译．北京：华夏出版社，2010：25－26.

首先，农村中小学校布局调整专用经费不足。农村中小学校布局调整本身是作为农村税费改革的配套措施而实施的，其基本目标是减轻税费改革之后县级政府的财政压力。学校布局调整虽然可以通过资源配置减轻教育经费的日常开支，但是其财政减负作用毕竟有限，而且这种规模经济效益的实现也是有条件的。农村中小学校的撤并过程伴随着新学校校舍的改造、扩建和相关配套设施的建设问题，这本身也需要一大笔教育开支。然而很多地方政府在税费改革之后本身财政就捉襟见肘，根本无力再拨出专款支持农村学校布局调整。

为了支持和激励地方政府推进学校布局调整，中央政府设立了学校布局调整专项经费，但是要求省、市、县级地方政府资金予以配套。如果配套资金无法落实，中央和省的专项拨款就无法到位。所以，绝大多数地方政府实际上无法争取到这笔资金，导致很多学校无法在学校撤并之后进行必要的配套措施建设。

其次，中央和省的专项资金分配不合理。根据国家经费分配的原则，学校布局调整过程中有关专项资金的分配，应考虑到人口数、危房状况、生均校舍、人均财政收入、义务教育普及程度、地域特点、办学条件基础及规划目标等各方面因素，按照各种因素的权重科学地进行分配。然而在调研过程中发现，人均财政收入、人均教育经费投入和生均教育投入的比例并没有按照所在县（市）的贫富程度进行资金分配，不少项目资金的分配过程就是由下而上的材料申报审批过程。在材料申报过程中，有些乡、村、校为了得到资金、多拿资金而在申报材料上弄虚作假，而一些特别贫困、最需要教育扶贫的乡、村、校则因为贫穷、落后、闭塞以及在当地政治生活中的弱势地位而在一开始便失去递送申报材料的机会。

在实行分税制和财政分灶吃饭的现行财政制度框架下，地方政府特别是县级政府自然会有自己的地方利益考虑。根据公共经济学的相关理论，农村义务教育属于空间外溢性的地方性公共产品，其供给主体是地方政府，地方政府对义务教育供给的数量和质量从根本上取决于地方政府的财力。

在人民教育人民办的时代，由于教育投资的主要来源来自农村和农民，地方政府有义务满足人民就近入学和提高教育质量的要求，所以即使在 2001 年前学龄人口已经下降的情况下，地方政府也没有动力和积极性马上进行农村学校布局调整。在人民教育人民办向政府办的办学变革过程中，地方政府成为教育的投资主体，必须根据量力而行的原则，依据本地的有限财力来提供一定水平的本地义务教育服务。在此情况下，财力不足的地方政府在失去上级政府和中央政府的帮助下，只能靠大幅收缩校点，尽量降低办学日常成本来节约教育经费开支。这实际上就把追求经济效益列为学校布局调整的首要目标，忽略或根本没有能力去保障教育公平和提高教育质量。地方政府的上述做法实际上就等于通过降低教育质量和教育公平水准的手段倒逼中央政府和上级地方政府追加本地的义务教育经费，以保障本地义务教育服务的质量和公平水平不低于学校布局调整之前。

在地方政府实际教育投资不增反降的情况下，维持本地义务教育既有规模和水平的日常教育经费被以很隐蔽的方式转嫁给了家长和学生，由此导致了学生上学距离的增加和家庭经济负担的沉重。这一成本的转嫁现象与历史上的很多次税费改革所产生的所谓“黄宗羲定律”[1] 效应有惊人的相似之处。学校布局调整对教育公平的损伤实际上就是政府在财政不足的情况下优先保证政府财政成本下降的目标下产生的，又因为在学校布局调整配套资金不足的情况下导致配套设施建设滞后而加以强化的。因此，农村义务教育经费的整体短缺是导致学校布局调整配套措施不足、损伤教育公平的根本原因。

二、寄宿学校办学条件差

农村中小学校布局调整政策实施以后，多数农村学生上学距离变远，面临许多上学困难。为了解决学生上学远和上学难问题，加强农村寄宿制学校建设被提上议事日程，并成为农村中小学校布局调整政策的一项配套措施而被各地积极推行。

寄宿制办学形式能够为寄宿生提供便利的在校食宿条件，对家校距离比较远的学生而言可以大大减少其在校期间的日常上学困难；同时，在校寄宿还能发挥学校集体生活的教育优势，对培养学生的生活自理能力，增强集体荣誉感、纪律感和责任感，加强同辈群体间的交流，减少学生的孤独感都有着重要的作用。

然而受义务教育经费短缺和县级地方政府财力不均衡的影响，不少地区在进行农村中小学校布局调整之后难以根据学校布局调整之后的配套需要建立完备的寄宿制办学体系，导致许多农村寄宿制学校虽然具备简单的寄宿功能，但普遍存在寄宿办学条件差和寄宿条件不完善的问题，使得寄宿学校在实践中难以发挥应有的学校布局调整配套作用和补救功能，依然无法完全解决当地学生上学远和上学难问题。

---

[1] 所谓黄宗羲定律，是由我国清华大学历史系秦晖教授通过多年的研究，依据黄宗羲的观点总结出的一种历史规律：历史上的税费改革不止一次，但每次税费改革后，由于当时社会政治环境的局限性，农民负担在下降一段时间后又涨到一个比改革前更高的水平。

教师问卷调查结果显示，当问及546名样本教师“您认为贵校的寄宿条件对解决学生上学难而言是否完备”时，有71.4%的教师回答“否”，回答“否”的样本比例大大高于回答“是”的样本比例。（见表5－9）由此可见，农村中小学校布局调整后，多数地区采用寄宿制方式来解决学生上学远问题的相关配套措施还不是很完备，亟须进一步改善。

表5－9　寄宿条件对解决学生上学难而言是否完备

是否完备	频数	百分比	有效百分比	累积百分比
是	156	25.4	28.6	28.6
否	390	63.5	71.4	100.0
小计	546	88.9	100.0	—
缺失值	68	11.1	—	—
合计	614	100.0	—	—

在我国农村中小学寄宿制办学发展历史中，初中因为学生数量相对较多、学生上学普遍较远，一般都是寄宿制学校。农村小学在学校布局调整之前因为几乎是村村有小学，上学距离比较近，没有寄宿的需求，所以一般没有寄宿条件。因此，农村中小学校布局调整之后，为了解决农村小学生上学远的困难，大规模的寄宿制建设主要发生农村小学中。农村寄宿制学校办学条件差，寄宿条件不完善，无法完全满足学生上学困难的要求，原因主要如下。

1. 建设经费短缺

发展农村寄宿学校离不开必要的配套经费支持。为了鼓励农村地方政府积极发展农村寄宿制学校，中央政府实施了中西部地区寄宿制工程，拨出专款用于支持该项目的建设，并要求地方政府在经费上予以配套。然而农村中小学校布局调整的目标之一就是通过学校撤并降低教育经费，学校撤并之后不少地区由于教育经费短缺而难以对寄宿制学校建设提供配套经费，导致寄宿制学校发展严重滞后。特别是中西部经济发展相对落后的县市，农村办学资金整体上尚且有困难，在此条件下兴办农村寄宿制学校，如果没有配套资金的支持，必将困难重重。

教师问卷调查结果显示，当问及614名样本“您认为当前发展农村寄宿制学校所面临的主要困难是什么”时，有77.7%的样本认为是“缺少配套经费”，占总应答人次的29.2%，位列所有困难中的第1位。（见表5－10）

表 5－10　当前发展农村寄宿制学校所面临的主要困难（N＝614）

主要困难	频数	百分比	个案百分比	排序
缺少配套经费	467	29.2	77.7	1
两免一补政策不到位	111	6.9	18.5	5
编制过紧，缺乏生活教师	415	26.0	69.1	2
缺乏必要的文娱设施	362	22.6	60.2	3
缺乏健全的管理制度	237	14.8	39.4	4
其他	7	0.4	1.2	6
合计	1599	100.0	266.1	—

农村义务教育经费新机制实施以后，“两免一补”政策中的“两免”问题整体上得以落实，大大减轻了农村义务教育阶段学生上学的直接求学费用。但是，由于寄宿成本的上升，寄宿生家庭经济负担相对比较沉重，不少贫困家庭的寄宿学生上学面临新的经济困难。受教育经费短缺困难的影响，不少贫困地区在执行“补助贫困寄宿生生活费”的“一补”政策时捉襟见肘，即使执行了，也因为补助面和补助力度较小而依然难以解决全部寄宿生的经济困难问题。教师问卷调查结果也表明，“两免一补政策不到位”是导致寄宿制发展滞后的困难之一，占总应答人次的 6.9%，占总样本的 18.5%，位列学校布局调整后发展寄宿制学校面临的各种困难的第 5 位。（见表 5－10）

实地调研中我们也发现，不少学校由于经费困难，只是勉强地提供了食宿条件，其他配套设施则非常简陋。调研中我们看到一个寄宿学校，学生住的是高低通铺，在不到 50 平方米的宿舍竟然住了 6 个班的寄宿生，共 100 多人。调研中还发现：部分寄宿制宿舍附近没有厕所；学生夜间上厕所要到百米以外的地方，不仅不方便，而且也不安全；绝大多数农村寄宿制学校都没有洗澡间，学生住校期间基本无法洗澡。除此之外，学校安全、卫生、医疗等后勤设施和条件也都难以满足学生寄宿的基本要求。由于不少寄宿学校的各项寄宿指标不能达到国家寄宿学校的最低办学标准，学生在校寄宿期间的生活困难得不到有效的解决，由此加大了学生的生活自理压力，无法为低年级学生的生活提供应有的便利，不少路远学生的家长在考虑是否让学生在校寄宿时顾虑重重、望而却步。

由此可见，农村义务教育经费整体短缺以及农村寄宿制学校建设的配套经费困难是导致许多农村学校寄宿制办学条件差、配套措施不到位的首要原因。

2. 缺乏必要的生活教师

寄宿学校的发展和大量低龄学生的存在，客观上要求寄宿学校配备必要的生活教师来帮助生活不便的低年级学生，缓解他们需要独立面对的寄宿生活压力。然而农村义务教育投资主体改为“以县为主”之后，农村教师编制受到严格的控制。按照国家现行政策规定，农村小学教职工编制的师生比为1∶21，寄宿制小学高段按1∶50配备生活教师。实际上，由于小学生的自理能力较弱，低龄寄宿生一日三餐乃至一切日常生活基本都需要成年人的帮扶和照顾。因此，现行教师编制政策没有为寄宿制学校的生活教师预留充足的编制，导致大量中小学教师不得不轮流兼职陪寝、守夜，帮助低龄学生处理生活自理问题，这使得日常工作负担本就很重的教师额外担当了生活教师的角色。

教师问卷调查结果也显示，共有415人次认为“编制过紧，缺乏生活教师”是寄宿制学校发展的重要困难之一，认同度占总样本的69.1%，占总应答人次的26%，位居寄宿制学校当前所面临的发展困难的第2位。（见表5－10）

生活教师的非专职化不仅加重了在校教职工的工作负担和学生的生活自理困难，也不利于寄宿制学校日常管理的科学化和生活化，使寄宿制的集体教育功能和优势大打折扣。

3. 缺乏必要的文娱设施

寄宿学生在校寄宿期间的课余时间相对比较充裕。如果这些课余时间得不到充分的利用，一方面会导致学生学习和发展时间的白白浪费，另一方面学生会因为缺乏充实的课余生活而感到孤独和无聊，会在心理上产生不良影响。这就要求寄宿制学校不仅要提供基本的食宿条件，还要提供必要的文体娱乐设施并安排丰富的课外活动来充实和丰富寄宿学生的在校寄宿生活。

根据学校自身的办学条件，因地制宜地在课外开办一些美术、音乐、舞蹈等课程和文体活动既有益于学生的身心健康成长，也有利于学校的寄宿管理。然而许多学校因为教师缺编，根本就没有专业的音乐、美术等专职老师，更不用说利用这些人力资源开展课外文娱活动了。除此之外，很多寄宿学校相关的基础设施也极为匮乏。调研中我们发现，许多学校找不出一台风琴，也看不到有学生使用较为专业的美术文具；运动场上，看不到乒乓球桌、沙坑等，个别学校只能看见两个单薄的篮球架置于简陋而荒凉的风雨操场中，而且课外活动都是其他科任教师兼任，这既增加了教师的负担，也降低了教学水平。

教师问卷调查结果显示，有362人次认为“缺乏必要的文娱设施”是发展寄宿制学校所面临的主要困难之一，认同度占总应答人次的22.6%，占总样本教师的60.2%，位列上述各种寄宿制学校发展所面临的困难的第3位。（见表5－10）

在缺少家庭温暖和关爱的寄宿环境中，文娱设施的缺乏导致寄宿学生课余生活单调乏味，不利于缓解寄宿生的精神负担和心理压力，再加上不少农村在校寄宿学生本身就是留守儿童，寄宿制固有的家校疏离特征无疑会增加家长对孩子在校寄宿的顾虑。在文娱设施缺乏，孩子在校寄宿得不到应有的快乐和精神慰藉的情况下，许多家校距离较远学生的家长宁愿让孩子多走路上学，也不愿意让自己的孩子在校寄宿从而忍受孤独和承受失去家庭温暖的痛苦。由此可见，文娱设施的缺乏也是导致寄宿制学校难以发挥配套功能的原因之一。

4. 缺乏健全的管理制度

制度既是一种行为规范和约束，也是一种文化。健全的寄宿管理规章制度有利于增强寄宿学生的纪律观念，促使他们养成良好的集体生活习惯，也有利于消除管理安全隐患。然而寄宿制学校除了硬件设施落后之外，在管理制度等软件上同样存在不健全问题，主要表现在以下几个方面：

一是安全防范管理不够。目前许多农村中小学的寄宿制学校没有专业的保安人员，这使学校存在许多安全隐患，如校外不法分子入侵和伤害学生、学生之间的打架斗殴等。

二是许多寄宿制学校对学生食堂的饮食卫生和管理不完善，饮食结构单一，卫生条件差。许多寄宿制学校学生每顿饭只有一道菜，容易导致学生营养缺乏，对学生身体发育造成严重危害。

三是缺乏对低年级学生的帮扶制度。低龄学生的自制力和生活能力比较差，没有专职生活教师的专门管理，这加大了管理难度。

四是各项寄宿制度没有分工到位、责任到人。制度建设的落后使得寄宿制办学形式难以充分发挥其教育功能。

教师问卷调查结果显示，有 237 人次认为“缺乏健全的管理制度”是导致寄宿制发展的困难之一，认同度占总样本教师数的 39.4%，占总应答人次的 14.8%，位居寄宿制学校发展所面临的各种困难的第 4 位。（见表 5 - 10）

我国对农村初中生的寄宿管理有相对成熟的管理经验，但对农村小学寄宿生尤其是低龄寄宿生在校寄宿的管理经验严重不足。因此，如何让寄宿环境对低龄小学生产生积极的作用已经成为学校布局调整之后发展寄宿制学校的一个新课题。

总之，由于经费、师资、设施和制度等问题的存在，寄宿制学校无法充分发挥其应有的配套作用，再加上寄宿制办学本身的局限性，使其无法完全解决农村中小学校布局调整之后的上学远和上学难问题。

三、农村校车制度不完善

农村中小学校布局调整后学生上学距离普遍变远，为了解决学生的上学远和上学难问题，在交通便利和经济条件相对发达的地区，以方便学生上学为目的接送学生上学的校车制度应运而生。校车制度由此也成为解决农村中小学校布局调整后遗症的必要配套措施之一。

根据2012年3月28日国务院办公厅颁布的《校车安全管理条例》规定，“校车是指依照《校车安全管理条例》取得使用许可，用于接送接受义务教育的学生上下学的7座以上的载客汽车”[1]。据此可知，校车属于服务于特定对象的特种车辆范畴。

校车作为特种车辆，特殊性主要体现在4个方面：交通优先权、公益性、安全性和高成本性。交通优先权是指校车在道路行驶过程中享有特殊权利，如校车停靠时后方车辆须无条件等待、避让或减速慢行，可以安装特殊信号装置，交通违规延后受理等；公益性是指校车是以方便学生上学为宗旨，不以营利为目的（并不排除盈利行为）；安全性是指校车需要高度的安全性，因为承载的对象是学生，所以不同于一般的公共交通运营工具，需要把交通安全放在首位；高成本性是指校车的推行成本昂贵，是一种高成本的方便学生上学的配套服务。

校车制度是为了推行校车服务而建立的相关制度体系，主要包括校车投资制度和校车监督管理制度两部分。校车制度是在学生上学较远或学生上学不安全的情况下为方便某些学生上学而建立的配套措施，实质是政府教育公共服务的一部分。在义务教育阶段，如果学生上学不便，在其他配套措施又难以到位的情况下，提供校车服务是政府义不容辞的责任。

然而我国校车制度的推行时间相对比较短，管理经验相对不足，制度建设比较落后。特别是在农村中小学校布局调整之后，校车服务成为一种配套措施再次被提上议事日程。鉴于校车在我国城乡义务教育中有着重要的作用和面临共性的问题，迫切需求国家从立法层面制定统一的管理制度。经过社会各界的努力，2012年3月28日国务院办公厅颁布了《校车安全管理条例》，标志着我国校车制度正式进入法制化和规范化管理阶段。

然而由于校车制度的高成本性，谁来投资？谁来养护？如何保证校车制度能够持续发展为义务教育学生特别是为农村中小学校布局调整之后的偏远山区

---

[1] 国务院办公厅．校车安全管理条例［Z］．2012－03－28．

学生和低龄学生服务？这些问题再次成为地方政府解决农村中小学校布局调整后遗症问题时所面临的一个新难题。众所周知，义务教育属于地方性公共产品，地方政府理应是县域内义务教育财政的投资主体。校车制度是农村学校布局调整政策的重要配套措施，其投资主体也理应是县级地方政府。受县级财力不均衡的影响，教育财力不足的中西部贫困县市再次受制于资金问题而在校车制度上发展滞后，高昂的校车购买费用让很多县级政府心有余而力不足。再加上我国农村交通基础设施整体上还相对薄弱，不少地方目前依然无法正常通车，校车制度要顺利推行，首先就要解决当地的道路交通建设问题。为此，不少地方政府试图采用“政府购买＋校车市场化运营”方式来解决融资困难的问题，但是又在如何确保校车的安全和公益性问题上陷入困境。

由于上述问题的存在，校车制度在我国的建设还相对滞后，面临资金不足、监管不力、安全保障不够、惠及面小、运营成本高等一系列问题，校车制度由此在解决学校布局调整后遗症问题上也难以发挥自身有限的配套和补救作用。

四、农村教学点建设滞后

农村教学点是“适应我国农村地区，特别是人口稀少、居住分散的偏远地区的教育发展而设置的以复式教学为主的小学阶段的小规模不完全学校”❶。农村教学点既是农村教育长期办学经验积累的历史产物，也是我国农村学校布局调整所采用的集中—分散办学模式的产物。它常常依附于农村中心学校而生存和发展，日常管理受中心学校的指导。

作为小规模学校的一种，农村教学点对于方便农村偏远地区学龄人口相对较少、交通不便地区的学生上学，保障农村低收入家庭子女和弱势受教育群体的公平受教育权益，巩固“两基”成果，完善农村中小学校布局调整政策，促进义务教育公平和实现义务教育均衡发展都具有非常重要的积极意义。

当然，农村教学点有优势的一面，也有劣势的一面。在我国，农村教学点的劣势似乎更明显，一谈起教学点，留给人们的可能就是“质量差”“效益低”“落后和贫困”等刻板印象，特别是在大众传媒“寻找乡村最美教师”和青年大学生“农村支教”等相关社会活动的渲染下，农村教学点师资不足、课程开设不齐全、办学条件差、教师年龄老化、教学质量低下等负面形象也为国人所熟知，教学点因此在教育系统中留给国人更多的是心酸、泪水、无奈和期盼。

事实上，农村教学点是我国农村因地制宜办学的一种独特形式，长期保留

❶ 赵丹，郭清扬．义务教育新机制下农村教学点的问题及对策［J］．华中师范大学学报（人文社会科学版），2009（6）：115－121．

并建设好一定数量的农村教学点是学校布局调整政策必不可少的一种配套措施，在确保学生就近入学和保障弱势群体公平教育权益、对学校布局调整政策发挥政策补救方面有着独特而明显的积极作用，而且农村教学点在提高和改善教育质量方面也有自己特殊的优势。

然而在学校布局调整过程中，由于地方政府对农村小规模学校和教学点的地位和作用的认识错误，大量本该保留的农村教学点被强制撤并，少量幸存下来的农村教学点则在师资建设、投入、办学条件和质量方面都存在许多困难，导致学校建设严重滞后，难以生存和发展，难以发挥对学校布局调整政策应有的政策配套和补救作用。

1. 师资力量薄弱

教师是教学点的生命线，没有教师或师资不足的教学点如同无源之水、无本之木。当前农村教学点师资力量极为薄弱，存在严重的师资不足问题，主要体现在数量、结构和质量三个方面。

首先，教学点教师在数量上整体缺编。农村中小学校布局调整之后，各地核定了本地区的教师编制。很多学校在严格的教师编制标准下实际上处于缺编状态。在全国农村中小学教师普遍缺编的情况下，规模偏小的教学点通常无法达到国家制定的现行农村教师编制标准，师资供给处于最不利的地位，师资配置根本无法达到实际的教育教学需求，教师缺编现象自然会更加严重。课题组经过实地调查也发现，有很多教学点教师数量不足，不能满足正常上课需要，出现大班额教学、包班教学、聘用代课教师上课等现象，多数教学点基本上都是“一校一师”。另据中西部9个省（自治区）的学校数据统计：“2006年，中西部9个省（自治区）3万多所村小的班师比平均仅为1:1.3，4万多个教学点的班师比平均仅为1:1，均远低于全国小学1:1.9的平均配置水平。”[1] 这些地区教学点的教师数量严重不足。更令人担忧的是，由于教学点师资供给政策滞后，许多教学点的现任教师退休或离岗之后，将再也无法补充合适的新教师。虽然国家近年来大力推行“特岗教师计划”试图解决该问题，但目前依然存在“94%的教学点根本没有接收过‘特岗教师’或‘支教教师’”[2]。许多现存的教学点因为得不到新补充的教师而自然消亡，更谈不上恢复已经撤销的教学点。

其次，师资结构性短缺严重。现行教师编制标准是按照师生比来确定的，

---

[1] 国家教育督导团．国家教育督导报告2008（国教督〔2008〕6号）[R]．2008-12-03.

[2] 华中师大书记．农村教学点面临严重生存困境 [EB/OL]．http://news.china.com.cn/2014lianghui/2014-03/07/content_31711409.htm.

但没有考虑到教学点学生规模和班级不成建制的特殊性，造成科任教师达不到班师比的最低要求，科任教师形成学科结构性短缺。

根据我国新课程改革的标准和要求，小学低年级需要开设品德与生活、语文、数学、体育、艺术（或音乐、美术）等 5 门课程，小学中高年级开设品德与社会、语文、数学、科学、外语、综合实践活动、体育、历史等 8 门课程。然而目前我国农村教学点由于教师缺乏，部分教学点只能开设语文、数学课程，其他课程基本都要由语文和数学老师兼任，有些甚至是一个教师全科包班上课，缺少专职的体育、艺术、外语与计算机等学科教师，无法满足国家开全课程、开足课时的要求，导致教师兼课太多和外聘代课现象普遍存在，呈现出严重的师资学科结构性短缺问题。

问卷调查结果显示，当问及 614 名样本教师“目前贵校最缺乏的教师是?”时，回答最缺乏“艺术（音乐、美术）”科目的样本占 44.1%；排名第 2 位的是“外语”，占 14.7%；排名第 3 位的是“体育”，占 14%；而基础科目的语文、数学科任教师并不缺乏，共计占 5%。由此可见，农村教学点并不缺乏基础学科教师，主要紧缺的是艺术、体育和外语等紧缺性科目教师。

最后，教学点师资质量整体上不容乐观。农村教学点教师的主要来源是民转公教师、代课教师和大中专毕业生，这些教师在年龄、学历和教学经验等方面的整体水准明显要低于中心学校教师。国内学者吕国光通过对 294 所教学点的调查发现：“农村教学点教师的学历达标率仅为 48.5%，平均年龄达到 41.2 岁；县级以上骨干教师所占比例仅为 4.8%，不及中心小学比例的一半；而代课教师比例达到 34.8%，是中心小学的 4 倍多。”❶（见表 5－11）由此可见，农村教学点的师资力量与中心小学相比差距较大，整体质量相对低下。

表 5－11　教学点与中心学校教师情况对比

类　别	教学点	中心小学
性别比例（男/女）	414:61	151:134
平均年龄（单位：岁）	41.2	32.1
平均教龄（单位：年）	19.1	11.3
学历达标率（单位:%）	48.5	89.9
县级以上骨干教师比例（单位:%）	4.8	12.2
代课教师比例（单位:%）	34.8	8.4

数据来源：吕国光：“中西部农村小学布局调整及教学点师资调查”，载《教育与经济》2008 年第 3 期。

❶ 吕国光．中西部农村小学布局调整及教学点师资调查［J］．教育与经济，2008（3）：19－22.

师资是学校教育质量的生命。农村教学点师资面临数量、结构上的短缺和质量上的不足，严重制约了农村教学点教育质量的改善和教育均衡发展的实现。师资力量薄弱已经成为农村教学点生存和发展的瓶颈，也是学校布局调整“恢复和找回教学点”面临的最大困难。

2. 教师工作压力大

在正常的工作性质中，工作压力和强度是职业吸引力的重要天平。在相同的薪酬水平下，工作压力越大，职业越缺乏吸引力。一般来说，教师工作大致可分为教学、学生管理、学习和培训、杂务等部分。在学校组织中，教师是按照不同的分工协同工作的，教师分工越细，教师的专业化程度就越高，教师分担的工作责任范围就相对较小。

按照现行教师编制标准，农村小学教师要比城市小学教师多承担 4.5 个学生的教学和管理任务。农村教学点因为学生规模偏小和班级难成建制等自身的特殊性，常常使教学点教师承担多重角色，面临教学工作繁重和学生管理责任重大的双重压力，导致很多对教学点工作有着饱满热情和幻想的青年教师对教学点的工作望而却步，不愿意留在那里长期工作。

学校布局调整之后教师的缺编以及新课程改革的推行使得农村教师面临繁重而巨大的教学工作压力。有学者的调查表明：“实行新课程改革后，绝大部分教师都认为课改增加了教师的工作负荷，湖南样本中有 86.1% 的教师和上海地区 98.4% 的教师都认为课改增加了他们的工作负荷。”❶

本课题组在广西壮族自治区环江县洛阳镇 A 教学点访谈时了解到，教师的压力很大。A 教学点地处偏远的喀斯特地貌区，地理条件恶劣，交通不便，有 1—4 年级学生共 50 人，覃老师夫妇是该校仅有的两名教师。访谈中，覃老师告诉调查员：“现在我担任 2、3 年级的班主任，承担了三个年级的大多数课程教学任务，每天下课后就要批改各科目的学生作业，几乎每天都要加班才可以完成。”由此可见，农村教学点教师工作时间长，远远超出一天 8 小时工作制，教学工作任务繁重，工作压力大。

目前教学点的很多学生都是低龄儿童和留守儿童。由于年龄小和家庭教育的缺失，许多学生存在心理压抑、学习成绩下降、性格内向、自卑、怪癖等问题，学生教育和管理的难度很大。由于缺乏更多的专职老师，教学点教师既是班主任，又集学校保安、心理咨询师和生活保育员等几种身份于一身，除了正常的日常教学工作外，还要经常与学生家长保持联系，对留守儿童和问题儿童

❶ 贺亮．课程改革背景下小学教师工作负荷的实证研究——以湖南、上海 10 所小学的调查为例［D］．上海：华东师范大学，2006.

加以关怀，进行心理辅导，这些工作都花费了教学点教师更多的时间、精力，他们的工作压力比一般中小学校教师的压力更大。

3. 教师工作条件差

我国教学点大多集中在丘陵、山地和高原地带。在实行农村义务教育经费保障新机制后，国家对农村义务教育经费的投入逐年上升，农村学校办学条件有所改善，一些农村教学点的办学条件及教师工作环境得到了极大改善。然而由于财政分配机制等因素的制约，大部分农村教学点缺乏充足的财政经费投入，办学条件差。

调研中，我们访问的广西壮族自治区环江县 B 教学点就是一个工作环境相对较差的学校。B 教学点同样也是位于偏远山区，交通不便，仅有一条崎岖的山路通往镇上，行车大概需要 1 个多小时，全校有 1—3 年级的学生大概 30 人，学校仅有 1 台未能联网的电脑，主要是给学校老师用，由于供求矛盾，学校几乎没有上过微机课程。目前上课的教室多为木瓦结构的平房，砖石结构的房子数量极少。这些教室年代久远，多数教室逢雨必漏，给学生正常上课带来不便。由于地处偏远，除了本村上课教师外，大多数老师也住在学校，教师所住房子也为木瓦结构，跟上课教室所遇到的情况一样，经常在下雨天漏雨。一位在该教学点任教的老师用调侃的语气说："我们住的是天然的'水帘洞'，通常外面下'大雨'，里面下'小雨'。"办学条件和教师住房条件没有得到根本提高，给教师和学生带来了不便，影响了教师的教学积极性，进一步影响了教师的稳定和来源。

除此之外，因为教师少，教学点教师在正常的人际沟通和社会交流方面也会存在障碍，未婚的青年教师如果在此艰苦的环境工作和生活，甚至还面临严重的婚嫁困难。上述工作环境都不利于吸引教师安心工作，客观上影响了教学点教师队伍的稳定。

农村教学点在师资建设、办学质量、工作压力和工作条件方面都存在不足，导致教学点处于薄弱和落后的境遇，难以发挥在学校布局调整政策之后的政策配套和补救作用。教学点的这种发展滞后局面并非其自身的办学特点造成的，"其根源在于教育政策制定者和实践者对农村小规模学校的定位偏差，决策者普遍认为'小规模学校就是差学校'。这种定位导致农村小规模学校在基础设施建设、公用经费保障、教师配置、教育质量监控等方面缺乏有力支持，由此进一步凸显小规模学校的发展劣势"[1]。因此，教学点的薄弱和建设滞后

---

[1] 雷万鹏，张雪艳．论农村小规模学校的分类发展政策［J］．教育研究与实验，2011（6）：7－11.

的直接原因是教育资源投入的非均衡配置，根本原因还在于对农村小规模学校的认识和定位偏差。

总之，教学点建设的滞后形成了它们与中心学校和城镇学校教育教学质量的巨大落差，这就实际上等于在用事实证明教学点是落后和反城市化办学的象征，不仅使现存教学点面临严重的生存和发展困难，而且更无法通过事实说服地方政府支持找回和恢复不该撤并的教学点，教学点由此很难在最大限度范围内发挥方便学生“就近入学”的积极作用，无法对学校布局调整政策形成的教育公平损伤产生积极的补偿。

五、学生资助制度不完善

农村中小学校布局调整政策改变了学生的上学方式，不少学生不得不乘坐交通工具走读上学，或者在学校内外寄宿上学，这在一定程度上增加了学生上学的家庭经济负担，低收入家庭子女由此存在相对沉重的经济负担，家庭经济状况再次成为影响教育公平的重要因素。因此，实行有针对性的学生资助制度成为该政策的重要配套措施。

为了缓解税费改革后产生的义务教育经费短缺现状，同时也为了降低部分家庭的经济负担，我国在 2006 年实行了以“两免一补”为主要内容的义务教育经费新机制。其中，“一补”指的是补助在校贫困寄宿生的生活费，由此拉开了实施免费义务教育后义务教育阶段学生资助制度的序幕。该政策实施后，对解决部分在校贫困寄宿生的家庭经济困难起到了积极作用。

然而受各地县级财力的限制，以“一补”为主要内容的学生资助制度不仅数额少，而且受惠面非常有限。特别是中西部贫困县市，贫困寄宿生数量相对较多，而教育投资支出能力又最薄弱，因此，针对贫困寄宿生的生活补助面临“僧多粥少”的尴尬。

学生问卷调查结果显示，当问及在校寄宿生在校期间是否从学校获得过生活补助时，在 3293 名样本在校寄宿学生中，只有 1155 名学生回答“是”，仅占样本总量的 35.1%。（见表 5－12）由此可见，现行寄宿生生活补助制度的受惠面只有 1/3 强。

再从获取补助的实际金额来看，当问及不同年级的在校寄宿学生每个月从学校得到多少生活补助时，在 893 名样本中，平均每个月可获取的补助金额均值为 110.37 元，且获得的补助金额有一定的年级差别，其中 5 年级以上获得的补助均值超过 100 元，4 年级及以下都不足百元。（见表 5－13）实际上，对在校寄宿生而言，年龄并不会对学生在校开支有太大的影响，学生资助额度有明显的年级差别说明资助的实际受益群体并不是面向不同年龄段的群体平均分配，而是在学校内按需要分配。即便如此，这一补助与寄宿生的实际开支相比还有很大的差距，如前文所述（见本书第三章表 3－7），寄宿生的平均住宿费用为 111.584 元/学期，交通费平均支出为 27.794 元/月，生活费平均支出为 198.786 元/月。显然，对于一个家庭经济相对贫困的寄宿学生而言，学生获得的补助金额均值仅仅相当于学生每个月在校寄宿生活费的一半，而剩下的一半都需要家庭来支出。

表 5－12　寄宿学生是否从学校获得过生活补助

是否获取	频数	百分比	有效百分比	累积百分比
否	2138	54.4	64.9	64.9
是	1155	29.4	35.1	100.0
合计	3293	83.7	100.0	—
缺失值	640	16.3	—	—
合计	3933	100.0	—	—

表 5－13　寄宿生从学校获得的生活补助数额均值　（单位：元/月）

年级	样本数	均值	标准差
2	1	41.00	
3	83	68.06	79.365
4	102	98.53	78.421
5	112	105.51	132.648
6	105	129.36	97.709
7	168	128.49	182.480
8	268	103.62	82.979
9	54	149.35	140.315
总计	893	110.37	120.183

对寄宿生而言，能否获得补助的主要依据是家庭经济状况。除了自身家庭的经济条件之外，直接影响家庭教育支出负担的因素就是家庭所在地与学校之间的交通便利状况，交通越不方便，寄宿的需求越大，节假日往返家校之间的交通费用就越高，家庭直接教育支出就越多，经济负担就越重，对教育补助的需求数额就越大。因此，交通不便和家庭经济困难的寄宿学生应该是最主要的受资助群体。

然而该资助制度在实际执行中并非如此，而是整体呈现出受助群体趋中性的特征，即经济条件好和经济条件差的学生实际资助额度都不高，低于中等收入家庭学生的资助额度。学生问卷数据分析结果显示，在832名寄宿生样本中，家庭经济状况相对较差的寄宿生获得的资助额度均值为106.88元/月，同比低于家庭经济条件中等的样本在校寄宿生；再从交通状况和经济状况的交互分析来看，交通状况很方便和比较方便地区中家庭经济条件中等的学生的受助金额高于经济条件较差的学生均值；而交通状况不方便和很不方便地区中家庭经济条件中等的学生的受助金额低于经济条件较差的学生均值。（见表5－14）

表5－14　寄宿生从学校获得的生活补助数额均值　（单位：元/月）

交通便利程度	经济状况	频数	均值	标准差
很方便	好	12	103.00	148.516
	中	131	125.27	114.240
	差	49	119.90	162.754
	总计	192	122.51	129.772
比较方便	好	2	130.00	169.706
	中	248	107.03	118.933
	差	156	104.96	111.114
	总计	406	106.35	115.874
说不清	中	34	158.94	192.044
	差	40	109.48	83.010
	总计	74	132.20	144.808
不方便	好	2	50.00	0.000
	中	63	94.76	82.696
	差	54	100.15	87.508
	总计	119	96.45	84.125
很不方便	中	22	62.64	56.223
	差	19	102.68	124.163
	总计	41	81.20	94.898
总计	好	16	99.75	136.219
	中	498	111.86	119.306
	差	318	106.88	114.407
	总计	832	109.72	117.680

由此可见，在教育经费紧张的情况下，有限的教育资助资金并没有被合理地使用在最需要的人群上，而是以撒胡椒面的形式把资助名额平均分给了每个

学校。在学生资助名额充裕的情况下，一些家庭经济条件相对比较好、交通比较便利、不够资助条件的寄宿学生实际上也获得了资助；而那些贫困生比较多的学校因为资助名额少，不得不以降低资助额度的形式增加受惠人数，由此出现了资助对象整体趋向中性的特点。一刀切式的学生资助制度使得学生资助资金的使用效率大大降低，出现了“好钢没用在刀刃上”和富家子弟钻制度空子的新问题。

总之，现行的学生资助制度本身存在资助额度低、受惠面小和受助对象界定不清楚的问题，不仅无法完全补救学校布局调整所导致的家庭经济负担沉重问题，还因为自身制度的不完善而衍生出一些新的教育公平问题。因此，现有学生资助制度的不完善加剧了农村学校布局调整政策对教育公平的损伤。

本章小结

从教育政策角度来看，农村中小学校布局调整对教育公平造成的损伤和负面影响是教育政策的实施与执行结果中的问题，其根源在于政策本身。

农村中小学校布局调整政策在价值取向上存在重效率轻公平、重城镇轻农村、学校规模重大轻小等偏差，从政策的设计源头上忽略了公平。导致政策价值取向偏差的主要原因在于：作为“经济人”的地方政府在经济理性的“自利”动机驱使下，重视效率的价值受到了激励，而教育公平的价值取向却缺少内在的激励和刚性的约束，导致地方政府在政策执行中缺少确保和促进教育公平的意识和积极性。

从执行过程来看，农村中小学校布局调整政策存在整体规划不科学、学校撤并缺乏科学的操作性实施标准、政策执行过程中缺乏应有弹性、政策执行程序欠缺民主公正性等执行偏差，在政策执行过程中伤害了教育公平。

从政策配套措施来看，农村中小学校布局调整有很多不完善的地方：经费整体短缺，寄宿条件差，校车制度不完善，教学点建设滞后，学生资助制度不完善等。配套措施的不完善导致该政策的目标具有单一性特征，无法对在政策实施过程中的利益受损群体进行必要的补偿，也没有能力对政策产生的负面影响进行及时的补救，从而在结果上损伤了教育公平。

第六章　农村中小学校布局调整损伤教育公平的消弭与补偿

鉴于农村中小学校布局调整政策对教育公平造成的损伤和负面影响日趋严重，2012 年底，国家正式宣布暂停农村中小学校布局调整政策，学校布局调整由此进入了政策调整期，也有媒体将其称作“后撤点并校时代”。然而撤点并校行为的暂时终止并不意味着学校布局调整工作的全部结束，而是要重新审视前期的工作，并在教育公平价值取向的指引下对前期工作的错误进行修正，并对教育权益受损的弱势群体进行必要的补偿，从而促进教育公平。如前所述，农村中小学校布局调整对教育公平的损伤属于“制度衍生型教育公平问题”，根据“解铃还须系铃人”的原则，解决此类问题需要从政策自身入手，采取积极的措施来加以补救和完善，从而消弭其负面影响。

第一节　建立规范的农村中小学校布局调整工作制度

制度经济学认为，制度是一组权利束，引导人们可以做什么和不可以做什么，对人们在既定条件下的行为选择起着根本性的激励和约束作用。农村中小学校布局调整对教育公平的损伤和负面影响的出现从制度层面讲就是地方政府的政策行为在缺乏刚性的制度约束条件下诸多失范行为的一种综合性反映。因此，治理农村中小学校布局调整对教育公平的损伤和负面影响必须正本清源，首先从规范工作制度入手。

一、制定科学的学校布局调整标准

学校布局调整标准是政策执行的具体行为准则，对规范学校布局调整工作起着直接的约束作用，也是实现学校布局调整政策目标和合理价值取向的制度保障。

农村中小学校布局调整工作启动以来，中央政府授权各级地方政府根据各地教育发展的实际情况按照“小学就近入学、初中适当集中”的原则，因地制宜、实事求是地制定学校布局调整规划和开展工作。在以县为主的义务教育投资和管理体制下，县级地方政府在上级政府的领导下实际上是农村中小学校布局调整政策执行的真正主体。

在农村中小学校布局调整工作中，中央和省级政府都只是很粗略地提出了做好该工作的几条基本原则，但在实际工作中所遇到的具体问题和困难缺乏精细的指导。尤其是在学校的撤并和存留问题上，对于哪些学校该撤并、哪些学校应该保留、学校存留的具体依据是什么，中央政府、省级政府和县级以上地方政府并没有根据各地的实际情况做出明确而及时的指导。

在缺乏学校撤并标准的情况下，县级地方政府只能根据本地的实际情况和自由裁量权，借鉴其他地区的学校撤并经验，“摸着石头过河”，一边探索一边执行。地方政府在工作实践中逐步发现，学校撤并对减轻本级政府的教育财政负担非常有利，于是便有足够的积极性去撤并更多的农村学校和教学点。在地方政府自利动机的驱使下，过度撤并学校成为各级地方政府在学校布局调整中“心领神会”的共识，由此导致学生上学距离过远、学校规模过度向城镇集中，进而引发了对弱势受教育群体的伤害。

为此，制定科学的国家和地方学校撤并标准在实际工作中显得尤为必要。国外发达国家在学校布局调整中，都曾经对学校撤并标准做出规范。如，韩国强调海岛上的学校、偏远地区的学校一般不能撤并，美国政府强调“最少数量学生的受教育权利应该得到保障”、允许和鼓励一师一校的存在等。

当然，学校布局调整标准不只是简单的学校撤并标准体系，而应该是包括教师编制标准、班级学生规模标准、学校撤并标准、相关配套措施标准等子系统在内的综合标准体系。

（一）调整和完善教师编制标准

在现行农村义务教育经费中，人员经费（教师工资）通常占据了全部经费的80%以上，所以，要控制义务教育经费的整体规模就必须控制教师的整体数量，教师编制管理由此成为政府提高教育资源配置效率、控制办学成本的主要手段。

改革开放以来，我国中小学教师编制政策曾历经1984年和2001年两次重要调整。1984年的教师编制政策是以班师比为计算依据，即城镇初中教职工3.7人/每班45—50人、农村初中教职工3.5人/每班40—45人，城镇小学教职工2.2人/每班40—45人、农村小学教职工1.4人/每班30—35人，从数字来看，城镇与农村的教师编制基本均衡。2001年的教师编制标准是在全国事业机构、乡镇机构改革等体制调整和减员增效的背景下将中小学教师队伍作为精简人员、减少财政支出的切入点而制定的，该教师编制标准的主要目标就是提高教育人力资源的配置效率，并通过对教师编制的压缩和控制推动农村中小学校布局调整，减少地方教育财政的日常支出。而我国现行教师编制标准是以“师生比”为基础，城市、县镇和农村师生比分别为：小学 1∶19、1∶21 和 1∶23，初中 1∶13.5、1∶16 和 1∶18，农村师生比明显低于城镇，有明显的城市中心主义偏向和城乡倒挂特点。

在学校布局调整中，现行教师编制标准几乎就是各地政府制定学校布局调整规划和撤并学校的唯一依据，教师编制标准的合理与否就直接关系到学校布局调整政策合理价值取向的实现。如本书第五章所述，现行教师编制标准存在城乡倒挂、效率优先、忽略公平以及弹性不足等问题，缺乏对农村办学地广人稀、学龄人口相对分散、学校规模较小、成班率比较低、低龄学生上学难以及弱势受教育群体教育权益保护、农村乡土文化保护和寄宿制办学的需要等特殊情况的考虑。在一刀切的教师编制标准下，地方政府在农村中小学校布局调整过程中缺乏必要的自由裁量权，难以考虑和照顾到农村学校的地区差异和地理位置的多样性，交通状况与学校的空间可达性，学生的年龄特征、家庭经济状况，学校课程改革的需要，农村偏远地区小规模学校和教学点正常运转和发展的实际需要，弱势受教育群体的受教育机会均等和文化保护等特殊因素，从而违背了“因地制宜”和“实事求是”的学校布局调整工作基本原则。从政策角度来看，现行教师编制的不合理就是导致学校布局调整直接伤害教育公平并产生负面影响的制度根源。因此，改革和完善现行教师编制在解决农村中小学校布局调整损伤教育公平与负面影响问题上具有龙头作用。

1. 适当增加教师编制的整体数量

我国现行教师编制标准是在 2001 年制定的，当时我国正在进行农村税费改革和机构改革，减员增效是当时政府工作的重心，加上当时我国国力还相对薄弱，农村义务教育经费短缺矛盾依然十分突出，在此基础上以压缩农村教师编制数量为目标而制定的教师编制标准是与当时的国情国力相适应的，也是必要的。目前，我国国民经济经过长达十几个年头的持续高速增长，综合国力已经大大提升，2012 年年底已经实现了梦寐以求的财政性教育经费占国内生产总值 4% 的目标，教育经费已经相对充足，提升教育质量和促进教育公平已经成为我国基础教育发展的新目标。2001 年前后的国情与当前的国情相比已经不可同日而语，加上国家计划生育“单独二胎”政策的放开，农村义务教育阶段适龄儿童和少年在未来 5 年内将有重新反弹的可能，随着学龄人口的增加，师资需求客观上将会增加，改革现行教师编制，适当提高农村教师编制总数，才能从根本上保障义务教育的质量和公平。

为此，政府要在充分调研的基础上，根据义务教育发展追求公平、效率和质量的目标综合考量，重新核算当前我国的农村教师编制标准。根据当前国际教育发展“小班化教学”和“提高教育质量”的新趋势，结合当前我国农村义务教育教师整体上缺编严重的现实情况，同时对未来一段时间内我国学龄人口可能增加的变化做好预测，在现有教师编制总量基础上适当放宽全国城市、县镇和农村义务教育教师编制的整体数量，特别是农村教师编制的整体数量。新增加的教师编制数量重点向农村倾斜，向中西部贫困县市倾斜，向偏远地区的小规模学校和教学点倾斜，向农村薄弱学校倾斜，向有一定规模的寄宿制学校倾斜，向教师老龄化相对严重的学校和有其他有特殊需要的学校倾斜，向义务教育阶段紧缺学科倾斜。

那么究竟多大的师生比才是合理的呢？调查问卷问及样本教师多大的农村中小学师生比才合理时，在113名样本教师中，山区、丘陵和平原地区的小学教师认为，合理的小学师生比均值应该分别为1:16.61、1:16.26和1:13，小学教师的看法均值为1:16.21；在73名初中样本教师中，山区、丘陵和平原地区的初中教师认为，合理的初中师生比均值应该分别为1:20.88、1:19.19和1:21.15。（见表6－1）由此可见，小学师生比整体上应该高于初中；小学山区、丘陵和平原地区的师生比差别不大，且小学的平原地区师生比更高些；初中的山区和丘陵地区的师生比明显低于平原地区，且三个地区的师生比比较接近。所以，编制调整的重点应该是在农村的小学。

表6－1　不同地区样本教师对初中和小学合理师生比（倍数）的看法均值

地理状况	参数	初中样本教师		小学样本教师		小学和初中教师合计	
		小学师生比	初中师生比	小学师生比	初中师生比	小学师生比	初中师生比
山区	均值	1:17.22	1:20.88	1:16.61	1:17.80	1:16.92	1:19.12
	样本数	60	48	59	64	119	112
	标准差	5.266	3.233	3.837	3.665	4.604	3.794
丘陵	均值	1:18.89	1:19.19	1:16.26	1:17.30	1:17.23	1:17.83
	样本数	27	21	46	54	73	75
	标准差	7.105	3.696	3.228	2.765	5.136	3.147
平原	均值	1:17.33	1:21.25	1:13.00	1:16.54	1:15.29	1:17.65
	样本数	9	4	8	13	17	17
	标准差	7.331	2.500	4.408	4.115	6.352	4.256
总计	均值	1:17.70	1:20.41	1:16.21	1:17.47	1:16.89	1:18.52
	样本数	96	73	113	131	209	204
	标准差	6.011	3.390	3.721	3.368	4.951	3.653

参考以上分析数据，结合我国现行的班级规模标准（完全小学的班级规模应当低于45人，初中班级规模应当低于50人）和未来小班化教育的发展趋势，本书认为现行合理的师生比标准应该是农村小学1∶17、初中1∶17比较合理，考虑县镇和城市学龄人口相对集中，可以在此基础上将小学师生比适当提高为1∶18和1∶19；由于初中学科门类相对较多，加上初中教育的特殊性，可以考虑将县镇和城市初中师生比在原有规模上维持不变或稍微加以调整，将之调整为15∶1和14∶1。

2. 采用双轨制重新核定教师编制

所谓双轨制，就是对一部分地区和学校实行以“师生比”为基础的教师编制标准，对另一部分学校实行以“班师比”为基础的标准。由于城镇和农村的人口有疏密差别，考虑到农村义务教育“方便学生入学”和实现教育均衡发展的特殊需要，对学龄人口相对集中、交通方便的城市和县镇实行师生比标准，以提高教育资源的配置效率；根据农村学校学生规模小、成班率低和科任教师专职化的需要，对农村中小学校则实行班师比标准。这种双轨制模式既考虑到教师编制管理控制教育经费和成本的需要，又照顾到农村学校的特殊性，是现行城乡教育差距巨大情况下改善农村薄弱学校教育质量、缩小校际师资差距的根本性举措。班师比标准要根据一个成建制标准班级（小学≤45人，初中≤50人）开齐所有课程（小学最低7门，初中最低10门）应该具有的最低专任教师数量或兼职教师数量（一个教师最多兼带两门课或两个班的同一门课程）、学校的全部班级数以及不成建制班级的特殊情况综合核算而成。低于100人的农村小规模学校原则上都应该按照班师比标准和课程设置的需要无条件配齐所有专职科任教师。

3. 增加附加教师编制标准

为了保障偏远地区、特殊学校实际运作和发展的需求，满足提高教育质量和实现教育公平的价值追求，在核定基本教师编制整体数量的基础上，还要根据各地的实际情况设立一定比例的机动编制或附加编制。根据当前农村中小学校布局调整政策配套的需要，以及未来农村学校和教学点发展的需要，本书认为县级政府可以在本县基本教师编制总量的基础上核定5%—10%的附加编制，增加教师编制管理对地方教育发展实际需求的弹性。据此，可以对以下情况分配附加编制并确定具体额度：

（1）针对空间可达性相对较差的地区和学校，增加道路交通不便的山区、林区、牧区、丘陵、湖泊（水库）区和岛屿等地区的教师编制。

（2）在综合考虑师生比和班师比的基础上，适当增加现存小规模农村学校和教学点、农村寄宿制学校、特殊学校、民族地区学校和其他有特殊需要学校的教师编制。

(3) 对农村学校发展紧缺学科，如英语、体育、艺术、心理健康和信息技术等科任教师增加流动教师编制，鼓励当地学区内教师采用走教制教学，共享紧缺学科教师资源。

(4) 对经济相对落后、学校寄宿条件或校车接送等配套设施不完善、学生家校距离过远、家庭教育开支负担沉重、家庭经济承受能力普遍相对较差的地区增加教师编制，鼓励当地就近恢复必要的教学点或小规模学校，方便学生就近上学，减轻家庭经济负担。

(5) 对走读上学存在自然灾害隐患或其他不安全因素、小学低年级儿童和学前教育儿童相对集中、具有接受义务教育能力但存在自理或行走困难的残障适龄儿童和少年或具有其他特殊求学困难的适龄儿童和少年而且数量相对较少的地区学校增加教师编制。

总之，教师编制标准是合理配置教师人力资源、确保教育质量、控制办学成本和维护教育公平的关键性手段。适当放宽教师编制，并向中西部贫困地区、偏远山区、交通不便地区和农村薄弱学校实行师资倾斜，才能有效遏制基于师生比标准的学校过度撤并，才能从师资上就学校布局调整对教育公平造成的损伤进行补救和补偿。

(二) 建立和完善科学的学校撤并标准

学校撤并标准是学校布局调整政策对什么学校应该撤销、合并、保留以及改建、扩建的操作性准则，具体表现为学校布局调整的方法、原则和规划等。由于农村中小学校和教学点的撤并在本次学校布局调整中占据主要地位，所以，该政策在全国农村执行过程中也被广大人民群众称为“撤点并校”政策。学校撤并标准直接决定着学校布局调整政策的实际执行结果和真实价值取向。因此，建立科学的学校撤并标准必须从理念和具体规则两个层面入手。

1. 正确处理几对矛盾关系

学校撤并标准是学校布局调整价值取向和政策实施方案的具体化，科学合理的学校撤并标准必须正确处理以下几对矛盾关系。

首先，正确处理学校布局调整过程中公平与效率的矛盾。农村中小学校布局调整的主要目标是提高教育资源的配置效率，这一目标是经济理性和工具理性指导下的效率价值取向，与教育理性指导下追求教育公平的价值取向可能会一致，也可能会冲突。面对公平与效率可能的冲突，必须首先坚持遵循教育规律、服从教育理性、兼顾经济理性和工具理性的原则，正确处理公平与效率的矛盾。

在义务教育发展的长期历史进程中，教育应该在整体上坚持“公平优先，兼顾效率”的价值取向，把促进教育公平作为义务教育发展的基本价值取向。但是，在特定的历史条件下，公平与效率的优先关系并不必然是确定不变的，可以根据教育发展的实际需要和外部环境变化在政策上进行临时的调整。而无论是公平优先还是效率优先，都应该有利于当前或长远的教育发展。

有鉴于此，在教育资源相对充足的情况下，学校布局调整政策应该实行教育公平优先并兼顾效率的做法，优先保证适龄儿童和少年能够就近入学，确保所有适龄儿童和少年都有平等接受义务教育的机会和能力，并在此基础上尽可能让更多的适龄儿童和少年能够有机会和能力接受优质教育。在教育资源相对稀缺的情况下，学校布局调整政策可以在尽量不损伤当前教育公平层次和现状的情况下，在一定时间内先以提高教育资源的配置效率为目标，首先减少教育资源的浪费和不当使用，为实现教育公平奠定良好的资源基础和更多的物质条件；在效率目标基本实现后，学校布局调整政策必须马上回归“教育公平优先，兼顾效率”的政策价值取向，并对前期效率优先导向下对教育公平的暂时伤害对象进行必要的补偿。

其次，正确处理学校城镇化与乡土化的关系。我国目前正处在城镇化的历史发展进程中，农村城镇化和学校城镇化在未来一段时间内将是一个不可逆转的长期发展过程。在此历史进程完成之前，农村学校还将大量存在，人为地加速和迟滞农村学校在城镇化过程中的自然发展进程都会给农村义务教育的发展带来不良后果。

为此，学校布局调整一方面要适应城镇化的整体趋势，在城乡统筹发展战略的指导下积极推动学校城镇化进程，在县镇附近人口相对集中的乡镇，可以依托县镇的城市化基础设施和条件，在办学条件具备和时机成熟时率先实现教育的城镇化；另一方面也要注意到农村学校在短期内不可能全部集中到城镇的现实，必须等待农村学校城镇化的条件和时机基本成熟时才能顺势而为，不能通过人为地消灭农村学校的方式加速实现学校城镇化。这就要求地方政府不能将学校布局调整政策视作当地城镇化的工具，而应该首先依照教育规律办事，在坚持学校城镇化和乡土化两条腿走路的同时，对适宜城镇化的学校加以支持和鼓励，不宜城镇化或城镇化条件尚不具备的学校必须立足于乡村，在新农村建设政策的支持下服务于乡村社区和周边村镇，不能盲目走城镇化道路而不断向县镇集中。

再次，正确处理集中与分散的关系。学校布局调整的理论基础是学校规模经济理论。该政策出台之前，我国农村义务教育存在学校分散、校均学生规模偏小、管理成本相对较高的问题。基于这种现状出台的学校布局调整政策似乎给地方政府传递了一个错误的信息和政策导向——凡是分散的就是没有效率的，凡是集中的就是有效率的。这样，在学校布局调整政策的实际执行过程中，在集中办学还是分散办学问题上就出现了“重大轻小”的倾向，片面追求学校的大规模集中，抑制或不支持分散办学，结果造成农村小规模学校和教学点快速消失和难以生存，大规模学校却面临班额过大、管理不便的新问题。

实际上，根据规模经济理论，学校规模有三种状态：有规模而不经济，规模适度，无规模无经济。有规模而不经济是指规模过大，超出了规模经济的合理区间，不但不能降低生均成本，反而会引发其他教育问题的状态；无规模无经济是指学校规模过小，达不到教育资源充分利用的最低限度，处于教育资源闲置和隐性浪费的状态；规模适度是学校规模介于前两者之间的合理区域，此时的规模不大不小，既不会增加办学成本，也不会衍生新的教育问题。所以，单纯从规模来看，学校不是越大越好，也不是越小越好，而是要规模适度。

一般来说，学校的集中是为了提高教育资源的配置效率；学校的分散是为了方便学生就近入学，确保教育公平。因此，学校首先不能过分强调集中，当然也不能鼓励分散，而是要根据效率和公平的关系，因地制宜地处理当地学校的集中与分散关系。当学校服务区内交通便利，学龄人口相对集中，学校适度合并不会衍生教育公平问题或对其影响相对较小时，可以实现学校的适度集中；如果当地办学自然地理条件相对较差，交通不够便利，学生上学相对比较困难，学龄人口相对分散，一旦撤销学校可能会导致辍学和失学率反弹等严重后果，则适宜分散办学，应该尽量采用保留小规模学校和教学点的方式以确保教育公平。

最后，必须处理好理想与现实的关系。教育的发展离不开充足的教育经费做保障。教育公平、优质和方便都是当前义务教育发展的理想目标，也是一个长期的奋斗目标。实现这些目标必须建立在现实可能性基础之上，尤其要考虑特定时间内的国情和国力能否支持这些目标的实现，目标过高或过低都不利于义务教育的发展。

农村义务教育实行以县为主的教育经费投资和管理体制之后，教育经费已经纳入了公共财政管理的范畴，必须严格按照政府公共财政管理的预算和决算制度来确定各级政府的教育经费支出。在有限的公共教育支出中，政府必须首先考虑如何提高教育经费和教育资源的使用效率，必须在教育发展的理想目标与现实可能之间做出抉择。公共教育经费从来都不可能完全按照受教育者或教育发展的实际需求来按需支付，而是根据现有财力向教育发展的目标逐步靠近。

有鉴于此，实现农村义务教育就近入学和教育公平的理想是非常美好的，但必须建立在财力和正确的教育发展理念之上。如果教育资源短缺，不考虑效率而只强调教育公平，这样的公平必然是难以实现的，而且可能是低层次的公平；如果教育资源充足，只强调效率而忽略公平，这样的效率就可能损伤公平，从而越来越背离教育发展的理想目标。

因此，学校布局调整政策必须立足于本地政府的教育财政供给能力，结合教育发展的长远目标和理想，量入为出，实事求是地确定本地的教育发展目标，尽量协调教育供求矛盾。在财政供给能力相对薄弱的情况下，地方政府应该优先考虑实现最基本的教育平等，确保人人都有受教育的权利和能力，而不能不切实际地强调人人都应该接受优质的教育；在地方教育供给能力相对较强的情况下，地方政府也不能急于求成，应该有计划、有步骤地逐步提高教育质量，不断提升教育公平的实现范围和层次。

2. 分地区、分类别建立学校撤并标准

虽然我国农村中小学校布局调整政策已经暂停，但学校撤并标准并不完善。一方面，学校撤并国家基本标准至今缺位；另一方面，学校撤并地方标准却又混乱不堪，粗制滥造，缺乏科学性。国家层面学校撤并标准的缺失导致了撤点并校秩序的混乱，人为加剧了学校的过度撤并，加大了对教育公平的损伤。因此，国家首先要在制度层面制定科学具体的学校撤并基本指导标准，按照实事求是和因地制宜的原则对学校撤并的依据、条件和对象做出具体的规范和说明，对不能予以撤并的学校和条件做出明确的分类指导，从制度层面抑制不合理的学校撤并行为，保护弱势群体的公平受教育权益。

根据我国现在的国情和农村中小学校布局调整的实际工作经验，科学的学校撤并标准应该在充分调研的基础上制定，至少应该包括以下具体内容：不同地理概况条件下学校服务的辐射半径、学生上学距离的最远上限、学生在不同的交通条件下上学时间的上限、学校撤并的时机和条件、特殊学校的优先保护、学校撤并后学生的安置、闲置校舍和校产的处置、教师的合理配置等。

为了了解学校教师对学校布局调整相关指标的看法，学校教师问卷分别就合理的班额、学校服务半径、服务村数和服务人口对样本教师进行了调查。调查结果显示，合理的小学和初中学校班额均值分别为33.41名/班和41.43名/

班；合理的小学和初中服务半径均值分别为7.94里和16.19里，约合4公里和8公里；合理的小学服务自然村数均值为7.6个；合理的小学服务人口为0.8718万人。（见表6－2）

表6－2 教师样本对合理的学校班额与服务半径、村数、人口的看法均值

参数指标	频数	极小值	极大值	均值	标准差
合理的小学班额（名/班）	328	15	70	33.41	8.027
合理的初中班额（名/班）	227	25	60	41.43	6.723
合理的小学服务范围（里）	514	1.0	80.0	7.940	8.9753
合理的初中服务范围（里）	487	1.0	100.0	16.190	14.1796
合理的小学服务自然村（个）	467	1	100	7.60	9.095
合理的小学服务人口（万人）	376	0.02	13.00	0.8718	1.02841

学校撤并标准是确保学校布局调整实现教育资源配置效率和确保教育公平的制度条件。为了防止“一放就乱，一收就死”的行政怪圈，中央政府必须首先根据实事求是的原则分门别类地制定全国学校撤并的基本准则，然后授权地方政府酌情制定适合本地的标准。这样才能调动地方的积极性，同时又不损伤教育公平。

根据我国学校布局调整的实际情况，参考学校问卷调查有关学校撤并参数分析的相关结果，本书认为当前农村中小学校布局调整的国家学校撤并基本标准应该以农村小学为重点，兼顾初中，分地区、分类别地确定。相关参数标准具体如下：

（1）学生上学的最远距离。根据国际经验，小学生上学的最远距离一般不超过1公里。结合我国当前的国情和国力以及学校布局调整的实践经验，本书认为小学3年级及以下学生走读上学的最远距离不能超过2公里，小学高年级学生上学的最远距离不能超过3公里。

（2）学生上学的时间。上学时间是与交通方式密切相关的。小学3年级及以下学生走读上学的时间不应该超过30分钟；小学高年级无论是走读还是乘坐交通工具，上学时间原则上都不能超过40分钟。

（3）学校的服务半径。考虑到人口的疏密程度不同，平原地区小学的服务半径最远为2公里；山区和丘陵地区小学的服务半径最远为3公里。[1] 其他人口相对分散的偏远林区、牧区和库区等特殊地区小学的服务半径视当地交通

[1] 因为山区和丘陵地区的道路交通状况与平原地区不同，道路的实际距离往往会依地形而崎岖绕远，一般都会超出直线距离，且人口分布相对比较分散，所以，山区和丘陵地区的学校服务半径略高。

状况和学龄人口密度在2—3公里之间自主确定。为了确保学生的公平受教育权，每个乡镇至少要设立或保留1所农村初中。

（4）合理班额。现行国家标准班额为小学不超过45人、初中不超过50人；根据农村中小学校布局调整的实际情况和提升教育质量的需要，农村小学班额的上限近期可以降低为40人，远期可以降低为35人。由于当前各地农村初中学校数量相对比较少，大班额现象即使在学校布局调整之前也一直比较严重，所以，农村初中班额的上限近期可以适当增加至60人，远期可以减至45人。

（5）寄宿适用对象。小学1—3年级学生就近入学，原则上不寄宿。乘坐交通工具或走读上学时间超过半个小时的学生应在学校内寄宿或在学校周边寄宿，超过1个小时的路远走读学生应该优先寄宿。

（6）学校撤并的基本条件。学校相对分散，两所学校服务半径合计低于6公里，且师生比整体超标的小学应该考虑撤并；具有两所以上初中的同一乡镇，可以考虑将生源不足、师生比偏低的初中按年级或班级逐次合并；学校撤并中接纳学校的寄宿条件和其他配套措施尚不完善的暂缓合并，直至条件成熟再完成撤并。

（7）需要保留的学校。

①小学1—3年级学生原则上就近上学，就近还存在的村小学或教学点不撤并，已经撤销的可以根据1—3年级学生人数考虑在原有校址恢复和重建；

②学龄人口相对比较集中，学校学生规模在100人以上，方圆3公里之内没有其他学校可以就近入学的小学不撤并；

③学生规模在50—100人以内，但至少有1个成建制班级的学校，即使已经列入撤并计划的也暂不撤并；

④学生规模在50人以下的学校，根据需要和实际情况予以撤并或保留教学点；

⑤社会慈善机构、团体或个人捐资兴建的希望工程学校、慈善学校，一般应予以保留；

⑥边疆和民族地区的农村学校，历史上多次学校布局调整中均被保留下来的学校，具有历史意义、教育意义、文化价值和其他特殊价值的学校，原则上不撤并；

⑦生源在5人以上，道路交通不便的山区、林区、牧区、丘陵、湖泊和岛屿等地区，走读上学存在自然灾害隐患或其他不安全因素地区的小规模学校和教学点不撤并。

(8) 自由裁量范围。各地区可以根据当地实际情况制定不低于本标准上限的标准范围，没有上限的参数允许适当上下浮动，但浮动范围不能超过20%。

总之，农村中小学校布局调整政策的学校撤并标准是一个十分复杂而具体的工作，任何在理论上看似完美而合理的标准最终都需要在实践中加以检验和最终确定。上述标准目前只能对全国的学校撤并基本标准起一个参考作用。国家最终的学校标准还必须依赖基于全国学校布局调整大数据的科学论证和各地教育管理部门在政策执行实践中的具体要求。

3. 借用GIS技术辅助学校撤并

在学校布局调整过程中，要使学校撤并同时满足效率和公平原则还是一个技术性很强的工作。科学确定学校撤并之后的接收学校位置，需要充分考虑学校的空间可达性、服务半径、有效覆盖面、服务人口以及学校周边的地理环境。

为此，可以借助GIS（地理信息系统的简称）科学中的School-mapping（学校布局）方法和技术手段帮助地方政府制定科学的学校布局调整规划。

School-mapping是GIS科学在教育中的应用，是利用计算机软件将学校、村镇、交通、地貌、人口等地理信息置放于一定区域内，根据学校服务半径、服务人口、服务区域等学校撤并要求，结合当地的交通和地理信息确定学校撤并最佳空间地理位置的一种技术方法。

在我国农村中小学校布局调整刚刚启动之后，不少地方政府在制定当地的学校布局调整规划方案时就已经通过当地城市规划部门采用GIS技术对当地的学校撤并和学校布局调整规划进行了辅助决策，并取得了一定的效果。

2006年，华中师范大学教育学院范先佐教授主持的“英国政府双边赠款西部地区基础教育研究项目”、国家级课题“中国中西部农村中小学校合理布局结构研究”课题组得到了英国政府国际发展部委派的国际GIS专家布鲁诺·帕若林（Bruno Parlin）先生的指导，在国内教育领域首次采用School-mapping技术对我国的学校撤并规划进行了理论和实践上的探索，并取得了一定的成果。然而目前这项技术在国内教育领域的掌握者寥若晨星，地理信息科学技术人员虽然能够操控相关软件，却无法将该技术与教育发展的实际情况很好地结合起来，因此，GIS尚无法在学校布局调整过程中得到广泛的使用和推广。

为了进一步探索GIS技术对学校布局调整撤并标准的帮助，本课题组采集其中一个样本县市（广西玉林市博白县）的相关信息进行了GIS分析，该技术对提取科学的学校布局调整相关参数标准有很大的帮助，相关分析结果参见本书附录四。

有鉴于此，国内教育管理部门在指定本地学校撤并标准和规划时应该组织GIS技术专家和学校布局调整领域的相关专家各取所长，共同参与决策，充分利用GIS技术帮助本地学校布局调整制定相对科学合理的撤并标准和规划方案。

（三）建立相关配套设施标准

学校布局调整政策配套措施和设施的完备状况直接关系到该政策的不良后果能否有效避免和预期目标能否成功实现。为了避免学校布局调整可能带来的负面影响，政策设计之初，各级政府就把建立农村寄宿制学校作为其首选配套措施来加以执行，后来有条件的地方政府又逐渐将校车制度作为完善和补救学校布局调整政策的配套措施加以实施，并得到了中央政府的支持和鼓励。由于缺乏健全而规范的标准，目前各地的农村寄宿制办学行为和校车管理混乱，亟须国家和地方制定相关配套设施标准加以改进和完善。

1. 完善寄宿制办学基本标准

2006年9月28日，国家西部地区“两基”攻坚领导小组办公室颁布了《国家西部地区农村寄宿制学校建设工程项目学校管理暂行办法》（攻坚办〔2006〕6号），对西部地区寄宿学校建设的管理职责、安全管理、饮食管理、卫生管理和住宿管理进行了原则性和指导性的规范，这是我国学校布局政策执行以来第一个专门针对寄宿制学校管理的正式指导文件。

然而该政策的适用对象是纳入国家西部地区农村寄宿制学校建设工程项目的寄宿制学校，西部地区之外的其他农村义务教育寄宿制学校建设依然缺乏规范的管理。此外，该文件只对寄宿学校的管理做出了原则性的说明，针对寄宿学校的具体办学标准依然缺乏。

2008年，住房和城乡建设部、国家发展和改革委员会颁布了《农村普通中小学校建设标准（试行）》（建标〔2008〕159号），对全国普通中小学办学基本条件做出了统一的规范，对义务教育学校的学生食堂、厕所和浴室等面积和标准做出了详尽的说明。寄宿学校的硬件设施建设从此有了基本标准和依据，但是该文件对寄宿设施的饮食、安全和住宿管理等其他标准依然有待完善。

2013年12月31日，教育部、国家发展和改革委员会和财政部联合下发了《关于全面改善贫困地区义务教育薄弱学校基本办学条件的意见》（教基一〔2013〕10号），提出要“改善学校生活设施。保障寄宿学生每人1个床位，消除大通铺现象。根据实际需要配备必要的洗浴设施和条件。食堂或伙房要洁净卫生，满足学生就餐需要。设置开水房或安装饮水设施，确保学生饮水安全便捷。厕所要有足够厕位。北方和高寒地区学校应有冬季取暖设施。设置必要的安全设施，保障师生安全”[1]。这是国家关于全国农村义务教育阶段寄宿学校生活设施标准的最新规定。

鉴于农村寄宿学校在学校布局调整过程中方便路远、低龄学生安全就学和对农村留守儿童进行特殊教育的重要性，农村寄宿制学校不应该仅仅是学校办学条件达标工程的附属品或点缀工作，而应该在现行义务教育办学基本条件达标的基础上加以规范，建立专门的农村寄宿学校办学标准。

农村义务教育寄宿学校办学标准主要包括寄宿基本条件标准、安全管理标准、饮食管理标准、卫生管理标准和住宿管理标准五个方面。参考攻坚办〔2006〕6号文件精神，根据农村寄宿制学校的需要，本书认为农村义务教育寄宿学校办学基本标准可以参考以下准则：

（1）寄宿基本条件标准。保证寄宿学生有充足的床位，确保一人一铺，取消大通铺，杜绝拼床；食堂或伙房必须具有按时提供学生三餐的能力或对食物加热的条件，不得无故停餐；寄宿学校必须在宿舍附近就近设置厕所，确保有足够的厕位和夜间照明设施；必须设立必要的洗漱设施，有条件的学校可以根据实际需要设立洗浴、取暖或降温设施；寄宿学校应该就近在学校内外设立卫生室或医务室；根据需要设立文体活动室和图书室，并配备必要的文体器具和足够数量的藏书；寄宿生规模较大、留守儿童数量较多的寄宿学校必须配备心理健康咨询室；学校必须设立公用电话，方便寄宿学生与家人和亲友及时沟通、交流。

（2）安全管理标准。寄宿学校必须有专职或兼职的安全保卫人员，并具备处置突发性事件的能力；加强学校校舍、设施、学生活动场所的安全保卫，设立防火防盗设施，定期检查并加强管理，及时消除隐患，预防事故发生，切实采取措施防止汛期滑坡、塌方、泥石流等对学生的安全威胁；利用国家“天眼工程”在寄宿学校大门口设置摄像头实时监控，确保在校学生安全；严格门卫值班、巡逻制度和学生请假、销假制度，全面掌握学生请假、到校、离校等情况，寄宿生住校期间未经准假不得擅自离校；建立校外人员入校登记、验证制度，禁止社会闲杂人员或车辆进入校园，禁止学生将刀具、棍棒、有毒有害物品带入学校；加强对宿舍、食堂、库房、财务室、电教室等重点区位的防护措施；放学时安排专人组织“路队”，负责护送学生安全离校，有校车的

---

[1] 教育部，国家发展和改革委员会，财政部．关于全面改善贫困地区义务教育薄弱学校基本办学条件的意见（教基一〔2013〕10号）［Z］．2013－12－31．

学校要有专人负责组织和管理学生乘坐经检验合格的交通工具；集中供暖时宿舍必须留设通风门窗；开展学生安全教育，平时做好突发安全事故和意外事故应急演练，增强学生对突发事件的应急反应能力。

（3）卫生管理标准。建立卫生负责和检查制度，把卫生工作纳入学校目标管理内容；制定突发公共卫生事件应急机制，建立重大疫情报告制度，做好学生常见病、传染病的预防和控制工作；开展卫生健康教育，培养学生良好的日常生活习惯和卫生习惯，加强学生体育锻炼；做好学生心理健康教育，加强家校联系，帮助寄宿学生解决心理困惑和障碍；提高学生的生活自理能力，增强学生学习和生活的自信心；配备具有从业资格的专职医务（保健）人员或者兼职卫生保健教师，购置必需的急救器材和药品，保障对学生常见病的治疗；建立学生健康档案，定期开展健康咨询；有条件的学校应设立卫生室；加强与县、乡（镇）和村医院、卫生院和卫生所的联系，建立与医疗机构及时沟通、救助的机制；配备必需的清洁卫生工具，切实做好校园环境的绿化、美化、净化工作，保持校园干净、整洁、卫生。

（4）饮食管理标准。按照《农村普通中小学校建设标准（试行）》要求，根据学校实际，营养配餐，提高质量，降低成本，办好学生食堂，确保在校寄宿学生每周至少能够吃到一次荤菜，每天能够吃到一餐新鲜时令蔬菜；严格执行《学校食堂与学生集体用餐卫生管理制度》、《餐饮业和学生集体用餐配送单位卫生规范》，建立食堂物资采购登记、饭菜留验和记录等制度；严格遵守卫生操作规范，聘任专门食堂管理员，食堂从业人员必须两证齐全，每学期体检一次；有少数民族学生的学校要尊重少数民族学生的饮食习惯，办好清真灶；定期足额发放贫困寄宿学生生活补助费；鼓励有条件的农村寄宿学校就近勤工俭学，利用食堂剩余饭菜饲养家禽，利用校内空置田地和专用校田种菜种粮，所得粮禽蔬菜用于改善食堂伙食。

（5）住宿管理标准。按标准配备生活教师，小学低年级寄宿生原则上要配备生活保育员，生活教师和保育员要严格履行工作职责，负责宿舍管理和安全保卫工作；建立寄宿生陪寝制度，由生活教师和保育员轮流值班守夜陪寝，对学生宿舍实行夜间巡查，督促学生遵守住宿纪律、按时作息，负责陪伴低龄寄宿生夜间如厕，防止寄宿生踢被着凉和受惊梦呓等；针对女生宿舍安全工作特点，加强对女生宿舍的安全管理；按照男女学生相对独立的原则安排住宿，尽量做到一人一床，安全、方便；教育学生讲究个人卫生，引导学生自我教育、自我管理，指导学生整理内务，保持宿舍清洁；建立寄宿生信息档案，发现异常情况要及时报告。

总之，农村寄宿制办学在我国已经有一定的实践经验，但是低龄寄宿学生的管理在学校布局调整政策中还是一个新挑战，只有制定科学规范的寄宿办学和管理标准，从严执行，才能有利于方便上学距离较远的学生、留守儿童和其他有特殊困难的学生上学，确保寄宿制办学为减少学校布局调整对教育公平的损伤和负面影响服务。

2. 完善校车管理标准

校车制度最早在我国城市学前教育和义务教育阶段实行，农村中小学校布局调整之后，部分经济条件和交通条件相对比较好的县市开始在农村义务教育阶段推行校车制度，以方便路远学生解决上学远和上学难的问题，校车由此也成为学校布局调整政策的配套措施之一，得到了中央和各级地方政府的鼓励和支持。

校车运营在解决学生上学远问题上具有方便、快捷、不脱离家庭等优势，但是也有成本高昂、安全风险大等劣势。因此，制定和规范校车制度才能确保校车在学校布局调整之后能够发挥应有的积极作用。

在全国社会各界的努力下，我国首部校车法规《校车安全管理条例》于2012年4月5日正式颁布并实施，该条例共分8章62条，分别就学校和校车服务提供者、校车使用许可、校车驾驶人、校车通行安全、校车乘车安全、法律责任等做出了规定，结束了我国校车无法可依、没有安全管理标准的历史。

然而该条例只是就校车制度适用的条件和安全标准做出了相关规定，却没有对必须提供校车服务的其他配套措施标准做出规定，如笼统规定了“对确实难以保障就近入学，并且公共交通不能满足学生上下学需要的农村地区，县级以上地方人民政府应当采取措施，保障接受义务教育的学生获得校车服务”。那么究竟在什么样的路况、什么样的就近入学困难的条件下，县级政府必须提供校车？在校车服务覆盖面有限的情况下，谁有权利和资格享受校车服务？实行校车服务的学校，其经费从哪里来，最低日常经费保障该是多少？学校因为校车运营发生交通安全事故或其他责任事故，该如何处理和赔偿？鉴于义务教育的免费性和强制性，学生乘坐校车是免费还是由政府提供一定的补助？如果提供补助，其标准应该是多少？如果收费，收费标准应该是多少？这都需要后续相关政策加以完善。就目前而言，除了安全管理标准外，还应该完善一系列其他相关配套标准。

（1）校车服务适用学校标准：道路交通条件比较好，学生规模比较大，路远学生有一定规模，寄宿条件比较有限的学校；虽然有寄宿条件，但多数家长不能接受其子女在校寄宿的学校；采用九年一贯制办学或路远且不宜在校寄宿，低龄学生较多的学校；当地农村和周边社区经济条件相对较好，具备校车安全运营条件，广大家长和学生广泛支持校车运营的学校。

（2）校车使用费用标准：根据我国现行《义务教育法》，义务教育免费的标准似乎仅仅限于“两免一补”内容，尚未扩及校车使用费用。国外不少发达国家早已将校车免费使用纳入义务教育免费的范畴。然而我国由于农村中小学校布局调整政策的强制性，部分地区的适龄儿童在无法就近入学的情况下乘坐校车具有不可选择性。校车服务实际上成为就近入学的一种功能性替代方式，这种成本完全由路远学生和家庭承担等于是对他们教育和经济上的双重伤害，这显然是不公平的。然而校车运营又具有高成本性，也并非所有学生都能享受校车服务。有鉴于此，本书认为，校车服务应该首先坚持公益性原则，而后在此基础上根据谁受益谁付费原则，采用成本分担机制，即学生、学校和政府分摊一定比例的成本，其中学生使用校车的费用不应该高于本地公共交通费用的平均标准。按照我国目前大多数地方的公交费用标准，学生单次乘坐校车的费用应该在 1 元左右。对于贫困家庭学生，学校应该按照当地贫困寄宿生的补助标准给予相应的交通补贴。

（3）校车日常运转费用保障：政府在核准确实需要提供校车服务的学校和车辆数量之后，根据校车的购车成本、运营成本和平均使用年限从义务教育生均教育经费和基建费用中列支一部分费用作为校车使用专款。单车每年的费用可以参照生均教育经费拨款模式按年度和车数予以拨款。

（4）校车服务适用对象标准：校车在我国农村义务教育阶段运营和使用还是一个新鲜事物，其发展规模和管理经验都还比较有限。如果当地交通条件和经济条件较好，校车服务有能力覆盖所有的学生，就不必确定使用对象。但是，在我国绝大多数县市，农村校车服务都还属于稀缺资源，在校车服务这种公共资源相对有限的情况下，只有确定合理的使用对象才能提高校车服务的使用效率。根据我国现行学校布局调整状况，家校距离较远的学生至少可以有寄宿和使用校车两种选择，是否乘坐校车首先要尊重学生和家长的意愿。在此基础上，同等条件下应该考虑让下列学生优先享受校车服务：家校距离超过 3 公里，学校寄宿条件不够，本人不愿意在校寄宿的学生；交通状况比较差，走读上学比较辛苦或存在不安全因素，但可以通车的村镇学生；周边没有教学点和学校，无法就近上学的小学 1—3 年级低龄学生；存在特殊家庭困难，需要走读上学的路远学生；无人接送的留守儿童或其他学生。

总之，校车是对步行上学的最便利的替代方式，但前提是安全和低廉。所以，校车管理的重点标准是确保安全，降低学生使用校车服务的日常开支。

二、规范学校撤并程序和政府行为

学校布局调整的过程实际上也是一次教育利益格局调整的过程，关系到地方政府、学校教师、学生、家长和村民等多方利益群体的切身利益。在地方政府主导下的这次学校布局调整改革大多采用的是自上而下的强制变迁方式，多数地方政府在没有充分争取群众理解和支持的情况下就贸然采取了撤并学校的措施，引起了群众的不满，部分地区甚至由此出现了群众上访等严重的群体性事件。从撤并程序来看，规范农村中小学校布局调整政策的工作程序既是确保该政策的合法性、减少社会阻力、顺利推进该政策的需要，也是确保政策教育公平的价值、保护弱势群体教育权益的需要。

2012 年国务院办公厅下发了《关于规范农村义务教育学校布局调整的意见》（国办发〔2012〕48 号），对农村义务教育学校布局调整中的学校撤并程序和行为做出了规范。该文件指出："确因生源减少需要撤并学校的，县级人民政府必须严格履行撤并方案的制订、论证、公示、报批等程序。要统筹考虑学生上下学交通安全、寄宿生学习生活设施等条件保障，并通过举行听证会等多种有效途径，广泛听取学生家长、学校师生、村民自治组织和乡镇人民政府的意见，保障群众充分参与并监督决策过程。学校撤并应先建后撤，保证平稳过渡。撤并方案要逐级上报省级人民政府审批。在完成农村义务教育学校布局专项规划备案之前，暂停农村义务教育学校撤并。要依法规范撤并后原有校园校舍再利用工作，优先保障当地教育事业需要。坚决制止盲目撤并农村义务教育学校。多数学生家长反对或听证会多数代表反对，学校撤并后学生上学交通安全得不到保障，并入学校住宿和就餐条件不能满足需要，以及撤并后将造成学校超大规模或'大班额'问题突出的，均不得强行撤并现有学校或教学点。已经撤并的学校或教学点，确有必要的由当地人民政府进行规划、按程序予以恢复。"❶ 该文件正式对我国农村中小学校布局调整的撤并程序和行为做出了明确的规范，为学校布局调整行为划定了红线，结束了我国地方政府在学校布局调整过程中各自为政的混乱局面。

但是，该程序和行为的规范依然是原则性的，要想确保学校布局调整程序公正规范、撤并行为合情合理，还必须对地方政府的工作程序和撤并行为做出详尽的规定。

---

❶ 国务院．关于规范农村义务教育学校布局调整的意见（国办发〔2012〕48 号）［Z］．2012－09－06．

（一）学校撤并要于法有据

我国教育活动的基本法律依据是《教育法》，而义务教育阶段农村中小学校布局的直接法律依据应该是《义务教育法》。农村义务教育学校布局调整是涉及诸多利益群体、覆盖全国的一项教育变革行为，涉及面广，持续时间长，影响比较深远，迫切需要从法规和制度上提供学校撤并的法规依据，使之做到有法可依、于法有据。

我国《义务教育法》第 12 条明确规定“地方各级人民政府应当保障适龄儿童、少年在户籍所在地学校就近入学”。在城市义务教育阶段，如果适龄儿童、少年没有在学区学校就近入学，被视为“择校行为”，将会为此付出高昂的择校费。而在我国农村义务教育阶段的学校布局调整过程中，地方政府将农村大量学校和教学点加以撤并，甚至将小学 3 年级以上的所有学生全部集中到县城，已经背离了《义务教育法》有关“就近入学”的基本精神，存在有法不依、执法不严的问题。

目前，各地学校布局调整通常都是依据 2001 年 5 月 29 日国务院下发的《关于基础教育改革和发展的决定》（国发〔2001〕21 号），该文件属于行政法规，法律效力相对于《义务教育法》比较低下，对地方政府的行政约束力比较弱，而且纯粹从政府角度提出了学校布局调整的原则和条件，并没有对学校撤并的其他依据做出明确的界定，对地方政府的学校布局调整行为缺乏必要的约束和权力制衡。当地方政府的学校撤并行为与《义务教育法》中的“就近入学”原则相背离时，中央政府却没有及时就《义务教育法》与现行的行政法规之间的冲突进行必要的解释和修正，导致地方政府的农村学校布局调整行为缺乏合法的法律依据和必要的法律约束。

在此条件下，地方政府经常假借“适应税费改革需要、学龄人口减少、城市化、提高学校资源配置效率和促进教育均衡发展”等口号作为本地政府学校撤并的整体理由，然而针对具体一所学校为什么要撤并或为什么要保留，各地政府对广大民众和教师通常缺乏透明、合理而充分的解释，很多地方在学校布局调整政策实际执行过程中存在无法可依、强制执行、沟通不畅等问题，引起了广大干部群众的不理解甚至抵触和抗议，学校布局调整政策在执行中遭遇一定程度的合法性危机。

为此，中央政府要根据《义务教育法》的基本精神对农村中小学校布局调整的合法依据做出规范和解释，除了就本地学校布局调整的整体理由做出说明外，还要就每一所学校撤并的依据和条件做出明确的说明。学校布局调整在指定具体规划方案时，要将规划方案的整体原则和目标以及每一所学校撤并的依据、撤并的作用和后果、将会采取哪些措施来解决后续问题等一系列事项提前告知广大利益相关者，做到每一所学校撤并都有法可依、有据可查、有理可循。

（二）规范学校撤并程序

为了规范地方政府在学校布局调整过程中的行为，必须就学校撤并过程中的每一个步骤和程序做出明确的规定，在规划、报批、执行和反馈等环节加强监督和管理。

（1）规划。县级地方政府在制定本区域内农村义务教育阶段的学校布局调整规划前必须进行充分的科学调研，并吸收一定的教育专家、学校规划专家、教师代表和学生家长代表等利益相关者群体和代表参与规划制定。规划草案出台后，必须向民众公示一定的时间或采取听证会的形式，广泛听取社会各界的批评和建议之后再确定。

地方政府在撤并某一个学校时，具体依据和理由要充分，并及时向当地社会公布，征询相关人士意见，在获得当地教育行政部门、教师和学生家长等民意代表的支持后，方可列入学校撤并规划。如果学生家长和村民多数不同意撤并学校，则地方政府不得强制撤并。

（2）报批。学校布局调整规划草案报送上级政府之后，上级政府在受理期内应该将草案再次向社会公布一定时间，在更大范围内进一步接受社会各界的批评、建议和监督，经核实无重大异议后方可批准备案。如有异议，上级政府应当责令教育行政主管部门对群众提出的合理建议及时处理，并根据实际情况对学校布局调整规划或方案做出相应的调整，再次呈报备案后再着手实施。

（3）执行。学校布局调整规划报批之后方可进行学校撤并工作。学校撤并之前，地方政府必须首先提前告知学校教师、学生、村民和家长，并做好思想沟通和解释工作。如果当地村民和家长超过半数以上反对撤并，地方政府不得强行撤并学校；学校撤并遵循先建后并原则，学校的新建、改建和扩建工作尚未完工，寄宿等配套设施和条件尚不完备的学校不得撤并；列入特殊保护或保留学校名单的小规模学校和教学点不得强行撤并；学龄人口规模当前处于低谷，但未来几年有可能恢复或超过当前水平的学校和教学点不得强行撤并；学龄人口规模目前还处于高峰，但是未来几年学龄人口会下降，学校撤并时机尚不成熟的，不得超前成建制地撤并学校。

（4）反馈和调整。学校撤并政策执行后，相关配套措施在一年缓冲期内仍然无法兑现此前的政策承诺，造成当地学生上学远和上学难的，先无条件就近恢复和保留原有农村小规模学校和教学点，等条件完备之后再执行；学校撤并后当地群众反对意见较大，社会反响比较大，并经过合法程序被裁定存在明显执行错误的，地方政府应当无条件恢复已被撤并的学校和教学点。

三、建立畅通的民意反馈和监督机制

农村中小学校布局调整使各利益相关者的教育权益受到了不同程度的影响，政策自上而下的强制性变迁特点使地方政府的行政权力相对比较大。在缺少行政约束和必要的权力制衡的条件下，地方政府为了达到政绩目标，很容易采用行政高压手段在极短时间内强行完成学校布局调整工作，由此损害广大民众的合法权益。因此，在农村中小学校布局调整政策执行过程中建立畅通的民意反馈机制和监督机制，是体现民主法制、保护弱势群体教育公平权益、维护社会稳定和确保农村中小学校布局调整政策的顺利执行和落实的重要制度保障。

首先，建立合法的利益表达机制。地方政府要设立专门的学校布局调整信访通道，充分利用现代信息网络技术，利用网络、微博和微信等平台，组织专门力量受理农村中小学校布局调整过程中的各种群众批评、上访、举报和建议，对群众反映比较集中和突出的问题要及时做出回应，对已经受理的问题要及时核实和处理，对合理的政策调整建议要及时研究、吸收和采纳，形成政策实施之后的有效反馈和调整机制。

其次，建立争议仲裁和调解机制。农村中小学校布局调整政策是人民办学向政府办学的一次重要转变，期间涉及办学过程中政府与村民之间的一些利益纠纷。在政府与村民利益的博弈中，村民显然属于弱势利益群体。为了确保村民的合法利益不受地方政府的侵犯，上级政府要根据《中华人民共和国行政诉讼法》，鼓励村民和学生家长对学校布局调整过程中的撤并工作及相关利益纠纷依法进行上诉，上级政府可以根据控辩双方的合理诉求依法进行仲裁或调解，经过查实，裁定政府行政行为有错误的，地方政府必须予以纠正并对相关利益主体依法做出相应的赔偿或补偿。

最后，建立社会监督体系。地方政府在学校布局调整过程中，首先要做到信息公开、透明，自觉接受社会各界的监督。全国和地方各级人大、教育督导部门首先要充分利用政府的组织力量，加强对地方政府在学校布局调整政策执行过程中的行政监督，及时发现问题并敦促其改正。同时，地方政府应鼓励媒体、人民团体、组织和个人等社会力量对学校布局调整行为进行监督。

总之，程序公正和正义是确保学校布局调整政策在执行过程中教育公平的制度保障，其实质是用社会正义和公平来促进教育公平。只有建立和完善公正的农村义务教育学校布局调整程序、严格工作制度、规范撤并行为，才能在政策实践中从根本上减少学校布局调整对教育公平的人为损伤。

第二节 恢复和保留必要的农村教学点

在交通不便的偏远地区，撤销教学点对低龄学生和家庭经济困难学生而言等于把学校此前的服务区变为失学区，教学点对保证偏远地区和低龄学生的教育公平具有不可替代的作用。即使是国外已经经历过学校布局调整的发达国家，至今也仍然在很多偏远地区保留大量教学点。因此，恢复和保留必要的教学点，做好教学点的恢复和建设工作，是确保弱势群体教育公平、解决农村中小学校布局调整损伤教育公平的主要举措。

一、找回必要的农村教学点

教学点是学生数量较少的小规模学校。教学点一般建立在适龄儿童和少年数量较少的偏远地区，具有学生规模小、办学成本低廉、距离学生家庭所在地较近、家校联系便利、办学方式灵活多样等特点，对方便交通不便地区学生和低龄学生就近上学具有非常重要的意义。

（一）找回教学点的必要性

在农村中小学校布局调整政策的实施过程中，大量本该保留的农村小规模学校和教学点被强制撤并，造成许多村办学校尚在使用年限（甚至是优质奢华）的可利用校舍和校产被闲置或弃用，大量村小学生却要在校点被撤并后承受上学远、上学难和上学贵的痛苦，不得不到更远的中心学校去上学。这种学校撤并方式没有考虑到偏远地区和低龄学生的求学特殊需求，带有盲目性和强制性；而且这些校点一旦被撤并，很容易造成大量学生因为上学不便而辍学和失学。采用这种学校合并方式所产生的规模经济效益实际上是以农村原有小规模学校和教学点校产、校舍的闲置和浪费为代价换取的。换句话说，撤点并校所产生的规模经济效益仅仅是相对于政府的教育投入而言的，对于农民、学生家长或者全社会而言，这样的学校撤并不但造成了村办学校原有可利用校舍和校产的闲置、浪费，而且还衍生了大量教育公平问题，这些问题的出现又迫使上级政府不得不采用其他方式增加教育投资来加以解决，这又在更大程度上形成了整个社会教育资源的浪费。从这个意义来看，在偏远山区和低龄学生相对集中的地区，采用恢复和保留必要教学点的做法既可以充分利用当地原有闲置校舍和校产，也可以用最小的代价解决学生上学远和上学难问题。

问卷调查结果显示，大多数教师和普通村民、学生家长认为在偏远地区保留一定的教学点是非常必要的。当问及614名样本学校教师“您认为是否在应在偏远地区保留一定的教学点”时，有73.1%的教师赞成应该在偏远地区保留一定的教学点；在2699名样本村民与家长中，有71.2%的村民与家长支持在偏远地区保留一定的教学点。（见表6－3）由此可见，在偏远地区保留一定的教学点在教师和群众中具有广泛的社会支持度。

表6－3　是否应在偏远地区保留一定的教学点

态度	教师			村民与家长		
	频数	百分比	有效百分比	频数	百分比	有效百分比
是	424	69.1	73.1	1922	64.2	71.2
否	99	16.1	17.1	260	8.7	9.6
无所谓	57	9.3	9.8	517	17.3	19.2
小计	580	94.5	100.0	2699	90.1	100.0
缺失值	34	5.5	—	295	9.9	—
合计	614	100.0	—	2994	100.0	—

为什么在偏远地区保留一定的教学点在教师和群众中具有如此高的社会支持度呢？当问及614名样本教师“如果您赞同恢复或保留教学点，您的主要理由是什么”时，回答“方便学生上学”的教师占总应答人次的比例为32.7%，占样本总数的83.9%，位列6个理由中的第1位；回答“便于家校合作，促进学生进步”的样本教师位列第2位；“可以减轻家庭负担”“关爱弱势群体”“利于因材施教，提高教育质量”和“促进新农村文化建设”分列各种原因中的第3—6位。（见表6－4）

表6－4　教师认为在偏远地区恢复或保留教学点的理由（N＝614）

赞同理由	频数	百分比	个案百分比	排序
方便学生上学	448	32.7	83.9	1
可以减轻家庭负担	222	16.2	41.6	3
利于因材施教，提高教育质量	156	11.4	29.2	5
关爱弱势群体	182	13.3	34.1	4
促进新农村文化建设	123	9.0	23.0	6
便于家校合作，促进学生进步	240	17.5	44.9	2
总计	1371	100.0	256.7	—

村民与家长赞同恢复或保留教学点的理由与样本教师的观点也基本相近。

当问及2994名样本村民与家长“如果您赞同恢复或保留教学点，您的主要理由是什么”时，回答“方便学生上学”的村民与家长占总应答人次的比例为37%，占样本总数的75.6%，位列6个理由中的第1位；回答“减轻家庭经济和生活负担”的村民与家长占总应答人次的比例为22.1%，占样本总数的45%，位列各种理由中的第2位；“促进新农村文化建设”“提高教育质量”“关爱弱势群体”和“其他”分列各种原因中的第3—6位（见表6－5）。由此可见，在偏远地区恢复或保留一定的教学点具有方便学生上学、减轻家庭负担和关爱弱势受教育群体等重要的积极作用，并且在教师、村民与家长中有很高的认同度和期待。

表6－5　村民与家长认为在偏远地区恢复或保留教学点的理由（N＝2994）

赞同理由	频数	百分比	个案百分比	排序
方便学生上学	2040	37.0	75.6	1
减轻家庭经济和生活负担	1215	22.1	45.0	2
利于提高教育质量	716	13.0	26.5	4
关爱弱势群体	707	12.8	26.2	5
促进新农村文化建设	743	13.5	27.5	3
其他	87	1.6	3.2	6
总计	5508	100.0	204.0	—

有鉴于此，在偏远地区恢复和保留必要的教学点是解决农村中小学校布局调整损伤教育公平的重要举措之一。问卷调查结果也显示了这一点。当问及594名样本教师“您认为本地解决学生上学路程过远问题的最好途径是什么”时，有11.8%的样本回答为恢复或保留教学点，认同度位列各种解决途径中的第3位；而面对同样的问题，在2717名样本村民与家长中，有9.5%的村民和家长选择的答案是恢复或保留教学点，认同度也位列各种解决途径中的第3位。（见表6－6）

表6－6　解决学生上学路程过远问题的最好途径

解决途径	教师				村民与家长			
	频数	百分比	有效百分比	排序	频数	百分比	有效百分比	排序
寄宿制	281	45.8	47.3	1	1018	34.0	37.5	2
校车接送	177	28.8	29.8	2	1034	34.5	38.1	1
家长接送	49	8.0	8.2	4	244	8.1	9.0	4
父母陪读	12	2.0	2.0	5	64	2.1	2.4	6
恢复或保留教学点	70	11.4	11.8	3	259	8.7	9.5	3

续表

解决途径	教师				村民与家长			
	频数	百分比	有效百分比	排序	频数	百分比	有效百分比	排序
其他	5	0.8	0.8	6	98	3.3	3.6	5
小计	594	96.7	100.0	—	2717	90.7	100.0	—
缺失值	20	3.3	—	—	277	9.3	—	—
合计	614	100.0	—	—	2994	100.0	—	—

当问及样本村民和家长“您认为能够消除学校合并带给您家和当地村民负面影响的措施有哪些”时，在2994名样本村民和家长中，有16.9%的村民和家长选择了“就近恢复校点”，位列各种消除学校布局调整负面影响措施中的第6位。(见表6－7)

表6－7 村民和家长认为能够消除学校合并负面影响的措施（N＝2994）

消除措施	频数	百分比	个案百分比	排序
提供生活补助	1260	23.5	49.2	1
发放交通补贴	596	11.1	23.3	5
改善学校食宿条件	1133	21.1	44.2	2
就近恢复校点	433	8.1	16.9	6
配备定点班车	779	14.5	30.4	4
提高教学质量	1050	19.6	41.0	3
其他	118	2.2	4.6	7
总计	5369	100.0	209.6	—

由此可见，在偏远地区恢复和保留教学点是解决农村中小学校布局调整所产生的学生上学路程远、上学困难和上学负担重等负面问题的必要措施，也是广大教师、村民和家长的期待。

（二）找回教学点的可行性

既然恢复和保留必要的教学点十分必要，那么这在现实中是否具有可行性呢？教学点要恢复必须满足以下条件：政策允许，校舍可用，师资充足，办学经费有保障。

从政策合法性角度来看，找回必要的教学点不仅仅是广大偏远地区学生和家长就近入学的真实需求和愿望，也是中央政府“后撤点并校时代”学校布局调整政策的重要精神之一。国务院办公厅《关于规范农村义务教育学校布局调整的意见》(国办发〔2012〕48号)指出:“人口相对集中的村寨要设置村小学或教学点,人口稀少、地处偏远、交通不便的地方应保留或设置教学点,……已经撤并的学校或教学点,确有必要的由当地人民政府进行规划、按程序予以恢复。”[1]由此可见,找回必要的教学点是政策许可的举措。

然而在实践中,许多地方政府官员和有关教育人士认为,被撤并的教学点已经成为历史和既成事实,即使是错误撤并也没有必要再恢复了,否则又要付出很多政策实施成本和其他代价;而已经列入撤并计划的教学点也没有必要再保留,否则地方政府就没有公信力可言。实际上,这种想法是完全站在政府的层面去考虑的,而没有考虑到群众的需要和教育公平价值的需要,因而是不正确的。其实,找回教学点并不是对农村中小学校布局调整政策的反动,而是本着实事求是的原则,在不应该撤销学校和教学点的地区增加教育机会的供给,是“后撤点并校时代”学校布局调整政策协调教育效率和教育公平矛盾的重要策略,也是消弭农村中小学校布局调整后遗症、改善弱势群体的受教育公平状况的重要举措。对于已经被错误撤并的教学点重新加以恢复和建设是对学校布局调整前期工作错误的一种补救,也是对后续“就近入学”新政策的一种回应和执行。对于已经列入撤并计划的教学点要分情况区别对待,如果教学点被撤并后不会引起绝大多数学生上学困难的则按计划撤并,如果教学点被撤并后可能会引起多数学生上学困难和其他教育问题的就必须保留。

就校舍而言,原有已经撤并的学校的校产和校舍大部分处于闲置状态或改作它用,只要上级政府允许,大多数已经被撤销的教学点在原来的校址稍加投资就可以得到重建或恢复。问卷调查结果显示,当问及村民和家长“学校合并之后您家孩子原来上学的校舍现在是什么状态”时,在2277名样本村民和家长中,回答“闲置至今”和“改作他用”的样本分别为22%和40.1%,只有29.2%的村小学校舍改为教学点仍然在使用,回答“已废弃倒塌”的只有8.7%。(见表6-8)这说明,样本地区至少有91.3%的原有校舍仍可以投入教学使用。因此,农村教学点的恢复在校舍利用方面有很好的物质基础,即使原有校舍已经损毁或成为危房的,也可以通过就地取材,利用农村现有的其他闲置民房或集体用房加以改造来解决。

---

[1] 国务院. 关于规范农村义务教育学校布局调整的意见(国办发〔2012〕48号)[Z]. 2012-09-06.

表6-8　学校合并之后学生原来上学的校舍现在的状态

状态	频数	百分比	有效百分比	累积百分比
闲置至今	500	16.7	22.0	22.0
改作教学点	665	22.2	29.2	51.2
改作他用	914	30.5	40.1	91.3
已废弃倒塌	198	6.6	8.7	100.0
合计	2277	76.1	100.0	—
缺失值	717	23.9	—	—
合计	2994	100.0	—	—

对农村教学点的恢复而言，除了校舍之外最重要的就是师资和经费了。当问及样本教师当前在本地很难恢复或保留教学点的主要原因时，在614名样本教师中，有76%的教师认为是“生源少，办学成本过高”，占所有原因的首位；有38.4%的教师认为是“编制过紧，教师缺岗”，位列第4位的原因；有72.7%的教师认为是“工作条件差，委派教师难”，在各种原因中占第2位；有46.7%的教师回答“管理不便，质量难保证”，位列第3位的原因。（见表6-9）在以上4种原因中，位列第1位和第4位的原因实际上都是经费困难的一种体现，而第2位原因则是师资困难的体现，第3位的原因则是教学点因为经费和师资困难而产生的直接结果。由此可见，师资和经费是农村教学点恢复和发展的瓶颈。

表6-9　教学点难以恢复或保留的主要原因（N=614）

主要原因	频数	百分比	个案百分比	排序
生源少，办学成本过高	443	28.5	76.0	1
编制过紧，教师缺岗	227	14.6	38.9	4
工作条件差，委派教师难	424	27.3	72.7	2
管理不便，质量难保证	272	17.5	46.7	3
上级政府不同意	83	5.3	14.2	6
弱势群体权益难以保证	106	6.8	18.2	5
合计	1555	100.0	266.7	—

在现行教师编制标准下，学生规模不达标的教学点要想额外委派教师的确是非常困难的。为了确保教学点的师资供给，中央政府在下达教师编制标准的时候就有意识地对教学点师资进行了政策倾斜。2001年10月11日，《国务院办公厅转发〈中央编办、教育部、财政部关于制定中小学教职工编制标准意

见〉的通知》(国办发〔2001〕74号)在确定现行教师编制标准的基础上明确指出,“山区、湖区、海岛、牧区和教学点较多的地区按照从严从紧的原则适当增加教师编制”❶。这就意味着教师编制标准可以向农村偏远教学点适当倾斜,教学点师资在政策上具有保障。尽管如此,由于地方政府的教育经费有限,而编制又是控制教育经费支出的主要手段,所以,地方政府在实践中很难真正在教师编制上向教学点倾斜。为了确保农村小规模学校和教学点的正常运转,国务院办公厅在2012年9月16日下发了《关于规范农村义务教育学校布局调整的意见》(国办发〔2012〕48号),对小规模学校和教学点的教育经费保障做出了制度性规定,该文件明确指出“提高村小学和教学点的生均公用经费标准,对学生规模不足100人的村小学和教学点按100人核定公用经费,保证其正常运转”❷。这就意味着中央政府“后撤点并校时代”的学校布局调整政策鼓励各地恢复和保留教学点,在师资和经费方面都有了相应的政策保障。由此可见,在当下采用恢复和保留教学点的方式来解决学校布局调整的后遗症不仅是必要的,也是可行的。在实践中了解到,由于小规模学校和教学点在获取教育经费方面有优势,地方政府不仅有积极性和动力恢复和保留教学点,甚至还往往利用教学点和小规模学校的经费拨款优势虚报数字,骗取更多的教育拨款,曾经被撤并的教学点现在似乎成了各地教育领域的香饽饽。

(三)找回教学点的适用条件

农村教学点具有方便学生就近上学、加强家校联系、减轻家庭负担、利于因材施教和关爱弱势群体等诸多好处,所以找回教学点是后学校布局调整时代的一个重要补救措施。与其他措施相比,恢复和保留教学点在提供“就近上学”的便利方面优势最明显,而且不需要什么配套措施,也不会对学生个体产生负面影响。

但是,农村中小学校布局调整毕竟是在整体上以提高规模经济效益为核心目标的一项政策,即使现在从教育公平的角度出发恢复和保留一些必要的教学点,也是在兼顾规模经济效益和教育公平的前提下进行的。因此,找回教学点是有条件和限度的,并非所有曾经存在的教学点都有必要找回来。

在当前情况下恢复必要的教学点是在已经实现学校布局调整规模经济效益整体目标的前提下,从教育公平的价值出发,对有损教育公平的撤并小规模学

---

❶ 国务院办公厅.国务院办公厅转发中央编办、教育部、财政部关于制定中小学教职工编制标准意见的通知(国办发〔2001〕74号)[Z].2001-10-11.

❷ 国务院.关于规范农村义务教育学校布局调整的意见(国办发〔2012〕48号)[Z].2012-09-06.

校和教学点行为进行的一次政策纠正。目前，恢复必要的教学点需要综合考虑以下因素：学生数量、学生上学距离、学生上学安全保障、学校的空间可达性、道路交通条件、地区经济状况、社区文化、办学基本条件、教育整体水准、群众意愿和其他特殊情况等。根据以上几个因素，本书认为在以下情况下应该考虑恢复或重建教学点：

1. 小学1—3年级的低龄学生和学前教育阶段学生走读上学距离超过3公里以上或上学时间超过半小时的地区，学生大班额现象比较严重的学校可以采用集中分散式办学，在中心学校周边的原有校址中选择合适的地方就近恢复部分教学点；

2. 高年级学生上学距离较远且交通不便，目前学校寄宿条件不完备又没有校车接送的地区，应该优先考虑就近恢复部分教学点；

3. 经济相对落后地区，虽然有寄宿条件或校车接送，但在校寄宿和使用校车过程中个人承担的生活费、寄宿费和交通费超过绝大多数寄宿学生家庭承受能力的地区；

4. 学生相对集中（3人以上），学校空间可达性差，道路交通不便的山区、林区、牧区、丘陵、湖泊（水库）和岛屿等地区，以及学生走读上学存在自然灾害隐患或其他不安全因素的地区；

5. 当地农村义务教育基础相对薄弱，义务教育整体失学率和辍学率比较高，目前多数学生上学又相对比较远的地区；

6. 群众意愿迫切，多数群众和学生家长强烈要求恢复和重建教学点的；

7. 具有教育意义和特殊意义的善款捐建学校、希望工程学校、烈士遗愿保留学校、具有历史意义和特殊文化价值的学校、民族和边疆地区学校以及其他需要特殊保留的学校；

8. 曾经因为当地学校撤并工作而引发过各种社会矛盾，当前社区关系或干群关系依然很紧张的地区和学校；

9. 周边存在多名（5人以上）具有接受义务教育的能力，但存在自理或行走困难的残障适龄儿童和少年或具有其他特殊求学困难的适龄儿童和少年的地区。

总之，找回农村教学点是对学校布局调整政策在教育公平与效率兼顾条件下的一种政策补救，是对学校布局调整标准缺失或不合理的一种纠正，是目前状态下解决农村中小学校布局调整损伤教育公平等负面影响的必要措施之一。

二、提高现有教学点的教育质量

在农村中小学校布局调整中，教学点被撤并的原因除了学生规模小、教育资源利用效率低下之外，还有一个重要原因就是教育质量整体低下。因此，稳定和提高现存教学点的教育质量不仅对保证现存教学点的生存和发展、确保弱势受教育群体的公平受教育权、促进农村教育的恢复和发展具有重要意义，而且还在恢复和保留教学点过程中，对恢复潜在的教学点具有示范效应，直接关系到地方政府的决策者对恢复必要教学点的信心和意志力。

由于长期的教育经费投入不足和教育资源配置的不均衡，教学点与中心学校之间存在巨大的校际落差，办学条件差，师资队伍整体落后，教育管理不方便，教育质量难保障。如表 6 - 6 所示，“管理不方便，质量难保障”已经成为教学点恢复的重要障碍之一。因此，提高教学点教育质量是其生存和发展的基础。

（一）取长补短，发挥教学优势

在其他条件既定的情况下，教育质量的关键发生在课堂教学过程中。提高教学质量是提高教学点教育质量的关键。教学点作为一种特殊的小规模学校，有自身的优势和劣势。

教学点的优势在于：学校规模小，人数少，师生比比较小，师生互动频繁，师生之间交流非常充分，便于教师了解学生，有利于发挥小班教学的优势进行因材施教；教学点与学生的家庭所在地比较近，教师与农村社区的联系也相对比较紧密，便于实现学校教育和家庭教育的结合，有利于家校合作形成合力共同促进学生的成长与进步；教学点往往采用复式教学，多个班级一起学习和生活，高年级、低年级同学之间的同辈群体影响比较大，更有利于学生的健康成长和社会化发展；教学点浸染于当地农村的社区环境中，能够更好地利用当地的传统文化和民俗文化环境进行恰当的教育。

教学点的劣势在于：教师数量少，课程开设不全面，教师兼课数量多，教师专职化程度比较低，教学资源匮乏，办学条件差，教学管理松散，师资力量整体低下等。

提高教学点的教学质量，关键是要利用自身优势，取长补短。首先，教学点要发挥小班教学和复式教学的优势，利用教学点学生少、师生互动和交流充分、学生学习时间充裕的优势，在充分了解学生的基础上因材施教，促进学生的发展。

其次，利用教学点距离学生家庭所在地比较近的优势，充分发挥家庭教育与学校教育的合力优势，加强与学生家庭的联系和交流，及时掌握学生发展的动态，通过家校合作共同促进学生的成长。

最后，利用现代化的教学手段弥补自身的短处。积极利用远程教学手段、慕课、广播电视媒体和互联网信息技术手段组织学生学习现代化的优秀课程和知识，促进农村教学点教学质量的提高。

（二）因地制宜，推行素质教育

教学点并非孤立的农村学校，而是与附近中心学校是一个整体，在教育教学管理上接受中心学校和上级教育管理部门的指导和帮助。一方面，教学点可以与中心学校同步进行教育教学改革；另一方面，教学点在相对松散的教育管理环境中拥有相对更大的自由空间，更容易进行教学试验和改革，推行素质教育。

教学点利用自身与当地社区联系密切的优势，可以根据当地的生产和生活情况，有意识地推行教育教学改革，实施素质教育。如，教学点教师可以利用当地的自然条件和社会条件指导学生从事和组织农业生产，因地制宜地开展综合实践活动；通过观摩和参与村级社会活动了解农村社区的组织管理和日常运转；根据当地的生态环境进行恰当的生态教育；根据学校的办学条件提高学生的生活自理能力；根据学校集体生活的需要开展丰富多彩的文娱和体育活动；利用当地农村的社区资源，邀请当地名人、能人和社会道德楷模为学生做报告，进行交流；利用当地农村的优秀人力资源为学生教授必要的生活技能和劳动技能等。

当然，进行教学改革和试验、推行素质教育的前提是教学点教师要有教育改革和试验的意识和勇气，要具备推行素质教育的正确理念和能力。要做到这一点，就需要中心学校和上级教育主管部门有意识地对教学点教师进行培训和指导，教学点教师同时也要在日常工作中加强自身的学习和与同行的交流。

（三）多管齐下，加强师资队伍建设

师资是教学点教育教学质量的生命，也是教学点生存和发展的关键。如前所述，当前农村教学点不仅师资质量整体低下，而且队伍很不稳定，许多教学点面临师资匮乏和质量低下的双重困扰。

受当前农村教育大环境的影响，农村教师工资待遇差、工作任务繁重、工作条件艰苦，农村教师工作难以安心，教师队伍整体处于不稳定状态。由于教学点多在偏远地区，工作条件往往更为艰苦，愿意在教学点工作的教师数量更少。工作的特殊性和艰苦性使一般的女性教师根本难以胜任，只能委派男性教师或家庭所在地与教学点距离较近的当地教师才能确保教师安全而稳定地工作。受此影响，多数教学点教师都是年龄偏大的教师、没有教师资格证的教师、代课教师或被上级政府强行委派的老师，教师队伍质量整体低下。

在教师问卷调查中，当问及样本教师当前在本地很难恢复或保留教学点的主要原因时，在 614 名样本教师中，有 72.7% 的教师认为是“工作条件差，委派教师难”，位列各种理由中的第 2 位。（见表 6－9）由此可见，缺乏稳定的教师队伍是导致教学点教育质量难以保证，进而难以生存的主要原因。

有鉴于此，稳定农村教学点师资队伍、加强农村教学点师资队伍建设必须在教师的质量和稳定两个方面下功夫。

第一，教师编制向农村教学点教师倾斜。根据现行农村教学点的实际情况，农村教学点的师资配备不能按照现行师生比标准来配备，应该按照班师比标准尽量配齐各科目老师，并在可能条件下尽量按照特殊情况将师资向教学点倾斜。

第二，定向选拔、培养和配备教学点教师。农村教学点教师要选择居住地在教学点所在地或附近的村庄，或者选拔当地具有高中以上文化程度的适龄青年进入师范院校进行委培学习，在取得法定的教师资格之后再返回农村定向服务于本地的教学点。同时，充分利用现行国家免费师范生政策、师范生顶岗实习政策、大学生支教政策和特岗教师计划等相关政策，向教学点倾斜师资，把固定专职教师和流动教师制度结合起来，形成有序而稳定的教学点师资供给来源。

第三，采用教师“走教制度”解决短缺学科专任教师缺乏问题。在中心学校和乡镇一级教育主管部门的统一领导下，对教学点普遍短缺的英语、信息技术、艺术、体育等科任教师实现教师资源共享，根据教学点的教学需要灵活、统筹安排不同学科的教师巡回走教，由上级教育行政主管部门对巡回走教的教师按工作量发放一定的交通补贴和超课时津贴。此举既可以节约人力资源成本，也可以提高走教教师的收入，当然前提是要尊重走教教师的个人意愿，并且对其教学任务和工作量的安排不能超过一定的限度。

第四，对教学点教师进行专门的师资培训。针对农村教学点的复试教学、全科教学、教学和生活紧密结合的特点，教育行政主管部门要对农村教学点教师进行有针对性的教育和教学培训，帮助他们能够在复杂而艰苦的条件下确保教学点的正常运转和提高教育质量。

第五，对教学点教师发放艰苦地区工作津贴。教学点教师不仅工作条件艰苦，而且担负教育、教学等多方面的综合任务，既是全科教师，又是班主任老师；既是学校管理主要责任人，又是学生安全保卫员和生活保育员，责任重大，付出的劳动和时间也相应比较多，理应在待遇上给予必要的额外补偿。

（四）经费倾斜，确保教学点正常运转

长期以来，教学点留给社会各界的似乎都是教育质量低下、办学条件艰苦

的印象，这种结果实际上并非教学点的天然特点所造成的，而是教育经费投入不足、教育资源配置无法满足教学点的正常运转和需求所导致的。因此，要提高现有教学点的教育教学质量，就必须在生均教育经费投入上加以倾斜，确保教学点的正常运转。

中央政府下发的国办发〔2012〕48 号文件提出“提高村小学和教学点的生均公用经费标准，对学生规模不足 100 人的村小学和教学点按 100 人核定公用经费，保证其正常运转”这一小规模学校和教学点教育经费保障机制之后，农村教学点在经费投入保障上面临难得的发展机遇。

但是，在实际工作中我们了解到，由于教学点学生规模相对较少，许多地方政府借助教学点钻该政策的空子，通过瞒报学生规模和学生数字向上级政府骗取更多的生均教育经费拨款，却并没有将这些资金全部用于教学点的日常运转和质量改善，教学点实际能够利用的教育经费仍然有限。由此可见，尽管政府对教学点的资金保障政策已经到位，但因为监管不力，这些倾斜的教育资金仍然无法全部流向真正需要的教学点。

因此，教学点的经费使用还必须加大监管力度，确保生均教育经费足额到位，并能做到专款专用，提高教育经费的使用效率。

第三节　完善农村中小学校布局调整的相关配套措施

农村中小学校布局调整政策不仅仅意味着学校的简单撤并，还包括各种配套措施的到位和落实。当前农村中小学校布局调整政策对教育公平造成损伤并产生很多负面问题的直接原因就在于相关配套措施的缺位和不完善。因此，完善学校布局调整的相关配套措施对消弭该政策的负面影响具有重要的意义。

一、完善农村义务教育经费保障机制

教育经费是开展任何教育活动的基本保障。长期以来，我国农村义务教育一直遭受教育经费短缺的困扰，导致办学条件差，教育质量和发展水平落后。实施农村学校布局调整政策实际上也是为了解决农村义务教育经费短缺的困难，只不过其解决思路是从节约日常办学经费的角度出发。学校布局调整政策虽然可以节约办学成本，但本身并不能从根本上解决农村义务教育经费短缺的问题，只能减少教育资源的浪费，提供教育资源配置的使用效率，部分缓解当前或今后义务教育经费的紧张。这项政策的实施和目标的达成也需要相关配套措施，而配套措施的到位也离不开相应的经费做保障。

（一）建立农村学校布局调整专项教育资金

2001年实行的农村税费改革不仅使农村义务教育失去了主要的经费来源，也使以农业为主的绝大多数中西部县市税基减少，公共财政收入相应减少，在分税制的现行财政体制下，县级地方政府承担着巨大的教育财政压力，地方政府必须开源节流才能在确保教育质量不下滑的前提下维持义务教育的正常运转和发展。

为了解决农村税费改革后农村义务教育经费短缺的困难，节约地方政府维持学校运转的大量日常经费开支，解决地方政府长期以来的基础教育投入薄弱和历史欠账问题，适应义务教育财政供给主体由人民向县级政府为主的历史转变，提高教育资源的配置效率，实行农村中小学校布局调整势在必行。

然而任何一项教育的变革和实施都是有成本和代价的，一项新政策的出台必须有新的教育资源投入才能确保该政策目标的最终实现，即使是为了节约教育经费的农村中小学校布局调整政策也不例外，只有注入新的教育资源或经费投入，才能确保该政策在不损伤原有农村义务教育质量和发展水平的前提下实现其提高教育资源配置效率和规模经济效益的既定目标。在学校布局调整中，中央政府和省级政府专门设立了鼓励地方政府推动学校布局调整工作的奖励基金以及用于寄宿制学校建设的“农村义务教育危房改造工程”和“寄宿工程”等专项基金，这些基金在一定程度上激励了地方政府积极投入到当地的学校布局调整工作中去。然而相对于农村学校布局调整后建立寄宿学校、实现两免一补政策和开展校车服务等配套措施的实际需求而言，这些资金基本上都是杯水车薪。要实现学校布局调整在不损害教育公平和教育质量的前提下提高教育资源的配置效率的目标，不进一步大幅增加专项教育经费就难以保证学校布局调整相关配套措施的到位。

实际上，任何教育活动和政策的最终目标都是为了提高教育的质量和水平。学校布局调整旨在通过调整教育资源在当前的空间分布结构来节约教育成本，这也是为了日后更好地发挥教育资源的配置效率和提高教育质量这一终极目标服务。因此，节约教育成本绝不能以牺牲教育质量和教育公平为代价，提高教育资源的配置效率强调的是在既定教育经费规模下用好有限的教育经费，不能造成不必要的社会资源浪费，并不等于中央和地方政府可以合法减少教育经费投入。相反，地方政府要在提高教育经费投入产出效率的基础上进一步加大对农村义务教育经费的投入力度，通过改变教育经费的使用方向和结构，加大对农村薄弱学校和教学点的投资力度，改善薄弱学校和教学点的教育质量，在更大范围内促进教育的均衡发展，缩小县域内的校际教育差距，实现更高层次的教育公平。

如果说农村中小学校布局调整后多数学生的上学远和上学难等负面问题的出现是弱势受教育群体由于国家暂时的教育经费困难而不得不承受的牺牲，那么在当前国家逐步走向富强和教育经费相对充足的情况下，政府作为一种政策补偿，理应通过增加教育投资就农村中小学校布局调整对义务教育公平损伤问题进行综合治理。

为此，中央政府和各级地方政府应该对学校布局调整政策设立政策专项资金，采用以奖代补的形式补助在学校布局调整工作中表现突出的地方政府，通过财政政策杠杆鼓励和引导地方政府将学校布局调整工作的价值目标逐步由效率转向公平，并使得他们有积极性在政府倡导的合理政策目标范围内推行学校布局调整政策。同时，中央和地方政府还要拨出专款用于农村中小学校布局调整之后农村寄宿学校的建设和校车等相关配套设施的建设，为实现学校布局调整政策的公平价值目标转向提高坚实的财政支持。

总之，学校布局调整政策是为纳入公共财政支持的农村义务教育合理高效地使用教育经费，促进义务教育在未来较长时间内稳步提高质量、实现均衡发展的奠基性工程。设立专项资金，增加教育经费额保障力度，促进该政策效率和公平目标的实现，对减少未来用于教育日常运转和教育问题综合治理的教育投资具有基础性和预防性作用。因此，当前用于学校布局调整政策配套措施的投资看似有暂时增加教育经费的趋势，实则对未来有一本万利的好处，是政府在学校布局调整和教育投资问题上正确处理当前与未来发展关系的明智之举。

（二）农村义务教育投资主体责任适度上移

现行农村义务教育实行的是以县为主的教育经费投资与管理体制，2006年开始实行的农村义务教育免费新机制进一步确立和完善了该体制。但是，在我国现行财政管理体制下，县级政府的税收支付能力最差，却承担着义务教育经费的投资主体责任，由此存在投资主体责任过低而难以确保义务教育经费到位的问题。同时，由于区域经济的不平衡，中西部贫困县市因为财政支付能力相对较差，在承担义务教育经费中面临更大的困难。学校布局调整政策中的经费保障在义务教育投资体制的框架下同样面临这样的问题，因此，在义务教育经费体制上适度上移责任主体有利于确保学校布局调整政策配套经费的到位和充足。

按照财政分权理论，国家公共产品适于采取集权方式生产，即由中央政府来提供比较有效率。而地方公共产品由分散的地方政府提供更有效。然而典型的国家公共产品和地方公共产品都是非常少见的，多数是在中央与地方以及地方各级政府间交叉的空间外溢性地方公共产品。所谓空间外溢性地方公共产品，是指地方政府提供的某些公共产品或服务的受益范围超出了它所辖的行政边界而扩散到邻近其他地区，从而使其他地区的居民在不承担任何费用的情况下也同样获得部分好处。“义务教育是典型的空间外溢性地方公共产品。地方政府根本无法保证在本辖区接受过良好义务教育的学生将来不流动到其他辖区。对于这类公共产品完全采用分散方式提供，显然是缺乏效率的。”基于义务教育的空间外溢性特点，“我国比较合理的义务教育财政管理体制是，义务教育以地方管理为主，上级或中央政府提供适当的财政补助”❶。这样的义务教育财政管理体制有助于促进教育资源的合理配置和保证包括流动人口子女在内的所有城乡孩子公平接受教育。

美国教育经济学家本森（C. S. Benson）认为，评判教育财政体制的合理性主要有三个标准，即“充足、公平和效率”❷。充足指的是要筹集足够的资源以供给理想水平（包括数量和质量上）的教育服务。公平指公正地筹集和分配资源，以使具有相同特质的受教育者得到相同的待遇（横向公平），而具有不同需要者得到不同的待遇（纵向公平）。资源筹集的效率关注的是政府汲取收益的活动能否最低程度地扭曲市场机制。教育资源分配的效率指的是以给定的资源实现教育产出最大化。依据美国教育财政学家本森的观点，我国现行义务教育财政体制改革相应地也要满足三个要求：

一是能为义务教育提供充足的公共教育经费，并且确保义务教育经费富有弹性和可以预见性，即随着经济增长，义务教育的财政投入也要增长，且经费增长能满足义务教育支出成本的变化。从财政支付能力来看，部分县级政府因为缺乏持续的教育投资能力，导致农村义务教育经费历史欠账太多，地方政府只好采用拆东墙补西墙的方式来解决当前的教育问题。要从根本上解决该问题，只能采用提高教育经费的投资主体责任，采用“经费投资以省为主，日常管理以县为主”的教育投资主体新模式来解决。之所以如此，主要是因为省级政府的财力最强，有相对较强的能力保障教育经费充足。当然，即使实行了以省为主的教育投资体制，部分中西部省份依然可能会有教育投资的困难，此时再由中央政府采用专项教育支付来加以平衡和解决。这样就能充分体现义务教育的义务性和强制性，既调动了各级政府的积极性，又充分体现各级政府的义务教育责任。

---

❶ 范先佐．从过度分权到适度集权［N］．中国社会科学报，2009－12－08（8）．

❷ ［美］C. S. 本森．教育财政［A］//［美］马丁·卡诺依．教育经济学国际百科全书．闵维方，等译．北京：高等教育出版社，2000：526－529．

二是尽可能保证义务教育公共经费的配置效率，包括内部效率和外部效率。从外部来说，政府提供的义务教育服务应尽可能满足不同人群的偏好，进而能给他们带来最大的收益。内部效率常用这样一些指标来衡量，如是否降低了失学率和辍学率、是否提高了学生的合格率等。鉴于农村义务教育的准全国性地方公共产品性质，由中央政府来提供资金显然效率会不够高，由县级政府提供目前因为资金困难也难以实现效率，而省级政府是最适合的责任主体。

三是确保义务教育公共资源的分配公平。公平具体包含三层含义：第一层含义是地区间公平，即无论生活在哪个地区，都能享受大致相等的义务教育服务水平。第二层含义是地区内部学校间公平，即地区内部不存在重点和非重点学校，学校间的办学条件都差不多。第三层含义是确保那些处境不利的儿童能得到额外财政支持，以实现教育财政的个人公平。

总之，现行义务教育体制导致了农村义务教育经费的整体困难，又在学校布局调整政策中对配套经费的足额拨付产生了不利影响。只有适当提高教育投资主体责任才能形成义务教育经费的长效保障机制，农村中小学校布局调整政策才因为有了相应的配套措施保障而不会成为地方政府纯粹为节约教育经费的工具。

（三）教育经费向中西部贫困地区和薄弱学校倾斜

在农村中小学校布局调整中，由于自然条件和经济条件相对较差，农村义务教育基础相对薄弱，中西部贫困地区和偏远山区的学校撤并力度往往相对较大，对教育公平的损伤和负面影响也相对比较大，所需的配套经费也就相应比较多，客观上需要在学校布局调整的经费保障上加以倾斜。

农村中小学校布局调整政策的初始目标是为了压缩日常教育经费开支，在学校撤并中，凡是要增加教育经费开支的项目一般是不可能被地方政府批准的，而凡是有利于节约教育经费开支的项目都是受欢迎的。这样，越是教育财政困难的贫困县市，越是倾向于在更大范围内进行学校撤并，由此在学校布局调整政策实践中就形成了一个财政困难悖论：因为教育经费短缺而需要节约教育经费，要节约经费就必须加大学校撤并力度，学校撤并力度越大，学校就越集中，校均学生规模就越大，学校服务半径就越大，对教育公平的损伤就越大，最后用于教育公平治理和补偿的相关配套措施投入需求也就越大，需要的新增教育经费就越多，教育负担就越重，教育财政就更困难。在没有新增教育资源注入的情况下，中西部贫困县市在现行教育经费保障机制下实行农村中小学校布局调整政策就会在财政悖论的困境中越陷越深，当地农村义务教育公平在该政策实施过程中的受损程度就会更高，受损面就会更广。因此，在完善现行农村义务教育经费机制中，教育经费必须有意识地向中西部地区倾斜，要对贫困地区和教育经费历史欠账过多的地区加大学校布局调整相关配套措施的经费保障力度，这既是解决当前这些地区弱势群体教育公平受损的需要，也是解决教育经费投入不足所致的历史欠账、实现纵向公平的需要。

在向中西部地区整体倾斜学校布局调整专项经费的同时，在县域内要向偏远山区和交通不便地区的薄弱学校和教学点倾斜。这些薄弱学校和教学点在学校布局调整之后，对维持当地脆弱的农村教育生态平衡、方便当地学校就近入学和减轻家庭经济负担、保护弱势群体的受教育权益等起着非常重要的作用。向薄弱校点进行经费保障倾斜既是学校布局调整政策从教育公平的价值出发补偿弱势群体的需要，也是促进校际教育资源均衡配置、提升农村义务教育整体质量和水平的需要。

二、完善农村寄宿制办学

寄宿制学校既可以解决农村中小学校布局调整后农村中小学生上学路程远、学习和安全得不到保障的问题，还可以增强师生、同学之间的交往，提高农村中小学生的生活自理能力和团队合作意识，对于寄宿生的成长无疑具有积极的作用。

实践经验表明，加强和完善寄宿制建设是解决农村中小学校布局调整政策后遗症的好方法，尤其在解决小学高年级学生的上学远和上学难问题上具有明显的优势。

问卷调查结果也表明，农村寄宿制办学是方便路远学生学习的一种有效途径。当问及 614 名样本教师“您认为本地解决学生上学路程过远问题的最好途径是什么”时，有 47.3%的样本回答为寄宿制，位列各种解决方案中的首位；而对同样问题的回答，在 2717 名样本村民与家长中，有 37.5%的村民和家长选择的答案是寄宿制，位列各种解决途径中的第 2 位。（见表 6－6）由此可见，发展和完善寄宿制学校是消弭农村中小学校布局调整对教育公平的损伤和负面影响的重要举措。

在农村中小学校布局调整过程中，不少地方应广大群众和学生的要求，因势利导地在小学发展寄宿制学校，在一定程度上方便了路远学生就近入学。然而在现实中，不少学校的寄宿条件依然很差，远远难以满足解决学生上学远和上学难问题的需要。

当问及样本教师“您认为贵校的寄宿条件对解决学生上学难而言是否完备”时，有 71.4%的样本选择“否”，回答“否”的样本比例大大高于回答“是”的样本比例。（见本书第五章表 5－9）由此可见，农村中小学校布局调整地区采用寄宿制解决学生上学路程过远问题的措施还不是很完备，亟待进一步改善。

再如本书第五章所述，当前发展和完善农村寄宿制还存在缺少配套经费、缺乏生活教师、缺乏必要的文娱设施、缺乏健全的寄宿制管理制度和“两免一补”政策不到位等主要困难。有鉴于此，在当前完善农村寄宿制学校应该主要在硬件和软件两个方面努力。硬件主要是增加必要的配套经费，配备必要的保育人员和工勤人员，改善寄宿条件；软件主要是建立健全的寄宿制管理制度，增加寄宿制的集体氛围，建立学生与家长情感交流的机制，建立学生课外活动的条件和平台等。为此，可以在以下方面努力。

（一）增加寄宿制建设经费投入

经费是农村寄宿学校生存和发展的生命线。农村寄宿制学校的建设和管理是关系到农村学生、农村学校发展的系统工程，需要国家相关配套资金政策加以保障。

为了配合农村义务教育发展寄宿制学校，中央政府从2004年起开始在中西部地区投入100亿元实施“农村寄宿制学校建设工程”（简称“寄宿制工程”），计划用4年左右时间新建、改扩建一批以农村初中为主的寄宿制学校。然而农村小学的寄宿制学校建设因为缺乏资金，发展依然十分缓慢，根本无法满足方便大量家校距离较远学生寄宿上学的需要。

农村学校布局调整之前，多数农村初中已经具备部分或全部寄宿条件，有关寄宿制办学的配套经费在初中主要用于改善寄宿条件，所需资金一般不大，在“寄宿制工程”专项经费的支持下，不少地方的农村初中寄宿条件得到显著改善。然而在农村学校布局调整过程中，撤并学校的主体是农村小学和教学点，农村小学生在学校布局调整后面临的上学远和上学难问题也更为突出。为了解决小学生上学远的困难，迫切需要在学校撤并后的中心学校配备寄宿条件作为政策配套，因此，农村寄宿制办学的经费也主要是针对农村新建寄宿制小学而言的，因为这些学校过去基本上没有寄宿条件，所以与寄宿相关的宿舍、食堂、洗浴、卫生、文娱和其他配套设施基本上都需要重新建设，需要新增加的教育投资数额也就相应较大。

由于地方政府教育财力的不均衡，不少地方政府并没有能力投入寄宿制办学所需要的新增教育经费，导致寄宿制办学发展滞后，难以发挥为学校布局调整政策提供配套和补救的作用。经费保障不足已经成为发展农村寄宿制学校和改善农村寄宿条件的瓶颈。

问卷调查结果显示，当问及614名教师“您认为解决寄宿制学校现存问题的途径是什么”时，回答“增加必要的配套经费”的教师占总应答人次的比例为24.5%，占样本总数的77.7%，位居6种途径中的第1位。（见表6－10）由此可见，增加必要的配套经费是学校布局调整后解决寄宿制学校现存问题的首要条件。

表6－10　解决寄宿制学校现存问题的途径（N＝614）

途径	频数	百分比	个案百分比	排序
增加必要的配套经费	464	24.5	77.7	1
配备必要的保育人员和工勤人员	453	23.9	75.9	2
加大对贫困家庭学生的资助	282	14.9	47.2	4
建立学生与家长情感交流的机制	275	14.5	46.1	5
改善寄宿条件，健全寄宿管理制度	414	21.9	69.3	3
其他	6	0.3	1.0	6
总计	1894	100.0	317.2	—

为此，国家必须要把农村义务教育寄宿制建设纳入学校布局调整政策的整体规划，在推进“农村寄宿制学校建设工程”的基础上，进一步设立农村寄宿制学校建设专项资金，专款用于对寄宿制学校硬件及其配套设施的建设进行持续的财政支持。同时，地方政府要通过“农村中小学危房改造工程”和“国家贫困地区义务教育工程”等项目的实施，追加一部分配套资金，在有条件且必要的地方改扩建一批农村中小学寄宿制学校，同时加强对寄宿制学校教学、生活、安全方面的管理，以充分发挥学校教育的主体作用，帮助农村孩子克服农村中小学校布局调整后面临的各种困难。

当然，建设好农村寄宿制学校，仅靠政府的资金投入是不够的，还需要全社会更多资金和其他投入的支持。因此，地方政府还要采用以政府为主体，多元筹资方式，吸纳和鼓励社会资金、社会力量参与到农村寄宿制学校建设中来，通过鼓励社会捐赠、志愿者服务、因地制宜地实行后勤社会化、校舍租赁和政府社会服务购买等方式，吸纳社会力量投入寄宿制建设和日常管理，减轻地方政府的教育资金压力，切实改善农村寄宿条件。

（二）配备必要的工勤人员和保育人员

农村小学采用寄宿制办学以后，不少低龄学生开始在学校寄宿。由于年龄偏小，低龄寄宿学生生活自理能力相对较差，需要教师在生活上加以指导和帮助，同时在安全上也需要加强管理和防范。这就增加了教师日常教学以外的工作负担，客观上需要增加人力专门负责寄宿学生的生活起居和日常管理。

教师问卷调查结果显示，在614名样本教师中，认同解决寄宿制学校现存问题需要“配备必要的保育人员和工勤人员”的教师占总应答人次的比例为23.9%，占样本总数的75.9%，位居6种解决途径中的第2位。(见表6-10)因此，为拥有一定规模的寄宿制学校配备专职的工勤人员和保育员是非常必要的。

按照国家现行教师职工编制规定，小学每50名学生、初中每100名学生需要配备1位生活教师。但实际上，由于教师编制过紧，多数寄宿制学校因为教师数量整体缺编，根本无法保证专职生活教师的到位。为此，国家要对寄宿制学校在生活教师编制上根据实际情况适当放宽，对拥有一定规模（30—40人以上，初次寄宿的低龄寄宿学生可以适当放宽至20人）的农村寄宿制学校配备专职生活教师和保育员，专职照顾和帮扶低龄寄宿生的生活起居等问题。

当然，在规模较小的寄宿学校，额外配备专职生活教师或保育人员虽然是必要的，却是不现实的，这就需要在校专任教师采用兼职轮岗的方式充当保育员工作。由于这些工作加重了教师正常教育教学以外的工作负担，所以，地方政府应该在没有配备专职生活教师和保育人员的寄宿学校，按照工作量给予兼职生活教师一定的工作补贴。

(三）改善寄宿生活条件

寄宿制办学是家庭生活与学校生活的一种结合，是家庭生活功能和教育功能在学校教育领域的延伸。寄宿学校由此对家庭的部分生活功能和教育功能起着替代和弥补作用。

众所周知，家庭是孩子的第一所学校，父母是孩子的第一任教师。家庭教育对孩子知识、能力、品德、身体发育、个性的形成等方面的影响至关重要，学校教育和家庭教育只有互相结合，才能更好地促进学生的健康发展。前苏联教育家苏霍姆林斯基曾经指出：“参与人的教育过程的第一力量是家庭，家庭中最细致和最有才干的雕塑家是母亲。”❶ 正是由于家庭在学生成长和社会化中的特殊作用，学校教育即使采用了寄宿制办学形式，也难以完全替代家庭的全部教育功能。

在学校寄宿尽管在解决农村中小学校布局调整后学生上学远和上学难问题上有非常便利的优势，但其致命的缺陷就是在方便学生上学的同时，导致了寄宿学生家庭生活与学校生活的疏离，使寄宿生在校期间长期脱离家庭生活环境和教育环境的熏陶，家庭由此难以及时对学生施加积极而有效的教育影响，不利于寄宿学生尤其是低龄寄宿儿童的健康成长。

---

❶ 苏蕾．农村寄宿制小学学生学校适应状况研究［D］．长春：东北师范大学，2009：5.

问卷调查结果也印证了这一点。当问及614名样本教师“您认为采用寄宿制办学方式解决学生上学难问题的弊端是什么”时，问卷调查分析结果显示，有48.3%的样本认为寄宿制办学“弱化了家庭的教育功能”，占应答总人次的19.8%，位居寄宿制办学弊端中的第2位。（见表6－11）

表6－11　寄宿制办学解决学生上学难问题的弊端（N＝614）

弊端	频数	百分比	个案百分比	排序
低年级学生生活不方便	484	32.9	80.3	1
加重了家庭经济负担	248	16.9	41.1	4
弱化了家庭的教育功能	291	19.8	48.3	2
加大了学生的生活压力	249	17.0	41.3	3
增加了学校办学成本	192	13.1	31.8	5
其他	5	0.3	0.8	6
总计	1469	100.0	243.6	—

因此，寄宿制办学不仅要向在校寄宿生提供基本的食宿条件，而且还要通过提供必要的生活设施、文化娱乐条件和教育设施来减少和弥补因为家校疏离而可能带给寄宿学生成长和发展的不良影响。

当问及614名教师“您认为解决寄宿制学校现存问题的途径是什么”时，选择“改善寄宿条件，健全寄宿管理制度”的教师占总应答人次的比例为21.9%，占样本总数的69.3%，位居6种途径中的第3位。（见表6－10）由此可见，改善寄宿条件和健全寄宿管理制度是解决寄宿制当前发展问题的重要手段。

为此，国家要加大农村寄宿制办学标准化建设和达标验收工作。一方面，政府要通过加大教育投资力度，建立标准化寄宿制学校，努力使农村寄宿学校的硬件建设具备合格的食宿条件，同时还要具有洗浴、厕所、卫生室、图书室、心理健康咨询室和其他文体活动配套设施，做到设施达标，功能齐全。另一方面，政府要通过评估和督导手段促进地方政府和有关教育管理部门加强寄宿制学校的制度管理和集体文化营造工作：引导寄宿制学校利用课余时间，充分发挥宿舍的集体教育功能，加强安全教育、情感教育、集体教育和心理健康教育等工作；积极创造条件，引导和鼓励寄宿学生利用课余时间培养自己的兴趣和爱好，努力结合自身的优势培养自己的特长，使宿舍生活真正成为寄宿学生成长的第二课堂。

当然，标准化的寄宿制学校不仅需要大量的投资，而且学校建设达标往往还需要一定的时间和过程，在寄宿条件尚不完备的学校，应该优先满足寄宿学校最基本的住宿和饮食条件，在其他文娱设施都还不完备的情况下，要尽量建立学生与家长的情感交流机制，利用电话、家访、家庭学校等家校联系途径建立“学校—学生—家长”之间畅通的联系方式，积极探索加强家校合作、共同教育的工作机制。

如果学校连起码的食宿条件都不完备，教育行政当局和相关学校应该考虑其他解决学生上学远的途径，不宜提倡和强制学生在校寄宿。

（四）加大对贫困寄宿学生的资助力度

在学校寄宿对学生而言是家庭生活方式在空间上向学校的转移。在此转移过程中，寄宿生本人和家庭要承受更高的寄宿成本，主要包括寄宿费、生活费以及生活差距费等其他生活必需开支，家庭经济负担由此相应增加，部分贫困寄宿生家庭因此教育负担沉重。

当问及614名样本教师“您认为采用寄宿制办学方式解决学生上学难问题的弊端是什么”时，问卷调查分析结果显示，有41.1%的样本认为寄宿制办学“加重了家庭经济负担”，占应答总人次16.9%，位居寄宿制办学弊端中的第4位。（见表6－11）

学校布局调整政策是国家义务教育办学变革的重要内容，在政策执行上具有强制性和不可逆性。为了解决学校布局调整所产生的上学远问题，国家又把寄宿办学作为弥补学校布局调整政策损伤教育公平和消弭其负面影响的应对措施，而寄宿上学反过来又加重了寄宿学生接受义务教育的家庭经济负担，这很可能会诱发或加剧贫困家庭学生的辍学和失学问题，进而损害贫困家庭学生公平接受义务教育的权益。因此，根据现行《义务教育法》的相关精神和义务教育的特性，当家庭无力承担和保障义务教育阶段适龄儿童和少年接受义务教育时，政府和社会有责任和义务采取相关措施保障其平等地接受义务教育，这既是学校布局调整后政府从政策补充角度应尽的法律责任和义务，也是对农村义务教育弱势群体关爱的具体体现。

为此，政府要在现行义务教育“两免一补”政策的基础上加大对贫困寄宿生的资助力度和覆盖面，实行资助指标统一管理、按需发放的原则，动态确定受助对象，不能为了补助而补助、为了学校平衡而平均分配指标，避免非寄宿学生和其他不符合受助条件的学生违规骗取贫困补助现象，提高资助政策的使用效率和公平性。同时，完善贫困寄宿生资助制度，做到资助与育人相结合，做到既扶贫又扶志，资助向品学兼优的特困学生倾斜。鼓励特困学生自强自立，通过刻苦学习、诚实劳动、解决生活困难。

此外，由于我国贫困寄宿生数量巨大，仅仅靠政府的力量很难在短期内达到所有贫困寄宿生求学救助的基本要求。为此，政府要鼓励社会力量积极参与对农村寄宿生的资助，鼓励引导社会企事业单位、慈善组织和个人以团体或个人名义积极参与帮扶农村贫困寄宿生，在力所能及的范围内为他们提供基本的安全食品和营养，提供基本的学习用具、生活用具等。

三、完善农村校车服务制度

校车最早是我国城市义务教育和学前教育阶段为解决学生上学远和上学困难仿效国外经验而广泛采用的一种学校配套服务。校车接送具有快捷、方便和不会导致家校疏离的特点，尤其适合于交通便利和学龄人口相对集中的地区和学校，由此受到了许多学校、家长和地方政府的支持。农村中小学校布局调整之后，随着农村基础设施和交通状况的改善，部分交通条件便利、经济相对发达的地区仿效城市学校的经验，也开始采用校车接送学生，采用规范的农村校车制度解决农村中小学校布局调整后学生上学远和上学难问题被提上了议事日程。

教师问卷调查结果显示，当问及 614 名样本教师“您认为本地解决学生上学路程过远问题的最好途径是什么”时，有 29.8% 的样本回答为采用校车接送，在各种解决方案中位列第 2 位；而对于同样问题的回答，在 2717 名样本村民与家长中，有 38.1% 的村民和家长选择的答案是采用校车接送，在各种解决方案中位列首位。（见表 6－6）由此可见，校车接送对条件合适的地区而言是一种解决农村中小学校布局调整后上学远和上学难的好方法。

然而发展和完善农村校车制度，其购车成本和车辆通勤的日常运行成本很高，需要充足的财力做后盾，同时还要有相关安全管理制度做保障。我国目前仅仅出台了《校车安全管理条例》，将校车安全管理纳入了法制化的轨道，然而涉及农村校车服务的财政保证制度、筹资制度、道路基础设施保障制度、服务运营收费制度等还不完善，亟待完善才能确保校车制度更好地为农村义务教育服务。

（一）完善校车财政专项支持制度

校车服务对于解决学生上学过远问题具有非常明显的优势，然而高昂的运营成本又使校车服务在很多地区让学生家庭和当地政府难以承受。因此，推行校车服务必须设法增加自己的财力。

我国农村义务教育实行中小学布局调整政策的初衷主要是为了通过提高教育资源配置的使用效率降低日常教育经费，学校布局调整过程中的过度撤并使当地撤点并校降低教育经费的目标得到了最大程度的实现，学生家庭和个人由此成为从就近入学到远距离上学的办学方式变革代价的承受者。校车制度成为地方政府解决学生上学远和上学难问题的一种选择，而这种选择也要投入大量的教育投资才能真正发挥作用。因此，这批资金从何而来，谁来负责投资和管理将成为校车制度的首要问题。

降低办学日常经费并不是地方政府推行教育改革的根本宗旨，而是在特定时间内提高教育经费使用效率的手段。从教育发展的长期特点来看，无论教育事业怎么发展，教育从整体上都是一个办学单位成本递增的事业，具有教育成本膨胀的趋势。因此，无论学校布局调整在多大程度上能够节约当地的教育经费，都不能构成地方政府合法削减教育经费的理由，而应该在已经提供教育经费使用效率的基础上，增加教育投资，进一步改善当地学校的办学条件，提高教育质量和教育公平的发展水平。

鉴于义务教育的地方性公共产品性质，校车作为农村义务教育学校布局调整之后的配套服务设施，这笔经费按理应该主要由地方政府来承担。在以县为主的义务教育财政体制下，县级地方政府应该拨出专款用于支持当地校车的发展，当然，这批专款的预算和开支都应该列在学校布局调整专项资金之内。

然而县级政府的财力并不均衡，而且如前文所述，地方政府教育财政越困难，越有过度撤并学校的倾向，学校撤并力度越大，学生上学困难就越大，地方政府对校车等配套设施和服务的需求也就越大。所以，省级政府和中央政府也应该对支持农村校车制度的发展提供专项资金。为了提高资金的使用效率，中央政府首先应拨出专款用于中西部贫困县市农村义务教育校车的购置和日常运营经费，并要求省和县级政府按比例进行配套支付，由此确保校车制度有稳定和持续的经费保障。

（二）建立校车服务成本分担和补偿机制

义务教育从性质而言具有强制性和免费性的特征。其免费的内涵在我国目前仅仅是指免除学杂费和书本费以及补助贫困寄宿生的在校生活费，简称“两免一补”。而在国外不少发达国家和地区，义务教育的免费还包括提供免费的校车服务和免费的午餐等内容。限于我国当前的国力和条件，我国目前在义务教育阶段还不可能实现覆盖全国所有适龄儿童和少年的免费乘坐校车服务。因此，在坚持公益性的原则上对乘坐校车的师生采用成本分担和补偿机制在所难免。

首先，政府和学校是校车产权的所有人，应当承担校车的购置成本。其购车成本作为学校基建投资，应该全部由地方政府从教育基建费和日常经费专项资金中列支。

其次，乘坐校车的学生是校车服务的使用人，根据谁受益谁付费的原则，其应该承担部分日常运营服务的成本。但是，乘坐校车的学生一般是路远交通不便的学生，其本身就是学校布局调整之后的利益受损者，所以，对其乘坐校车应该坚持弱势补偿原则给予优惠和补贴，不能再加重其交通成本。

再次，校车是学校布局调整之后方便路远和交通不便学生上学的一种政府补偿方式，其实质是学校布局调整所节约教育经费的一种必要投资，因此，其运营成本不能以营利为目的而由乘坐校车的学生全部承担，而应该坚持公益性原则，按照低于市场价格或成本价向学生征收部分日常运营成本费用，差额成本由学校从其日常办公经费和校车专项经费中列支，学校经费不足部分由当地政府给予校车运营和服务专项补贴。

最后，根据财政负担能力的大小和管理效率的需要，政府、学校和个人在校车日常运营成本中负担的比例大致应该是3∶4∶3。其中，政府承担校车运营成本补贴的30%左右；学校从教育办公经费中列支40%，并负责校车的日常管理；家庭和个人只负担日常成本的30%。根据我国当前农村的实际消费水平和城市公交的市场价格，每人每次乘坐校车的最高费用不应该超过1元钱。

（三）建立校车服务多元筹资制度

校车服务相对于其他解决学生上学远和上学难问题的配套服务措施而言具有明显的成本高昂劣势。尽管如此，由于校车服务能够解决家校疏离的教育难题，所以从提高教育质量的根本宗旨来看，校车服务更符合教育发展的规律和今后教育现代化的趋势。

校车服务的高昂成本意味着高投资，这仅仅靠政府和学校是难以承受的，因此，探索以政府为主体、社会各方参与的校车服务多元筹资和运营管理模式对发展当前的农村校车服务具有重要的现实意义。

首先，政府设立校车服务专用资金。作为校车服务的主要资金来源渠道，校车服务专用资金优先支持和重点发展中西部农村偏远地区、交通不便地区、边疆地区和民族地区在寄宿条件不具备和不完善的情况下发展校车，针对特定对象开展校车服务。

其次，采用“政府购买、民营公管”方式吸纳社会资金投入校车服务。所谓政府购买、民营公管，是指政府采用招投标形式向有资质和信誉的组织、企业和个人采购校车服务，并与校车所有者和司机签订安全管理责任书，司机负责安全运营，学校负责校车安全管理和学生保护。校车购置标准必须符合国家有关规定，司机必须具备安全驾驶的相关资质，校车产权归投标组织、企事业单位和个人所有，政府和学校以不低于市场价的原则向校车服务提供者支付日常运营费用，校车运营安全和日常管理必须接受学校的统一指导和管理。校车服务在学生上学和放学期间必须按时准点服务，其他时间可以由服务单位自主使用。

再次，采用公私合营形式。校车服务的对象比较少，时间相对比较固定。单车运营的成本往往因为缺乏规模效益而相对较高，因此，采用公私合营方式可以适当减轻地方政府的购车成本和日常运营成本。为此，可以由地方政府和社会资金力量按比例投资购买校车，政府将校车运营的成本补偿经费和政府补贴作为社会资金投入校车服务的报酬。校车产权按照共有产权模式归学校统一负责和管理。

最后，设立农村义务教育校车服务基金。由于校车日常运营具有高成本、非营利性和长周期性等特点，要在短期内回收全部购车成本是不可能的。因此，建立校车服务专用基金，积极进行资本运作手段筹资是一种可行的思路。为此，政府可以从教育经费中列支一部分资金作为基金的首批资金，通过税收优惠等措施吸纳社会慈善机构和爱心人士积极捐赠，同时，采用校车使用预存款制度提前向乘车学生以优惠方式征收部分费用，并规定提取一定比例放入校车服务基金。在此基础上，按照教育基金管理和运转方式积极采用资金盘活手段，实现校车服务基金保值、增值。

（四）建立健全校车安全管理责任制度

校车不仅要对路远学生提供方便和快捷的服务，还要确保学生能够安全回家。安全管理是校车制度的关键。为了促进校车安全管理，我国于 2012 年出台了《校车安全管理条例》，校车管理从此有了法律依据。然而要确保校车安全运营，仅仅有法可依是不够的，关键要在日常管理中提高安全管理意识，严守安全管理条例，谨慎驾驶，以预防为主。为此，还必须建立和健全校车安全管理相关制度。

首先，建立校车管理安全责任制度。学校要建立校车安全管理领导小组，由校长亲自担任组长，定期对校车管理进行安全检查和督促。校车运营司机必须有一定的驾驶经验和资质，对道路安全行驶和文明驾驶负责；校车服务期间必须配备跟车教师，统一指挥和管理学生上下车。校车接送点原则上应该有家人按时接送，无人接送时，跟车教师应该及时通知学生家人由其他指定代理人交接。

其次，建立校车安全运营一日规程。按照校车运营每天的路线和操作程序建立常规，在校车运营从交班到接班的每一个环节都要有相应的管理标准和相关负责人，做到管理有责、无缝对接，确保校车运营安全有序通行。校车运营必须固定时间和路线，如果有改变要提前通知学生和家长。

最后，对乘坐校车的学生和教师定期进行交通安全教育和紧急情况逃生演练。对乘坐校车的教师和学生定期进行安全乘车和文明乘车教育，提高他们的安全乘车意识和团结合作意识，以便相互提醒。同时，还要对师生加强校车紧急情况下的逃生演练，提高乘车师生在遭遇安全事故和紧急状况时安全躲避危险的预防和生存能力。

总之，农村校车服务既有优势，也有不足。它适用于经济条件相对较好、交通基础设施相对便利、人口相对密集的农村地区和学校。但校车运营必须考虑较高的经济成本和安全风险等负面因素，不能一窝蜂地强行推行。在可选择条件下，地方政府要解决当地学生的上学难和上学远问题，应该优先考虑寄宿制办学和就近恢复农村小规模学校、教学点等相对经济实用、方便安全的途径。

四、对困难学生进行补偿和帮助

农村中小学校布局调整政策是一项利弊同在的教育改革活动，从经济学角度来看，此类改革是一项潜在的帕累托改进，即整体上利大于弊。对于此类性质的改革，按照卡尔多—希克斯准则[1]，利益获得者应该足以补偿利益受损者，并且生活整体利益所得在补偿利益损失之后不为零。从这个意义来看，农村中小学校布局调整之后对利益受损群体和弱势群体进行必要的补偿既是此次教育改革的题中应有之义，也是当前消弭该政策对教育公平损伤的必要举措。

在问卷调查中，当问及样本教师“您认为当前农村中小学校布局调整迫切需要解决的问题是什么”时，在 614 名有效样本教师中，有 40.5% 的教师明确表示应该增加对困难家庭学生的补助，占迫切需要解决问题中的第 6 位；有 27.1% 的教师表示应该对处境不利的学生给予补偿，占迫切需要解决问题中的第 8 位。（见表 6 – 12）由此可见，对困难家庭学生的经济补助和补偿是必要的。

在农村中小学校布局调整政策的实施过程中，由于不同受教育对象的利益受损情况不同，学生补偿和救助政策也应该根据不同的对象区别对待。为了确保补偿政策的公正性，补偿政策也应该坚持公平和正义的原则，给予相同的人相同待遇，给予不同的人不同待遇。

---

[1] 如果一种变革使受益者所得足以补偿受损者的所失，这种变革就叫卡尔多—希克斯改进。如果一种状态下已经没有卡尔多—希克斯改进的余地，那么这种状态就达到了卡尔多—希克斯效率。

表 6-12 教师认为当前农村中小学校布局调整迫切需要解决的问题（N=614）

需要解决的问题	频数	百分比	个案百分比	排序
增加经费投入	429	17.4	71.9	1
加强寄宿制学校的建设	354	14.4	59.3	4
合理配置师资和加强师训	366	14.9	61.3	3
改善办学条件	382	15.5	64.0	2
增加对困难家庭学生的补助	242	9.8	40.5	6
科学制定布局调整标准	213	8.7	35.7	7
确保上学安全	311	12.6	52.1	5
对处境不利的学生给予补偿	162	6.6	27.1	8
其他	3	0.1	0.5	9
合计	2462	100.0	412.4	—

（一）对利益受损学生给予生活和交通补贴

农村中小学校布局调整是一种办学方式的强制性变迁。农村中小学校布局调整之后，不少学生为了解决上学路远问题而不得不选择寄宿、乘坐交通工具和陪读等方式上学，由此大大增加了家庭的经济开支，部分学生因此而面临失学和辍学的危险。

在此教育变革过程中，义务教育阶段的学生和家长与政策执行的主体——当地政府具有明显的权利不对称特点，学生和家长基本上没有与政府进行讨价还价的能力和机会，只能被动接受学校布局调整的结果。在有关农村的历次政策变革中，如果缺乏足够的权益保障，教育改革最后的糟糕结果总是由那些无力反抗的群体来承担，这就是农村中小学校布局调整政策中受损对象多为弱势受教育群体的主要原因。

从政策公平和社会正义的角度来看，弱势利益受损群体不应该是农村中小学校布局调整政策糟糕结果和负面影响的无辜承担者，正是因为他们对政策负面影响和结果的默默承受和做出的牺牲，才换回了此项政策变革整体目标的基本实现。作为此项改革的利益受损者，政府理应对他们进行相应的交通和寄宿等经济补偿，作为农村义务教育的弱势受教育群体，他们理应受到更多的经济补偿和社会关爱。

在问卷调查中，当问及 2994 名样本学生家长和村民“您认为能够消除学校合并带给您家和当地村民负面影响的措施有哪些”时，有 49.2% 的家长和村民明确表示应该对路远学生提供生活补助，占各种措施中的首位；有 23.3% 的家长和村民表示应该对路远学生发放交通补贴，占所有措施中的第 5

位。(见表6－7)由此可见,政府对农村中小学校布局调整中的上学路远学生和其他教育权益受损学生提供一定的生活补助和交通补贴既是民生所盼,也是消弭该政策负面影响之需。

对学校布局调整政策中的利益受损群体进行必要的经济补偿直接关系到该政策的正义性和合法性,对政府的形象和社会的稳定都具有重要的影响。这种补贴不是在增加政府的支出,而是此次教育改革执行成本中必不可少的一部分。如果政府拒绝对学校布局调整政策的利益受损者执行经济补偿政策,此次改革的必要成本就会以更加隐蔽的方式转嫁到学生家庭和个人身上,其直接表现就是学生交通费、寄宿费和生活费的大幅增加,那么此次教育改革就违背了中央政府有关农村税费改革降低农民经济负担的根本目标和基本宗旨,就有可能陷入历史上历次税费改革之后农民实际经济负担不降反升的历史怪圈,即所谓的“黄宗羲定律”[1]。这将在很大程度上影响政府进行税费改革的社会形象,对农村社会的稳定也会构成潜在的威胁。

目前我国已经对贫困寄宿学生施行了补助政策,但该政策的覆盖面还很小,补贴力度也有待提高。政府应该在继续施行“两免一补”政策的基础上加大对农村偏远地区乘车上学的路远学生发放交通补贴的力度,同时加大对贫困寄宿生的生活费补助力度。在已经实行校车服务制度的地区,应该优先让路远学生使用校车服务,并对路远乘坐校车学生给予一定的交通补贴和优惠。同时,对低龄陪读学生家庭根据不同情况给予一定的租房补贴和生活补贴。

(二)对家庭经济困难学生进行经济资助

由于当前我国农村教育发展的整体水平依然不高,特别是中西部很多贫困县市的经济发展水平依然很低,即使政府给学校布局调整中的部分教育权益受损学生提供一些经济补助,也依然无法满足他们正常接受义务教育所需的基本经济开支。为此,政府还必须在农村义务教育阶段建立系统的学生资助制度,对义务教育阶段家庭经济困难学生进行经济帮助,以确保他们能够顺利完成义务教育。

1. 建立贫困生学习费用减免制度

我国已经实现了以“两免一补”为主要内容的免费义务教育,义务教育阶段学生的求学直接费用得以大大降低。但是,学校布局调整之后学生家校距

[1] 黄宗羲定律是由清华大学人文社会科学院教授秦晖先生依据黄宗羲的观点总结出的某种历史规律:历史上的税费改革不止一次,但每次税费改革后,由于当时社会政治环境的局限性,农民负担在下降一段时间后又涨到一个比改革前更高的水平。明清思想家黄宗羲称之为“积累莫返之害”。

离的变远又使学生家庭付出了更多的交通费用和生活费用。学习费用在家庭教育支出中的比重大幅上升，加重了贫困学生家庭的经济负担，极易因为经济困难而诱发贫困家庭学生失学和辍学。

义务教育具有强制性的特征，我国《义务教育法》第6条第1款明确规定："国务院和县级以上地方人民政府应当合理配置教育资源，促进义务教育均衡发展，改善薄弱学校的办学条件，并采取措施，保障农村地区、民族地区实施义务教育，保障家庭经济困难和残疾的适龄儿童、少年接受义务教育。"❶由此可见，当家庭经济困难学生无力或难以承受接受义务教育的费用时，国务院和县级以上地方人民政府有义务提供条件保障其顺利完成义务教育。

为此，地方政府要在现有免费义务教育"免除学杂费和书本费"的基础上，进一步扩大对家庭经济困难学生的免费范围和力度，建立常态的贫困学生学费减免制度。

首先，免除贫困学生的在校住宿费。住宿费是按人头收费，学生住宿与否的费用对学校的正常住宿影响不大，完全在学校承受能力之内，免除部分学生的住宿费并不影响学校的日常运转。在校外借宿发生住宿费的贫困生也应该享受免除住宿费的政策。

其次，减免路远贫困学生的校车服务费。对上学路远的贫困学生家庭而言，交通费用也是他们每天不小的一笔开支，而他们又因为路远对乘车上学具有刚性需求，理应根据不同情况对路远家庭贫困学生分别实行不同的乘坐校车费用减免政策。如果当地没有推行校车服务，应该对需要乘车上学的路远贫困学生家庭按照实际发生的交通费用提供相应的交通补贴，作为减免政策的一种变通。

最后，优先为贫困生提供免费营养午餐。从2011年秋季学期起，中央财政开始为试点地区农村义务教育阶段学生提供营养膳食补助，标准为每生每天3元，所需资金全部由中央财政承担。从"天下没有免费的午餐"到"免费提供营养午餐"，这是我国义务教育更大范围内的免费又迈出的实质性一步。然而由于该政策还处在试点阶段，很多地方还没有能力享受到这一善举所带来的好处，根据义务教育公平和弱势补偿的原则，免费午餐在从试点走向全国的时候，应该先从中西部贫困县市开始，先从学校的贫困生开始。因此，在已经有条件、有能力提供免费午餐的义务教育阶段的学校，应该优先向贫困生开放。

---

❶ 中华人民共和国义务教育法［Z］. 2006-09-01.

2. 建立贫困学生励志奖学金制度

授人以鱼，不如授人以渔。对贫困生的学习相关费用进行减免只能解决贫困生暂时的生活困难。教育的本质是培养人，学生资助的最终目的是帮助学生能够顺利完成学业，成为国家和社会的有用人才。因此，除了建立贫困学生学习费用减免制度外，还要建立相应的励志奖学金制度。

励志奖学金旨在鼓励家庭经济困难的学生努力学习知识，成绩优异者，可以通过获得励志奖学金帮助其顺利完成九年义务教育。励志奖学金扶贫又励志，在学生资助体系中的经费使用效率最高。所以，励志奖学金的覆盖面应该相对比较大，奖励金额应该至少相当于当地义务教育阶段学生完成一年学业所需要的全部教育费用，以激励和确保贫困学生通过自身的努力学习来改善自己的经济境遇。

3. 建立贫困生助学金制度

励志奖学金毕竟是面对优秀贫困学生而言的，但因为覆盖面一般都比较小，对其他贫困学生依然起不到经济资助的作用，所以还需要建立贫困助学金制度来帮助他们完成学业。

贫困学生助学金由政府牵头设立，可以借助“希望工程”旗帜，采用官方助学金形式，也可以采用社会助学基金等形式吸引社会慈善机构和个人捐资，专门用于资助义务教育阶段的农村贫困学生完成学业。这既是社会慈善事业的一部分，也是在推行义务教育过程中社会团体和组织应该承担的社会责任和义务的一种体现。

（三）对生活自理困难学生进行生活帮助

在农村中小学校布局调整之后，学生求学除了经济上的困难，还有生活上的困难。随着农村寄宿制办学的推广，不少低龄学生开始在学校寄宿，生活自理困难凸显。如果得不到及时的帮助，不仅可能会对他们的正常生活和学习产生负面影响，还有可能对他们的身心正常发展产生阴影。因此，建立生活帮扶体系，对生活自理有困难的学生进行生活帮助显得十分必要。

1. 建立专兼职生活教师队伍

小学低龄寄宿生年龄偏小，在日常生活中面临更多更大的生活自理困难，因此必须建立以教师为主导的生活帮扶体系，对包括小学低龄寄宿学生在内的所有义务教育阶段寄宿生提供生活帮助。

小学寄宿学校必须根据寄宿生的规模数量，按照实际需要配备专职和兼职的生活教师，专门负责为寄宿生在校寄宿期间的洗漱、起居、作息和课外文娱活动提供帮助和管理。小学寄宿生夜间休息必须有陪寝老师，负责寄宿生夜间的如厕安全，预防踢被着凉和梦魇等。初中寄宿学校必须根据需要设置宿舍管理员和生活教师，主要负责管理寄宿生的纪律、课余生活和提供其他帮助。

2. 建立生活导师责任制度

为了对存在较大生活自理困难的小学低龄寄宿生提供更加有效的帮助，仅仅依靠生活教师，无论是在时间、精力还是在服务质量上可能都难以满足寄宿生的需求。为此，可以采用生活导师责任制，借助生活导师的力量协助生活教师帮扶低龄寄宿生。

所谓生活导师责任制度，就是由除了专兼职生活教师之外的科任教师和班主任老师作为生活导师，分别负责管理一定数量的低龄寄宿生，主要负责低龄寄宿生的财物保管、生活困难咨询、思想状况跟踪、人际关系协调和其他需要帮助的事宜。由于科任教师和班主任老师与学生的互动比较频繁，接触时间也比较长，由他们担任生活导师更容易赢得低龄寄宿生的信赖，更容易及时发现和解决低龄寄宿生的生活困难，由此能够弥补专职生活教师在管理上的漏洞和提供生活服务上的心理隔阂。

除了负责寄宿生的日常生活资助和帮助外，生活导师还要定期和不定期地对其负责管理的寄宿生进行生活自理知识和技能方面的集体学习与个别辅导，通过开设生活自理讲座、座谈、竞赛、主题活动和个别辅导等方式对寄宿生的寄宿生活技能进行集体指导和教育，从专门知识和技能上为寄宿生实现生活自理和自强输送养料。

3. 建立学生互助和帮扶制度

对学生提供生活帮扶的最终目的是让低龄学生逐渐掌握和提高生活自理的能力。独立的学校寄宿生活既是一种困难，也是磨炼学生意志、提高学生生存能力和适应环境能力的得天独厚的天然环境。寄宿学校在对低龄寄宿学生提供生活帮扶的同时，要尽可能地发挥学校教育的主导作用，引导学生学会自立，养成良好的生活习惯和作息习惯，利用集体的力量来教育学生个体，最后实现大家的共同进步。

为此，可以在寄宿学生之间建立学生互助组。互助组可以分为两种类型：一是同一年级同学之间的互助组，可以由两个以上的同学根据同村、同学、亲友和其他关系自由组队，并指定组长，在日常生活中相互帮助和监督；二是在寄宿生中由不同年级的同学组成互助组，高年级同学和低年级同学组队，由高年级同学担任组长，利用自己的年龄优势和生活经验帮助低龄同学。为了鼓励学生互助组的成长和发展，学校可以对担任组长的同学按学生干部待遇提供相同的评优和评先机会，对在生活自理方面表现突出的学生个人和互助组公开进行表彰和奖励。

（四）对学习困难学生进行学业帮扶

如前文所述，农村中小学校布局调整之后，由于学校撤并、班级规模变大和路远等因素的影响，少量学生出现了学习成绩下降的问题。特别是被撤并学校的学生，在进入新学校学习后，通常因为存在较长时间的学习调适困难，成绩容易下降，如果得不得及时帮助，很快就会成为学习后进学生。因此，对学校布局调整之后困难学生的帮扶不能仅仅限于经济和生活，还要对学习困难学生的学习成绩进行干预和帮扶。

造成学习困难学生学业成绩差的原因有很多，有的是学习基础差而导致现在的成绩一差再差，有的是对学习环境暂时不适应而产生适应性下降；有的是存在一些心理障碍而产生心因性成绩下降；有的是因为学习动力不足而产生失趣性成绩差；还有的是以上各种因素都存在或有其他不明原因而造成综合性学习困难。有鉴于此，对学生进行学业成绩辅导时要根据不同的情况具体问题具体分析。

1. 对学困生进行集中补差和个别辅导

不少地方政府认为，学校布局调整政策只要通过教育资源的均衡配置就能实现教育的均衡发展，这种想法是天真的。教育资源的均衡配置只是为实现教育起点公平和教育过程公平提供了一种客观的条件，能否真正实现教育结果均衡还要依赖教育过程的均衡和其他条件。特别是不少学生在学校布局调整之前的学业基础本身就很差，即使在教育资源已经比较均衡的情况下，因为此前的学习基础不同，其个人的学业发展结果也仍然会有不同。要想实现学生之间的均衡发展，就必须按照因材施教的原则对学困生和后进生进行个别辅导，帮助他们迎头赶上，实现不让一个孩子掉队的教育公平目标。

学生学业成绩的整体水准直接影响社会各界对学校布局调整政策成效的评价，任何可能降低学生学业水平和教育质量的教育改革都很难为社会所接受和认可。为此，学校布局调整之后，地方政府和学校要加强对学习困难学生的学业指导和帮扶，采取集中补差的方式，对基础较差的学生进行基础知识的集中补习；同时，通过同班同学结对子和“导生制”方式，让成绩相对较好的同学在平时学习中负责帮助基础较差的学困生解答学习疑问，解决日常学习困难。

除了集中学习外，科任教师和班主任老师还要对学习基础较差的学困生和后进生开小灶，针对他们个人的学习情况和特点因材施教，进行个别辅导，帮助他们尽快掌握学习方法，养成良好的学习习惯，尽快融入班级正常的学习进度和学习生活。

2. 对调适困难学生加强心理疏导

学校布局调整之前不同学校之间的教育质量和水平良莠不齐，学校撤并之后的客校生进入新学校学习之后，往往要被动适应新学校的学习环境。由于学校撤并过程中多数采用的是质量较强的学校兼并薄弱学校的做法，所以多数客校学生在面临新进入学校的学习高标准、高要求和陌生的人际环境时，往往都会有或强或弱的不适应感。适应能力较强的同学在最短的学习时间周期内就能战胜自己，很快适应学习新环境，成绩不会受到较大的负面影响而产生波动；而对那些适应能力相对较差的同学则可能面临较长的学习适应周期，有的甚至一直不适应，进而导致学习成绩产生波动乃至下降。所以，加强对学校撤并之后客校学生调适困难的心理疏导对解决此类学生的学习适应性下降问题具有很强的针对性。

为此，农村中小学校布局调整之后新合并和新组建的学校要专门针对合并学校学生的特点，通过开展心理调适讲座、学习心得交流、师生互动、心理信息和心理咨询等团体指导和个别辅导方式，就学校生活环境和学习方式的变化，对存在学习和生活环境调适困难的学生进行心理干预。科任教师和班主任还要通过日常教学和课余生活，在课堂内外有针对性地对这些学生进行学习方法的指导和生活的关心，尽快消除他们对学校新生活的陌生感和不安全感。

此外，学校还要积极组织学生课外活动和其他各种活动，为客校生和主校生的交流和融入提供机会和平台，帮助客校生尽快熟悉校园人际环境，找到情感交流和依托的出口，收获友谊和朋友，从人际关系上获得适应环境的心理资源。

3. 对后进生进行综合性学习干预

心因性和失趣性学习困难在学习困难学生中往往占有很大的比例，失趣性学困生其实也是存在某种心因性学习困难障碍。学校布局调整政策产生的上学远和上学难在一定程度上影响了部分心理脆弱学生的心理健康，少量学生存在一些心理障碍，对学习失去兴趣，缺乏动力，并以弥漫性和扩散性的特点影响到周围的其他同学。

根据“心病还须心药医”的原则，要解决心因性和失趣性学困生的学习困难问题，必须首先找到并解决这些学生学习困难的心理成因。当前我国农村义务教育生态整体恶化，农村剩余劳动力的外出务工导致大量留守儿童产生，留守儿童因为缺少父母的关爱而存在情感饥渴和很多心理障碍；在城镇化进程中，部分学生的父母因为工作原因与子女常年不在一起生活，导致家庭矛盾重重，家庭的不和谐对子女的成长产生了阴影；转型期社会矛盾频发，心理失衡导致部分教师不安全工作，责任心下降，对待学生不关心、不尽责。以上问题交织在一起，在学校布局调整之后综合在部分学生身上爆发，导致了他们的心理障碍或问题。所以，在对待此类学生进行心理疏导时，要在坚持学校教育为主导的前提下，根据不同的心理成因，积极调动家庭教育和社会教育的积极性，对症下药，对其进行心理上的辅导和干预，通过实现三者的结合，帮助这些学生战胜自我和克服心理困难，走出心理阴霾。

在解决心理问题的基础上，再强化这些学生的学习信心和学习兴趣，使这些学生能够恢复自信，自主管理自己的学习，回到正常学习的轨道上来。

最后，再根据这些学习困难学生的学习特点因材施教，对基础较差的学生进行补差教育，对学习适应困难的学生再进行调适干预，对学习方法不对的学生进行学习方法指导，对学习意志薄弱的学生加强学习监督和纪律教育等。

总之，对各类困难学生的补偿和帮助是消弭农村中小学校布局调整政策对教育公平的损伤和负面影响的最直接举措。只有做好对困难学生的补偿和帮助工作，才有可能实现教育经济效益与教育公平目标的平衡。

本章小结

农村中小学校布局调整对教育公平的损伤属于制度衍生型教育公平问题，根据“解铃还须系铃人”的原则，解决此类问题需要从政策自身入手，采取积极的措施来加以完善和补救，从而消弭其负面影响。

首先，要从制度的激励约束功能出发，建立规范的农村中小学校布局调整工作制度。该手段主要包括：制定科学的学校布局调整标准，重点是完善教师编制制度、建立学校撤并标准、建立相关配套措施标准等；严格规范学校撤并程序和行为，做到于法有据、程序公正合理、民意反馈和监督机制畅通。通过制度建设，确保教育公平与效率价值取向的协调与统一。

其次，恢复和保留必要的教学点，发挥其方便学生就进入学的优势。一方面，要对学校布局调整进行纠错和“反动”，找回已经撤并但很有必要存在和保留的教学点；另一方面，要加强对现存农村教学点的建设，提高质量，增强其生存和发展的能力。

再次，完善相关配套措施。重点是：完善农村义务教育经费保障机制，设法增加配套专项经费；完善农村寄宿制办学条件，增强和完善其服务功能；完善和发展农村校车制度，确保其安全、便捷和低廉。

最后，对困难学生进行必要的补偿和帮助。根据卡尔多—希克斯准则和教育公平的弱势补偿原则，对利益受损群体和弱势群体进行补偿都是必要的。为此，要对家校距离较远的学生给予生活和交通补贴，对家庭困难学生给予适度的经济资助，对生活自理困难的低龄学生给予多方面的生活帮助，对学校困难学生进行必要的学业帮扶。

附　　录

附录一：

农村中小学校布局调整政策影响调查问卷（学校教师）

尊敬的校长、老师们：

为了客观把握农村中小学校布局调整政策的后续影响，以便为教育部门今后制定相关政策提供依据，我们组织了本次学术调查。此次调查以匿名方式填答。请您根据自己的实际情况在所选项上打“√”或在____上填写相应信息。衷心感谢您的支持与协助！

“农村中小学校布局调整政策影响研究”课题组

1. 您的基本情况是：

1）您的性别：①男　②女

2）您的民族：①汉族　②少数民族________（请注明是什么民族）

3）您的年龄：________周岁；教龄：________年

4）您所带的年级：________年级（请按照1—9年级填写）

5）您的身份或职务：

①校长（副校长）　②学校中层干部　③教师　④其他______

6）您的文化程度：

①高中以下　②高中（中专）　③大专　④本科

⑤研究生

7）您的学校名称：____________学校，是否属于中心学校：

①是　②否

2. 您目前所在的学校是：

1）①完全小学　②教学点　③初中　④九年一贯制学校

2）①全寄宿学校　②走读学校　③走读寄宿混合学校

3. 您所在学校处于：

①山区　②丘陵　③平原　④牧区

⑤矿区　⑥湖（库）区

4. 您所在的学校是否进行过学校布局调整：

①已完成　②正在进行　③即将进行

5. 您认为当地农村中小学校布局调整的成效是什么？（可多选）

①提高了学校规模效益　②实现了教育资源的合理配置

③提高了教育质量　④减轻了教师的负担

⑤有助于教育的均衡发展　⑥方便教育管理

⑦降低了择校发生率　⑧有利于新课程改革的推行

⑨其他________

6. 您认为当地农村中小学校布局调整后存在的主要问题有哪些？（可多选）

①学生上学路远不方便　②家长负担沉重

③班级规模过大　④教师富余超编

⑤教师工作负担加重　⑥教育质量下降

⑦低龄学生生活自理困难　⑧学生心理调适困难

⑨学生辍学率上升　⑩配套措施不完善

⑪学生人际交往困难　⑫其他________

7. 您认为当地农村中小学校布局调整现存问题出现的主要原因有哪些？（可多选）

①地理环境复杂多样　②布局调整规划不科学

③政策重效率，忽略公平　④配套措施不到位

⑤教师编制政策过紧　⑥政策急功近利，方式不当

⑦漠视群众的合理呼声　⑧政策执行“一刀切”

⑨弱势群体保护意识不强　⑩人口密度小

⑪其他________

8. 您对当地中小学布局调整的整体看法是什么？

①利大于弊　②弊大于利　③无所谓

9. 您认为本地学校布局调整的政策取向是什么？

①效率优先　②公平优先　③效率与公平兼顾

10. 您认为本地的学校撤并对当前的学生上学产生了哪些负面影响？（可多选）

①上学路远不安全　②学生生活自理压力大

③学习投入时间减少　④师生互动机会减少

⑤学生出现交往困难　⑥家庭经济和生活负担加重

⑦学生纪律散漫　　⑧与家庭的联系减弱
⑨成绩因环境调适困难而下降　　⑩师生融洽度下降
⑪上学难诱发厌学辍学　　⑫其他________

11. 您认为本地的农村中小学校布局调整对哪些学生上学的负面影响最大？（可多选）
①偏远山区或交通不便地区学生　　②家庭经济困难的学生
③寄宿学生
④小学低年级（1—3 年级）学生
⑤被关闭校点原有的学生　　⑥留守儿童
⑦学前教育儿童　　⑧适龄女童
⑨其他________

12. 本地农村中小学校布局调整对您的工作有哪些影响？（可多选）
①上班距离变远　　②工作负担和压力增加
③与学生家庭的联系减少　　④上课责任心下降
⑤学生管理难度增加　　⑥人际环境发生变化
⑦工作环境有所改善　　⑧工资待遇有所提高
⑨其他________

13. 贵校学生中，到校距离最远的大约是________里，步行最长约需________分钟。

14. 您认为本地农村中小学校布局调整后的大多数学生上学是否方便？
①是　②否

15. 本地政府在农村中小学校布局调整过程中采取的主要方式是什么？
①示范方式　　②强制方式
③示范与强制相结合方式　　④其他________

16. 当地进行布局调整前，政府是否征求过您或其他教师代表的建议？
①是　②否

17. 当地进行布局调整时，是否发生过因撤点并校而引起的官民冲突？
①是　②否

18. 您认为现行农村教师编制标准（小学 23:1，初中 19:1）是否合理？
①是　②否
如果您选择了“否”，请问合理的小学编制标准应该是________；初中应该是________。

19. 贵校目前共有________名教师，共有________个班，共有________名学生，平均每班大约有________名学生；当前贵校的服务范围是________个村，服务人口是________人。

20. 您认为合理的学校班额应为每班________名学生；本地合理的农村小学服务范围应为________里，当地合理的初中服务范围应为________里。

21. 您认为当地小学服务________个自然村较为合理，服务人口________人较为合理。

22. 近3年您所在班级的学生平均辍学率大约是多少？

①5%以下　②6%—10%　③11%—15%　④16%—20%

⑤21%—30%　⑥30%以上

23. 当地学校合并后，贵校的辍学率与合并前相比如何？

①增加了 ②减少了 ③差不多

24. 您认为贵校学生辍学（不含转学）的主要原因是什么？（可多选）

①上学路远太辛苦，学生厌学　②学习成绩差，升学无望

③家庭经济困难　④读书不如打工，家长太现实

⑤子女多，家长重男轻女　⑥其他________

25. 您认为本地解决学生上学路程过远问题的最好途径是什么？（单选）

①寄宿制　②校车接送　③家长接送　④父母陪读

⑤恢复或保留教学点　⑥其他________

26. 您认为寄宿制能否完全解决当地学生上学过远的问题？

①能　②否

27. 您认为采用寄宿制办学方式解决学生上学难问题的弊端是什么？（可多选）

①低年级学生生活不方便　②加重了家庭经济负担

③弱化了家庭的教育功能　④加大了学生的生活压力

⑤增加了学校办学成本　⑥其他________

28. 您认为贵校的寄宿条件对解决学生上学难而言是否完备？

①是　②否

29. 您认为当前发展农村寄宿制学校所面临的主要困难是什么？（可多选）

①缺少配套经费　②两免一补政策不到位

③编制过紧，缺乏生活教师　④缺乏必要的文娱设施

⑤缺乏健全的管理制度　⑥其他________

30. 您认为解决寄宿制学校现存问题的途径是什么？（可多选）

①增加必要的配套经费　②配备必要的保育人员和工勤人员
③加大对贫困家庭学生的资助　④建立学生与家长情感交流的机制
⑤改善寄宿条件，健全寄宿管理制度
⑥其他________

31. 您认为是否应在偏远地区保留一定的教学点？
①是　②否　③无所谓

32. 如果您赞同恢复或保留教学点，您的主要理由是什么？（可多选）
①方便学生上学　②可以减轻家庭负担
③利于因材施教，提高教育质量　④关爱弱势群体
⑤促进新农村文化建设　⑥便于家校合作，促进学生进步

33. 您认为当前在偏远地区难以恢复或保留教学点的主要原因是什么？（可多选）
①生源少，办学成本过高　②编制过紧，教师缺岗
③工作条件差，委派教师难　④管理不便，质量难保证
⑤上级政府不同意　⑥弱势群体权益难以保证

34. 您认为当前农村中小学校布局调整迫切需要解决的问题是什么？（可多选）
①增加经费投入　②加强寄宿制学校的建设
③合理配置师资和加强师训　④改善办学条件
⑤增加对困难家庭学生的补助　⑤科学制定布局调整标准
⑥确保上学安全　⑦对处境不利的学生给予补偿
⑧其他________

35. 您校目前的老师是短缺还是富余？
①富余　②短缺　③总量富余，部分学科短缺

36. 目前贵校最缺乏的教师是：________学科，________学科，________学科。

37. 目前您所在的乡镇共有________所小学，__________所教学点，________所初中。

38. 您认为怎样才能合理解决本地农村中小学校布局调整后的上学难问题？

____

____

____

（问卷结束，衷心感谢您的支持与合作！）

附录二：

农村中小学校布局调整政策影响调查问卷（家长与村民）

尊敬的家长：

您好！为了客观把握农村中小学撤点并校政策对家庭的影响，我们组织了本次学术调查。本调查不用写名字，请您根据实际情况在所选项上打“√”或在“____”上填写相应的信息，没有特殊说明的题目都是单选题。感谢您的支持与协助！

“农村中小学校布局调整政策影响研究”课题组

1. 您个人的基本情况是：

1）性别：①男　②女

2）民族：①汉族　②少数民族________（请注明是什么民族）

3）年龄：①30 岁及以下 ②31—40 岁 ③41—50 岁 ④51 岁及以上

4）身份或职业：①务农 ②经商 ③干部 ④教师 ⑤医生 ⑥打工 ⑦其他________

5）您家一年的收入大约是________元；经济状况在当地属于：
①好　②中　③差

6）您家所在地属于：
①山区　②丘陵　③平原　④牧区
⑤矿区　⑥湖（库）区

7）您的受教育程度：
①未上过学　②小学　③初中　④高中（中专）
⑤大专　⑥本科及以上

8）您家有________个上学的孩子，正在上什么学：老大________；老二________；老三________
①乡镇中心小学　②县城小学　③村小学　④教学点
⑤初中　⑥其他________

9）您是孩子的：
①父母　②爷爷奶奶　③外公外婆　④亲属
⑤邻居　⑥其他________

2. 您家孩子上小学或初中时所在的学校是否合并过？
①是　②否

3. 您家孩子怎样上学？

①步行　　②骑自行车

③坐汽车　　④坐家人的摩托车或包车

4. 您家所在地离孩子上的学校有________里路，走路上学要花________分钟；骑自行车上学要花________分钟；骑摩托车或坐汽车上学要花________分钟。

5. 您认为当地学校合并后您村的孩子现在上学是否方便？

①很方便　　②比较方便　　③说不清

④不方便　　⑤很不方便

6. 根据当地的实际情况，您认为当地农村小学生上学最远不超过________里为好；初中生上学最远不超过________里为好。

7. 孩子上学时每星期您家人一般要接送几次？

①0 次　　②1—2 次　　③每天都要接送

8. 您家孩子上学时发生过大的安全事故吗？

①没有　　②有一次　　③不止一次

9. 您家孩子上学时的午饭是怎么解决的？

①在学校买饭吃　　②自己带饭到校吃

③回家吃　　④自己在学校做饭吃

⑤其他________

10. 您家孩子现在上学期间的住宿情况是？

①在学校住　　②在校外租房住　　③在家住

（选择在家住宿的请直接跳到第 13 题继续作答）

11. 您家孩子这学期的住宿费（房租）是________元；每月的交通费大约是________元；每月的生活费大约是________元。

12. 您家目前能否负担孩子上学的住宿费和生活费？

①完全能　　②刚好能　　③稍微有点困难　　④非常困难

13. 您家孩子上学时您最担心的问题是什么？（单选）

①孩子的安全问题　　②家庭经济和生活负担加重问题

③孩子的学习问题　　④孩子的生活问题

⑤孩子的心理健康和品行问题　　⑥其他________

14. 当地学校合并后对您家和本村孩子上学产生了什么影响？（可多选）

①上学路远不方便　　②家长接送负担重

③家庭经济负担重　　④家长管教孩子难

⑤低龄孩子上学难　　⑥学习成绩下降
⑦没有明显的影响　　⑧其他________

15. 与合校前相比，合校后您家孩子上学的积极性？
①提高了　②降低了　③说不清

16. 与合校前相比，合校后您家孩子的学习成绩？
①提高了　②下降了　③先降后升

17. 您认为本地学校合并对哪些学生的学习和生活负面影响比较大？（可多选）
①偏远交通不便地区学生　　②家庭经济困难的学生
③小学低年级学生　　④学前儿童
⑤学校停办后转学的学生　　⑥在校住宿的学生
⑦父母在外打工的孩子　　⑧其他________

18. 您认为能够消除学校合并带给您家和当地村民负面影响的措施有哪些？（可多选）
①提供生活补助　　②发放交通补贴
③改善学校食宿条件　　④就近恢复校点
⑤配备定点班车　　⑥提高教学质量
⑦其他________

19. 当地在学校合并时采用的方式是：
①宣传动员　②强制方式　③强制与诱导结合

20. 当地学校在合并前是否征求过您或其他村民的意见？
①是　②否　③不清楚

21. 当地学校合并时是否发生过政府与村民间的冲突？
①是　②否　③不清楚

22. 您对当地中小学合并政策的总体看法是：
①利大于弊　②弊大于利　③说不清

23. 您对当地中小学合并政策的总体态度是：
①支持　②反对　③说不清

24. 学校合并之后您家孩子原来上学的校舍现在是什么状态？
①闲置至今　②改作教学点　③改作他用　④已废弃倒塌

25. 您认为目前解决本地农村学生上学路程过远问题的最好办法是什么？（单选）
①学生住校　　②校车接送

③家长接送　　④家人陪读
⑤恢复教学点　　⑥其他________

26. 您认为是否应在偏远地区保留一定的教学点？
①是　　②否　　③无所谓

27. 如果您赞同恢复或保留教学点，您的主要理由是什么？（可多选）
①方便学生上学　　②减轻家庭经济和生活负担
③利于提高教育质量　　④关爱弱势群体
⑤促进新农村文化建设　　⑥其他________

（问卷结束，衷心感谢您的支持与合作！）

附录三：

农村中小学校布局调整的政策影响调查问卷（学生）

亲爱的同学：

你好！本问卷主要想了解你的学习和家庭情况。调查不用写名字，请你在所选项的序号上直接打“√”或在____上逐题填写有关内容，未说明的都是单选题。十分感谢你的支持与协助！

“农村中小学校布局调整政策影响研究”课题组

1. 你的学校名字：________；现在上________年级（初中按7—9年级填）

2. 你的性别：①男　②女；　你的年龄是：________周岁

3. 你的民族：①汉族　②少数民族________（请注明是什么民族）

4. 你现在的学校属于：
①县城小学　　②乡镇小学　　③村小学　　④教学点
⑤初中　　⑥1—9年级学校

5. 你家的经济状况（有没有钱）在当地属于：①好　②中　③差

6. 你家所在地属于：
①山区　　②丘陵　　③平原　　④牧区
⑤矿区　　⑥湖（库）区　　⑦其他________

7. 你父母的工作情况是：
①都在家　　②父亲在外地打工
③母亲在外地打工　　④父母都在外地打工

8. 你在上学期间有过学校合并的经历吗？
①没有　②有，是在上________年级时发生的

9. 你是不是一直在这个学校上学？

①是　②不是，从________年级开始转到这个学校上学

10. 你转到现在学校上学的原因是：

①原学校停办　②现在的学校质量高　③原学校没有高年级

11. 你现在上学在哪里住宿？

①住学校宿舍　②在校外租房住

③住亲戚家　④住自己家里

12. 现在你上学期间谁来照顾你的生活？

①自己照顾自己　②家人照顾自己　③亲戚照顾自己

13. 如果你不在家住，是否从学校得到过生活补助？

①否　②是，每月得到________元的补助

14. 如果你不在家住，每学期要交住宿费________元；车费要________元/月，生活费要________元/月。

15. 你家能负担你目前的上学费用吗？

①完全能　②刚好能

③稍微有点困难　④非常困难

16. 你上学时的午饭在哪里吃？

①在学校买　②带饭到学校吃

③回家吃　④自己在学校做饭吃

17. 你在上学时每周一般能吃________次青菜，能吃________次荤（肉）菜？（请直接填序号）

①0 次　②1—2 次　③3—4 次　④5—6 次

⑤7—10 次　⑥10 次以上

18. 你认为上学期间在家里住宿还是在学校里住宿好？

①家里好　②学校好　③都差不多

19. 你平时上学的主要方式是：

①走路　②骑自行车

③坐校车　④坐公共汽车

⑤坐家长的摩托车或包车　⑥坐私人三轮车或面包车

⑦坐船　⑧其他________

20. 你家到现在的学校有________里路；按你上学的主要方式你上学一般需要________分钟时间。

21. 你上学时的交通方便吗？

①很方便　　②比较方便

③说不清　　④不方便

⑤很不方便

22. 你在上学的时候有没有发生过交通安全事故？

①没有　　②只有一次　　③两次　　④两次以上

23. 你现在上学最担心的问题是什么？（单选）

①路远不安全　　②家长负担重

③受同学欺负　　④学习成绩下降

⑤不适应学校环境　　⑥其他________

24. 同村中和你是同学的共有________人；你的同村同学中有________人没有上完小学，有________人没有上完初中。（如果没有不上学的人请填 0）

25. 在你所认识的同学或熟人中，你知道他们不上学的主要原因是什么？（可多选）

①上学路远辛苦　　②没人接送

③家穷　　④学习不好

⑤想打工挣钱　　⑥身体差

⑦其他________

26. 你目前在教室里的座位是：

① 在前面 1/3 排　　② 在中间 1/3 排　　③ 在后面 1/3 排

27. 你最近一次考试的成绩是：语文________分；数学________分；英语________分。（按满分 100 分填）

28. 你的三门成绩在本班内的一般排名是：语文__________；数学________；英语________。（单选）

①前 10 名　　②前 20 名　　③后 20 名　　④后 10 名

⑤其他名次

29. 你觉得解决你们当地学生“上学难”问题的最好办法是什么？（单选）

①在学校住　　②定点班车接送

③家长接送　　④老师护送

⑤家人陪读　　⑥其他________

30. 你对下列说法是否赞同？（请根据你的感受直接在下表的对应项下打√）

问题项	完全赞同	基本赞同	无所谓	不太赞同	完全不赞同
1. 我很喜欢现在的老师和学校					
2. 我感到自己现在上学很辛苦					
3. 老师很关心我的学习和生活					
4. 我的课余学习时间很充足					
5. 我经常参加各种课外活动					
6. 我与同学相处得很好，朋友很多					
7. 我经常想念我的爸妈，感到孤独					
8. 我经常担心我的学习成绩会下降					
9. 老师常让我回答问题、背书、做练习					
10. 我要好好学习，报答我的父母					
11. 我的生活自理能力不强					
12. 我很遵守校纪班规，很听老师话					
13. 学习是一种乐趣，我很喜欢学习					
14. 我经常感到压抑、苦闷					
15. 老师经常与我的父母联系					
16. 我经常有不想上学的想法					

（第 31—37 题没有合校经历的同学请不要作答）

31. 合校后你在哪里上学？

①留在原来学校　②转到其他指定学校

③自己转到现在的学校　④转到县城的好学校

⑤转到父母打工的地方　⑥其他________

32. 与合校前相比，合校后你的学习成绩：

①提高了　②下降了　③先降后升　④说不清

33. 与合校前相比，合校后老师对你的学习关心程度如何？

①多了　②少了　③差不多

34. 与合校前相比，合校后你与同学间的关系：

①变好了　②变差了　③说不清

35. 与合校前相比，合校后你的学习时间：

①比以前多　②比以前少　③说不清

36. 与合校前相比，合校后你的学习积极性：

①比以前高　②比以前低　③说不清

37. 合校后你更喜欢哪个学校？

①合并前的学校　②合并后的学校　③说不清

（问卷调查到此结束，谢谢你的支持）

附录四：

广西博白县农村中小学校布局调整 GIS 分析图

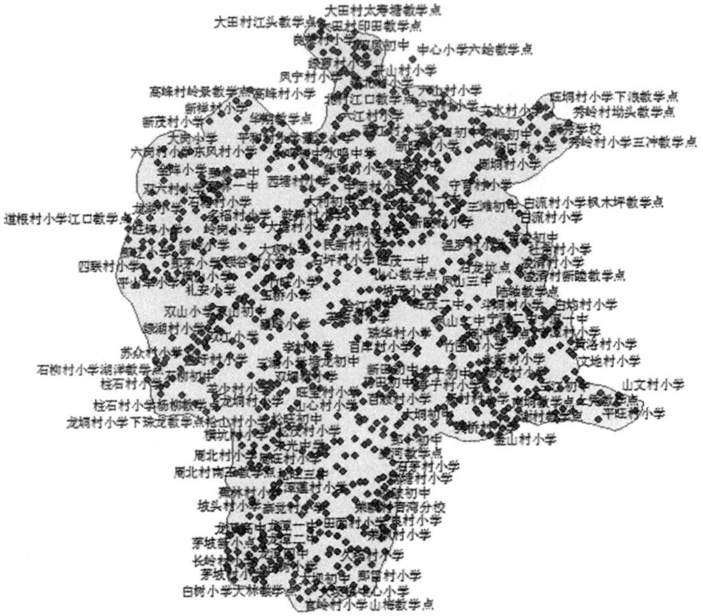

图 6－1　博白县学校布局调整前学校总体分布（920 所学校）

图 6－2　博白县布局调整后学校总体分布（709 所学校）

图6－3　博白县布局调整前教学点分布（共476所）

图6－4　博白县布局调整后教学点分布（共327所）

图 6－5　博白县布局调整前小学分布（共 397 所）

图 6－6　博白县布局调整后小学分布（共 339 所）

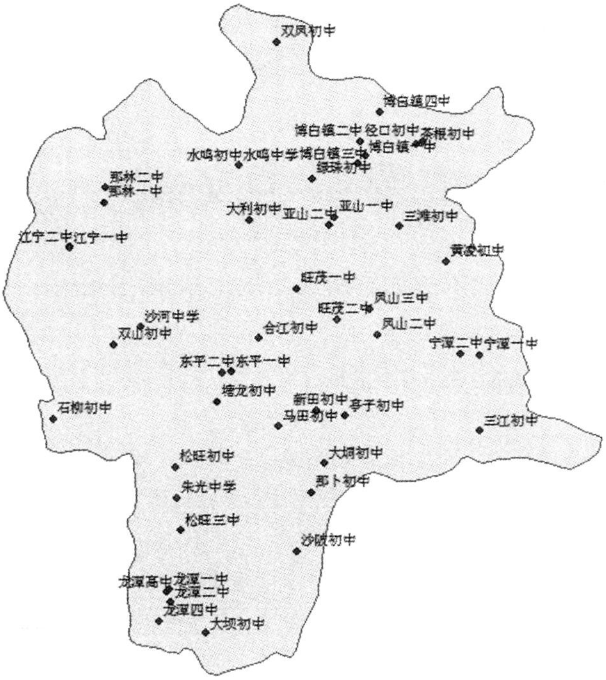

图 6－7　博白县布局调整前中学分布（共 47 所）

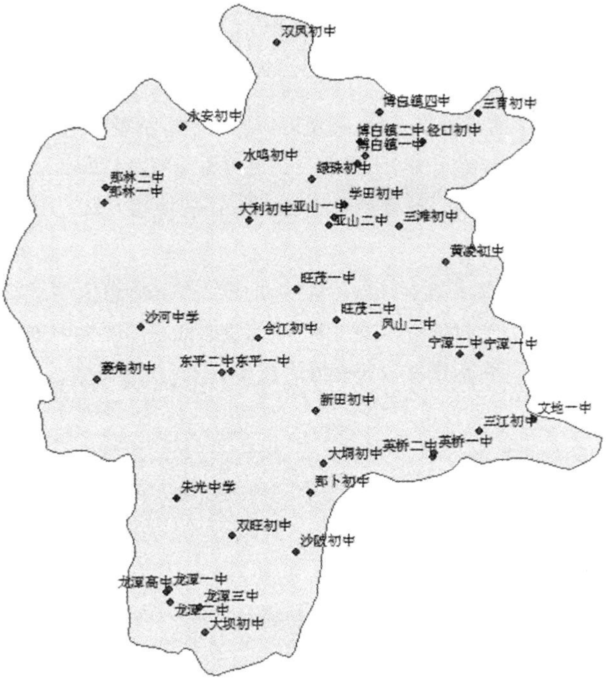

图 6－8　博白县布局调整后中学分布（共 43 所）

主要参考文献

一、专著类

[1] [美] 菲利普·库姆斯. 世界教育危机 [M]. 赵宝恒，李环，等译. 北京：人民教育出版社，2000.

[2] 茅于轼. 经济学的智慧 [M]. 天津：天津社会科学院出版社，2004.

[3] 范先佐，等. 中国中西部农村中小学校合理布局结构研究 [M]. 北京：中国社会科学出版社，2009.

[4] 王善迈. 教育经济学简明教程 [M]. 北京：高等教育出版社，2002.

[5] 茅于轼. 经济学的智慧 [M]. 天津：天津社会科学院出版社，2004.

[6] 约翰·罗尔斯. 正义论 [M]. 何怀宏，等译. 北京：中国社会科学出版社，1998.

[7] 联合国教科文组织，国际教育发展委员会. 华学会生存——教育世界的今天和明天 [M]. 东师范大学比较教育研究所，译. 北京：教育科学出版社，1996.

[8] 贾勇宏. 人口流动中的教育难题——中国农村留守儿童教育问题研究 [M]. 北京：中国社会科学出版社，2003.

[9] 王善迈. 教育经济学简明教程 [M]. 北京：高等教育出版社，2002.

[10] 范先佐. 教育经济学新编 [M]. 北京：人民教育出版社，2009.

[11] 李锋亮，闵维方，丁小浩. 教育的信息功能与筛选功能 [M]. 北京：北京大学出版社，2008.

[12] 张人杰. 国外教育社会学基本文选 [M]. 上海：华东师范大学出版社，1989.

[13] 翁文艳. 教育公平与学校选择制度 [M]. 北京：北京师范大学出版社，2003.

[14] [美] 阿瑟·奥肯. 平等与效率——重大抉择 [M]. 王奔洲，等译. 北京：华夏出版社，2010.

[15] 茅于轼. 经济学的智慧 [M]. 天津：天津社会科学院出版社，2004.

[16] [美] 马丁·卡诺依. 教育经济学国际百科全书 [M]. 闵维方，等译. 北京：高等教育出版社，2000.

[17] 高鸿业. 西方经济学（第三版）[M]. 北京：中国人民大学出版社，2004.

[18] [印] 阿马蒂亚·森. 以自由看待发展 [M]. 任赜，于真，译. 北京：中国人民大学出版社，2002.

二、论文类

[19] 熊春文. "文字上移"：20 世纪 90 年代末以来中国乡村教育的新趋向 [J]. 社会学研

究，2009（5）.

[20] 王强 .20 世纪美国农村“学校合并”运动述评［J］. 外国中小学教育，2007（8）.

[21] 冯建华 . 小比大好，还是大比小好［J］. 教育研究与实验，1995（4）.

[22] 马晓强 . 关于我国普通高中教育办学规模的几个问题［J］. 教育与经济，2003（3）.

[23] Valerie E. Lee，Julia B. Smith. 关于中学最佳学校规模的研究［J］. 张志霞，王燕，译. 北京教育科学研究院学刊，1997 年创刊号 .

[24] 耿申 . 学校适宜规模及相关设施标准［J］. 教育科学研究，2003（5）.

[25] 吴修申，张纪云 . 美国农村中小学学校布局调整的动因及效果［J］. 新课程研究（教育管理），2007（1）.

[26] 庞丽娟 . 农村中小学校布局调整的问题、原因及对策［J］. 教育学报，2005（4）.

[27] 任运昌 . 西部农村寄宿制学校给农民家长带来了什么——一项质的研究及其现实主义表达［J］. 当代教育科学，2006（18）.

[28] 周芬芬 . 西部农村学前教育发展的困境与突围［J］. 学前教育研究，2006（12）.

[29] 刘贤伟 . 农村中小学校布局调整的负面影响［J］. 教育科学研究，2007（8）.

[30] 郑国诜，廖福霖，蒋小菁 . 山区县城乡中小学布局调整存在的问题与对策分析——以福建省德化县为例［J］. 内蒙古师范大学学报（教育科学版），2007（10）.

[31] 卜文军，熊南凤 . 农村贫困地区中小学布局结构调整存在的问题与对策［J］. 教育与经济，2007（4）.

[32] 崔志刚 . 撤点并校后农村小学师资现状与对策［J］. 内蒙古教育，2007（9）.

[33] 李祥云 . 农村中小学校布局调整与“两免一补”的实施情况分析——基于农户问卷调查的结果［J］. 教育发展研究，2008（21）.

[34] 王颖，杨润勇 . 新一轮农村中小学校布局调整后的负面效应：调查反思与对策分析［J］. 教育理论与实践，2008（12）.

[35] 杨贵平 .“撤点并校”对贫困农民、农村的影响［J］. 生活教育，2010（1）.

[36] 张洪华 . 城镇化进程中的农村中小学校布局调整问题及反思［J］. 教育理论与实践，2010（3）.

[37] 邬志辉 . 农村学校布局调整的十年走势与政策议题［J］. 教育研究，2011（7）.

[38] 于泽元 . 城镇化背景下农村学校布局调整问题的教育对策［J］. 天津市教科院学报，2011（3）.

[39] 范先佐 . 农村学校布局调整与教育的均衡发展［J］. 教育发展研究，2008（7）.

[40] 米海燕 . 农村小学撤点并校有利于小学英语教学［J］. 内江科技，2008（10）.

[41] 常芳 . 小学布局结构调整政策对农村地区教育公平的影响研究——基于陕西和宁夏农村小学的实地调查［D］. 成都：西南大学，2008.

[42] 赵丽 . 农村中小学校布局调整挑战教育公平［J］. 华章，2009（4）.

[43] 许小平，杨挺 . 公平与效率视野下农村中小学校布局调整之审思［J］. 教育测量与评价，2009（8）.

[44] 万明钢．以促进教育公平和教育均衡发展的名义——我国农村“撤点并校”带来的隐忧［J］．教育科学研究，2009（10）．
[45] 王海英．农村学校布局调整的方向选择—兼谈农村学校“撤存”之争［J］．东北师大学报（哲学社会科学版），2010（5）．
[46] 范先佐，郭清扬，赵丹．义务教育均衡发展与农村教学点的建设［J］．教育研究，2011（9）．
[47] 范铭，郝文武．对农村学校布局调整三个“目的”的反思——以陕西为例［J］．北京大学教育评论，2011（2）．
[48] 赵丹，范先佐．偏远农村学生上学难问题及对策思考——以学校布局调整为背景［J］．河北师范大学学报（教育科学版），2011（12）．
[49] 侯佛钢．探索农村中小学校布局调整对山区农村低年级教学点的影响［J］．现代中小学教育，2012（4）．
[50] 粟远荣，杨小杰．从教育公平角度看农村贫困地区学校布局调整引发的上学难问题——基于湖南、贵州两省35所农村中小学的调查分析［J］．教育与教学研究，2012（3）．
[51] 王嘉毅，吕晓娟．教育公平视野中的农村学校布局调整［J］．甘肃社会科学，2007（6）．
[52] 于海波．农村学校布局调整要警惕辍学率反弹［J］．求是，2009（16）．
[53] 雷万鹏．义务教育学校布局：影响因素与政策选择［J］．华中师范大学学报（人文社科版），2010（5）．
[54] 卢珂，杜育红．农村学校布局调整对学生成绩的影响——基于两水平增值模型的分析［J］．清华大学教育研究，2010（6）．
[55] 郑磊，卢珂．转学对学生成绩的影响：来自中国西部农村的证据［J］．教育学报，2011（2）．
[56] 何卓．对我国农村中小学校布局调整的思考［J］．教育发展研究，2008（1）．
[57] 贾勇宏．教育政策执行中的村民与地方政府利益博弈——以中西部6省区农村中小学校布局调整为例［J］．教育科学，2008（2）．
[58] 夏雪．农村中小学校布局调整中的机会主义——一个新制度经济学视角［J］．教育科学，2009（3）．
[59] 林丹．布局调整，渐行渐远——兼论农村中小学校布局调整过程中地方政府的改革智慧［J］．湖南师范大学教育科学学报，2010（6）．
[60] 谢秀英．农村中小学校布局调整中的集体非理性分析［J］．中国教育学刊，2011（4）．
[61] 周芬芬．地方政府在农村中小学校布局调整中的执行策略——基于模糊冲突模型的分析［J］．教育与经济，2006（3）．
[62] 秦沫．西部乡村学校撤并调查［J］．新西部，2010（2－3）．
[63] 雷万鹏，张婧梅．学校布局调整应回归教育本位——对学校撤并标准的实证分析

[J]. 教育研究与实验，2010 (3).
[64] 万明钢，白亮."规模效益"抑或"公平正义"——农村学校布局调整中"巨型学校"现象思考 [J]. 教育研究，2010 (4).
[65] 秦玉友. 农村学校布局调整的认识、底线与思路 [J]. 东北师大学报（哲学社会科学版），2010 (5).
[66] 高光. 对农村中小学校布局调整问题的新思考 [J]. 教育理论与实践，2010 (3).
[67] 王泽德. 对我国农村中小学校布局调整的反思 [J]. 教育学术月刊，2009 (5).
[68] 谭春芳，徐湘荷. 大就好吗——美国小规模中小学校（学区）合并问题研究 [J]. 外国中小学教育，2009 (2).
[69] 白亮，万明钢."经济理性"还是"价值公平"——农村学校布局调整政策的取向分析 [A] //城乡教育一体化与教育制度创新析. 长春：2011 年农村教育国际学术研讨会论文集，2011.
[70] 秦玉友，孙颖. 学校布局调整：追求与限度 [J]. 教育研究，2011 (6).
[71] 雷万鹏，张婧梅. 构建公正的学校撤并程序——对民众参与度和满意度的实证调查 [J]. 全球教育展望，2011 (7).
[72] 王远伟，钱林晓. 关于农村中小学合理布局的设计 [J]. 华中师范大学学报（人文社会科学版），2008 (3).
[73] 孔云峰，李小建，张雪峰. 农村中小学校布局调整之空间可达性分析——以河南省巩义市初级中学为例 [J]. 遥感学报，2008 (5).
[74] 邬志辉. 中国农村学校布局调整标准问题探讨 [J]. 东北师大学报（哲学社会科学版），2010 (5).
[75] 赵丹. 农村教学点问题研究 [D]. 武汉：华中师范大学，2011.
[76] 付卫东，董世华. 当前美国支持小规模学校的重要举措及对我国的启示 [J]. 外国中小学教育，2011 (7).
[77] 郭清扬. 我国农村中小学校布局调整问题、原因及对策 [J]. 华中师范大学学报（人文社科版），2008 (1).
[78] 刘欣. 村中小学布局调整与寄宿制学校建设 [J]. 教育与经济，2006 (3).
[79] 杜育红. 农村寄宿制学校：成本构成的变化与相关的管理问题 [J]. 人民教育，2006 (23).
[80] 熊向明. 对当前农村中小学校布局调整的反思——河南中原地区农村中小学校布局调整调查分析 [J]. 教育与经济，2007 (2).
[81] 李韧竹. 我国农村寄宿制学校学生补贴政策研究 [J]. 教育发展研究，2008 (19).
[82] 伊凡，曾旭萍. 农村中小学校布局调整的问题与对策 [J]. 中小学校长，2009 (5).
[83] 雷万鹏，徐璐. 农村校车发展中的政府责任——以义务教育学校布局调整为背景 [J]. 中国教育学刊，2011 (1).
[84] 董世华. 我国农村寄宿制学校问题研究 [D]. 武汉：华中师范大学，2012.

[85] 许丽英，袁桂林．教育效率的社会学分析［J］．中国教育学刊，2006（5）．
[86] 李淼．教育公平理念的演进历程及其时代特性［J］．高教发展与评估，2011（5）．
[87] 马和民，许小平．西方关于教育平等的理论杭［J］．杭州师范学院学报，1999（1）．
[88] 中惠，勾月．走向实质的教育公平——20 世纪美国基础教育公平理念探析［J］．外国教育研究，2011（2）．
[89] 熊春文，陈辉．西方国家教育机会均等及其观念的历史演进［J］．华中师范大学学报（人文社科版），2011（4）．
[90] 田正平，李江源．教育公平新论［J］．清华大学教育研究，2002（1）．
[91] 周洪宇．教育公平：和谐社会的重要内容、基础和实现途径［J］．人民教育，2005（7）．
[92] 石中英．教育公平的主要内涵与社会意义［J］．中国教育学刊，2008（3）．
[93] 胡劲松．论教育公平的内在规定性及其特征［J］．教育研究，2001（8）．
[94] 劳凯声．教育机会平等：实践反思与价值追求［J］．北京师范大学学报（社会科学版），2011（2）．
[95] 褚宏启，杨海燕．教育公平的原则及其政策含义［J］．教育研究，2008（1）．
[96] 褚宏启．关于教育公平的几个基本理论问题［J］．中国教育学刊，2006（12）．
[97] 解韬．近年来我国教育公平研究综述［J］．现代大学教育，2009（2）．
[98] 褚宏启．教育公平与教育效率：教育改革与发展的双重目标［J］．教育研究，2008（6）．
[99] 翟博．教育均衡发展：理论、指标及测算方法［J］．教育研究，2006（3）．
[100] 张辉．教育公平思想溯源及启示［J］．河北职业技术学院学报，2008（1）．
[101] 刘精明．中国基础教育领域中的机会不平等及其变化［J］．中国社会科学，2009（3）．
[102] 张长征，等．中国教育公平程度实证研究：1978—2004——基于教育基尼系数的测算与分析［J］．清华大学教育研究，2006（2）．
[103] 林涛．基于基尼系数的我国教育公平问题研究［J］．教育发展研究，2008（9）．
[104] 李全生，解志恒．基于基尼系数对我国教育公平性的研究［J］．国家教育行政学院学报，2008（10）．
[105] 王善迈．教育公平的分析框架和评价指标［J］．北京师范大学学报（社会科学版），2008（3）．
[106] 周金燕．我国教育公平指标体系的建立［J］．教育科学，2006（1）．
[107] 贾勇宏．农村学校布局调整过程中的利益冲突与协调［J］．教育发展研究，2008（7）．
[108] 范先佐．农村中小学校布局调整的原因、动力及方式选［J］．教育与经济，2006（1）．
[109] 黄斌，钟宇平．教育财政充足的探讨及其在中国的适用性［J］．北京大学教育评

论，2008（1）.
［110］朱青梅，孙晓燕．知识团队成员的负激励管理探析［J］．生产力研究，2009（19）.
［111］贾勇宏．农村中小学校布局调整的预期和动力——基于中西部6省（区）的调查与分析［J］．教育发展研究，2007（21）.
［112］李祥云．农村中小学校布局调整与“两免一补”的实施情况分析——基于农户问卷调查的结果［J］．教育发展研究，2008（21）.
［113］褚宏启，杨海燕．教育公平的原则及其政策含义［J］．教育研究，2008（1）.
［114］辛涛，黄宁．教育公平的终极目标：教育结果公平——对教育结果公平的重新定义［J］．教育研究，2009（8）.
［115］东梅，等．农村小学布局调整对学生成绩影响的实证分析：以陕西为例［J］．南方经济，2008（9）.
［116］卢珂，杜育红．农村学校布局调整对学生成绩的影响——基于两水平增值模型的分析［J］．清华大学教育研究，2010（6）.
［117］白益民．学习时间与学习结果关系模型述评［J］．外国教育研究，1999（6）.
［118］贾勇宏．农村中小学校布局调整对学生学习时间的负面影响［J］．教育学术月刊，2013（3）.
［119］赵丹，吴宏超．“一千米”“半小时”农村教学点撤并的政策期待——以对西部某县的实证研究为基础［J］．中小学管理，2011（11）.
［120］张宇燕．利益集团与制度非中性［J］．改革，1994（2）.
［121］石火学．教育政策视角下的教育公平与效率问题研究［J］．清华大学教育研究，2010（5）.
［122］王海英．农村学校布局调整的方向选择——兼谈农村学校“撤存”之争［J］．东北师大学报（哲学社会科学版），2010（5）.
［123］邬志辉，史宁中．农村学校布局调整的十年走势与政策议题［J］．教育研究，2011（7）.
［124］姚永强．基于规模经济视域下的农村中小学校布局调整［J］．现代教育科学，2009（3）.
［125］赵丹，郭清扬．义务教育新机制下农村教学点的问题及对策［J］．华中师范大学学报（人文社会科学版），2009（6）.
［126］吕国光．中西部农村小学布局调整及教学点师资调查［J］．教育与经济，2008（3）.
［127］贺亮．课程改革背景下小学教师工作负荷的实证研究——以湖南、上海10所小学的调查为例［D］．上海：华东师范大学，2006.
［128］雷万鹏，张雪艳．论农村小规模学校的分类发展政策［J］．教育研究与实验，2011（6）.
［129］苏蔷．农村寄宿制小学学生学校适应状况研究［D］．长春：东北师范大学，2009.

三、其他

［130］中共中央，国务院．关于进行农村税费改革试点工作的通知（中发〔2000〕7号）

[Z]. 2000.
[131] 国务院. 关于进一步做好农村税费改革试点工作的通知（国发〔2001〕5号）[Z]. 2001.
[132] 国务院办公厅. 国务院办公厅转发中央编办、教育部、财政部关于制定中小学教职工编制标准意见的通知（国办发〔2001〕74号）[Z]. 2001.
[133] 国务院. 关于规范农村义务教育学校布局调整的意见（国办发〔2012〕48号）[Z]. 2012.
[134] 教育部，国家发展和改革委员会，财政部. 关于全面改善贫困地区义务教育薄弱学校基本办学条件的意见（教基〔2013〕10号）[Z]. 2013.
[135] 范先佐. 从过度分权到适度集权 [N]. 中国社会科学报，2009-12-08（8）.
[136] 中华人民共和国义务教育法 [Z]. 2006.
[137] 国务院. 关于基础教育改革与发展的决定（国发〔2001〕21号）[Z]. 2001.
[138] 国家教育督导团. 国家教育督导报告2008（国教督〔2008〕6号）[R]. 2008.
[139] 中国教育统计年鉴 [Z]. 北京：中国统计出版社，2001—2010.
[140] 教育部. 国家中长期教育改革与发展规划纲要（2010—2020）[Z]. 2010.
[141] 雷媛. 黄土魂：教育背后的丰厚人文 [N]. 兰州晨报，2009-11-12.
[142] 魏戈. 义务教育阶段农村学校布局调整的落脚点：公平、均衡与效率 [EB/OL]. 2014-10-22，http://gonggongxuetan.sinaapp.com/?p=406.
[143] 高东胜，史耀疆，刘承芳，等. 上学距离对学生学习成绩的影响研究——基于陕西省农村小学的实证分析 [EB/OL]. 2014-10-22，http://www.nsdrc.cn/info_show.asp?id=56&classid=82.
[144] 东梅，常芳，岳爱. 班级规模与学生成绩的实证分析——以陕西为例 [EB/OL]. 2014-10-22，http://www.nsdrc.cn/info_show.asp?id=56&classid=82.
[145] 赵伟伟，陈欣欣，史耀疆，等. 中国农村留级对学生成绩的影响研究 [EB/OL]. 2014-10-22，http://www.nsdrc.cn/info_show.asp?id=56&classid=82.
[146] 庄植. 中国真实城市化率只有35%左右 [EB/OL]. 2013-01-16，http://finance.takungpao.com/hgjj/q/2013/0116/1390770.html.
[147] 华中师大书记. 农村教学点面临严重生存困境 [EB/OL]. 2014-03-07，http://news.china.com.cn/2014lianghui/2014-03/07/content_31711409.htm.

四、外文类

[148] Douglas Lehman. Bringing the School to the Children: Shortening the Path to EFA [EB/OL]. [2003-08]. http://www1.worldbank.org/education/notes.asp.
[149] Victor Lavy. School Supply Constraints and Children's Educational Outcomes in Rural Ghana [J]. Journal of Development Economics, Volume 51, 1996 (2).
[150] Yeager R F. Rationality and Retrenchment: The Use of a Computer Simulation to Aid Decision Making in School Closing [J]. Education and Urban Society, 1979.

[151] Calvin Griesder. Public School Administration [M]. N. Y.: The Ronald Press Co., 1950.

[152] Basil Castaldi. Educational Facilities [M]. 2nd ed. Boston: Allyn and Bacon, Inc., 1982.

[153] Angela W Little. Learning and Teaching in Multigrade Settings [R]. Paper Prepared for the UNESCO EFA Monitoring Report, 2005.

[154] Jarousse J P, Mingat A. Efficacite Pedagogique de L'enseignement a Cours Multiples dans le Contexte Africaine [R]. Dijon: Institut de Recherche sur L'Economie de l'Education, Centre National de la Recherche Scientifique. 1991.

[155] Rojas C, Castillo Z. Evaluacion del Programa Escuela Nueva en Colombia [M]. Bogota: Instituto Ser De investigaciones, 1988.

[156] Rowley S D. Multigrade Classrooms in Pakistan: How Teacher and Practices Affect Student Achievement [D]. Unpublished Doctoral Dissertation, University of Harvard, 1992.

[157] Bray M. Are Small Schools the Answer? Cost Effective Strategies for Rural School Provision [M]. London: Commonwealth Secretariat, 1987.

[158] Korpinen E. Village School as a Developmental Context for the Self – concept of a Pupil [J]. Journal of Teacher Researcher 1, 1998: 6 – 20.

[159] Peltonen T. Development of Pre – education in Small Schools—from the Primary School of the Old Times to Pre – school [M]. Finnish: Faculty of Education, University of Oulu. 2002.

[160] Webb R, Vulliamy G. External Inspection or School Self – evaluation. A comparative Analysis of Policy and Practice in Primary Schools in England and Finland [J]. British Educational Research Journal, 1998 (5).

[161] Aberg – Bengtsson, Lisbeth. The Smaller the Better? A Review of Research on Small Rural Schools in Sweden [J]. International Journal of Educational Research, 2009 (2).

[162] Norma Kennedy, Mike MacDougall. School Closure Process Review [R]. Review Committee Report and Recommendations, January, 2007.

[163] Cotton D, A Frelich. Enrollment Decline and School Closing in a Large City [J]. Education and Urban Society, 1979.

[164] Arun C Mehta. Information Requirements for Educational Planning: Limitations and Gaps in the Existing System [EB/OL]. http: //arunmehta. free yellow. com/page132. html.

[165] Serge Theunynck. School Construction in Developing Countries: What Do We Know? [EB/OL]. http: //www1. worldbank. org/education/ pdf/EFAcase_ Construction. pdf. 2003.

[166] Nicole Blum, Rashmi Diwan. Small, Multigrade Schools and Increasing Access to Primary Education in India: National Context and NGO Initiatives [R]. Create Pathways to Access Research Monograph No 17. 2007.

[167] Dennis M Mulcahy. Rural and Remote Schools: A Reality in Search of a Policy [C]. Canada: Edge Conference October St. John's, NL, 2009.

[168] Etienne Brunswic, Jean Valérien. Multigrade schools: Improving Access in Rural Africa?

Paris, International Institute for Educational Planning (IIEP) UNESCO. p91. [EB/OL]. http: //www. unesco. org/iiep. 2004.

[169] W T S Gould, R Lawton. Planning for Population Change [M]. London: Croom Helm Ltd. , 1986.

[170] Rajasthan. Second District Primary Education Project. Report No 21966 – IN, p. 10. [EB/OL]. http: //worldbank. org/gender/projects_ programs/. 1996.

[171] Sigsworth, Alan, Solstad, Karl Jan. Making Small Schools Work: A Handbook for Teachers in Small Rural Schools [M]. Ethiopia: UNESCO International Institute for Capacity Building in Africa Addis Ababa, 2001.

[172] Scott, Robert J. Teaching and Learning in Remote Schools: A Dilemma Beyond Rural Education [R]. National Information Center for Handicapped Children and Youth, 1984.

[173] Laurence Wolff, Norma Garcia. Multi – grade Schools and Technology. TechKnowLogia, May/June, 2000 [M]. Knowledge Enterprise, Inc, 2000.

[174] Riseborough, George F. Teachers' Careers and Comprehensive School Closure: Policy and Professionalism in Practice [J]. British Educational Research Journal, 1994.

[175] Winsome Gordon, Lokisso. Enhancing the Effectiveness of Single – teacher Schools and Multi – grade Classes [R]. Norway: Unesco in Collaboration with the Royal Ministry of Education Research Church Affairs, 1996.

[176] Jencks, Christopher S, et. al. Inequality: A Reassessment of the Effect of Family and Schooling in America [M]. New York: Basic Books, 1978.

[177] Walter G Secada. Equity in Education [M]. London: New York: Falmer, 1989.

[178] Shulman L S, Sykes G. Handbook of Teaching and Policy [C] // Green T F. Excellence, Equity and Equality. New York: Longman, 1983.

[179] McMahon, Walter W. Efficiency and Equity Criteria for Education Budgeting and Finance, in Financing Education Overcoming Inefficiency and Inequity [M]. Chicago: University of Illinois Press, 1982.

[180] David Easton. The Political System: An Inquiry into the State of Political Science [M]. New York: Knopf, 1953.

致　谢

本书是笔者承担的国家社会科学基金教育学青年基金课题“农村中小学校布局调整对教育公平的损伤与补偿研究”（CFA100131）的结题最终成果。

早在2006年，还在华中师范大学攻读博士学位的我就有幸参与了恩师范先佐教授承担的中英双边赠款西部项目国家级课题“中国中西部地区学校合理布局结构研究”，在奔赴农村学校调研过程中，我对农村中小学校布局调整政策的影响有了相对深入的了解，特别是该政策所产生的负面影响给我留下了深刻的印象。进入武汉理工大学教育科学研究院（原高等教育研究所）工作后，我很快就组织团队针对上述题目成功申请到了国家社会科学基金的资助。

本课题研究团队的主要成员有：华中师范大学教育学院的郭清扬副教授、华中师范大学的付卫东副教授、武汉理工大学教育科学研究院的吴兰平副研究员、湖北师范学院教育科学学院的冯帮副教授、华中师范大学学报编辑部的曾新副编审、西北农林科技大学人文社会科学学院的赵丹副教授、贵州财经学院教育管理学院的董世华副教授、武汉理工大学文法学院的廖明静老师。

感谢我的恩师、华中师范大学教育学院的范先佐教授，以及武汉理工大学的张安富教授、赵恒平教授、朱哲教授、余峰研究员、李志峰教授、马廷奇教授在本研究开题时所提出的宝贵建议，他们的真知灼见不仅使本研究增色添辉，而且还让课题组在后续的研究工作中少走了很多弯路。

感谢武汉理工大学副校长张安富教授自我参加工作以来在工作和生活上对我无微不至的关心和帮助，感谢他给我了创造了很多学习的条件和机会，使我能够在科研和工作中不断进步。

感谢武汉理工大学教育科学研究院的李志峰教授、马廷奇教授、沈凌副教授、张凌云副教授、周群英副教授、曾阳副研究员、柳亮博士等各位同仁在本课题研究期间在工作和生活上对我各方面的关心、支持、鼓励和帮助，使我能够潜心投入并顺利完成本研究任务。

感谢我的师妹赵丹副教授对本研究在问卷设计中做出的贡献，感谢她在本研究中对GIS数据分析和处理过程中所给予的大力协助和支持。

感谢我的研究生廖明静、黄佳庆、李丽萍、斯琴、瞿章文、赵兴华、韦美灵、汪晓、姚文婷、霍聪颖、岳瑞等人在课题研究期间所做的资料收集、整理和数据录入等工作。

感谢本课题所选择的调研县（市）的教育管理部门领导、样本学校的师生和学生家长对本研究调查工作的配合和大力支持。

感谢我的家人在本研究期间对我工作的理解和大力支持。由于宝贝儿子的出生，本书的成稿时间不得不推迟了一年又半载。至此即将搁笔之际，恰逢儿子满 16 个月。谨以此书献给我可爱的儿子，祝他茁壮成长。

最后，感谢知识产权出版社的韩婷婷编辑和其他同仁对本书的出版所付出的辛勤汗水。

本书借鉴了国内外学者和同行的相关研究成果，在此一并表示感谢。由于笔者的学识和水平有限，本书的错误和疏漏在所难免，欢迎读者批评指正。

贾勇宏

2014 年 11 月 6 日于武昌马房山